INDEX PATRISTICUS

SIVE

CLAVIS PATRUM APOSTOLICORUM OPERUM

EX EDITIONE MINORE GEBHARDT HARNACK ZAHN

LECTIONIBUS EDITIONUM MINORUM

FUNK ET LIGHTFOOT ADMISSIS

COMPOSUIT

EDGAR J. GOODSPEED Ph. D.

HENDRICKSON
PUBLISHERS
PEABODY, MASSACHUSETTS 01961-3473

138001

INDEX PATRISTICUS

Hendrickson Publishers, Inc. edition

ISBN 1-56563-033-5

First printing — June 1993

Printed in the United States of America

IN MEMORIAM

GEORGE STEPHEN GOODSPEED

1860—1905

ἐκ μέρους γινώσκομεν

Preface

The need for an index of this sort to the Apostolic Fathers became apparent to me more than a dozen years ago, when I was engaged in the lexical studies on New Testament words that I had undertaken upon the advice of that most learned man and excellent teacher, Ernest D. Burton. The Index Homericus compiled by Augustus Gehring seemed to me to be quite useful, and five years ago, when the opportunity arose to prepare this index, I thought Gehring was the best model to follow. This present index has been compiled not only as an aid in biblical studies, but also to shed light on the patristic literature itself and on church history. I hope that it will be useful in lexical, grammatical, and historical studies.

So that material for the index might be collected more quickly, the individual works included in the *editio minor* of Gebhardt, Harnack, and Zahn were distributed to various young Greek scholars, as follows:

1 Clement	Francis W. Kennedy
2 Clement	Elbert Russell
Epistle of Barnabas	Charles E. Anderson
Fragments of Papias	Edgar J. Goodspeed
Epistle to Diognetus	Isaac M. Anderson
Epistles of Ignatius	Edgar J. Goodspeed
. . . .	Paul B. Kern
Epistle of Polycarp to the Philippians . . .	Henry B. Robison
Martyrdom of Polycarp	Henry B. Robison
Shepherd of Hermas	
—*Visions*	Irving F. Wood
—*Mandates*	John C. Granbery
—*Similitudes*	Hermon H. Severn
Didache	John W. Bailey

Finally, the indexes to the individual works were all edited together into this one index. The edition of the Apostolic Fathers that we took as the basis of the index is the third *editio minor* compiled by

Gebhardt, Harnack, and Zahn and printed in 1900; however, we used the most recent corrected printing (1905) where it had been emended. Citations given in upper-case letters or italics in that edition have always been marked with the letters "cit" (citation) in the index. Superscripted numbers indicate how many times the word occurs in the place cited. The only works covered by this index are those found in the aforementioned edition. Nevertheless, we have included all the words that are either added or substituted in the readings in the *editiones minores* of Funk and Lightfoot, marking them with the letter F (Funk) or the letter L (Lightfoot). We have not distinguished in any way words found in Gebhardt-Harnack-Zahn but omitted from either Funk or Lightfoot or both. We have not included the remnants of the presbyters that Lightfoot included in his edition or the fragment of Quadratus that Funk included. Of Papias we included only those the fragments themselves (I–IV, XIV); we judged that what is said about him and his work by other fathers ought to be left out of this kind of index. Martin Sprengling prepared part of the verification.

Erwin Preuschen, that most learned man, kindly informed us of certain addenda.

We omitted all titles altogether, except those in the Shepherd; we included the subscriptions.

We have followed the system of the Gebhardt-Harnack-Zahn edition for numbering chapters and sections; in the other editions, some sections have other numbers, as follows:

Gebhardt-Harnack-Zahn

1 Clem 22:8	= 22:9b F
1 Clem 61:1a (τοῖς τε … γῆς)	= 60:4 F L
Bar 4:6b (ἡμῶν μέν … Μωϋσέως)	= 4:7a F
Bar 4:9b (ἵνα … μέλας)	= 4:10a F
Bar 9:4a (οὐκοῦν … ἡμεῖς)	= 9:3b F
Bar 11:4b (καὶ ἰσχυρᾶς)	= 11:5a F
Pap 1	= 1:1-5 F; 14 L
Pap 2	= 3 L
Pap 3	= 3:1-3 F; 18 L
Pap 4	= 11 L
Eph 20:1, 2	= 20:1 L
Eph 20:1 end (μάλιστα … τι)	= 20:2a F (μάλιστα … ὅτι)

We have used many abbreviations, but only a few of them require explanation:

Pol . . . = Epistle of Ignatius to Polycarp
Philip . . = Epistle of Polycarp to the Philippians
Mar . . = Martyrdom of Polycarp
Did . . = Didache, or Teaching of the Apostles
F . . . . = *Die Apostolischen Väter*, F. X. Funk, Tübingen, 1901
L . . . = *The Apostolic Fathers*, J. B. Lightfoot, London, 1893
cit . . . = citation designated in italics in the Gebhardt-Harnack-
           Zahn *editio minor*

We have tried to make this work as accurate and complete as possible. We hope that the result of our work will be that this index will be found useful for the study of ancient Christian literature.

Edgar J. Goodspeed
Chicago
1907
Translated by James Ernest 1993

VIII

Ἀαρών 1 Clem 4:11; 43:5
ἀβαναύσως 1 Clem 44:3
Ἀβειρών 1 Clem 4:12
Ἄβελ 1 Clem 4:1 cit, 2 cit, 6² cit
Ἀβραάμ 1 Clem 10:1,6² cit; 17:2;
 31:2 Bar 6:8 cit; 8:4; 9:7,
 8 cit; 13:7², 7 cit Philad 9:1
ἀβροχία H Sim 2:8
ἀβρώτους H Sim 8:4:6
ἄβυσσος Diog 7:2
 ἀβύσσων 1 Clem 20:5
 ἀβύσσοις 1 Clem 59:3
 ἀβύσσους 1 Clem 28:3 cit
ἀγαθοποιεῖν 2 Clem 10:2 H Vis
 3:5:4; 9:5 H Sim 9:18:1,2
 ἀγαθοποιοῦντες Diog 5:16
ἀγαθοποίησις H Man 8:10
 ἀγαθοποιήσεως H Sim 5:3:4
ἀγαθοποιΐας 1 Clem 33:1
 ἀγαθοποιΐᾳ 1 Clem 2:7
 ἀγαθοποιΐαν 1 Clem 2:2; 34:2
Ἀγαθόποδι Philad 11:1
Ἀγαθόπουν Smyr 10:1
ἀγαθός 1 Clem 34:1; 56:16; 60:1
 Bar 4:12 Diog 8:8² Did 3:8
 ἀγαθή H Vis 3:13:2
 ἀγαθόν Rom 3:3
 ἀγαθῆς 1 Clem 26:1; 30:7;
 50:4 cit Bar 21:2 Mar 13:2
 H Man 5:2:7; 12:1:2
 ἀγαθοῦ Bar 21:7
 ἀγαθῇ 1 Clem 2:3; 41:1 H Man
 12:2:4, 5; 3:1²
 ἀγαθῷ Bar 20:2 Did 5:2
 ἀγαθήν 1 Clem 8:2 Bar 6:8 cit,
 10 cit, 16 H Man 12:1:1
 H Sim 6:3:6

ἀγαθόν 1 Clem 2:7; 21:6; 22:4cit;
 33:1; 34:4 2 Clem 13:1;
 17:2 Bar 21:7 H Vis 3:13:2
 H Man 2:4; 4:2:2; 6:2:8;
 7:4; 8:2³, 7, 12 H Sim 2:10L;
 5:3:3; 6:5:7; 9:20:4² Did
 5:2
 ἀγαθοί Bar 21:4 H Sim 8:6:6;
 7:4, 5; 10:1, 2
 ἀγαθά H Man 8:11; 12:3:1
 ἀγαθῶν Bar 20:2 H Man 8:8
 Did 5:2
 ἀγαθῶν 2 Clem 15:5 H Vis
 1:1:8; 3:9:6 H Man 8:8
 ἀγαθοῖς 1 Clem 33:7²; 38:2
 ἀγαθούς 1 Clem 5:3 2 Clem 4:3
 ἀγαθάς 1 Clem 22:2 cit
 ἀγαθά 1 Clem 8:4 cit; 60:3;
 61:3 2 Clem 6:6; 11:4 cit
 Bar 19:6 Mar 2:3 H Vis
 3:13:2 H Man 10:3:1²
 H Sim 6:5:7 L; 9:10:1
 Did 3:10
ἀγαθότητος 2 Clem 13:4
ἀγαθωσύνης Bar 2:9
ἀγαθωτάτης H Vis 1:2:3
ἀγαθώτερον H Man 8:9, 11
ἀγαλλιῶμαι Eph 9:2
 ἀγαλλιᾶται 1 Clem 33:2 FL
 ἠγαλλιᾶτο H Sim 8:1:18
 ἀγαλλιώμενος Eph 9:2 FL Mag
 1:1 Mar 19:2 H Sim 1:6
 ἀγαλλιωμένη H Man 5:2:3
 ἀγαλλιωμένη Philad Int
 ἀγαλλιώμενοι H Sim 9:24:2
 ἀγαλλιάσεται 1 Clem 18:15 cit
 H Man 5:1:2 H Sim 9:18:4

ἀγαλλιάσονται 1 Clem 18 : 8 cit
ἀγαλλιάσεως Bar 1 : 6
  ἀγαλλιάσει Mar 18 : 2
  ἀγαλλίασιν 1 Clem 18 : 8 cit, 12
    cit; 63 : 2
ἀγάλλεται 1 Clem 33 : 2
ἀγανακτῶμεν 2 Clem 19 : 2
  ἀγανακτεῖν 1 Clem 56 : 2
ἀγαπῶ Tral 4 : 2
  ἀγαπᾷ 1 Clem 56 : 4 cit Diog 6 : 6
  ἀγαπῶμεν 2 Clem 13 : 4 Eph 15 : 3
    Mar 17 : 3 H Sim 9 : 11 : 3
  ἀγαπᾶτε 2 Clem 13 : 4² cit Eph
    9 : 2
  ἀγαπῶσι Diog 5 : 11
  ἀγαπῶσιν Diog 6 : 6
  ἀγαπῶμεν 2 Clem 9 : 6 Philad
    5 : 2 Philip 2 : 2
  ἀγαπᾶτε Did 1 : 3
  ἀγάπα H Man 3 : 1
  ἀγαπᾶτε Bar 2 : 8 cit Mag 6 : 2
    Tral 13 : 2 Philad 7 : 2 Did 1 : 3
  ἀγαπᾶν 2 Clem 4 : 3 Bar 1 : 4
    Eph 1 : 3 Smyr 7 : 1 Pol 5 : 1²
    H Vis 1 : 1 : 1
  ἀγαπῶν 1 Clem 22 : 2 cit Bar
    4 : 6; 6 : 10 Diog 7 : 5 Eph
    21 : 1 Tral 3 : 3 Philad 5 : 1
  ἀγαπῶντι Bar 4 : 9
  ἀγαπῶντες 1 Clem 29 : 1 Bar
    20 : 2² Did 5 : 2²
  ἀγαπῶσιν Diog 12 : 1
  ἀγαπῶντας 1 Clem 59 : 3 2 Clem
    13 : 4 cit, 4 Did 1 : 3
  ἀγαπώσας Philip 4 : 2
  ἀγαπήσεις Bar 19 : 2, 5, 9 Diog
    10 : 3, 7 Did 1 : 2; 2 : 7
  ἠγάπησα Mag 6 : 1
  ἠγάπησας 1 Clem 18 : 6 cit Pol
    2 : 3
  ἠγάπησε Diog 10 : 2
  ἠγάπησεν Philip 2 : 2
  ἠγαπήσατε Smyr 9 : 2
  ἠγάπησαν 1 Clem 15 : 4 cit Phi-
    lip 9 : 2 cit
  ἀγαπήσωμεν Eph 11 : 1
  ἀγαπῆσαι 2 Clem 6 : 6

ἀγαπήσας Diog 10 : 4; 12 : 6
  ἀγαπήσαντος Bar 1 : 1
  ἀγαπήσασιν Diog 10 : 2
  ἀγαπηθῶμεν Bar 4 : 1
  ἠγαπημένος 1 Clem 3 : 1 cit Bar
    4 : 3
  ἠγαπημένου 1 Clem 59 : 2, 3 Smyr
    Int H Sim 9 : 12 : 5
  ἠγαπημένης H Man 5 : 2 : 8
  ἠγαπημένῳ Bar 3 : 6
  ἠγαπημένη Tral Int Rom Int
  ἠγαπημένους Diog 4 : 4
ἀγάπη 1 Clem 21 : 8; 49 : 4, 5⁶;
    50 : 1 2 Clem 16 : 4 cit Bar
    1 : 4, 6 Diog 12 : 5 cit Eph
    3 : 2; 9 : 1; 14 : 1 Tral 6 : 1;
    13 : 1 Rom 7 : 3; 9 : 1, 3 Phi-
    lad 11 : 2 Smyr 6 : 1; 12 : 1
    Pol 6 : 2 Mar Int H Man 8 : 9
    H Sim 9 : 17 : 4; 18 : 4 Did
    16 : 3
  ἀγάπης 1 Clem 49 : 2, 5; 50 : 5²;
    51 : 2; 53 : 5; 54 : 1; 62 : 2
    2 Clem 15 : 2 Bar 1 : 3; 6 : 5;
    9 : 7; 21 : 9 Diog 9 : 2; 11 : 8
  * Eph 2 : 1 Mag 1 : 1; 14 : 1 Tral
    3 : 2; 12 : 3 Rom Int Smyr
    6 : 2 Philip 1 : 1; 3 : 3 Mar 1 : 2
  ἀγάπῃ 1 Clem 49 : 5, 6; 50 : 3;
    62 : 2 2 Clem 12 : 1 Bar 11 : 8
    Eph 1 : 3; 4 : 1; 20 : 1 Mag
    5 : 2; 7 : 1; 13 : 1 Tral 8 : 1
    12 : 3 Rom 2 : 2 Philad 1 : 1;
    6 : 2; 9 : 2; 11 : 2 Smyr Int;
    1 : 1; 13 : 2 Pol 1 : 2 Philip
    4 : 2 Did 10 : 5
  ἀγάπην 1 Clem 21 : 7; 33 : 1;
    49 : 1, 6; 55 : 5 Eph 1 : 1; 2 : 1;
    14 : 1, 2 Rom Int; 1 : 2 Smyr
    8 : 2 Pol 7 : 2 Philip 3 : 3
Ἀγάπη H Vis 3 : 8 : 5, 7 H Sim
    9 : 15 : 2
ἀγαπητοῦ Diog 8 : 11 Mar 14 : 1, 3
  ἀγαπητόν Pol 7 : 2; 8 : 2 H Sim
    5 : 2 : 6
  ἀγαπητοί Philad 9 : 2
  ἀγαπητούς 1 Clem 8 : 5 Tral 8 : 1

ἀγαπητοί 1 Clem 1 : 1; 7 : 1; 12 : 8;
16 : 17; 21 : 1; 24 : 1, 2; 35 : 1,
5; 36 : 1; 43 : 6; 47 : 6; 50 : 1,
5; 53 : 1; 56 : 2, 16 Mag 11 : 1
Smyr 4 : 1
ἀγγαρεύσῃ Did 1 : 4
ἀγγείῳ H Man 5 : 2 : 5
ἀγγελία H Vis 3 : 13 : 2
ἀγγελίαν H Vis 3 : 13 : 2
ἀγγελικάς Tral 5 : 2
ἄγγελος Bar 9 : 4 H Vis 5 : 8 H Man
6 : 2 : 3², 5; 11 : 9; 12 : 4 : 7;
6 : 1 H Sim 6 : 2 : 1; 3 : 2; 7 : 1,
2², 3, 5; 8 : 1 : 2, 3, 5², 6, 16,
17, 18; 2 : 1; 3 : 3; 9 : 23 : 5;
24 : 4
ἀγγέλου H Vis 5 : 2 H Man 5 :
1 : 7; 6 : 2 : 3, 4, 7², 8, 10²
H Sim 5 : 4 : 4; 6 : 2 : 2; 8 :
1 : 16; 4 : 1; 9 : 1 : 1, 2², 3
ἀγγέλῳ H Man 6 : 2 : 6, 9² H Sim
7 : 1, 2
ἄγγελον Diog 7 : 2 H Vis 4 : 2 : 4
H Sim 7 : 6; 8 : 2 : 5, 6; 9 : 1 : 2;
14 : 3
ἄγγελοι Bar 18 : 1² Pap 4 L Mar
2 : 3 H Vis 3 : 4 : 1, 2 H Man
6 : 2 : 1, 2 H Sim 5 : 5 : 3²; 9 :
12 : 6, 8
ἀγγέλων 1 Clem 29 : 2 cit; 34 : 5;
36 : 2 cit; 39 : 4 cit, 7 cit Pap 4
Smyr 6 : 1 Mar 14 : 1 H Vis
2 : 2 : 7; 3 : 5 : 4 H Man 6 : 2 : 6
H Sim 6 : 3 : 2; 9 : 12 : 8; 25 : 2;
27 : 3
ἀγγέλους 1 Clem 36 : 3 cit H Sim
5 : 6 : 2, 4, 7
ἄγγος H Man 5 : 2 : 5
ἄγγη Bar 8 : 1
ἀγέννητος Eph 7 : 2
ἁγιάσεις Bar 15 : 6 cit
ἁγιάσομεν Bar 15 : 7
ἁγιασθήσονται 1 Clem 46 : 2 cit
ἡγίασας 1 Clem 59 : 3
ἡγίασεν Bar 15 : 3 cit, 6
ἁγιάσατε Bar 15 : 1 cit
ἁγιάσαι Bar 15 : 6, 7

ἁγιασθῆτε H Vis 3 : 9 : 1
ἁγιασθήτω Did 8 : 2
ἁγιασθεῖσαν Did 10 : 5
ἁγιασθέντες Bar 15 : 7
ἡγιασμένου Eph 12 : 2
ἡγιασμένοι Eph 2 : 2
ἡγιασμένοις 1 Clem Int
ἁγιάσματος H Vis 3 : 2 : 1
ἁγιασμοῦ 1 Clem 30 : 1
ἁγιασμῷ 1 Clem 35 : 2
ἁγιοπρεπέσι 1 Clem 13 : 3 Philip 1 : 1
ἁγιοπρεπέσιν Philip 1 : 1 FL
ἅγιος 1 Clem 13 : 3; 23 : 5 cit; 34 :
6³ cit; 56 : 3 Bar 6 : 15 Did
10 : 6
ἁγία 1 Clem 30 : 1
ἅγιον 1 Clem 13 : 1; 16 : 2; 58 : 2
Bar 11 : 3 cit H Man 5 : 1 : 2,
3; 2 : 5; 11 : 8 H Sim 5 : 5 : 2;
6 : 5, 7; 9 : 1 : 1
ἁγίου 1 Clem 8 : 3 cit; 30 : 1 L
Mar Ep 1², 4 H Sim 5 : 4 : 4
ἁγίας Mar Int; 16 : 2 L H Vis
1 : 1 : 6; 4 : 1 : 3 Did 9 : 2
ἁγίου 1 Clem 2 : 2; 8 : 1; 22 : 1;
42 : 3; 45 : 2; 63 : 2 2 Clem
14 : 5 Eph 18 : 2 Mar 14 : 2
H Man 10 : 3 : 3 H Sim 5 : 6 : 6
Did 7 : 1, 3; 10 : 2
ἁγίῳ Mar Ep 2
ἁγίᾳ Tral Int
ἁγίῳ 2 Clem 14 : 3 Eph 9 : 1 Rom
8 : 3 L Philad Int Mar 14 : 3;
17 : 1; 22 : 1, 3; Ep 4 H Man
10 : 2 : 4; 11 : 9
ἅγιον 1 Clem 5 : 7; 59 : 3 Bar
10 : 11; 14 : 6 Diog 7 : 2; 9 : 2
ἁγίαν H Vis 1 : 3 : 4
ἅγιον 1 Clem 18 : 11 cit; 64
H Man 10 : 1 : 2; 2 : 1, 2, 5;
3 : 2 (²FL) H Sim 5 : 6 : 5, 6;
7 : 2; 9 : 24 : 2; 25 : 2 Did 9 : 5
ἅγιε Did 10 : 2
ἅγιοι Philad 5 : 2 H Vis 3 : 4 : 1, 2
H Sim 5 : 5 : 3² Did 16 : 7
ἅγια 1 Clem 29 : 3 cit H Sim
9 : 13 : 2

1*

6

ἦδον H Sim 9:11:5
ᾆδητε Eph 4:2 FL
ᾄδεται Diog 11:6 Eph 4:1
ᾄσητε Rom 2:2
ἀεί Diog 8:8; 11:5; 12:8 Eph 11:2
    Pol 2:2 cit Philip 6:1 cit Mar
    13:2
ἀέναον 1 Clem 60:1 FL
    ἀένναον 1 Clem 60:1
    ἀέναοι 1 Clem 20:10
ἀετόν Bar 10:1 cit, 4 cit
Ἀζαρίας 1 Clem 45:7
ἀηδέστερον Pap 3
ἀηδῶς 2 Clem 19:2
ἀήρ Diog 7:2
ἀθά Did 10:6
ἀθανασίας Eph 20:2 Did 10:2
    ἀθανασίᾳ 1 Clem 35:2
ἀθάνατος Diog 6:8
    ἀθανάτου 1 Clem 36:2
    ἀθανάτῳ Did 4:8
    ἀθάνατον 2 Clem 19:3 Diog 9:2
ἀθέμιστον Diog 4:2
ἀθέμιτον 1 Clem 63:2
    ἀθέμιτα Did 16:4
ἄθεοι Tral 10:1
    ἀθέους Tral 3:2 Mar 3:1; 9:2[2]
ἀθετοῦσι H Man 3:2
    ἠθέτησαν H Vis 2:2:2
    ἀθετηθῇ Eph 10:3 FL
    ἀθετηθείς Eph 10:3
ἄθικτα Philad 8:2
ἀθλοῦμεν 2 Clem 20:2 L
    ἀθλῶμεν 2 Clem 20:2
    ἤθλησαν 1 Clem 5:2
ἀθλητής Pol 1:3; 2:3
    ἀθλητοῦ Pol 3:1
    ἀθλητάς 1 Clem 5:1
ἄθραυστον 1 Clem 59:2
ἀθυμίαν 1 Clem 46:9
ἀθῷος 1 Clem 46:3 cit H Man
    2:6 Did 1:5[2]
    ἀθῴου 1 Clem 46:3 cit
    ἀθῷοι 1 Clem 59:2
    ἀθῴοις 1 Clem 46:4
αἴγειον H Vis 5:1 F H Sim 6:2:5
    αἰγείοις 1 Clem 17:1

Αἰγύπτιον 1 Clem 4:10 cit
    Αἰγύπτιοι Bar 9:6
Αἰγύπτου 1 Clem 4:10; 25:3;
    51:5[2]; 53:2 cit Bar 2:7 cit;
    4:8 cit; 14:3 cit
    Αἴγυπτον 1 Clem 17:5
αἰδεσθῶμεν 1 Clem 21:6
    αἰδέσθητι Mar 9:2
ἀϊδίου Eph 19:3
αἰδοῖον Pap 3
αἰκίαν 1 Clem 45:7
    αἰκίαις 1 Clem 6:1; 51:2
αἰκισμάτων 1 Clem 17:5
    αἰκίσματα 1 Clem 6:2
αἰκισμόν 1 Clem 11:1
αἷμα 1 Clem 21:6 Bar 12:1 cit
    Tral 8:1
    αἵματος 1 Clem 12:7; 55:1
    Bar 5:1 F Diog 3:5 Philad
    4:1 Mar 16:1 H Vis 4:3:3
    αἵματι Bar 5:1 Diog 2:8 Eph
    1:1 Philad Int Smyr 1:1;
    3:2 L; 12:2
    αἷμα 1 Clem 7:4; 49:6 Bar
    2:5 cit Rom 7:3 Smyr 6:1
    Philip 2:1
    αἱμάτων 1 Clem 18:14 cit
αἱματῶδες H Vis 4:3:3
    αἱματῶδες H Vis 4:1:10
αἰνέσεως 1 Clem 35:12 cit; 52:3 cit
    αἴνεσιν 1 Clem 18:15 cit
αἰνῶ Mar 14:3
    αἰνεῖν Bar 7:1 Diog 2:7
αἶνον 2 Clem 1:5; 9:10
αἵρεσις Eph 6:2; Tral 6:1
    αἵρεσιν Mar Ep 1 H Sim 9:23:5
αἱρετισώμεθα 2 Clem 14:1
αἱρετώτερον H Vis 4:2:6
αἱρῶν Diog 12:8
    εἵλατο H Sim 5:6:6
αἴρει 1 Clem 25:3 H Vis 2:1:1
    αἶρε Mar 3:1; 9:2[2]
    αἴρειν Bar 8:1
    αἴροντες 1 Clem 29:1
    αἴρεται 1 Clem 16:8 cit 2 Clem
    7:4
    ἀρεῖς Bar 19:3 Did 4:9

12:6:5 H Sim 5:3:6; 6:1:4;
2:3; 3:3; 7:2; 8:11:3;
9:24:4 Did 16:4
αἰῶνι Philip 5:2 H Vis 3:6:6
H Man 12:1:2 H Sim 3:1,
2, 3; 4:3, 4
αἰῶνα 2 Clem 19:4 Bar 6:3 cit;
8:5;9:2 cit; 10:11; 11:10cit,
11 cit, 11; 12:2 Philip 9:2 cit
H Vis 1:1:8 H Sim 4:2, 8;
9:18:2
αἰώνων 1 Clem 20:12; 32:4;
35:3; 38:4; 43:6; 45:7, 8;
50:7; 55:6; 58:2; 61:2, 3;
64; 65:2² 2 Clem 20:5 Bar
18:2 Eph Int Mag 6:1 Mar
22:3; Ep 4
αἰῶσιν Eph 8:1; 19:2
αἰῶνας 1 Clem 20:12; 32:4;
38:4; 43:6; 45:7, 8; 50:7;
58:2; 61:3;64;65:2 2 Clem
20:5 Bar 18:2 Diog 12:9
Smyr 1:2 Mar 14:3; 20:2;
21:1; 22:3; Ep 4 Did 8:2;
9:2, 3, 4; 10:2, 4, 5
αἰώνιος 1 Clem 65:2 Eph 18:1
Philad Int Pol 2:3 Mar 21:1
αἰωνίου 2 Clem 5:5; 6:7 Bar
20:1 Mar 11:2; 14:2, 3
αἰωνίῳ 1 Clem 18:1 cit Pol 8:1
αἰώνιον 2 Clem 8:4, 6; 9:10L
Mar 2:3; 20:2 H Vis 2:3:2;
3:8:4; 4:3:5 H Sim 6:2:4
Did 10:3
αἰώνιον Diog 10:7 Mar 2:3
ἀκαθαρσίᾳ Bar 19:4
ἀκαθαρσίαν Bar 10:8
ἀκαθάρτοις Bar 10:8
ἀκάθαρτα H Vis 1:1:7
ἀκαιρεθῆναι H Sim 9:10:5
ἄκαιρος Rom 4:1
Ἀκακία H Vis 3:8:5, 7 H Sim
9:15:2
Ἀκακίας H Vis 3:8:7
ἀκακίας H Vis 1:2:4
ἀκακίᾳ H Vis 2:3:2; 3:9:1

ἀκακίαν 1 Clem 14:5 cit H Sim
9:29:3
ἄκακος H Man 2:1 Did 3:8
ἄκακον H Sim 9:30:3
ἄκακον Diog 9:2
ἄκακοι 1 Clem 14:4 cit H Sim
9:24:2; 30:2
ἄκανθαν Bar 7:11
ἄκανθαι H Sim 9:20:1
ἀκανθῶν Bar 7:11 H Man 10:
1:5 H Sim 6:2:6; 9:1:5
ἀκάνθαις Bar 9:5cit H Sim 6:
2:6L, 7
ἀκάνθας H Sim 6:2:6; 9:20:1
ἀκανθώδης H Man 6:1:3, 4
ἀκανθῶδες H Sim 9:1:5 FL
ἀκανθώδη H Sim 6:2:6
ἄκαρπον H Sim 2:3; 9:19:2
ἄκαρποι H Sim 4:4
ἀκαταλήπτῳ 1 Clem 33:3
ἀκαταστασία 1 Clem 3:2; 43:6
ἀκαταστασίᾳ 1 Clem 14:1 HSim
6:3:4
ἀκαταστασίας 2 Clem 11:4 cit
ἀκαταστατεῖ H Man 5:2:7
ἀκαταστατοῦντες H Sim 6:3:5
ἀκατάστατον H Man 2:3
ἀκατασχέτω Mar 12:2
ἀκαυχησίᾳ Pol 5:2
ἀκέραιος Pol 2:2 cit
ἀκέραιον 1 Clem 21:7
ἀκέραιοι 1 Clem 2:5
ἀκεραιοσύνη Bar 3:6; 10:4
ἀκηδίας H Vis 3:11:3
ἀκινήτῳ Smyr 1:1
ἀκίνητον Pol 1:1
ἀκίνητον Philad 1:2
ἀκίνητα Diog 2:4
ἄκκεπτα Pol 6:2
ἄκμων Pol 3:1
ἀκοή 1 Clem 47:7
ἀκοῇ 1 Clem 16:3 cit Bar 9:1
cit, 2 cit
ἀκοήν Bar 9:1 cit
ἀκοάς Bar 9:4; 10:12
ἀκοίμητον Pol 1:3
ἀκολουθεῖ Philad 3:3; 11:1

ἀκολουθεῖτε Philad 2:1 Smyr
8:1
* ἀκολούθεῖν H Man 6:2:9
ἀκολουθοῦντες 1 Clem 40:4 Diog
5:4
ἀκολουθοῦντα Diog 7:2
ἀκολουθήσῃ H Vis 3:8:4
ἀκολουθήσωμεν 1 Clem 35:5
ἀκόλουθον Mar 18:1
ἀκόλουθοι H Sim 9:15:3
ἀκόλουθα Eph 14:1
ἀκολούθων H Sim 5:5:1
ἀκόλουθα Mar 8:2; 9:2 H Man
8:4, 10
ἀκόρεστος 1 Clem 2:2
ἀκουτιεῖς 1 Clem 18:8 cit
ἀκούεις H Man 3:5
ἀκούομεν Bar 10:8
ἀκούετε Eph 6:2
ἤκουον 1 Clem 39:3 cit H Sim
5:4:5
ἤκουον H Vis 3:5:1
ἀκούῃ 2 Clem 15:2
ἀκουε Bar 9:2 cit, 3 cit Mar 10:1
H Vis 1:3:3; 3:2:1; 3:2,5;
5:1; 8:3, 6; 11:1; 12:1;
4:3:2 H Man 2:2; 5:2:1;
6:2:1, 3, 5; 8:2, 3, 4, 7, 8;
10:1:4; 2:1; 11:7, 11; 12:
3:1 H Sim 2:5; 5:1:3; 2:1;
5:1; 6:1, 4; 7:1; 6:2:3;
3:4; 4:3; 5:2; 7:2; 8:3:2;
6:4; 7:1; 9:12:1; 13:6;
14:5; 15:1,3; 17:1,2; 18:5;
28:3²; 30:1, 4
ἀκουέτω Did 15:3
ἀκούετε Philad 6:1
ἀκούειν Bar 16:10 Diog 1:1
Eph 15:2 Philad 6:1 Did
3:4 F
ἀκούων 1 Clem 57:7 cit 2 Clem
15:2 Eph 16:2 H Man 2:2
ἀκούοντες 2 Clem 1:2; 10:5
ἀκούοντα 2 Clem 13:3
ἀκούοντας Mar 7:2 H Man 12:
3:2
ἀκούονται 1 Clem 27:7 cit

ἀκούεσθαι 1 Clem 47:6
ἀκουομένων 1 Clem 28:1
ἀκούσεσθε Did 11:12
ἀκούσονται Bar 9:1 cit H Vis
3:3:2
ἤκουσα Philad 8:2 H Vis 1:3:3
H Man 3:4; 4:3:1
ἤκουσας Bar 19:4 H Man 4:3:2
Did 3:8
ἤκουσε Pap 2:15² H Sim 5:2:11
ἤκουσεν 1 Clem 34:8 cit 2 Clem
11:7 cit Mar 2:3 cit; Ep 3
H Vis 3:13:2
ἠκούσαμεν 1 Clem 23:3 cit
2 Clem 11:2 cit
ἤκουσαν Bar 8:7 Mar 9:1 H Vis
2:2:2
ἀκούσῃς H Man 2:2
ἀκούσῃ Bar 11:11; 12:8 Eph
4:2 H Man 3:5
ἀκούσητε Did 11:2
ἀκούσωσι 2 Clem 13:4² H Man
10:1:5 H Sim 9:21:3; 23:2
ἀκούσωσιν 2 Clem 13:4² FL
H Vis 3:3:2
ἄκουσον Mar 10:1 H Vis 1:1:6
H Man 8:10; 11:18; 12:1:3;
5:1
ἀκουσάτω Bar 9:2 cit
ἀκούσατε 1 Clem 22:1 cit Bar
7:3; 9:3² cit; 13:2 H Vis 3:
9:1, 2 H Man 12:6:3
ἀκοῦσαι 1 Clem 4:10 Diog 1:1;
3:1 Tral 12:3 H Vis 1:3:3
H Sim 9:11:9
ἀκούσας Mar 5:1; 7:2 H Vis
3:12:2 H Man 3:3; 4:2:4;
3:7 H Sim 5:7:1
ἀκούσασα H Vis 2:2:3 H Sim
9:18:5
ἀκούσαντα Diog 1:1
ἀκούσαντες Bar 9:4 Diog 12:1
Eph 1:2 H Vis 3:3:1, 2;
7:3; 8:11; 12:2; 5:7² H Sim
5:3:9; 8:3:2; 6:3, 4; 7:5;
8:2; 10:1, 3; 11:2
ἀκούσαντα H Sim 9:17:4

ἀλλά 1 Clem 3:4; 4:13; 5:4;
7:1; 12:4 L, 8; 16:2, 3 cit;
17:5; 18:2; 19:1; 20:6;
21:7; 32:3, 4; 33:1; 35:6;
37:5; 43:5; 47:7; 51:5;
56:1; 57:4 cit; 60:2 2 Clem
2:4 cit, 6; 3:1, 4; 4:4; 5:4
cit; 9:10; 11:5; 13:1, 4 cit;
14:2; 15:1; 17:3²; 20:1,4
Bar 3:3 cit; 4:8; 5:9 cit;
7:3; 9:4², 6², 9; 10:4², 5, 6,
7, 8, 12; 12:10; 14:1; 15:8;
16:2, 10; 19:5, 6; 20:2;
21:8 Pap 2:3²; 3 Diog 2:1,
9; 4:1; 8:4,7; 9:1, 2; 10:5;
11:1; 12:8 Eph 5:1; 15:3;
20:2 Mag 3:1², 2²; 4:1;
9:1; 11:1 Tral 1:1; 2:1;
5:1; 8:1; 13:3² Rom 2:1;
3:2², 3; 8:3 Philad 6:2;
7:1; 8:2 Smyr 5:3 Pol 4:3;
7:3 Philip 1:3; 6:1; 8:1;
9:1, 2 Mar 1:2 cit, 2; 3:1;
11:2; 12:1; 19:1 H Vis
1:1:6, 9²; 2:4; 3:1³, 2;
2:2:2, 3²; 3:1, 2; 3:1:9;
2:1, 2, 9; 3:2; 4:3;6:3 FL;
7:5; 8:9; 9:2; 11:3; 12:2²;
4:2:3; 5:5 H Man 2:3, 4;
3:3; 4:1:8, 9, 11; 2:2; 3:6;
5:1:7; 6:1:1, 2; 8:2, 7²;
9:2; 10:1:5 F; 11:5, 8, 11 F,
12, 13; 12:1:2; 3:6 H Sim
3:3; 4:7; 5:7:4; 7:4;
8:6:5; 7:2²,3, 4, 5, 6; 9:1;
11:1; 9:11:6; 15:6; 19:3;
20:4; 21:4; 23:2; 24:2;
25:2; 26:3²; 28:6; 29:1,2
Did 1:6; 2:5, 7; 3:9; 4:9;
8:2; 16:1
ἀλλ' 1 Clem 5:1; 12:4; 13:1
cit, 4 cit; 17:4, 5; 37:3;
38:2²; 39:3 cit, 8 cit; 40:2;
41:2²; 43:6; 45:4²; 47:4;
50:3 2 Clem 4:2 cit, 3; 7:1;
13:4; 18:2; 20:3 Bar 1:8;
2:8 cit; 4:6,9, 10; 6:3; 9:6;

10:5 F; 11:1, 7 cit; 13:5 cit;
19:7; 20:2 F Pap 2:15; 3
Diog 5:5, 6, 7, 8, 9; 7:2², 4;
8:8; 9:1; 10:6; 12:2² Eph
3:2; 6:2; 10:3; 14:2 Mag
3:1; 6:2²; 7:1; 10:3; 11:1
Tral 2:2, 3; 3:3 L; 4:1, 2;
6:1 Rom 4:3; 5:1 cit; 9:2
Philad 1:1; 2:2; 3:1; 5:1²
Smyr 4:1, 2; 5:1; 8:2; 11:1
Pol 4:3 Philip 3:1; 4:1 cit;
9:2 Mar 2:3; 5:1; 7:1;
15:2 H Vis 1:3:1²,2; 3:1:9;
3:2; 4:3; 5:5; 8:10²; 10:9,
10; 5:7 H Man 3:3; 4:1:5;
3:2; 5:1:2; 2:5; 6:1:3;
7:3; 8:10; 9:2,3; 11:4, 11,
13; 12:5:1 H Sim 1:3; 2:3,
9; 3:1, 2; 5:1:3; 2:7; 6:1;
6:1:2; 2:4, 6; 3:5; 7:2²,
4, 6; 8:1:4, 7; 9:1, 4²; 10:1;
9:2:6; 4:6; 5:3; 14:4;
16:6; 18:1; 20:2; 23:4;
26:6; 28:4 Did 4:10; 5:2;
8:2; 9:5; 11:8; 15:3; 16:7
ἀλλαγάς Diog 4:5
ἀλλάσσει Bar 10:7
ἤλλασσον H Sim 9:4:5
ἀλλάξει Bar 15:5
ἀλλάξῃ H Sim 9:5:2
ἀλλάξαι H Sim 9:4:8
ἀλλήλων 1 Clem 46:7 2 Clem 4:3
Tral 12:2 Pol 6:2 H Vis 3:
5:1; 6:3²;9:2 H Sim 8:10:1;
9:15:6; 23:2; 24:2
ἀλλήλων H Vis 3:8:5, 7
ἀλλήλων H Sim 5:7:4
ἀλλήλοις 1 Clem 20:9 2 Clem
4:3 Mag 13:2 Pol 6:1 H Vis
3:2:6 H Sim 8:7:4²;9:23:3
ἀλλήλοις H Sim 9:3:5 L
ἀλλήλαις H Vis 3:8:7 H Sim
2:1; 9:3:5
ἀλλήλοις 1 Clem 20:2 H Man
11:13
ἀλλήλους 1 Clem 2:5; 56:2
2 Clem 9:6; 17:2 Diog 1:1

Mag 6:2² Tral 13:2 H Vis
3:9:2, 10 Did 15:3; 16:4
ἀλλοιοῦσα 1 Clem 20:4
ἠλλοίωσεν 1 Clem 6:3
ἠλλοιώθη H Vis 5:4 H Man
12:4:1
ἠλλοιώθησαν H Sim 8:5:1
ἄλλος Bar 6:8 Philip 3:2
ἄλλη H Sim 2 tit; 3 tit; 4 tit;
5 tit; 9:17:2²
ἄλλο 2 Clem 1:6 Diog 9:3
H Man 10:1:2³
ἄλλου Bar 15:8
ἄλλου Mar 15:2
ἄλλῳ Bar 11:6; 12:1 Did 1:2
ἄλλη Bar 13:4
ἄλλῳ Mag 10:1
ἄλλον Bar 6:11 Eph 9:2 F
ἄλλην 1 Clem 51:5 H Sim 9:
1:4² Did 1:4; 11:2, 5
ἄλλο Diog 8:2 H Vis 3:8:1;
11:3; 13:2 Did 7:2
ἄλλοι H Vis 3:2:8³; 4:3; 10:1‹
H Sim 9:4:3; 14:2 Did 7:4
ἄλλαι H Vis 3:2:5 H Sim
9:2:3; 4:1; 11:4; 17:1²
ἄλλα Eph 14:1
ἄλλων 1 Clem 30:7 Eph 10:1
H Vis 3:1:9 Did 11:12
ἄλλοις Rom 10:1 Philip 9:1
H Sim 9:1:10²; 28:1²
ἄλλαις Mar 2:4 H Man 10:1:4
ἄλλους Diog 7:8 Rom 3:1 H Vis
3:2:7 H Sim 8:2:2
ἄλλας Philip 13:2
ἄλλα Diog 2:10 Eph 7:1 H Sim
6:1:6
ἀλλοτρίας 1 Clem 1:1 Tral 6:1
H Man 4:1:1; 12:2:1
ἀλλοτρίου Rom Int H Sim 1:11
ἀλλοτρίᾳ Philad 3:3
ἀλλότριοι 1 Clem 7:7
ἀλλότρια H Sim 1:3
ἀλλοτρίων H Sim 1:11
ἀλλοτρίας Bar 10:4 Pap 2:3
ἀλλότρια 2 Clem 5:6 Bar 10:4
ἀλλόφυλοι Diog 5:17

ἀλλοφύλων 1 Clem 4:13; 55:4
Bar 12:2
ἄλλως H Sim 7:3; 9:12:5², 6;
13:2; 16:2
ἁλός 1 Clem 11:2
ἀλύπητον 2 Clem 19:4
ἅλω 1 Clem 29:3 cit
ἅλωνος 1 Clem 56:15 cit Did
13:3
ἅμα Bar 8:6 Diog 8:11 Eph 2:1;
19:2 Mag 15:1 Tral 12:1
Rom 10:1 Philad 4:1; 11:1, 2
Smyr 12:1
Ἀμαλήκ Bar 12:9 cit
ἄμαξα Pap 3
ἁμαρτάνει Eph 14:2 H Man 4:1:4,
5, 8; 4:1, 2²
ἁμαρτάνομεν 2 Clem 1:2
ἁμαρτάνουσι H Sim 4:5
ἁμαρτάνουσιν 2 Clem 1:2 FL
Bar 10:10
ἁμαρτάνῃ H Man 4:3:6
ἁμαρτάνειν H Man 4:1:11;
3:2
ἁμαρτανόντων H Sim 9:19:3
ἁμαρτάνοντας H Man 8:10
ἁμαρτήσῃ H Man 4:3:6
ἁμαρτήσας H Man 4:2:2
ἁμαρτήσασιν H Vis 2:2:4
ἁμαρτήσαντας H Sim 9:14:3
ἥμαρτον 1 Clem 18:4 cit H Vis
1:1:7; 2:3
ἥμαρτες 1 Clem 4:4 cit H Vis
1:1:6
ἥμαρτε Pap 2:15
ἥμαρτεν H Man 4:2:2
ἡμάρτετε 1 Clem 2:3
ἥμαρτον H Vis 2:2:4 H Sim 4:4
ἁμάρτῃ 1 Clem 56:13 cit
ἡμαρτηκώς H Man 9:1
ἡμαρτηκότα H Man 4:1:8, 11
ἡμαρτηκότες H Vis 3:5:5
ἡμαρτηκότας H Sim 8:6:5
ἁμαρτημάτων H Vis 3:2:2
ἁμαρτήμασι H Man 12:6:2
ἁμαρτήμασιν 1 Clem 7:7 Bar
14:5 Diog 9:1

14

ἄμπελον 1 Clem 23 : 4 cit 2 Clem
11 : 3 cit H Sim **2** : 1, 2, 8
ἄμπελοι H Sim **5** : 5 : 2
ἀμπέλους H Sim **5** : 2 : 5
ἀμπελών H Sim **5** : 2 : 4; 6 : 2
ἀμπελῶνος H Sim **5** : 2 : 3; 4 : 1²;
5 : 3
ἀμπελῶνι H Sim **5** : 2 : 2, 4, 7
ἀμπελῶνα H Sim **5** : 2 : 2², 3²,
4², 5²; 4 : 1; 6 : 2
ἀμπελῶνες H Man **10** : 1 : 5
ἀμφιβολίαν Did 14 : 2
ἀμφότεροι Philad 6 : 1 H Man **6** :
2 : 2 H Sim **2** : 7, 9
ἀμφότεραι H Man **10** : 2 : 4
ἀμφότερα 1 Clem 42 : 2 H Man
10 : 2 : 4; **11** : 19 H Sim **5** : 7 : 4
ἀμφοτέρων H Vis **3** : 2 : 1 H Man
6 : 2 : 6; **11** : 7, 16
ἀμφοτέρων 2 Clem 16 : 4 H Sim
6 : 4 : 3
ἀμφοτέρων Diog 9 : 6
ἀμφοτέροις Bar 19 : 7 Did 4 : 10
ἀμφότερα H Man **5** : 1 : 4 H Sim
5 : 7 : 4 Did 7 : 3
ἄμωμος H Vis **4** : 2 : 5
ἀμώμου Pol 1 : 1
ἀμώμῳ 1 Clem 1 : 3; 35 : 5; 45:7
Eph Int; 4 : 2 Mag 7 : 1 Phi-
lip 5 : 3
ἀμώμῳ Smyr Int
ἄμωμον 1 Clem 36 : 2 Tral 1 : 1
Mar 17 : 2
ἄμωμοι 1 Clem 50 : 2 Tral 13 : 3
ἀμώμοις 1 Clem 33 : 4
ἀμώμοις 1 Clem 37 : 1
ἀμώμως Rom Int
ἄν 1 Clem 10 : 3 cit; 17 : 4 cit;
18 : 4 cit, 16 cit; 32 : 1; 36 : 5
cit; 43 : 4; 50 : 2; 57 : 4² cit
Bar 2 : 5 cit; 3 : 2 cit; 5 : 10;
6 : 11; 7 : 3 cit; 11 : 6 cit, 10 cit,
11 cit, 11; 12 : 10 cit Diog 1:1;
2 : 1, 3, 4, 10; 3 : 3, 4; 4 : 5;
7 : 2, 3; 8 : 3, 11 Mag 10 : 1
Tral 11 : 2² Rom 7 : 2 Philad
3 : 2 Smyr 8 : 1, 2³ Philip 7 : 1

cit, 1² Mar 2 : 2; 7 : 2; 10 : 2 L
H Vis **3** : 3 : 3, 4; 8 : 4, 8 H Man
2 : 2; **3** : 5; **4** : 1 : 9; 2 : 4; **5** : 1 : 7;
6 : 1 : 5; 7 : 4; **10** : 3 : 4; **12** : 2 : 3;
3 : 1; **6** : 5 H Sim **4** : 8; **5** : 3 : 2,
9²; 4 : 2, 3, 5; **6** : 1 : 1; 3 : 6;
4 : 3; **8** : 11 : 4; **9** : 2 : 7 F; 11 : 9;
12 : 8; 13 : 3; 15 : 6; 28 : 6;
29 : 3 Did 1 : 6; 11 : 1, 12;
13 : 7
κἄν v sub ἐάν
ἀνά H Sim **9** : 2 : 3²; 15 : 2
ἀναβαίνει H Man **4** : 2 : 2; **10** : 3 : 3
H Sim **6** : 3 : 5, 6; **9** : 29 : 1
ἀναβαίνομεν Bar 11 : 11
ἀναβαίνουσι H Sim **9** : 16 : 4
ἀνέβαινεν Bar 11 : 10 cit
ἀναβαινέτω H Man **4** : 1 : 1
ἀναβαίνειν H Man **4** : 1 : 3 H Sim
9 : 3 : 3
ἀναβαίνοντος 1 Clem 53 : 2 L
ἀναβαίνοντες H Sim **9** : 4 : 4
ἀναβήσεται H Vis **3** : 9 : 6
ἀνέβη 1 Clem 34 : 8 cit 2 Clem
11 : 7 cit Bar 15 : 9 Mar 2 : 3 cit
H Vis **1** : 1 : 8; 2 : 4; **3** : 7 : 2
H Sim **9** : 28 : 4
ἀνέβησαν H Sim **8** : 6 : 6; **9** : 3 : 3;
4 : 3³; 16 : 1, 5, 6³
ἀναβῶ 1 Clem 28 : 3 cit
ἀναβῇ H Vis **1** : 1 : 8; **3** : 7 : 6²
H Man **4** : 1 : 2; **6** : 2 : 3², 4, 5,
7, 8; **12** : 3 : 5 H Sim **2** : 3, 5;
5 : 7 : 2
ἀναβήτω H Sim **5** : 1 : 5
ἀναβῆναι H Man **10** : 3 : 2, 3
H Sim **9** : 16 : 2
ἀναβάντος 1 Clem 53 : 2
ἀναβάντας H Sim **9** : 3 : 5
ἀναβεβηκυῖαν H Sim **9** : 2 : 1
ἀναβεβηκότες H Sim **9** : 17 : 3
ἀναβεβηκότων H Sim **9** : 5 : 3
ἀναβάται 1 Clem 51 : 5
ἀναβιώσας 2 Clem 19 : 4
ἀνέβλεπον Mar 2 : 3
ἀνεβλέψαμεν 2 Clem 1 : 6
ἀνεβλέψατε 2 Clem 9 : 2

ἀνεκλάλητον Eph 19:2
ἀνεκλαλήτῳ Philip 1:3 cit
ἀνεκτόν 2 Clem 10:5
ἄνεμος Bar 11:7 cit
  ἀνέμων 1 Clem 20:10 Did 10:5
  ἀνέμους Pol 2:3
ἀνεμποδίστως Rom 1:2
ἀνεξιχνιάστου Diog 9:5
  ἀνεξιχνίαστα 1 Clem 20:5
ἀνεπίληπτον Mar 17:1
ἀνηρώτα Mar 9:2
ἄνεσιν Bar 4:2
ἄνευ Bar 2:6; 19:6 Diog 12:4²,
  5, 6 Mag 7:1² Tral 2:2;
  11:2 Pol 4:1²
ἀνέχομαι Bar 2:5 cit; 15:8 cit
  ἀνέχῃ H Man 4:4:1
  ἀνέχεται 1 Clem 49:5 Diog 2:9
  ἀνέχου Pol 1:2
  ἀνεχόμενος Diog 9:1
  ἀνέξεται Diog 2:9
  ἠνέσχετο Diog 9:2
  ἀνάσχου H Man 4:2:1
  ἀνασχέσθω Diog 2:9
ἀνήκουσαν Philad 1:1 Pol 7:3
  Philip 13:2 H Sim 5:2:1
  ἀνηκόντων 1 Clem 45:1; 62:1
  Bar 17:1 Smyr 8:1
  ἀνήκοντα 1 Clem 35:5 Did 16:2
ἀνήρ 1 Clem 39:4 cit; 50:6 cit
  Bar 10:10 cit H Vis 1:1:8;
  5:1 H Man 4:1:4, 5², 6²,
  8², 10; 2:2 L; 4:1; 5:2:2;
  6:2:7, 8; 9:6; 10:3:1, 2
  H Sim 9:6:1, 3; 7:1; 11:3;
  12:8
  ἀνδρός 1 Clem 46:3 cit Philad
  6:1; 11:1 H Man 4:1:3;
  10:3:2; 12:2:1 H Sim 8:7:6
  ἀνδρί 1 Clem 47:4 Philad 11:1
  H Vis 1:1:8 H Man 4:1:8
  ἄνδρα 1 Clem 18:1 cit 2 Clem
  2:1 cit,3 cit Eph 4:2; 20:2 Tral
  13:2 Smyr 5:1; 12:2 Pol
  1:3 Mar 7:2 H Man 4:1:7;
  6:2:7 H Sim 9:12:7
  ἄνδρες 1 Clem 12:4; 44:2 Bar

8:2² H Vis 1:4:3 H Sim
  9:3:1², 3, 4; 4:4, 7; 5:1; 6:2
  ἀνδρῶν 1 Clem 6:3; 43:5; 44:3;
  45:3 H Vis 3:2:5; H Man
  11:9², 13, 14 H Sim 9:3:1²,
  2; 4:5, 6; 6:1; 15:4
  ἀνδράσι 1 Clem 62:3 H Sim 9:
  3:2, 4; 4:8
  ἀνδράσιν 1 Clem 6:1 HSim 9:4:1
  ἄνδρας 1 Clem 1:3; 12:2, 5;
  63:3 Bar 8:1; 9:8 cit Philip
  4:2 H Sim 8:2:1; 4:2; 9:
  3:1; 12:7 Did 15:1
  ἄνδρες 1 Clem 14:1; 16:17;
  37:1; 43:4; 62:1
ἀντιστήσεται 1 Clem 27:5 cit
ἀντισταθῆτε H Man 12:5:2
ἀντισταθῶσιν H Man 12:2:3
ἀντιστῶμεν Bar 4:9
ἀντίστα H Man 5:2:8
ἀντίστηθι H Man 12:2:4
ἀντιστήτω Bar 6:1 cit
ἀνθεστήκασιν H Man 12:5:4
ἀνθεστηκότα H Man 12:2:4
ἄνθος 1 Clem 23:4 cit
ἀνθρωπαρεσκῆσαι Rom 2:1
ἀνθρωπάρεσκοι 2 Clem 13:1
ἀνθρωπίνης 1 Clem 50:2 Philad
  7:2
ἀνθρωπίνου Diog 5:3
ἀνθρωπίνην Eph 5:1
ἀνθρωπίνων 1 Clem 59:3 Diog
  7:1
ἀνθρωπίνους 2 Clem 10:3
ἀνθρωπίνως Eph 19:3
ἀνθρωπομόρφων Smyr 4:1
ἀνθρωποποίητον Bar 2:6
ἄνθρωπος 1 Clem 16:3 cit, 6 cit,
  15 cit; 22:2 cit; 29:3 cit;
  40:5; 56:6 cit Bar 5:4; 6:9
  Diog 2:1, 9; 7:2; 10:4 Rom
  6:2 Philad 8:1 H Vis 1:1:3;
  3:3; 3:3:1 FL H Man 5:2:7;
  10:1:2 FL; 11:7, 8, 9², 12,
  14²; 12:4:3²; 5:1, 3 H Sim
  5:7:3; 6:5:4; 9:12:5; 13:2;
  23:4

2

18

ἀνθρώπου 1 Clem 34:8 cit 2 Clem
11:7 cit Bar 12:10 Diog 2:2;
4:6; 7:9 Eph 20:2 Smyr 4:2
Mar 2:3 cit H Man 5:2:2,
6, 7; 6:2:1; 10:2:3; 11:3,
20; 12:3:4², 5, 6; 4:2 H Sim
6:1:1
ἀνθρώπῳ 1 Clem 14:5 cit; 46:8
cit; 51:3 Eph 7:2 L H Man
4:3:6; 5:1:4; 10:2:3; 3:2;
12:4:2 H Sim 6:5:3, 5, 7;
9:23:4; 24:2
ἄνθρωπον 1 Clem 33:4, 5² cit
2 Clem 10:3; 14:2 cit Bar
3:1 cit, 3; 5:5 cit; 6:12 cit;
16:10 Diog 7:4 Eph 20:1
Tral 2:1 F H Man 10:1:2;
2:2; 11:1, 7, 9, 16; 12:4:1
H Sim 9:16:3; 24:2; 26:7²
Did 2:7
ἄνθρωπε H Vis 3:3:1; 8:9;
4:2:2 H Man 10:1:2 H Sim
1:3
ἄνθρωποι Bar 5:10 Mar 2:3;
15:1 H Man 9:3; 10:1:5
H Sim 8:1:18; 9:14:1; 15:6;
19:2; 26:4
ἀνθρώπων 1 Clem 14:2; 16:3
cit, 15 cit; 61:2 2 Clem 1:6;
3:2 cit; 16:3 Bar 5:5 Diog
2:4; 4:2; 5:1, 3; 7:3; 8:1,5
Eph 9:2 L; 10:1 Philad 1:1;
6:1 Philip 3:2; 5:2; 6:1 cit
H Man 2:1; 4:3:4; 8:4, 9,
10; 11:6, 8 H Sim 5:5:4;
9:15:6; 19:3; 26:7 Did 16:5
ἀνθρώποις 1 Clem 1:1; 20:4,
8, 10; 21:5 2 Clem 13:1
Bar 10:3, 4, 5 Diog 7:2(²F)
H Man 3:1, 3 H Sim 2:8;
9:14:4 Did 10:3
ἀνθρώπους 1 Clem 62:2 2 Clem
4:4 Diog 7:4; 10:2 Tral 2:1
Rom 8:1 Philip 6:3 H Man
5:2:2; 11:1; 12:1:2, 3 H Sim
6:5:7; 9:1:9; 26:1
ἀνθυπατεύοντος Mar 21:1

ἀνθύπατος Mar 4:1; 9:2; 10:2;
11:1
ἀνθυπάτου Mar 3:1; 9:3 FL
ἀνθύπατον Mar 12:1
ἀνίατος H Man 5:2:4
ἀνιπτάμενοι Bar 11:3 cit
ἀνίστησιν 1 Clem 24:5
ἀνίσταται 1 Clem 24:3 2 Clem
9:1
ἀναστήσω 1 Clem 50:4 cit
ἀναστήσεις 1 Clem 26:3 cit
ἀναστήσομαι 1 Clem 15:6 cit
Rom 4:3
ἀναστήσονται Bar 11:7 cit
ἀνέστησεν Smyr 2:1
ἀναστήσας 1 Clem 24:1
ἀνέστη 1 Clem 4:6 cit Bar 15:9
ἀναστῇ 2 Clem 6:8 cit Bar 12:1 cit
ἀναστῶσιν Smyr 7:1
ἀναστῆναι Eph 11:2
ἀναστάντα Rom 6:1 Philip 9:2
ἀνοδίας H Vis 1:1:3
ἀνοδίαν H Vis 3:2:9
ἀνοδίαις H Vis 3:7:1
ἀνοδίας H Vis 3:7:1 H Man
6:1:3
ἀνόητε H Man 10:2:1
ἀνοήτοις 1 Clem 21:5
ἀνόητοι 1 Clem 23:4 cit 2 Clem
11:3 cit
ἀνοίας 2 Clem 13:1
ἀνοίγει 1 Clem 16:7² cit
ἀνοίγων Bar 16:9
ἀνοίξεις 1 Clem 18:15 cit
ἤνοιξας H Vis 4:2:4
ἤνοιξεν 1 Clem 43:5
ἀνοίξατε 1 Clem 48:2 cit
ἀνοίξαι Bar 14:7 cit
ἀνοίξας 1 Clem 59:3 Did 13:6
ἠνεώχθησαν 1 Clem 36:2
ἠνοίγη H Vis 1:1:4
ἀνεῳγυῖα 1 Clem 48:2
ἀνεῳγυιῶν 1 Clem 48:4
ἀνοικοδομήσουσιν Bar 16:4
ἠνόμησεν 1 Clem 53:2 cit Bar
4:8 cit; 14:3 cit
ἀνομήσαντα H Vis 1:3:1

ἀνυστερήτῳ Smyr Int
ἄνω 2 Clem 19 : 4 Diog 10 : 2 H Sim
    2 : 5
ἄνωθεν 2 Clem 14 : 2 Mar 1 : 1
    H Man 9 : 11; 11 : 5, 8, 20, 21²
ἀνωφελής H Sim 5 : 1 : 3
    ἀνωφελέσιν Mag 8 : 1
ἀξιαγάπητον 1 Clem 1 : 1; 21 : 7
    ἀξιαγάπητοι Philad 5 : 2
ἀξίαγνος Rom Int L
ἀξιέπαινος Rom Int
ἀξιόαγνος Rom Int
ἀξιοεπίτευκτος Rom Int
ἀξιοθαύμαστοι Philad 5 : 2
ἀξιόθεος Rom Int
    ἀξιοθέου Mag 2 : 1
    ἀξιοθέῳ Tral Int
    ἀξιόθεον Smyr 12 : 2
    ἀξιόθεα Rom 1 : 1
ἀξιομακάριστος Rom Int
    ἀξιομακαρίστου Eph 12 : 2
    ἀξιομακαρίστῳ Eph Int
    ἀξιομακαρίστων Rom 10 : 1
ἀξιονόμαστον Eph 4 : 1
ἀξιόπιστοι Philad 2 : 2 Pol 3 : 1
    ἀξιοπίστων Diog 8 : 2
ἀξιοπλόκου Mag 13 : 1
ἀξιοπρεπεστάτου Mag 13 : 1
ἀξιοπρεπής Rom Int
ἄξιος Eph 2 : 1, 2 Mag 12 : 1; 14 : 1
    Tral 4 : 2; 13 : 1 Rom 9 : 2
    Smyr 11 : 1 Pol 8 : 1 H Sim
    8 : 2 : 5 Did 13 : 1, 2
    ἄξιος Diog 4 : 4 Eph 4 : 1
    ἄξιον 2 Clem 1 : 3 H Vis 2 : 1 : 2;
    3 : 3 : 4; 4 : 1 : 3 H Man 4 : 2 : 1
    H Sim 7 : 5
    ἄξιον Smyr 11 : 3
    ἄξιοι Bar 9 : 9; 14 : 1, 4 Rom
    10 : 2 Smyr 9 : 2 H Sim 6 : 3 : 3
    ἄξια 2 Clem 13 : 3 Bar 21 : 8
    Eph 15 : 1
    ἀξίων Mag 2 : 1 H Sim 8 : 11 : 1
    ἀξίοις Eph 1 : 3 H Sim 8 : 6 : 1
    ἀξίους Mar 10 : 2 H Sim 9 : 28 : 5
    Did 15 : 1
    ἄξια Diog 4 : 1 Pol 6 : 2

ἀξιῶ H Vis 4 : 1 : 3
    ἀξιοῖ 1 Clem 53 : 5
    ἀξιοῦμεν 1 Clem 59 : 4
    ἀξιοῦσι Diog 3 : 2
    ἀξιοῦσιν Diog 7 : 1
    ἠξίωσα Mar 10 : 2
    ἠξίωσας Mar 14 : 2
    ἠξίωσεν 1 Clem 55 : 6
    ἠξιώσατε Mar 20 : 1
    ἀξιώσωμεν 1 Clem 51 : 1
    ἠξιώθην Eph 9 : 2; 21 : 2 Mag 2 : 1
    ἀξιωθῶμεν Diog 9 : 1
    ἀξιωθῆναι Mag 14 : 1 Rom 1 : 1
ἀξίως 1 Clem 21 : 1 Diog 11 : 1
    Philip 5 : 1, 2 Mar 17 : 3
ἀξιώτερος H Vis 3 : 4 : 3
ἀοίκητον Pap 3
ἄοκνον Pol 7 : 2²
ἀόκνως 1 Clem 33 : 8
ἀόρατος Diog 6 : 4²; 7 : 2
    ἀοράτου H Vis 3 : 3 : 5
    ἀοράτῳ 2 Clem 20 : 5 H Vis
    1 : 3 : 4
    ἀόρατον Mag 3 : 2 Pol 3 : 2
    ἀόρατοι Smyr 6 : 1
    ἀοράτων Rom 5 : 3
    ἀοράτους Bar 11 : 4 cit
    ἀόρατα Tral 5 : 2 Pol 2 : 2
ἀόργητος 1 Clem 19 : 3 Diog 8 : 8
    ἀόργητον Philad 1 : 2
ἀπαγγέλλωσιν 1 Clem 65 : 1
    ἀπήγγειλεν H Sim 5 : 2 : 11
    ἀπαγγείλωσιν 1 Clem 65 : 1 L
    ἀπηγγέλη Philad 10 : 1
ἀπάγομαι Eph 21 : 2
    ἀπαγομένους Diog 9 : 1
    ἀπαχθῆναι H Sim 9 : 4 : 7 FL
    ἀπήγαγε H Sim 9 : 1 : 4
ἀπαθής Eph 7 : 2
    ἀπαθῆ Pol 3 : 2
ἀπαίδευτοι 1 Clem 39 : 1
ἀπαιτεῖ Pol 2 : 3
    ἀπήτει H Sim 8 : 1 : 5
    ἀπαίτει Did 1 : 4, 5
ἀπηλλάγη 1 Clem 5 : 7
    ἀπαλλαγῶμεν 2 Clem 17 : 3

ἀπαλλαγῆναι Mar 3:1
ἀπηλλοτρίωσεν 1 Clem 6:3
ἀπαλλοτριῶσαι 1 Clem 14:2
ἀπαναίνου 1 Clem 56:6 cit
ἀπανθρώπων Mar 2:3
ἀπήντησεν H Vis 4:2:3
ἅπαξ 1 Clem 53:3 cit H Vis 3:3:4
    H Man 4:4:1
ἀπαρνοῦνται H Vis 3:6:5
    ἀπηρνήσω H Sim 1:5
    ἀπαρνήσῃ H Sim 1:5
    ἀπαρνῆσαι H Sim 1:5
    ἀπηρνήσαντο H Sim 8:8:2
    ἀπήρνηται Smyr 5:2
ἀπαρτίσει Philad 5:1
    ἀπηρτίσατε Eph 1:1
    ἀπαρτίσῃ Mar 6:2
    ἀπαρτίσητε Pol 7:3
    ἀπαρτίσας H Sim 5:5:2
    ἀπήρτισμαι Eph 3:1
    ἀπηρτισμένον Eph 19:3
ἀπάρτισμα Philad 9:2
ἀπαρχήν 1 Clem 24:1; 29:3 cit
    Did 13:3², 5, 6, 7
    ἀπαρχάς 1 Clem 42:4 Bar 1:7
ἅπαν Mar 12:2
    ἅπαντες 2 Clem 17:2
    ἅπαντα 1 Clem 59:4 FL
    ἁπάντων Mar 8:1
    ἁπάντων 1 Clem 8:2; 20:11;
        26:1; 33:2; 52:1; 59:2 Did
        3:2, 3, 4, 5, 6; 5:2
    ἅπασιν Mar 2:2
    ἅπασιν Pol 2:2 cit
ἀπατᾷ H Man 11:13
    ἀπατῶν H Sim 6:2:1
    ἀπατῶσαν Diog 2:1
    ἀπατῶνται H Sim 6:4:1
    ἀπατώμενος H Sim 6:5:3, 4
    ἀπατώμενοι H Sim 6:4:1
    ἀπατηθῇ H Sim 6:4:4
    ἀπατηθέντες H Sim 9:13:9
ἀπάτη H Man. 8:5 H Sim 6:5:3
    ἀπάτης Diog 4:6; 10:7 H Sim
        6:2:1; 4:4²; 5:1, 4
    ἀπάτην 2 Clem 6:4

ἀπάταις H Man 11:12 H Sim
    6:2:2, 4; 3:3
    ἀπάτας H Sim 6:5:6
Ἀπάτη H Sim 9:15:3
ἀπαύγασμα 1 Clem 36:2 cit
Ἀπείθεια H Sim 9:15:3
ἀπειθοῦντα Bar 12:4 cit F
    ἀπειθούντων Philip 2:1
    ἀπειθοῦσιν 1 Clem 58:1
    ἀπειθοῦντας Mag 8:2
    ἠπειθήσατε 1 Clem 57:4 cit
    ἀπειθήσωσι 1 Clem 59:1
    ἀπειθήσωσιν 1 Clem 59:1 FL
ἀπειθῇ Bar 12:4 cit
ἀπειλεῖς Mar 11:2
    ἀπειλήν H Man 12:6:2
    ἀπειλάς 1 Clem 58:1
ἄπειμι 1 Clem 54:2
    ἄπεισιν 1 Clem 24:3
    ἀπῄει H Sim 9:7:3
ἄπεστιν 1 Clem 3:4 FL; 15:2 cit
    2 Clem 3:5 cit
    ἀπών Philip 3:2
    ἀπόντα Smyr 9:2
ἀπείρου 1 Clem 20:6
ἀπελεύθερος Rom 4:3
ἀπηλπισμένων 1 Clem 59:3
ἀπέναντι 1 Clem 8:4 cit Philip 6:2
    H Vis 2:1:3
ἀπέραντος 1 Clem 20:8
ἀπέρατος 1 Clem 20:8 L
ἀπεριγόητον Diog 7:2
ἀπερισπάστῳ Eph 20:2
ἀπερίτμητος Bar 9:5 cit
    ἀπερίτμητα Bar 9:5 cit
ἀπέρχηται Philip 13:1
    ἀπελεύσομαι H Sim 9:11:2
    ἀπελεύσονται HSim 9:7:6; 14:2FL
    ἀπῆλθον H Sim 8:4:2
    ἀπῆλθε H Sim 8:2:5
    ἀπῆλθεν Smyr 11:1 H Vis 1:
        4:3; 4:3:7² H Sim 9:10:6
    ἀπῆλθον 1 Clem 12:4 H Vis
        1:4:1 H Sim 8:5:5, 6; 8:5 FL
    ἀπῆλθαν H Vis 1:4:3
    ἀπέλθω 1 Clem 28:3 cit
    ἀπέλθῃς H Sim 1:6

22

ἀπέλθῃ 1 Clem 28:4
ἀπέλθωσιν H Sim 9:14:2 FL;
  30:2
ἄπελθε 1 Clem 10:3 cit
ἀπελθεῖν Mar 7:1 H Vis 3:2:3
  H Sim 8:2:6; 9:7:4, 7
ἀπελθόντων H Sim 9:5:3
ἀπεληλυθότων H Sim 9:5:4;
  10:2
ἀπεληλυθότας H Sim 9:12:4 L
ἀπέχεις H Vis 3:13:4
ἀπέχομεν Bar 13:7
ἀπέχον Mar 5:1
ἀπέχεται H Vis 2:2:3
ἀπέχεσθε Philad 3:1
ἀπέχονται Diog 3:2; 4:6 Smyr
  7:1 H Man 11:4
ἀπέχηται H Man 3:5
ἀπέχου H Man 2:3; 4:1:3,9;
  5:2:8; 11:21 H Sim 4:5
  Did 1:4
ἀπέχεσθε Tral 6:1 FL
ἀπέχεσθαι Tral 6:1 Smyr 7:2
  Philip 5:3 H Man 12:2:2
ἀπεχόμενος 1 Clem 17:3 cit
  H Vis 1:2:4 H Man 11:8
ἀπεχόμενοι Philip 2:2; 6:1, 3
ἀφέξομαι H Man 12:1:3
ἀφέξῃ H Man 7:3
ἀφέξεται H Vis 2:2:3; 3:8:4
ἀφέξονται H Man 5:1:7
ἀφέξωμαι H Man 12:1:3 F
ἀφέξηται H Vis 3:8:4
ἀπόσχου H Man 9:12
ἀποσχόμενοι H Man 12:2:2
ἀπηνῶν Mar 2:3 F
ἀπιστοῦσιν Eph 18:1
Ἀπιστία H Sim 9:15:3
ἀπιστίας Eph 8:2
  ἀπιστίαν 2 Clem 19:2
ἄπιστοι 2 Clem 17:5 Mag 5:2
  Tral 10:1 Smyr 2:1
ἀπίστων Diog 11:2 Mar 16:1
  ἄπιστα Smyr 5:3
Ἀπλότης H Vis 3:8:5, 7 H Sim
  9:15:2
Ἀπλότητος H Vis 3:8:7

ἁπλότης H Vis 2:3:2
ἁπλότητος H Vis 1:2:4
ἁπλότητι 1 Clem 60:2 L Bar
  8:2; 17:1 H Vis 2:3:2;
  3:1:9; 9:1 H Man 2:7
ἁπλότητα H Man 2:1 H Sim
  9:24:3
ἁπλοῦς Bar 19:2
ἁπλῇ 1 Clem 23:1
ἁπλοῖ H Sim 9:24:2
ἁπλούστερον Bar 6:5
ἁπλουμένη Diog 11:5
ἄπλυτον Bar 7:4 cit
ἁπλῶς 2 Clem 2:2 Diog 6:1
  H Man 2:4, 6³
ἀπό 1 Clem 4:1³ cit, 8, 10²; 8:3²
  cit, 4² cit; 10:4, 4 cit; 15:6²
  cit; 16:8 cit, 9 cit, 12 cit;
  17:3 cit, 4 cit, 6 cit; 18:3² cit,
  9 cit, 11 cit; 21:4; 22:3 cit,
  4 cit; 25:3; 28:1, 2, 3 cit, 4;
  30:3²; 33:1, 3; 39:4 cit, 5 cit,
  9 cit; 42:1², 2²; 44:5; 45:3,
  4 F, 8; 50:2, 3; 56:10 cit,
  11 cit; 57:7 cit; 59:2³; 60:3²;
  63:3; 65:2 2 Clem 2:3;
  9:10²; 14:1; 17:1, 3; 19:2
  Bar 1:3; 2:10; 3:3 cit, 5 cit;
  4:1, 7 cit, 10, 13; 5:5, 13 cit;
  6:9; 8:1; 11:7 cit, 11 cit;
  18:2; 19:5³ Pap 3² Diog
  2:1 Eph 1:2; 14:2 cit Mag
  8:2; 10:2; 15:1 Tral 9:2;
  12:1 Rom Int; 2:2²; 5:1;
  10:1, 2 Philad 7:1, 2; 11:1²,2
  Smyr 1:2; 4:1; 13:2 Pol
  4:3²; 8:1 Philip 2:1; 5:3³
  Mar 4:1; 5:1; 8:3; 11:1²; 19:1;
  20:1; 21:1 H Vis 1:1:3; 3:1;
  4:1; 2:1:3; 2:4, 8; 3:1,2;
  3:2:2², 7², 9; 5:3; 6:1, 7;
  7:1²; 8:11; 9:1³, 3; 10:10;
  11:2, 3; 12:2; 4:1:2, 5;
  5:4, 7 H Man 1:2; 3:5;
  4:1:3; 2:1; 4:3; 5:2:1, 6,
  7⁴, 8; 6:2:4, 7; 8:2, 3⁵, 4²,
  6, 10; 9:1, 4², 7, 9, 12;

24

ἀπεδοκίμασαν Bar 6:4 cit
  ἀποδοκιμάσαντα H Sim 9:12:7
  ἀπεδοκιμάσθησαν H Sim 9:23:3
  ἀποδοκιμασθῶ Rom 8:3
  ἀποδεδοκιμασμένοι H Sim 9:7:4
ἀπεδύσαντο H Sim 9:13:8
ἀποθήκην H Man 11:15²
ἀποθνῄσκω Tral 10:1 Rom 4:1
  ἀποθνῄσκει Tral 11:1
  ἀποθνῄσκουσιν Smyr 7:1
  ἀπέθνησκον Bar 12:5
  ἀποθανεῖται H Sim 8:10:2
  ἀποθανεῖσθε H Sim 9:28:5
  ἀποθανοῦνται H Man 12:2:3
    H Sim 8:7:3; 9:18:2; 26:8
  ἀπέθανεν Tral 9:1
  ἀπέθανον Eph 16:2 H Sim 9:
    26:2
  ἀποθάνητε H Sim 9:28:5 FL
  ἀποθανεῖν 1 Clem 25:2 2 Clem
    5:4² cit Eph 20:2 Mag 5:2
    Tral 2:1; 6:2 Rom 6:1, 2;
    7:2
  ἀποθανόντα Tral 2:1 Rom 6:1
    Philip 9:2
ἀποκαθίστησιν 1 Clem 56:6 cit
  ἀποκατασταθήσῃ H Sim 7:6
  ἀποκαταστήσῃ 1 Clem 48:1
  ἀπεκατεστάθη Smyr 11:2
ἀποκαλύψω H Vis 3:3:2, 3
  ἀποκαλυφθήσεται H Vis 3:3:4;
    4:3; 13:4
  ἀπεκάλυψε Diog 8:11
  ἀπεκάλυψεν H Vis 3:12:2
  ἀποκαλύψῃ Eph 20:1 H Vis
    3:10:2
  ἀποκάλυψον H Vis 3:3:4
  ἀποκαλύψαι H Vis 3:3:4
  ἀπεκαλύφθη 1 Clem 16:3 cit
    H Vis 2:2:1; 4:1; 3:4:3;
    8:10
  ἀποκαλυφθῇ H Vis 2:2:4; 3:
    4:3; 10:2
  ἀποκαλυφθῆναι H Vis 3:3:4; 4:3
  ἀποκαλυφθέντων Diog 11:8
ἀποκάλυψις H Vis 3:10:9; 5 tit

ἀποκαλύψεως H Vis 3:3:2;
    13:4
  ἀποκάλυψιν H Vis 3:1:2; 10:6;
    12:2; 13:4 Mar 22:3; Ep 4
  ἀποκαλύψεις H Vis 3:3:2; 10:8
  ἀποκαλύψεις H Vis 3:3:2; 10:7,
    8; 4:1:3
ἀπόκενοι H Man 12:5:2
  ἀπόκενα H Man 12:5:3²
  ἀποκένους H Man 5:2:1; 12:5:4
  ἀπόκενα H Man 12:5:3
ἀποκομίσῃ Philip 13:1
ἀποκοπῆναι H Sim 9:9:2
ἀποκρίνεται H Man 11:3², 8, 13
  ἀπεκρίνατο Mar 8:2; 10:1
  ἀπεκρίθην H Vis 5:4
  ἀπεκρίθη 1 Clem 12:4 H Vis
    1:1:5; 4:1:4 H Sim 5:4:3
  ἀπεκρίθησαν Philad 8:2
  ἀποκριθείς 2 Clem 5:3 H Vis
    1:1:7; 3:4:1; 6:6; 10:9²,
    10; 5:5 H Man 4:2:2; 12:
    3:5 H Sim 3:1; 5:4:2;
    6:5:2; 8:2:7; 11:3; 9:7:4, 5
  ἀποκριθεῖσα H Vis 3:3:1; 4:3;
    6:5; 10:2; 4:2:3; 3:1
  ἀποκριθεῖσαι H Sim 9:11:2
ἀποκρύψω H Sim 9:11:9
ἀποκρύφους Bar 11:4 cit
ἀπέκτεινεν 1 Clem 4:6 cit
  ἀποκτείνοντα 1 Clem 59:3
  ἀποκτενεῖς Bar 19:5 Did 2:2
  ἀπεκτάνθησαν 1 Clem 45:4
ἀποκτέννοντας 2 Clem 5:4 cit
ἀπελάκτισεν 1 Clem 3:1 cit
ἀπολήψῃ H Man 9:4
  ἀπολήψεται 2 Clem 11:4 cit;
    14:3 H Sim 5:6:7
  ἀποληψόμεθα 2 Clem 9:5 Phi-
    lip 5:2
  ἀπολήμψεσθε H Vis 5:7²
ἀπέλαβον Eph 2:1
ἀπέλαβον Smyr 11:2
ἀπολάβωμεν 2 Clem 8:6
  ἀπολάβωσιν H Vis 2:2:6
  ἀπολαβεῖν Rom 1:2
  ἀπολαβών Mar 19:2

26

ἀποστερήσουσιν H Vis 3:9:9
ἀποστερηθῇ Eph 10:3 FL
ἀποστερηθείς Eph 10:3
ἀποστέρησις H Man 8:5
ἀποστερητής H Sim 6:5:5
ἀποστερηταί H Man 3:2²
ἀποστιβάσαι H Man 11:15
ἀποστολικός Mar 16:2
ἀποστολικῷ Tral Int
ἀπόστολος Diog 12:5 Tral 3:3
    Did 11:4, 6
ἀποστόλου 1 Clem 47:1
ἀπόστολοι 1 Clem 42:1, 2; 44:1
    2 Clem 14:2 Diog 12:9 Mag
    13:2 Rom 4:3 Philad 9:1
    Philip 6:3 H Vis 3:5:1 H Sim
    9:15:4; 16:5; 25:2
ἀποστόλων Diog 11:1, 3, 6 Mag
    6:1; 7:1; 13:1 Tral 3:1;
    7:1; 12:2 H Sim 9:17:1
    Did Tit; 11:3
ἀποστόλοις 1 Clem 47:4 Eph
    11:2 Tral 2:2 Philad 5:1
    Smyr 8:1 Philip 9:1 Mar
    19:2
ἀποστόλους 1 Clem 5:3 Bar 5:9
ἀποστρέφει H Vis 4:2:6 FL
ἀποστρεφόμενοι Bar 20:2 Did
    5:2
ἀπόστρεψον 1 Clem 18:9 cit
ἀποστρέψαι 2 Clem 15:1 H Vis
    4:2:6
ἀποστραφήσῃ Did 4:8
ἀπέστραπται 1 Clem 16:3 cit
ἀπεστραμμένοι H Vis 3:10:1
ἀποστροφήι Clem 4:5 cit
ἀποσυνέχει Bar 5:4
ἀποσῦραι Mar 8:3
ἀποτάσσεται 2 Clem 6:4
    ἀποταξώμεθα 2 Clem 16:2
    ἀποτάξασθαι H Man 6:2:9
    ἀποταξάμενος Philad 11:1
    ἀποταξαμένους 2 Clem 6:5
ἀποτελέσω H Vis 2:4:2
    ἀπετελέσθη H Sim 9:5:1
    ἀποτελεσθῆναι H Sim 9:5:2;
    26:6

ἀποτίθεται H Sim 9:16:3
    ἀπετέθησαν H Sim 9:9:4
    ἀπέθετο 1 Clem 43:2
    ἀπεθέμεθα Mar 18:1
    ἀπέθεσθε H Vis 3:12:3
    ἀπέθεντο H Sim 8:5:1; 9:16:2
    ἀπόθεσθε H Sim 9:23:5
    ἀποθέμενος Mar 13:2
    ἀποθέμενοι 1 Clem 13:1; 57:2
    2 Clem 1:6
    ἀποτεθειμένων H Sim 9:5:4
ἀπότομοι Philip 6:1
ἀποτρέχειν H Vis 3:3:1
ἀποτυγχάνει H Man 9:10
ἀποτύχῃ H Man 10:2:2
ἀποτυχόντες Mar 8:3
ἀποτυφλοῦται H Man 5:2:7
ἀποφαίνεσθαι Diog 8:3
ἀποφέρει H Vis 2:1:1
    ἀποφερομέναις H Sim 9:21:4
    ἀπήνεγκεν H Vis 1:1:3
    ἀπήνεγκαν H Vis 3:10:1² H Sim
    9:9:6
    ἀπενεχθῆναι H Sim 9:4:7; 8:3
    ἀπενεγκεῖν H Sim 9:9:5
    ἀπενηνεγμένον Mar 17:1
ἀποφεύγει H Man 11:13
ἀποχωρεῖ H Man 5:2:6; 12:5:4
    ἀποχωρήσωσιν H Vis 3:6:3
ἀπρεπεῖς H Sim 9:4:6
ἀπρεπεῖς H Sim 9:4:7
ἀπροσδεής 1 Clem 52:1
ἀπροσδοκήτων Diog 9:5
ἀπροσκόπτως H Man 6:1:4 F
ἀπροσκόπως 1 Clem 20:10; 61:1
    H Man 6:1:4
ἀπροσωπολήμπτως 1 Clem 1:3
    Bar 4:12
ἅπτεται Diog 12:8
    ἅψεται 1 Clem 56:8 cit FL
    ἥψατο H Vis 1:4:2
    ἥψαντο Rom 5:2 Smyr 3:2
    ἅψηται 1 Clem 56:8 cit Mar 13:2
    ἅψησθε H Sim 1:11
    ἅψασθαι Bar 7:11 H Man 11:18
    ἁψαμένη H Vis 3:1:6
ἀπώσατο Diog 9:2

ἀπώσηται Bar 4:13
ἀπωλείᾳ 1 Clem 57:4 cit
    ἀπώλειαν 2 Clem 1:7 H Sim
    6:2:4
ἄρα 1 Clem 35:3 2 Clem 8:6;
    14:3, 4 Bar 6:19; 9:6; 10:2;
    15:7 Eph 8:1 Tral 10:1
    H Vis 3:4:3; 7:5 H Man
    11:2 H Sim 6:4:1; 8:3:3;
    9:5:7
ἄρα Diog 7:3 H Man 4:1:4
Ἀραβίαν 1 Clem 25:1
Ἀραβικῆς 1 Clem 25:3
Ἄραψ Bar 9:6
ἀργήσωμεν 1 Clem 33:1
ἀργός H Sim 5:4:4 Did 12:4
    ἀργοί H Sim 5:4:3
    ἀργά Bar 10:4
    ἀργούς 1 Clem 34:4
ἀργυρέους Diog 2:7
ἀργυρίου Did 13:7
    ἀργύριον Did 11:6
    ἀργύρια Did 11:12
ἀργυροκόπος Diog 2:3
ἄργυρος Diog 2:2 Mar 15:2
    ἄργυρον 2 Clem 1:6
ἀρέσκει H Vis 1:4:2 H Man 6:1:5
    ἀρέσκετε Rom 2:1 Pol 6:2
    ἀρέσκειν 2 Clem 13:1 Tral 2:3
    ἀρέσκοντες H Sim 9:22:1
    ἀρέσει 1 Clem 52:2 cit
    ἤρεσε H Sim 5:6:6
    ἤρεσεν H Vis 1:4:2 H Sim 5:2:7
    ἀρέσαι Rom 2:1
ἀρεστόν Bar 19:2 Did 4:12
ἀρετῆς H Man 6:2:3
    ἀρετήν 2 Clem 10:1 H Man
    1:2; 12:3:1 H Sim 6:1:4;
    8:10:3
ἀρίθμησον 1 Clem 10:6 cit
ἀριθμῷ 1 Clem 35:4 Mar 14:2
    ἀριθμόν 1 Clem 2:4; 29:2 cit;
    58:2; 59:2 H Sim 5:3:2;
    9:24:4
ἀριστεράν Did 12:1
    ἀριστερά H Vis 3:2:1
    ἀριστερῶν H Vis 3:2:1 H Sim 9:6:2

ἀριστερά H Vis 3:1:9
Ἀριστίων Pap 2:4
Ἀρκαδίαν H Sim 9:1:4
ἀρκετός 1 Clem 49:3
    ἀρκετή H Vis 3:8:9
    ἀρκετήν H Sim 1:6
    ἀρκετόν H Vis 3:9:3
ἀρκοῦσιν H Vis 3:10:8
    ἀρκοῦντα H Sim 5:2:9
    ἀρκεῖσθαι Pol 5:1
    ἀρκούμενοι 1 Clem 2:1
ἀρκούντως Diog 4:6
ἅρματα 1 Clem 51:5
ἁρμογῇ H Vis 3:2:6
    ἁρμογήν H Vis 3:2:6 H Sim
    9:9:7
    ἁρμογαί H Vis 3:5:1
    ἁρμογαῖς H Vis 3:5:1, 2
ἁρμόζεις H Sim 9:9:3
    ἁρμόζοντες H Vis 3:2:8; 6:5;
    7:5
    ἁρμόζοντας H Sim 9:7:2
    ἁρμόζεται Diog 12:9
    ἁρμόζονται Diog 12:9 F
    ἁρμόσουσι H Sim 9:7:4
    ἁρμόσουσιν H Vis 3:7:6
    ἥρμοσαν H Sim 9:8:4; 9:3
    ἁρμόσαι H Vis 3:7:5 H Sim
    9:7:2
    ἡρμόσθησαν H Sim 9:4:2, 3²;
    8:5, 6, 7
    ἁρμοσθῆναι H Sim 9:9:4
    ἡρμοσμένοι H Vis 3:2:6 H Sim
    9:15:4
    ἡρμοσμένα Mar 13:3
ἀρνοῦνται Mag 9:2 Smyr 5:1
    ἀρνεῖσθαι 2 Clem 3:1 Mar 9:2
    H Vis 2:2:8; 3:4 L H Sim
    9:26:6
    ἀρνούμενοι H Sim 9:28:7
    ἀρνήσονται H Vis 2:2:7 H Sim
    9:28:4
    ἠρνησάμην H Vis 2:4:2
    ἠρνήσαντο H Sim 9:28:4
    ἀρνήσηται H Sim 9:28:4, 8
    ἀρνήσωνται Diog 7:7
    ἀρνῆσαι H Vis 2:3:4

28

ἀρνήσασθαι Diog 10:7
ἀρνησάμενος H Sim 9:26:6
ἀρνησάμενοι H Sim 8:3:7; 8:4;
    9:26:3
ἀρνησαμένοις H Vis 2:2:8
ἀρνησαμένους 2 Clem 17:7 HVis
    2:2:8
ἠρνήθησαν Smyr 5:1
ἠρνημένος H Sim 9:26:5
ἠρνημένοι H Sim 9:26:5
ἠρνημένοις H Sim 9:26:6
ἀρνήσεως H Sim 9:28:7
ἄρνησιν Mar 2:4
ἀρνήσεσι H Sim 8:8:4
ἀρνία 2 Clem 5:2 cit, 4 cit
ἀρνία 2 Clem 5:3 cit
ἁρπαγή Bar 20:1
ἁρπαγήν Bar 10:10
ἁρπαγαί Did 5:1
ἁρπάζουσιν Bar 10:4
ἁρπάσῃ 1 Clem 35:11 cit
ἡρπάγη H Vis 2:1:4
ἅρπαξ Did 2:6
ἀρραβῶνι Philip 8:1
ἄρρεν Bar 10:7
ἀρνῶν Bar 2:5 cit
ἀρσενικόν 2 Clem 12:5
ἀρσενοκοῖται Philip 5:3 cit
ἄρσεν 2 Clem 12:2² cit, 5² cit;
    14:2 (ἄρρεν Bar 10:7)
ἄρσεν 1 Clem 33:5 cit 2 Clem
    14:2 cit
ἀρτηριῶν Mar 2:2
ἄρτι 2 Clem 17:3 H Sim 5:5:1
ἄρτος Rom 4:1 Mar 15:2
ἄρτου Eph 5:2
ἄρτον 1 Clem 34:1 Bar 3:3 cit,
    5 cit Eph 20:2 Rom 7:3 H Sim
    5:3:7 Did 8:2; 11:6; 14:1
ἀρχαῖος Pap 4 L
ἀρχαίαν 1 Clem 47:6
ἀρχαῖοι Did 11:11
ἀρχαίων Philip 1:2
ἀρχαίων 1 Clem 5:1
ἀρχέγονον 1 Clem 59:3
ἀρχεῖα Philad 8:2²
ἀρχείοις Philad 8:2

ἀρχή Bar 1:6² Eph 14:1² Rom
    1:2 Philip 4:1 cit
ἀρχῆς 1 Clem 19:2; 31:1
    Bar 16:8 Diog 2:1; 8:11;
    11:4; 12:3² Philip 7:2 Mar
    17:1 H Sim 9:11:9
ἀρχῇ 1 Clem 47:2 Bar 15:3
    Mag 13:1
ἀρχήν Bar 15:8² Eph 3:1;
    19:3 Smyr 7:2
ἀρχαῖς Mar 10:2
ἀρχηγόν 2 Clem 20:5
ἀρχηγοί 1 Clem 51:1
ἀρχηγοῖς 1 Clem 14:1; 63:1 L
ἀρχιερεύς Philad 9:1
ἀρχιερέως 1 Clem 41:2; 61:3;
    64 Mar 14:3; 21:1
ἀρχιερεῖ 1 Clem 40:5
ἀρχιερέα 1 Clem 36:1
ἀρχιερεῖς Did 13:3
ἀρχοντικάς Tral 5:2
ἀρχέτωσαν Bar 6:12 cit, 18 cit
ἄρχειν Bar 6:18² Pap 4²
ἄρχομαι Rom 5:3
ἄρξεις 1 Clem 4:5 cit
ἄρξῃ Diog 10:7
ἠρξάμην Eph 20:1 H Vis 1:1:1,
    3; 2:1:2; 4:1:4, 5, 7 H Sim
    9:10:5; 11:5
ἤρξατο H Man 12:4:2 H Sim
    9:11:4
ἤρξαντο H Sim 5:2:10; 9:6:2;
    11:4
ἄρξωνται Mar 17:2
ἀρξάμενοι H Sim 9:8:1
ἄρχων Bar 4:13; 18:2 Tral 4:2
    Rom 7:1
ἄρχοντος Eph 17:1 Mag 1:3
    Philad 6:2
ἄρχοντι Mar 17:2
ἄρχοντα Diog 7:2 Eph 19:1
    Mar 19:2
ἄρχοντες 1 Clem 32:2 Smyr
    6:1
ἀρχόντων 1 Clem 60:2
ἄρχουσι 1 Clem 61:1

ἄρχουσιν 1 Clem 60:4 FL
ἄρχοντες Bar 9:3 cit
ἀρωμάτων 1 Clem 25:2 Mar 15:2
ἀσβέστῳ 2 Clem 17:7
ἄσβεστον H Sim 9:10:1
ἄσβεστον Eph 16:2
ἀσβόλη H Sim 9:1:5; 6:4
ἀσεβείας 1 Clem 57:6 cit Pap 3
ἀσέβειαν 2 Clem 10:1
ἀσεβήσαντας 2 Clem 17:6
ἀσεβές Diog 4:3
  ἀσεβῇ 1 Clem 3:4; 14:5 cit
  ἀσεβεῖς 1 Clem 18:13 cit Bar
    10:5; 11:7² cit
  ἀσεβῶν 2 Clem 18:1 Bar 10:10
    cit; 11:7 cit
  ἀσεβέσι Mar 11:2
  ἀσεβεῖς 1 Clem 57:7 cit; 59:4 L
    Bar 15:5 Diog 9:4
Ἀσέλγεια H Sim 9:15:3
ἀσελγείας H Vis 3:7:2
  ἀσελγείαις H Man 12:4:6
  ἀσελγείας H Vis 2:2:2
ἀσελγέσι H Man 12:4:6 FL
ἄσημα Diog 12:3
ἀσήπτους H Sim 8:6:5
ἀσθένεια H Vis 3:11:4
  ἀσθενείας 1 Clem 36:1
  ἀσθένειαν H Vis 3:9:3; 11:4;
    12:2 H Man 4:3:4
  ἀσθενείαις H Sim 6:3:4
ἀσθενέστερος H Sim 9:1:2
  ἀσθενέστεροι H Sim 9:8:4, 6
  ἀσθενεστέρων Diog 10:5
ἀσθενοῦντας 1 Clem 59:4 2 Clem
    17:2
ἀσθενής 1 Clem 38:2 Philip 7:2
    cit H Vis 3:11:4
  ἀσθενές Bar 16:7
  ἀσθενῇ 1 Clem 10:2; 38:2
  ἀσθενεῖς 1 Clem 6:2
  ἀσθενεῖς 1 Clem 59:4 Philip
    6:1
Ἀσίας Eph Int Tral Int Philad Int
    Smyr Int Mar 12:2
Ἀσιάρχην Mar 12:2
ἀσχοῦσιν Diog 5:2

ἠσχοῦμεν 2 Clem 20:4
ἀσχεῖν Philip 9:1 H Man 8:10
ἀσχουμένην Diog 12:5
ἄσχησιν Mar 18:2
ἄσχυλτον Mar 13:3
ἄσοφοι 2 Clem 19:2
ἀσπάζομαι Mag Int Tral Int; 12:1
    Rom Int Philad Int Smyr
    11:1; 12:2; 13:1, 2² Pol
    8:2³, 3
  ἀσπάζεται Tral 13:1 Rom 9:3
    Philad 11:2 Smyr 12:1; 13:1
    H Vis 1:2:2; 4:2:2
  ἀσπάζονται Mag 15:1²
  ἀσπαζομένην H Vis 1:1:4
  ἠσπάσατο H Vis 5:1
  ἀσπάσασθαι Rom 1:1
ἄσπιλος H Sim 5:6:7
  ἄσπιλον 2 Clem 8:6
  ἄσπιλοι H Vis 4:3:5
ἄσπλαγχνος H Sim 6:3:2
ἀστέγους Bar 3:3 cit
ἀστήρ Eph 19:2
  ἀστέρι Eph 19:2
  ἀστέρες 1 Clem 32:2 cit
  ἀστέρων 1 Clem 20:3
  ἀστέρας 1 Clem 10:6 cit Bar
    15:5 Eph 19:2
ἀστομάχητος H Vis 1:2:3
ἀστοχοῦντι Did 15:3
  ἀστοχήσαντας 2 Clem 17:7
ἄστρα Diog 7:2 Eph 19:2
  ἄστροις Diog 4:5
ἀσύγκριτος H Man 7:1
  ἀσύγκριτον Smyr 13:2
ἀσύμφορον 2 Clem 6:1 H Man 4:3:6;
    5:1:4 H Sim 1:5, 10
  ἀσύμφορα H Man 5:2:2; 6:2:6
ἀσύνετος 1 Clem 36:2 H Vis 3:6:5
    H Man 9:9; 10:1:2, 3 H Sim
    9:14:4
  ἀσύνετε H Vis 3:8:9; H Man
    12:4:2 H Sim 9:12:1
  ἀσύνετοι 1 Clem 39:1 Bar 2:9;
    5:3 H Vis 3:10:9 H Sim
    9:22:4
  ἀσυνέτους 1 Clem 51:5 H Vis 3:10:9

22:6 cit, 7² cit; 23:1, 2, 5,
5 cit; 26:1; 27:3, 4, 5 cit, 5,
6², 7 cit; 28:1, 2²; 29:2² cit,
3 cit; 31:1, 4; 32:1, 2⁴, 3, 4;
33:2, 3², 8; 34:1², 2, 3³ cit,
5³, 6 cit, 7; 35:5; 36:2²,
2 cit, 3² cit, 4, 6; 37:1; 38:1²,
2², 3², 4; 39:4³ cit, 5² cit;
40:3²; 41:1, 3; 43:1; 45:7,
8; 47:3 L; 49:3, 6; 50:2,
6 cit; 51:3, 5; 56:7 cit, 16;
57:2; 58:1²; 59:1, 2³; 64³;
65:2 2 Clem 1:2, 6, 7; 3:1²,
4; 6:7; 8:2; 11:6, 7; 12:2,
5; 14:5; 17:4², 5 Bar 1:4,
7; 2:1, 8 cit; 3:1 cit, 3 cit,
6; 4:3, 5, 8², 11², 12³; 5:1,
2, 2 cit, 6, 9, 10, 11, 12; 6:3,
7, 10², 11; 7:2, 8 cit; 8:6;
9:8 cit, 9; 11:5 cit, 8 cit, 9,
10 cit; 12:11² cit; 13:2 cit,
4, 5 cit; 15:3 cit, 5; 16:9²;
19:1; 21:1, 3, 5 Pap 3⁶; 4 L
Diog 2:9; 7:6, 9; 8:10, 11;
9:6; 10:2, 4²; 11:2 Eph
4:2; 13:1; 15:2, 3²; 16:2;
17:1; 19:2³; 20:1³ Mag 4:1;
5:2²; 8:2³; 9:1², 2; 10:1²
Tral 1:2; 2:1; 3:2; 9:2²;
11:2² Rom Int²; 7:3 Philad
Int; 1:2³; 4:1; 6:1, 2; 7:2;
8:2³; 9:2 Smyr 1:1 cit, 2³;
3:2²; 4:2; 5:1; 9:2; 12:2
Pol 8:2 Philip 2:1, 2²; 5:1,
2²; 6:2 cit F; 8:1 cit, 2² Mar
1:1, 2; 3:1; 5:2; 6:2 FL;
7:2; 8:2; 9:1; 10:1; 12:1;
13:2; 15:1; 16:1, 2; 17:1³,
2; 18:1, 2; 20:2³; 22:3²;
Ep 1 (²L) 4² H Vis 1:1:6,
8³; 3:2², 4⁴; 2:1:2; 2:5²,8;
3:4:1; 5:3; 6:6; 8:4;
11:4; 12:2⁴; 13:2; 4:1:3⁴;
2:3, 4, 5, 6; 5:4² H Man
3:2; 4:1:9³, 11; 2:2; 3:5;
5:2:7; 6:2:3, 4², 6³, 7², 8;
7:1, 4, 5⁴; 8:9; 9:2², 3; 10:2:

2, 3; 3:3; 11:3, 12, 14, 18;
12:4:1², 2, 3, 7²; 5:1; 6:2,
4² H Sim 1:4, 6², 7²; 2:5²,
6, 7; 4:7²; 5:1:5²; 2:3, 6²,
9², 10², 11⁶; 3:2; 4:1, 3, 4³;
5:3⁴; 6:2, 3, 4²; 7:3²; 6:1:6;
2:7; 3:6; 5:5; 7:4; 8:3:3,
5; 5:2; 6:2; 7:5; 11:1;
9:5:2; 6:2⁴; 9:6, 7;
10:1, 5; 12:2², 4, 5², 6, 8²;
13:2², 5; 14:3, 5², 6²; 15:4;
18:1, 2, 4, 5; 23:3, 4; 24:4
Did 1:4; 8:2; 11:2, 12;
13:1, 2; 14:2; 16:4, 7
αὐτῆς 1 Clem 12:7; 14:4² cit;
20:4; 50:1; 54:3 cit; 55:6²
2 Clem 12:5; 16:2; 18:2
Bar 6:13 cit Pap 2:3 Diog
2:3; 9:2 Eph 19:1 Pol 8:2
H Vis 1:2:4; 3:3; 4:3; 3:
2:3, 5; 13:1; 4:2:1² H Man
4:1:4, 5⁵; 5:1:6, 7⁴; 9:10²;
10:2:4; 12:1:2²; 2:5 H Sim
1:5; 5:6:7; 9:12:3, 5 Did
11:9
αὐτοῦ Bar 4:5 cit; 5:10; 7:11;
11:6³ cit Eph 14:2 cit H Vis
4:1:6, 7, 9; 2:4; 3:4² H Man
2:3; 5:1:5²; 8:12² H Sim
1:11; 8:3:1²; 9:1:2, 9 F,
10; 30:3 Did 3:1; 16:5
αὐτῷ 1 Clem 10:2, 4, 6² cit, 7²;
11:2; 15:7 cit; 16:3 cit, 12
cit; 17:5; 20:1; 21:8; 23:1;
26:1; 27:3, 5 cit; 29:1; 31:4;
34:4, 5, 6² cit; 35:5, 8 cit, 12 cit;
38:2², 4; 43:1, 2, 4; 46:8²
cit; 52:1, 2 cit; 58:2; 64; 65:2
2 Clem 1:3², 5; 5:3; 9:7,
10; 20:5 Bar 2:9; 5:13;
9:8; 10:11; 12:2, 3, 7, 8;
14:6; 15:4; 16:10² Pap 2:15
Diog 3:2, 5 Eph 1:3; 5:1;
15:3 Mag 3:1³; 10:2 Tral
1:1; 2:2 L; 9:2 Rom 4:3;
7:1 Philad Int Smyr 4:2
Philip Int; 2:1 cit, 1; 5:2;

6:3; 8:1; 9:1 Mar 3:1;
5:1, 2; 7:2; 8:1, 2, 3 F;
9:3; 12:2,3(^{2}F); 13:3; 14:3;
16:1 H Vis 2:4:1; 3:10:9,
10; 12:2; 4:1:4; 5:
3, 4 H Man 1:2; 3:1, 2;
4:1:4, 9; 3:7; 6:2:6; 7:2^2,
4, 5 L; 10:3:1; 12:3:1, 4;
4:2, 6; 5:1, 2, 4^2; 6:2, 4
H Sim 1:7, 9; 2:5, 6^2, 7;
4:6, 7; 5:1:3; 2:2, 6, 7, 8,
9^3, 11; 3:4; 4:2, 3, 5; 5:3,4;
6:2:3; 4:1; 7:3,4^2,6; 8:2:6;
3:1, 5; 4:1, 2; 6:2, 3; 11:2;
9:7:1^2,7; 9:6; 10:6; 11:8^2;
23:5; 29:3, 4 Did 1:4^2; 12:2
αὐτῇ 1 Clem 12:6, 7; 20:6^2;
33:3^2; 48:3 cit; 50:2 2 Clem
2:1; 14:5 Bar 15:3 cit; 19:1
Pol 2:1 H Vis 1:1:2, 5,
6, 7; 2:3; 4:2; 2:1:3; 3:1:
4, 8; 2:4; 3:1, 4; 4:1; 6:2,
6; 8:4; 10:7; 4:2:3 H Man
5:1:6; 6:1:3, 5; 10:3:1;
12:2:4, 5^3 H Sim 5:7:1^2, 2;
8:2:7 L; 9:16:4; 26:2;
29:2 Did 10:5
αὐτῷ 1 Clem 7:1; 13:2 cit 2 Clem
8:2 Diog 10:7 H Vis 4:3:4
H Man 11:17 H Sim 9:1:9 FL;
26:1
αὐτόν 1 Clem 2:3; 4:6 cit, 10;
7:5; 10:1, 4, 7; 11:1; 13:1 cit;
15:4^2 cit; 16:3 cit, 4 cit, 5 cit,
7 cit, 10 cit, 16^3 cit; 18:1 cit;
19:3; 20:8; 21:3; 22:7 cit,
8 cit FL; 23:1; 25:5; 28:1;
29:1; 34:7, 8 cit; 35:4 FL;
36:5; 48:1; 53;2, 3; 54:3
2 Clem 3:1^2, 2 cit, 4^2; 4:1,
3^2; 7:3; 19:4; 20:3 Bar
3:3 cit; 5:2 cit, 6^2, 8, 10;
6:3 cit; 7:5, 9, 10, 11; 8:2, 5;
10:11; 12:5,7,9, 11; 13:5 cit;
16:2^2, 3 cit, 4; 19:7 Pap 3^2
Diog 1:1; 3:5; 7:2, 6; 8:1;
9:6; 10:2^2 Eph 2:1^2; 6:1^4;

15:3 Mag 8:2; 9:3 Tral Int;
9:2; 10:1 Rom 2:2; 6:3
Philad 5:2^2; 9:2 Smyr 2:1;
3:1; 5:2^2; 12:1^2 Pol 8:2
Philip 2:2; 4:3; 8:2 Mar
3:1; 5:1, 2; 6:1^4, 2^2; 8:1,
2, 3^2; 9:2; 11:2; 12:1; 14:1;
17:2 FL; 18:1 H Vis 1:1:8;
3:1; 2:1:1; 3:6:1; 5:1:4
H Man 1:2; 4:2:1; 4:1;
6:2:5, 8; 7:4, 5; 9:1; 11:2,
3, 8 F; 12:4:1, 7; 5:2 H Sim
1:7; 5:1:5; 2:2^2, 4, 7; 6:
1:2, 5; 2:5; 4:1^2; 7:1; 8:
1:5; 2:3, 9; 3:2, 3, 5, 6;
11:1; 9:5:6^2, 7; 6:2, 3, 6;
7:3, 5; 10:2, 5; 11:1, 2, 8;
12:2,6,8; 13:2; 14:3; 18:3;
23:4; 29:4 Did 4:1, 10;
11:1, 2, 12; 12:1
αὐτήν 1 Clem 10:4 cit; 11:2;
12:5^2; 20:4 L; 21:9; 22:5 cit;
33:3; 55:4 2 Clem 14:3^2
Bar 2:10 cit; 4:2,6,8; 6:8 cit;
13:2 cit; 15:3 cit, 6 cit, 7^2
Diog 3:5 Rom 9:1 Mar 6:2
H Vis 1:1:1, 2, 5; 2:1:3;
4:3; 3:1:3; 2:3, 5; 4:3;
7:5; 8:1, 9; 10:1, 2; 12:1;
13:1; 4:2:2, 5; 3:1 H Man
2:6; 4:1:6, 8; 5:1:5; 10:
3:3^2; 12:1:1, 2; 2:5 H Sim
1:9; 5:6:6; 7:5; 8:6:3;
9:9:3; 11:4; 15:3; 18:3;
23:5 Did 10:5^3
αὐτό 1 Clem 25:2; 34:7 2 Clem
8:2^2; 17:3 Bar 4:10; 7:8;
11:8; 12:7 Eph 13:1 Mag
7:1 Philad 6:2,3; 10:1 Smyr
5:2 Pol 7:3; 8:1 Mar 6:2;
12:3; 17:2 H Vis 2:1:3;
4:1:8, 9; 2:3; 3:9:8; 10:1
H Man 5:1:4; 7:4^2; 8:2^2, 7;
9:8; 10:2:2; 3:3; 11:8
H Sim 5:2:7; 3:4, 7; 7:1;
8:1:3; 7:1; 9:17:5 Did
1:3

αὐτοί 1 Clem 39:5 cit, 9 cit 2 Clem
   10:5² Bar 6:19; 14:1, 4;
   15:7²; 16:3 cit, 4 Diog 6:7;
   8:2 Tral 10:1 Smyr 2:1 Pol
   4:3 H Vis 3:3:2; 4:2; 9:10
   H Man 11:2 H Sim 8:3:7;
   8:3; 9:16:5; 30:4 Did 13:3;
   15:1, 2
αὐταί H Vis 3:2:1 H Sim 9:
   11:4; 19:3
αὐτά H Vis 3:2:1; 10:10 H Sim
   9:13:3
αὐτῶν 1 Clem 2:6; 7:7; 12:2;
   15:2 cit, 3² cit, 4³ cit; 16:12 cit,
   14 cit; 17:5; 20:10²; 21:5,
   7³; 22:6² cit; 27:7 cit; 30:6;
   32:3²; 39:1, 8 cit, 9 cit; 40:4;
   42:4, 5² cit; 44:2; 45:8 FL;
   48:4; 51:5²; 53:3 cit, 5;
   55:2; 60:4; 61:2; 62:1 L
   2 Clem 3:5 cit; 6:8 cit, 9;
   7:6² cit; 10:5; 17:5² cit, 7
   Bar 4:8; 5:12; 6:7 cit; 7:5;
   9:6; 10:4; 12:2, 5, 7²; 14:1;
   16:1,2,5 cit; 20:1 Pap 2:3; 4²
   Diog 1:1; 2:3, 7; 4:1, 5, 6;
   5:5; 6:4; 7:2 Eph 9:1;
   10:2⁵, 3 Tral 11:2 Rom 5:1;
   9:2² Smyr 4:1; 5:3²; 7:2;
   11:1 Pol 6:1 Philip 2:3 cit
   Mar 2:2²; 3:1³; 8:2; 13:3
   H Vis 1:1:8², 9²; 3:1, 2;
   2:2:2³, 4, 6, 7, 8²; 3:1²;
   3:1:9²; 2:2,6,8; 3:2; 4:3²;
   5:1², 2; 6:1², 3, 5², 6², 7;
   7:1², 2, 3, 6⁵; 8:11²; 9:
   3⁴, 6; 11:3 H Man 4:3:3;
   4:1; 5:1:7²; 2:1; 6:2:2;
   9:5; 10:1:5³; 11:2³(⁴FL), 7,
   13, 14; 12:3:2²; 4:4; 5:1,4;
   6:1 H Sim 2:8²; 4:4², 5, 6;
   5:6:2; 6:1:3; 2:3; 3:5³,
   6⁴; 7:2, 4²; 8:1:5², 9, 10,
   12, 14², 17, 18; 2:5, 7²; 3:7;
   4:5, 6; 5:1, 3, 4, 5(²FL);
   6:3², 4², 5, 6⁴; 7:1, 2, 3³, 4,
   5; 8:1, 2⁴, 3³, 5⁶; 9:2², 4⁴;

10:1, 2², 3², 4²; 11:1, 3³(⁴F);
   9:4:8; 6:4, 5, 6, 8; 8:2, 4,
   5², 6², 7; 9:1, 2², 3; 12:7;
   13:7; 15:6²; 16:2, 5,
   6, 7; 17:4, 5; 19:1, 2², 3²;
   20:1, 2², 4; 21:2³, 3³, 4;
   22:2²; 23:2, 3, 4; 24:2, 3³;
   26:2, 8; 27:3; 28:2, 3, 4²;
   29:2; 30:2 Did 4:2; 16:5
αὐτῶν 1 Clem 22:8 cit FL; 43:2
   Bar 4:4 cit Pol 4:1 H Vis
   3:8:3², 5, 6, 7, 8 H Man 12:
   2:3 H Sim 2:1²; 8:1:18;
   2:6, 8; 9:8:5; 10:7; 11:3,
   4, 5³, 6, 7², 8; 13:2, 3², 4, 5,
   8²; 14:1², 2; 15:3
αὐτῶν 1 Clem 4:1 cit; 35:3
   2 Clem 5:6² Bar 4:5 cit;
   10:4, 10; 11:10 cit Pap 3
   Diog 2:3² Mag 5:2 H Vis 4:
   3:4 F H Man 6:1:1³; 7:3; 8:9,
   11; 11:4; 12:1:3 H Sim 8:2:9;
   9:1:10; 2:3; 17:3; 28:3, 8
αὐτοῖς 1 Clem 12:4; 14:3 L;
   35:6; 39:6 cit; 43:4; 44:5,
   6; 46:2 cit; 47:4; 53:2 cit;
   56:1²; 61:1⁴, 2 2 Clem 3:1
   Bar 2:3, 8 cit; 4:2; 6:8;
   10:2; 15:8 Diog 3:4; 5:3;
   6:10; 7:1 Eph 10:1²; 19:2
   Philad 8:2; 10:1 Smyr 2:1;
   3:2, 3; 4:1 L; 6:2; 7:1;
   11:2², 3 Philip 9:2 Mar 2:2,3;
   7:1, 2²; 8:2; 9:2²; 10:2;
   12:3; 13:1; 18:1 H Vis 1:3:4;
   2:2:4², 8; 3:1; 3:2:8; 4:3;
   5:4; 7:2, 3, 5, 6; 4:
   2:5, 6 H Man 7:5; 10:
   1:6; 11:2², 13; 12:5:4 H Sim
   5:2:6, 7, 10, 11; 6:3²; 6:3:5;
   5:7; 8:1:2; 2:2, 4; 3:3 L;
   4:3; 6:4,6; 7:2; 9:1; 9:8:4;
   14:6; 15:6; 16:5; 18:4;
   19:2, 3; 26:2
αὐταῖς 1 Clem 20:8; 45:3;
   48:2 cit Philip 4:2 H Vis 5:7
   H Man 4:2:4; 5:2:8²; 8:12;

34

12:2:3, 4; 3:2; 5:1 H Sim
6:1:2², 3; 8:1:14; 2:7², 8;
7:1, 2; 11:4; 9:10:6²; 11:2
αὐτοῖς 1 Clem 20:3, 5 Pap 2:15
Diog 2:5 H Vis 4:3:4 F
H Man 8:8², 11; 11:15 H Sim
6:2:7; 3:1
αὐτούς 1 Clem 4:6 cit, 12; 10:6
cit; 12:2, 3, 4; 33:3, 5 cit;
39:5² cit, 6 cit; 44:5; 51:4cit;
53:3 cit; 56:1; 61:1 Bar 2:7;
3:1; 4:14; 9:4, 5; 12:2, 5²,
7; 13:4 cit; 15:2 cit; 16:1, 4;
20:2 Diog 2:7, 8²; 3:1; 4:5;
6:10; 7:2 Eph 10:2, Mag
9:3 Tral 2:3 Philad 3:1;
5:2; 11:1², 2 Smyr 10:1
Pol 8:1 Mar 2:4; 7:2²;
8:2 F H Vis 2:2:5; 3:4:2;
6:6 H Man 4:3:4; 5:1:7;
2:1²; 11:13²; 12:3:3; 5:4²;
6:1 H Sim 1:8; 4:4; 5:6:2²;
6:2:1², 3 L; 3:3; 8:2:1, 5;
3:3², 4, 5²; 4:4, 6; 6:3, 4, 5²;
9:3:1; 4:1, 5, 7, 8²; 5:2;
6:8; 7:2, 5, 6; 8:1, 2², 4, 5;
9:2², 3, 5; 14:6; 17:5; 19:3;
20:4; 22:2, 4; 24:3² Did
5:2; 15:2
αὐτάς 1 Clem 43:2² H Vis 4:
2:5; 5:5², 7² H Man 6:2:3FL,
6; 12:3:4, 5³ H Sim 1:7;
5:3:1, 3; 4:2; 8:1:5; 2:6,8;
9:3:4; 9:5; 10:6
αὐτά 1 Clem 24:5; 25:4; 27:4;
33:6; 35:6 2 Clem 5:4 cit;
15:5 Pap 2:16 Diog 3:1
Tral 11:1 Rom 5:2 Mar
22:3²; Ep 4² H Vis 3:8:10,
11²; 5:5 H Man 3:5; 6:2:
10²; 7:3; 8:6, 8 H Sim 5:
3:9²; 4:2, 5; 5:1², 2, 4;
6:2:6, 7; 3:1; 5:2, 4;
8:10:1; 11:2; 9:1:10; 2:6;
5:4; 13:7 Did 3:4
ἀφαιρεῖ Bar 7:8
ἀφαιρῶν Bar 19:11 Did 4:13

ἀφῃρέθησαν H Sim 9:28:3
ἀφέλῃς Bar 3:5 cit
ἀφελεῖν 1 Clem 16:12 cit
ἀφέλεσθε 1 Clem 8:4 cit
ἀφῃρημένης Bar 11:3 cit
ἀφῃρημένοι Bar 11:3 cit FL
ἀφανίζεται H Man 5:1:5
ἠφανίζετο Eph 19:3
ἀφηλπικώς H Vis 3:12:2
ἄφεσις H Man 4:4:4²
ἀφέσει Bar 3:3 cit; 5:1; 6:11
ἄφεσιν 1 Clem 53:5 Bar 8:3;
11:1; 14:9 cit; 16:8 H Man
4:3:1, 2, 3
ἀφήξω 1 Clem 28:3 cit
ἀφθαρσία Pol 2:3 FL
ἀφθαρσίας 2 Clem 7:5; 20:5
Mag 6:2 Philad 9:2 Pol 2:3
Mar 17:1; 19:2
ἀφθαρσίᾳ Mar 14:2
ἀφθαρσίαν 2 Clem 14:5 Diog
6:8 Eph 17:1
ἄφθαρτος Tral 11:2 Rom 7:3
ἀφθάρτῳ Bar 19:8
ἄφθαρτον 2 Clem 7:3 Bar 16:9
Diog 9:2
ἄφθαρτα 2 Clem 6:6
ἀφιέρωσαν Bar 16:2
ἀφίησι H Man 10:3:3 (v. ἀφίουσιν)
ἀφίεμεν Did 8:2
ἀφίει Philad 8:1
ἀφίετε 1 Clem 13:2 cit Philip
2:3 cit
ἀφιέναι Philip 6:2
ἀφιέντες H Sim 8:6:5
ἀφίενται H Vis 2:2:4
ἀφίεσθαι H Sim 7:4
ἀφεθήσεται Philip 2:3 cit Did
11:7²
ἀφῆκας H Vis 1:3:1
ἀφῆκες H Vis 1:3:1 F
ἀφῆκεν Mar 16:2
ἀφῆκαν H Sim 9:11:6
ἀφέθησαν 1 Clem 50:6 cit
ἀφεθῇ 1 Clem 13:2 cit
ἀφεθῆναι 1 Clem 50:5; 51:1
ἀφῇ Philip 6:2

ἄφες 1 Clem 53:4 cit; 60:1
 H Vis 3:1:8 H Sim 8:1:4L
 Did 8:2
ἄφετε Rom 4:1; 6:2 Mar 13:3
ἀφέντες Mar 17:2
ἀφίκηται 1 Clem 57:4 cit
ἀφιλάργυροι Philip 5:2
 ἀφιλαργύρους Did 15:1
ἀφιλοξενίαν 1 Clem 35:5
ἀποστήσεται H Sim 7:2, 7²
 ἀποστήσεσθε H Sim 6:1:4
 ἀπέστη 1 Clem 3:4 H Vis 3:6:1
 H Sim 8:6:4; 9:22:2
 ἀπέστησαν H Sim 8:8:2, 5;
 9:1, 3; 10:3; 9:15:6
 ἀποστῇ H Man 5:2:7; 10:2:5
 ἀπόστηθι H Man 6:2:7
 ἀπόστα H Man 6:2:6
 ἀποστῆναι H Vis 2:3:2 H Man
 5:1:3
 ἀποστάντες H Vis 3:7:2
ἀφίουσιν H Vis 3:7:1
ἄφνω 1 Clem 57:4 cit
ἀφοβία Bar 20:1 Did 5:1 F
ἀφόβως 1 Clem 57:7 cit
ἀφόδευσιν Bar 10:6
ἀφορμᾷ 1 Clem 25:4
ἀφορμήν 2 Clem 16:1 H Man
 4:1:11; 3:3
 ἀφορμάς Tral 8:2
ἄφραστον Diog 8:9
ἀφρονιστεῖν Diog 8:10
ἀφρόνως H Vis 5:4
ἀφροσύνη H Sim 6:5:2; 9:22:2
 ἀφροσύνης Diog 3:3; 4:5 H Man
 5:2:4
 ἀφροσύνην 1 Clem 13:1; 47:7
 H Sim 6:5:3²; 9:22:3
 Ἀφροσύνη H Sim 9:15:3
ἄφρων H Man 4:2:1; 5:2:4;
 6:2:4; 11:4 H Sim 6:4:3;
 5:2; 9:14:4
 ἄφρονα 1 Clem 39:7 cit
 ἄφρον H Man 12:4:2 H Sim
 1:3
 ἄφρονες 1 Clem 3:3; 39:1 H Sim
 9:22:2

ἄφρονα H Man 5:2:2 FL
ἄφροσι 1 Clem 21:5
ἄφρονας 1 Clem 39:8 cit Tral
 8:2
ἀφυλάκτους Diog 2:7
ἀφυλάκτως Diog 2:7 L
ἀφύπνωσα H Vis 1:1:3
ἄφωνος 1 Clem 16:7 cit Bar 5:2 cit
ἀχλύος 2 Clem 1:6
ἠχρειωμένας H Sim 8:3:4
ἄχρηστος H Vis 3:6:7 H Man
 5:1:6
 ἄχρηστοι H Vis 3:6:2 H Sim
 9:26:4
 ἄχρηστα Diog 4:2
ἄχρι H Man 4:1:5
ἄχρονον Pol 3:2
ἀχώρητος H Man 1:1
 ἀχώρητον H Sim 9:14:5
ἀχωρίστοις Tral 7:1
ἀψευδής Mar 14:2
 ἀψευδές Rom 8:2
ἄψευστον H Man 3:2
ἀψηλάφητον Pol 3:2
ἀψίνθιον H Man 5:1:5
 ἀψινθίου H Man 5:1:5²
 ἀψίνθιον H Man 5:1:5 L
ἄψυχα Diog 2:4

β΄ (L δύο) H Sim 8:9:1
βαδίζειν 1 Clem 3:4
βάθος Pap 3
βάθεσι Diog 7:2
βάθη 1 Clem 40:1 Bar 10:10
βαθεῖα 1 Clem 2:2
βαλανείων Mar 13:1
βάλλειν Bar 8:1
 βάλλοντας 1 Clem 39:8 cit
 βάλλεται 2 Clem 7:4
 βαλῶ H Sim 9:7:4
 βληθήσονται H Sim 9:7:5
 ἐβλήθη 1 Clem 45:6 Pap 4² L
 ἐβλήθησαν H Sim 9:4:3
 βληθῇ H Man 5:1:5
 βληθήτω Bar 7:8 cit
 βληθῆναι H Sim 9:30:2

3*

36

ἔβαλεν 1 Clem 24:5; 46:9 H Sim
  6:2:6
ἔβαλον Bar 6:6 cit
βάλωμεν H Sim 9:7:6
βάλε H Man 11:18
βαλεῖν 2 Clem 5:4 cit; 8:2
  H Sim 9:8:2
βαλόντας 1 Clem 39:8 cit FL
βεβλημένων H Sim 9:10:1
βεβλημένους H Sim 9:12:4
βάναυσον 1 Clem 49:5
βαπτίζειν Smyr 8:2
  βαπτίζων Did 7:4
  βαπτίζοντες 1 Clem 42:4
  βαπτιζόμενος Did 7:4
  βαπτιζόμενον Did 7:4
  βάπτισον Did 7:2
  βαπτίσατε Did 7:1²
  ἐβαπτίσθη Eph 18:2
  βαπτισθῆναι H Vis 3:7:3
  βαπτισθέντες Did 9:5
  βεβαπτισμένον Smyr 1:1
βάπτισμα Bar 11:1 Pol 6:2
  βαπτίσματος Did 7:1, 4
  βάπτισμα 2 Clem 6:9
βαρβάρους Diog 5:4
ἐβάρησα Philad 6:3
Βαρνάβα Bar 21:9
βάρος Diog 10:6
ἐβάρυνε 2 Clem 20:4
  ἐβάρυνεν 2 Clem 20:4 FL
βαρύς Rom 4:2
βασανίζεις H Sim 9:9:3
  βασανίζει H Man 4:2:2
  βασανίζεται H Sim 6:4:4; 5:3,4
  βασανίζονται H Sim 6:4:1², 2
  ἐβασανίζοντο H Sim 6:3:1
  βασανίζεσθαι H Sim 6:4:2
  βασανιζόμενος H Sim 6:5:4
  βασανιζόμενον Mar 6:1
  βασανιζόμενοι Mar 2:2 H Sim
  6:5:6
  βασανίσαι Eph 8:1 H Sim 7:4
  βασανισθῇ H Sim 6:4:4
  βασανισθῶσιν H Vis 3:7:6
βασανιστῶν Mar 2:3
βάσανος H Sim 6:5:3²

βασάνου H Sim 6:4:3(²L), 4³;
  5:1
βάσανον 2 Clem 10:4
βάσανοι H Sim 6:3:4(²L)
βασάνων Mar 2:3, 4 H Vis 3:7:6
βασάνοις 1 Clem 6:1 2 Clem 17:7
βασάνους 2 Clem 17:7 Pap 3
  H Sim 6:3:4; 5:7
βασιλεία 2 Clem 12:2, 6 cit Bar
  8:5 Eph 19:3 Philip 2:3 cit
  Did 8:2
βασιλείας 1 Clem 50:3; 61:1
  2 Clem 5:5 Bar 4:13; 7:11
βασιλείᾳ Bar 8:6; 21:1 Mar
  22:1 H Sim 9:29:2
βασιλείαν 1 Clem 42:3 2 Clem
  9:6; 11:7; 12:1 Diog 9:1;
  10:2 Eph 16:1 cit; Philad
  3:3 cit Philip 5:3 cit Mar
  20:2; 22:3; Ep 4 H Sim
  9:12:3, 4, 5, 8; 13:2; 15:2,
  3; 16:2, 3, 4; 20:2, 3 Did
  9:4; 10:5
βασιλεῖαι Bar 4:4 cit Rom 6:1
βασίλειον 2 Clem 6:9; 17:5
βασιλεύς 1 Clem 12:2, 4 Bar 4:4
  cit Diog 7:4 Did 14:3
βασιλέως 1 Clem 4:10, 13; 12:4;
  37:3 H Vis 3:9:8
βασιλέα Bar 11:5 cit Diog 7:4
  Mar 9:3; 17:3
βασιλεῦ 1 Clem 61:2
βασιλεῖς 1 Clem 32:2; 55:1
βασιλέων Bar 4:4 cit; 12:11 cit
βασιλεύειν Rom 6:1
  βασιλεύοντος Mar 21:1
  βασιλεύσουσιν Bar 4:4 cit
ἐβασκάνατε Rom 3:1
βασκανία Rom 7:2
βάσκανος Mar 17:1
Βάσσου Mag 2:1
βαστάζει H Sim 9:14:5, 6²
  βαστάζουσιν H Vis 3:9:7
  ἐβάσταζον H Sim 9:3:5; 4:1²
  βαστάζητε H Sim 9:28:5
  βάσταζε Pol 1:2, 3 cit

βαστάζειν H Sim 9:2:4, 5; 3:4
βαστάζων 1 Clem 25:3 Bar 7:8
βαστάζουσα H Sim 9:4:2
βαστάζεται H Vis 3:8:2 H Sim
  9:14:5
ἐβαστάζοντο H Sim 9:6:7
βασταζόμενοι H Sim 9:4:3
ἐβάστασαν H Sim 8:10:3
βάστασον Did 6:3
βαστάσαι H Vis 1:3:3 Did 6:2
βάτου 1 Clem 17:5
βδέλυγμα Bar 2:5 cit
βδελυκτόν 1 Clem 2:6
  βδελυκτήν 1 Clem 30:1
  βδελυκτάς 1 Clem 30:1
βεβαία Smyr 8:1 Philip 1:2
  βέβαιον Smyr 8:2
  βεβαίας Mar 1:2
  βέβαιον 1 Clem 6:2
  βεβαίαν 1 Clem 1:2
* βέβαια Rom 3:1
βεβαιοτάτην 1 Clem 47:6
βέβαιοῖ 1 Clem 22:1
  βεβαιωθῆναι Mag 13:1
βεβαίως Mag 4:1; 11:1 Philip 3:2
βεβαιωσύνη Philad Int
βεβηλώσωσι H Sim 8:6:2
βελτιοῦται Diog 6:9
βέλτιον 2 Clem 6:6 H Sim 1:9
βελτίω Diog 1:1
  βελτίονα H Vis 3:7:1
  βελτίονες H Vis 3:4:3
  βελτίους 1 Clem 19:1
βήματι Philip 6:2 cit
βία Diog 7:4
βιαζόμενος Diog 7:4
  βιάζεσθαι Diog 10:5
βιαίων Bar 3:3 cit
βιβλαρίδιον H Vis 2:1:3
  βιβλαρίδια H Vis 2:4:3
βιβλίδιον H Vis 2:1:4
  βιβλιδίου H Vis 2:1:4
  βιβλιδίῳ Eph 20:1
  βιβλίδιον H Vis 2:1:3; 4:1
βιβλίον Bar 12:9 cit H Vis 1:2:2;
  2:4:2
  βιβλία 2 Clem 14:2

βιβλίων Pap 2:4
βίβλου 1 Clem 53:4 cit
  βίβλοις 1 Clem 43:1
  βίβλους H Vis 1:3:2 H Sim
  2:9
ἐβρώθη 1 Clem 39:8 cit
  βεβρωμέναι H Sim 8:1:7; 5:2;
  6:4
  βεβρωμένας H Sim 8:1:6; 4:6;
  5:3, 4
βίος 2 Clem 1:6
  βίου Rom 7:3 Mar 3:1
  βίῳ 2 Clem 20:2 Diog 5:4
  Philad 11:1
  βίον 1 Clem 62:1 Diog 1:1;
  5:2 Eph 9:2
  βίοις Diog 5:10
Βίτωνα 1 Clem 65:1
βιωτικαί H Sim 6:3:4
  βιωτικῶν H Vis 1:3:1
  βιωτικῶν H Vis 3:11:3 H Man
  5:2:2
βλαβερά H Vis 3:9:4 H Man
  6:1:3
  βλαβεραί H Sim 6:5:5, 6, 7
βλάβην 1 Clem 14:2 Tral 5:1
βλάπτουσαν Mar 10:2
  ἔβλαψε 2 Clem 20:4
  ἔβλαψεν 2 Clem 20:4 FL
  βλάψῃς H Vis 3:10:7
  βλαφθῆναι 1 Clem 1:1
βλαστῶντα H Sim 4:1², 2
  βλαστήσῃ 1 Clem 43:4
  βεβλαστηκυῖα 1 Clem 43:5
βλαστός 1 Clem 23:4 cit 2 Clem
  11:3 cit
  βλαστούς Bar 7:8
βλασφημεῖ Smyr 5:2
  βλασφημεῖται 2 Clem 13:2² cit,
  2, 4 Tral 8:2, 2 cit H Sim
  6:2:3 L
  βλασφημοῦνται Diog 5:14
  βλασφημῆται 2 Clem 13:1 Tral
  8:2 FL
  ἐβλασφήμησαν H Vis 2:2:2
  H Sim 6:2:3, 4; 8:8:2;
  9:19:3

38

βλασφημῆσαι Mar 9:3
βλασφημήσαντες H Sim 8:6:4
βλασφημηθῆναι 1 Clem 1:1 FL
βλασφημίας H Man 8:3
βλασφημίαν 2 Clem 13:3 Did
   3:6
βλασφημίαι Did 3:6
βλασφημίας 1 Clem 47:7 Eph
   10:2
βλάσφημοι H Sim 9:19:1
βλασφήμους H Sim 9:18:3; 19:3
βλέμμα H Sim 6:2:5²
βλέπω Bar 1:3 H Vis 1:1:4;
   2:2; 2:1:3; 3:1:4; 2:4;
   8:2; 10:6; 4:1:5,6 H Man
   11:1 H Sim 2:2; 3:1; 4:1;
   5:1:1; 6:1:2; 2:1; 8:6:1;
   9:2:5; 6:1; 7:4
βλέπεις H Vis 3:2:4; 3:3; 8:2
   H Man 4:2:2; 5:1:6; 6:1:4;
   2:9; 9:11; 11:1, 21 H Sim 2:2,
   4; 3:1²; 4:1; 5:6:4; 6:2:1;
   4:4; 8:3:4²; 6:1, 4, 6²; 7:2;
   9:1:2; 2:7²; 7:4; 9:2; 13:5;
   14:6
βλέπει Bar 16:10 Eph 6:1
βλέπομεν 2 Clem 20:1
βλέπετε 1 Clem 56:16 Bar 4:14;
   10:11; 13:6
ἔβλεπον H Vis 3:2:9 H Sim
   5:4:5
βλέπε H Vis 3:10:7 H Man
   4:1:3; 5:2:8; 9:9 H Sim
   1:5, 6; 5:7:2; 6:5:2; 8:2:5
βλεπέτω Mag 6:2
βλέπετε H Vis 3:9:5, 6, 9 H Sim
   1:7; 9:28:5
βλέπειν Pap 3 Did 3:4
βλέπων Bar 10:11 H Sim 6:3:1;
   9:10:1
βλέποντες Bar 1:7; 5:10
βλεπόντων 1 Clem 25:4 Tral
   9:1
*βλεπομένων 1 Clem 28:1
βλέψας H Vis 1:1:5
βλέφαρα Pap 3
βληχράν H Sim 2:5

βληχροί H Sim 5:4:3
ἐβόα Mar 12:2
βοῶντος Bar 9:3 cit
βοήσεις Bar 3:5 cit
βοήσωμεν 1 Clem 34:7
βόησον 2 Clem 2:1 cit, 2 cit
βοηθείτω Rom 7:1
βοηθεῖτε Did 12:2
βοηθήσει 2 Clem 8:2
βοηθῆσαι 1 Clem 39:5 cit
βοηθόν 1 Clem 36:1; 59:3, 4
βοηθοί Bar 2:2
βόθρον Bar 11:2 cit
βοράν Rom 4:1
βορρᾶν 1 Clem 10:4 cit
ἔβοσκε H Sim 6:1:6
ἐβόσκοντο H Sim 6:2:7; 9:1:8
βοσκόμενα H Sim 6:2:4
βοτάνη Eph 10:3
βοτάνης Tral 6:1
βοτάναι H Sim 5:5:3; 9:1:6,
   7, 8; 21:3; 24:1²
βοτανῶν Philad 3:1 H Man
   10:1:5 H Sim 5:2:3, 4;
   4:1; 9:1:6; 21:1; 26:4
βοτάνας H Sim 5:2:4³, 5; 9:
   1:5, 6, 7², 8; 21:1; 22:1;
   23:1; 24:1
βουλεύεται H Vis 1:1:8
βουλεύεσθαι H Vis 1:1:8
βουλευόμενοι H Vis 1:1:8 H Sim
   9:28:5
ἐβουλευσάμην H Vis 1:1:2
βεβούλευνται Bar 6:7 cit
βουλή H Vis 1:2:4² H Sim 9:
   28:4², 5
βουλῆς 1 Clem 2:3
βουλῇ Bar 10:10 cit; 11:7 cit
   H Vis 1:3:4
βουλήν 1 Clem 27:6; 61:2 Bar
   6:7 cit; 19:3 Diog 8:10 Did
   2:6
βουλαῖς 1 Clem 57:5 cit H Sim
   6:3:5
βουλάς 1 Clem 57:4 cit H Sim
   9:28:8
βούλημα 1 Clem 23:5

3; 15:1, 2, 4², 5; 16:2, 4; 17:1, 4; 18:2; 19:1², 2; 20:4² Bar 1:7; 2:4, 5 cit; 4:3, 7, 8, 9, 11; 5:1, 2, 10, 12, 13²; 6:3, 7, 9², 10, 12, 15, 16, 18; 7:10; 9:1, 4, 8; 10:6, 8; 11:2, 3 cit, 8; 12:5; 13:5; 14:2, 6; 15:4; 16:2, 4, 5, 6, 10; 17:2; 18:1; 19:7 F, 8²; 20:1; 21:1, 8 Pap 2:3, 4, 15; 3 Diog 2:7, 9²; 3:3, 4; 4:2; 5:1, 2; 7:1, 4, 6; 8:1, 7; 9:3; 10:2, 5; 11:2, 8; 12:2, 3, 4, 6 Eph 1:2, 3; 3:1³, 2; 4:1; 5:1, 2, 3; 6:1; 7:1²; 8:1, 2; 10:1; 11:1; 13:1; 14:2; 18:2 Mag 1:2; 5:2; 8:1, 2; 10:1², 3; 12:1²; 14:1 Tral 2:1, 3; 3:2; 4:1², 2²; 5:2²; 8:2 cit; 11:1, 2; 12:2; 13:3 Rom 1:1, 2³; 2:1³; 3:2, 3; 7:2; 9:2, 3; 10:2 Philad 1:2; 2:2; 3:2; 4:1; 6:1; 7:1²; 9:2 Smyr 1:1; 2:1; 3:1; 4:2; 5:2²; 6:1; 9:2; 11:3 Pol 7:3 Philip 3:2, 3²; 5:3; 6:2; 7:1; 8:2; 9:2; 13:2 Mar 1:1, 2²; 2:1, 2, 3; 3:1⁴; 6:1; 8:2; 10:2; 11:1, 2; 12:3; 13:2, 3; 15:2²; 16:2; 17:3; Ep 1 H Vis 1:1:8; 2:4; 3:1, 2², 3²; 2:1:4; 2:3, 5², 8; 3:1; 4:2, 3; 3:2:6, 8; 3:2⁴; 4:3; 6:6, 7; 8:11; 9:3, 5; 11:3; 13:2, 3; 4: 1:5 L; 3:4, 7; 5:3², 5 H Man 2:2, 4, 5, 6; 3:2, 3, 4, 5; 4:1:1, 2², 3, 8, 10, 11; 2:2; 3:2², 3, 4, 6, 7; 5:1:2, 3², 5, 7³; 2:2², 5, 8; 6:1:1, 2, 3, 4; 2:7; 7:1, 2², 4; 8:1, 2, 4, 5, 10, 11; 9:3, 5, 6, 7, 9², 10; 10:1:1, 2, 3, 4, 5, 6; 2:6; 3:1, 2, 3; 11:3³, 4, 5, 13², 15, 17, 19; 12:1:1, 2²; 2:1, 2, 3, 4; 3:3²; 4:1, 7; 5:3²;

6:1, 2 H Sim 1:1, 3, 4, 5, 9, 10, 11; 2:6, 10; 3:1, 2, 3; 4:2, 3, 4, 5, 6, 7; 5:1:4; 3:4; 4:1, 2, 5; 6:2, 6, 7; 7:2, 3, 4; 6:1:2, 3; 2:2, 3; 3:4, 5; 4:2, 3; 5:3³, 5, 7; 7:1³, 3; 8:2:9; 3:1, 3, 4; 6:5; 7:1; 8:2; 11:2; 9:1:1, 2, 3; 2:4, 6; 4:6, 8; 5:1, 2, 5, 6; 6:8; 7:6; 8:2, 4, 5², 6²; 9:7³; 10:1, 6; 11:3², 5, 7 FL; 12:5²; 13:2², 3, 6, 7; 14:2, 4; 15:6; 16:2, 3, 7; 19:1, 2, 3; 20:3; 21:2², 3; 22:3, 4; 23:2; 24:4²; 26:4, 6, 7; 28:4, 6; 29:3; 30:2, 3 Did 1:3, 4, 5³; 2:4; 3:2², 3², 4, 5, 6; 4:1, 7, 8, 10; 6:2, 3; 8:1; 9:5; 11:7, 11²; 12:1; 13:3; 14:3; 15:1, 2; 16:1, 2, 3, 4

γαστρός 1 Clem 21:2 cit
γαστρί Bar 13:2 cit
γαυριῶντες H Vis 1:1:8
γαυρούμενοι H Vis 3:9:6
γέ 1 Clem 33:1 Bar 5:8; 10:2; 12:6; 15:6, 8; 16:3 Diog 1:1; 3:5; 4:1; 7:3; 8:3 H Vis 1:1:8 H Man 8:5; 9:9
γέενναν 2 Clem 5:4 cit
γελῶν H Vis 1:2:3
γελάσασα H Vis 1:1:8
γεμίσῃ H Man 12:5:3
γέμετε Mag 14:1
ἔγεμεν H Sim 9:1:7
γέμοντες 2 Clem 1:6 Bar 11:11
γενεά H Sim 9:15:4²
γενεᾶς 1 Clem 5:1 Mar 21:1
γενεᾷ 1 Clem 7:5²
γενεάν 1 Clem 16:8 cit; 61:3 Mar 21:1
γενεαί 1 Clem 50:3
γενεῶν 1 Clem 61:3
γενεαῖς 1 Clem 11:2; 60:1
γενεάς 1 Clem 7:5; 19:1
γενέθλιον Mar 18:2
γενναῖος 1 Clem 25:3; 54:1
γενναῖον 1 Clem 5:6; 6:2 Mar 2:2

41

γενναῖα Mar 2 : 1
γενναῖα 1 Clem 5 : 1
γενναιότατος Mar 3 : 1
γενναιότατοι Mar 2 : 2 F
γενναιότητος Mar 2 : 2
γενναιότητα Mar 3 : 1
γεννώσας Tral 11 : 1
γεννᾶται 1 Clem 25 : 3 FL H Vis
  3 : 8 : 7 Did 3 : 4
γεννῶνται Did 3 : 2, 3, 5, 6
γεννώμενος Diog 11 : 4
γεννώμενα Diog 5 : 6
ἐγεννήθη 1 Clem 46 : 8 cit Eph
  18 : 2 Tral 9 : 1
γεννηθῆναι 1 Clem 38 : 3 Tral
  11 : 2 H Vis 4 : 2 : 6
γεννηθέν Bar 19 : 5 Did 2 : 2 F
γεννηθέντα Did 2 : 2
γεγέννηκα 1 Clem 36 : 4 cit
γεγεννημένον Smyr 1 : 1 FL
γεγεννημέναι H Vis 3 : 8 : 7
γεννημάτων Did 13 : 3
γεννήσει Mag 11 : 1
γεννητός 1 Clem 30 : 5 cit Eph 7 : 2
γένος Diog 1 : 1 H Sim 9 : 1 : 8²;
  19 : 1; 24 : 1; 30 : 3
γένους Bar 14 : 7 cit Eph 20 : 2
  Tral 9 : 1 Smyr 1 : 1 cit Mar
  3 : 1; 14 : 1 H Sim 9 : 17 : 5;
  30 : 3
γένει Mar 17 : 1
γένος H Sim 8 : 2 : 7
γεραίρειν Diog 3 : 5
γέρας 1 Clem 6 : 2
Γερμανικός Mar 3 : 1
γεύσεως Bar 1 : 7
γεύσῃ H Sim 5 : 3 : 7
γεύσηται Tral 11 : 1
γεύσασθαι 1 Clem 36 : 2
γεωργεῖ Philad 3 : 1
γῆ 1 Clem 17 : 2 cit; 20 : 4; 54 : 3
  cit 2 Clem 16 : 3 Bar 6 : 9;
  11 : 2 cit, 9 cit; 16 : 2 cit Diog
  7 : 2 Did 16 : 4
γῆς 1 Clem 4 : 1 cit; 8 : 3 cit,
  4 cit; 10 : 2, 3² cit, 5² cit;
  12 : 2, 4; 14 : 4 cit; 16 : 8 cit;

22 : 6 cit; 28 : 3 cit; 31 : 4; 36 : 4
  cit; 53 : 2 cit; 59 : 3; 61 : 1, 2
  2 Clem 8 : 1 Bar 2 : 7 cit;
  4 : 4 cit, 5 cit, 8 cit; 5 : 7; 6 : 9,
  12cit, 17; 11 :7cit; 12:9; 14:3cit,
  8 cit Pap 3 Diog 5 : 9; 10 : 7
  Rom 5 : 1; 6 : 1 Smyr 11 : 2
  H Vis 3 : 2 : 5 H Sim 5 : 6 : 6;
  8 : 3 : 2 Did 8 : 2; 9 : 4
γῆ 1 Clem 16 : 3 cit; 51 : 5 Bar
  10 : 5 Diog 5 : 1; 7 : 2; 10 : 2
γῆν 1 Clem 10 : 2, 3 cit, 4 cit;
  12 : 5; 24 : 5²; 33 : 3; 60 : 4
  Bar 6 : 8² cit, 10² cit, 12 cit,
  13 cit, 16; 11 : 9 cit; 16 : 2 cit
  Pap 4(²L) Diog 3 : 4 H Vis
  1 : 3 : 4 H Man 11 : 21 H Sim
  8 : 3 : 2 Did 3 : 7
γῆ Bar 9 : 3 cit
γηγενοῦς 1 Clem 39 : 2
γήρᾳ 1 Clem 10 : 7
γεγηράκαμεν 1 Clem 23 : 3 cit
γήρους 1 Clem 63 : 3
γίνομαι Diog 11 : 1
γίνεται 1 Clem 23 : 4 cit; 24 : 4
  2 Clem 11 : 3 cit; 16 : 4 Bar
  6 : 19; 10 : 7; 16 : 4; 19 : 6
  Diog 10 : 6 H Vis 1 : 3 : 4; 3 :
  8 : 4; 4 : 3 : 4 H Man 4 : 1 : 5;
  5 : 1 : 5; 2 : 2, 4², 7; 8 : 9 H Sim
  9 : 23 : 4; 26 : 4, 5 Did 3 : 10
γινόμεθα Diog 11 : 8 Eph 17 : 2
γίνεσθε Eph 13 : 1
γίνονται 1 Clem 11 : 2 Rom 5 : 1
  H Man 3 : 2; 10 : 1 : 4; 12 : 5 : 4
  H Sim 2 : 9; 5 : 4 : 3; 9 : 23 : 3;
  26 : 4
ἐγίνετο 1 Clem 2 : 2
ἐγίνοντο H Sim 9 : 1 : 6 FL; 4 : 6;
  6 : 8 F; 24 : 1, 2
γινώμεθα 2 Clem 13 : 1
γίνωνται H Vis 3‹3 : 1
γίνου 1 Clem 30 : 5 cit Bar 19 : 9
  Pol 2 : 2 cit; 3 : 2 H Man 2 : 1;
  5 : 1 : 1 H Sim 1 : 6; 7 : 6 Did
  3 : 2, 3, 4, 5, 6, 8; 4 : 5
γινέσθω Pol 4 : 1; 5 : 2

42

γίνεσθε Bar 21:4, 6 Eph 4:2
 Rom 7:1 Philad 6:2; 7:2
 H Vis 3:6:7; 9:7 Did 16:1
γινέσθωσαν Pol 4:2
γίνεσθαι 1 Clem 40:2 H Man
 8:10 Did 1:2
γινομένου H Vis 4:1:6
γινομένην 1 Clem 24:2
γινόμενον 1 Clem 25:1
γινόμενα 1 Clem 40:3
γινομένοις Diog 11:1
γινομένους 1 Clem 60:4
γενήσομαι Rom 2:1; 4:3 F
ἐγενήθη 1 Clem 29:2 cit; 51:3
 2 Clem 14:1 cit Bar 6:4 cit
ἐγενήθημεν 1 Clem 38:3
ἐγενήθησαν 1 Clem 51:1
γενηθῆς Bar 10:8
γενηθῶμεν Diog 9:1
γενηθήτω 1 Clem 15:5 cit Did
 8:2
γενηθῆναι 1 Clem 33:1 Bar 9:4
γενηθείς Diog 11:2
ἐγενόμην Pol 7:1 H Vis 3:1:4,
 5; 8:1; 4:2:2
ἐγένου 1 Clem 4:4 cit
ἐγένετο 1 Clem 4:1 cit, 6 cit;
 50:7 2 Clem 9:5 Bar 6:9;
 12:5; 16:5 Diog 8:7 Eph
 15:1 cit; 19:2 Philip 5:2
 Mar 1:1; 9:1; 13:1 H Vis
 2:2:8; 4:3:7 H Man 2:6
 H Sim 5:2:4; 8:6:6; 7:5; 8:5;
 9:1 FL, 2; 10:1; 9:4:2; 5:1;
 6:8; 10:3; 12:3²; 14:2, 6;
 17:4²; 18:3 Did 9:4
ἐγενόμεθα 2 Clem 2:3 Bar 16:8
ἐγένοντο 1 Clem 6:1; 42:2;
 45:8 Bar 14:1, 4 H Man 3:2
 H Sim 8:6:6; 7:4; 9:1;
 10:1, 2; 9:1:6; 4:2, 3, 5;
 6:4; 17:3, 5; 18:1; 19:3;
 22:4; 28:4
γένωμαι Rom 4:2
γένη Bar 10:6, 7; 19:6²
γένηται 1 Clem 12:5; 43:6 Bar
 7:8 Eph 11:1 Smyr 11:2

H Vis 2:2:5, 7; 3:6:5; 10:9;
 4:2:5 H Man 3:5; 11:9, 14;
 12:3:2; 6:5 H Sim 2:6, 8;
 5:2:8; 8:9:4
γενώμεθα 1 Clem 17:1 2 Clem
 7:3; 18:1 Bar 4:11² Philip
 8:2 Mar 1:2
γένησθε Rom 4:1
γένωνται 1 Clem 21:1 Rom 4:2
 H Vis 3:3:1 FL
γένοιτο 1 Clem 45:7 Bar 6:3
 Eph 11:2²; 12:2 Mag 11:1
 Smyr 5:3 Pol 6:1 Mar 17:3;
 22:1
γένοιτ᾽ Diog 2:3
γένοιντο 1 Clem 39:9 cit
γενοῦ H Vis 1:3:3
γενέσθω 1 Clem 23:3 Mar 7:1 cit
 H Sim 9:26:6
γένεσθε 1 Clem 8:4 cit
γενέσθαι 1 Clem 2:3; 10:1;
 11:2; 14:1; 34:7; 51:5;
 59:4 2 Clem 18:2 Bar 6:19
 Pap 3 Diog 1:1; 2:4, 9; 10:4
 Mar 17:3 H Vis 3:6:6²
 H Man 3:5; 11:19 H Sim
 5:2:11; 8:6:2; 9:10:1, 2;
 12:2, 5; 17:5; 19:3
γενόμενος 1 Clem 5:6, 7; 25:3;
 48:1 Bar 7:3 Pap 2:15 Diog
 2:1; 11:1 Eph 7:2; 16:2
 Philip 3:2 Mar 6:2; 16:2;
 19:1; Ep 1 H Vis 3:1:5;
 12:2 Did 1:5
γενόμενον 1 Clem 25:2
γενομένου Smyr 4:2
γενομένης 1 Clem 43:5 H Vis
 4:1:1 H Sim 9:11:6
γενομένη Mag 11:1
γενόμενον Smyr 11:2
γενομένην Smyr 11:3 Mar 18:1
 H Sim 8:11:1
γενόμενον Mar 19:1
γενόμενοι 1 Clem 9:1; 63:2
 Diog 12:1 Mag 10:1 Rom
 2:2 H Sim 8:9:1; 9:26:3
γενόμενα Bar 8:7 Eph 14:1

44

γλυκύτερον H Man 12:4:5
γλυκύτητα 1 Clem 14:3 H Man
5:1:5
γλυπτόν Bar 12:6 cit
γλῶσσα 1 Clem 18:15 cit; 35:8 cit
Mag 10:3
γλώσσης 1 Clem 21:7; 56:10
cit; 57:2 H Vis 2:2:3
γλώσσῃ 1 Clem 15:4 cit
γλῶσσαν 1 Clem 15:5² cit; 22:
3 cit H Vis 4:1:9
γλώσσας 2 Clem 17:4 cit
γλωσσώδης Bar 19:7
γνησίας 1 Clem 62:2
γνησιώτερον Bar 9:9
γνώμη Eph 3:2
γνώμης Bar 21:2 Pol 4:1(²L);
5:2
γνώμῃ Eph 1:1 L; 3:2²; 4:1
Philad Int; 3:3; 6:2 Smyr
6:2 H Sim 5:2:8
γνώμην 1 Clem 8:2 Bar 2:9
Rom 7:1; 8:3 Philad 1:2
Pol 1:1; 8:1
γνωρισθήσεται H Vis 2:4:2
ἐγνώρισας Did 9:2, 3; 10:2
ἐγνώρισεν Bar 1:7; 5:3 Diog
8:5 H Vis 2:1:2
γνώρισον H Vis 2:2:3; 4:3:1
H Man 8:2; 12:1:3 H Sim
2:5; 8:3:1; 9:5:4
γνωρίσαι H Vis 2:2:4
γνῶσις 2 Clem 3:1 Bar 2:3; 6:9;
9:8; 19:1 Diog 12:4, 5 cit, 7
H Vis 2:2:1
γνώσεως 1 Clem 36:2; 40:1;
41:4 Bar 13:7 Diog 12:2²,
3², 4, 6 Did 9:3; 10:2
γνῶσιν 1 Clem 1:2; 27:7 cit;
48:5 Bar 1:5; 5:4; 10:10;
11:4 cit; 12:3; 18:1; 21:5;
Diog 12:5 Eph 17:2 Did 11:2
γνωστόν 1 Clem 11:2
γνωστά H Sim 5:4:3; 5:1
γογγύσεις Bar 19:11 Did 4:7
γογγυσμοῦ Bar 3:5 cit
γόγγυσος Did 3:6

γοήτων Diog 8:4
γόνατα 1 Clem 57:1 H Vis 1:1:3;
2:1:2; 3:1:5
γονέων H Vis 2:2:2
γονεῖς H Vis 1:3:1; 2:2:2
γοργός 1 Clem 48:5 L
γοῦν Mar 16:1 F; 17:2 H Sim
8:8:2
γράμμα H Vis 2:1:4
γραμμάτων Bar 9:7 Rom 8:2
Pol 7:3
γράμμασιν Bar 9:8
γράμματα Philip 13:1 H Vis
2:1:4
Γραπτή H Vis 2:4:3
Γραπτῇ H Vis 2:4:3
γραφεῖον 1 Clem 28:2
γραφή 1 Clem 23:3; 34:6; 35:7;
42:5 2 Clem 2:4; 6:8; 14:2
Bar 4:7, 11; 5:4; 6:12;
13:2; 16:5
γραφῆς 1 Clem 23:5 2 Clem
14:1 H Vis 2:2:1
γραφάς 1 Clem 45:2; 53:1
γράφω Bar 6:5; 17:2 Eph 9:2;
12:1; 21:1 Mag 15:1 Rom
4:1; 7:2²; 10:1 Philad 11:2
Smyr 12:1 Philip 3:1
γράφομεν 1 Clem 53:1
γράφειν 1 Clem 62:3 Bar 4:9²
Eph 20:1 Tral 3:3
γράψεις Pol 8:1 H Vis 2:4:3;
5:5
ἔγραψα Rom 8:3; 10:3 Mar
22:2, 3; Ep 4 H Vis 5:6
ἔγραψεν 1 Clem 47:2 Pap 2:15
Philip 3:2
ἐγράψαμεν Mar 1:1
ἐγράψατε Philip 13:1
γράψον Bar 12:9 cit H Vis 5:5
γράψαι Bar 21:9 Tral 5:1 Pol
8:1 H Vis 5:5, 8 H Sim
9:1:1
γράψας Pap 2:15 Tral 12:3
Mar 20:2
γέγραπται 1 Clem 4:1; 14:4;
17:3; 29:2; 36:3; 39:3;

45:3; 46:2; 48:2; 50:4, 6
Bar 4:3, 14; 5:2; 11:1;
14:6; 15:1; 16:6; 21:1 Eph
5:3 Mag 12:1 Philad 6:1;
8:2 H Vis 2:3:4
ἐγέγραπτο 1 Clem 2:8; 42:5
γεγραμμένος H Sim 2:9
γεγραμμένον 1 Clem 3:1
γεγραμμένης Bar 7:3
γεγραμμένον 1 Clem 13:1
γεγραμμένα Diog 12:3 H Vis
2:2:1
γεγραμμένοις 1 Clem 63:2 2 Clem
19:1
γεγραμμένας Bar 4:7 cit; 14:2 cit
γεγραμμένα H Sim 5:3:7
γρηγόρει Pol 1:3
γρηγορεῖτε Did 16:1
γρόνθου Philip 2:2
γρόνθον Philip 2:2
γρύξαι Mar 2:2
γυμναζόμεθα 2 Clem 20:2 L
γυμναζώμεθα 2 Clem 20:2
γυμνόν Bar 3:3 cit
γυμνά 1 Clem 24:5
γυμνοῖς H Sim 9:20:3
γεγύμνωνται Diog 12:3
γυνή H Vis 1:2:2 H Man 4:1:5,
6, 7, 10; 4:1; 5:2:2; 6:2:8
γυναικός 1 Clem 11:2; 30:5 cit
Bar 13:2 cit H Vis 1:2:3
H Man 4:1:1²; 12:2:1
γυναικί 1 Clem 12:8 H Man
4:1:8
γυναῖκα H Vis 1:1:2, 4 H Man
4:1:4, 6, 7; 6:2:7
γύναι H Vis 1:1:7
γυναῖκες 1 Clem 6:2; 55:3
H Sim 9:9:5²
γυναικῶν H Man 6:2:5 H Sim
9:13:8, 9; 14:1, 2; 15:1, 3;
22:4; 26:6, 8
γυναιξί Smyr 13:1 H Sim 9:21:4
γυναιξίν 1 Clem 1:3 Smyr 13:1 L
H Sim 9:20:4
γυναῖκας 1 Clem 21:6 Philip
4:2 H Vis 3:8:2

γωνίας Bar 6:4 cit
γωνίαν H Man 11:13
γωνίας H Sim 9:2:3; 4:1; 15:1
δ' H Sim 9:2:3(²F); 10:7; 15:3
Δαβίδ (L Δαυείδ, F Δαυίδ) Eph
18:2; 20:2 Tral 9:1 Rom
7:3 Smyr 1:1 cit Did 9:2;
10:6 (v. Δαυίδ)
Δαθάν 1 Clem 4:12
δαιμονικοῖς Smyr 2:1
δαιμόνιον Smyr 3:2 cit H Man 2:3
H Sim 9:22:3
δαιμονίου H Sim 9:23:5
δαιμονίων Bar 16:7
δαιρόμενα H Sim 6:2:7
δάκνειν Bar 12:5
δηχθῇ Bar 12:7
δακτυλίοις 1 Clem 43:2
δακτύλῳ Bar 4:7 cit; 14:2 cit
δάμαλιν Bar 8:1
Δαμᾶ Mag 2:1
Δαναΐδες 1 Clem 6:2
Δανιήλ 1 Clem 45:6 2 Clem 6:8 cit
Bar 4:5
δαπανᾷ H Man 12:1:2²
δαπανᾶτε H Sim 1:8
δαπανᾶται H Man 12:1:2
δαπανηθῆναι Mar 11:2; 16:1
δεδαπανημένας Bar 14:5
δαπάνης H Sim 5:3:7
δασύποδα Bar 10:6 cit
Δαυείδ L, v. Δαβίδ, Δαυίδ
Δαυίδ (L Δαυείδ) 1 Clem 4:13;
18:1, 1 cit; 52:2 Bar 10:10;
12:10², 11 Eph 18:2 F; 20:2 F
Tral 9:1 F Rom 7:3 F Smyr
1:1 cit F Did 9:2 F; 10:6 F
(v. Δαβίδ)
Δάφνον Smyr 13:2
δέ 1 Clem 4:2 cit, 4 cit; 7:7; 8:2,
4² cit; 10:6 cit; 11:1; 12:4
(²L); 14:2, 4² cit; 15:2 cit,
3 cit, 4 cit; 16:5 cit, 15 cit;
17:1², 2, 2 cit, 3, 3 cit, 5 cit,
6 cit; 18:1; 20:11; 22:1, 6 cit,
8 cit; 25:3; 27:7 cit; 28:2;

30:2 cit; 32:2; 33:7; 35:5, 6, 7 cit, 8 cit; 36:4; 37:5; 38:2²; 39:4 cit, 5² cit, 7² cit, 8 cit, 9 cit; 41:2; 43:5; 45:8; 46:4; 47:5,7; 51:1,2; 55:1; 56:4 cit, 5 cit, 6 cit, 8 cit, 9 cit, 11 cit, 13 cit, 14² cit, 15 cit; 57:3 cit, 4³ cit, 5³ cit, 7 cit; 59:1, 2; 63:3, 4; 65:1 2 Clem 1:3; 2:2, 3², 4; 3:2, 4, 5, 5 cit; 5:3, 5; 6:1, 2 cit, 3,4,5,6,7,8,9; 7:4; 8:2; 10:1, 5; 11:1, 2 cit; 12:3, 4; 13:4; 14:1, 2², 3, 4; 15:1; 16:3, 4², 4 cit; 17:4, 7 Bar 1:8; 2:2, 5, 7; 3:3; 4:4, 6², 9, 14, 14 cit; 5:2², 4, 5, 6, 9, 13, 14 cit (²F); 6:4, 13, 18; 7:7, 9 cit, 11; 8:1, 4, 5, 6, 7; 9:5 cit, 8; 10:1, 2, 3², 7, 9, 10, 11, 12; 11:1, 8; 12:2, 7, 10; 13:1, 2 cit, 5, 5 cit; 14:1, 4³, 5; 15:4, 7; 16:1, 2 cit, 6 F, 8(²FL); 18:1³, 2; 19:3, 9, 11, 12; 20:1; 21:5, 6, 7 Pap 2:3, 4, 15; 3⁵; 4 (²F) Diog 2:2⁴, 3³, 7, 8², 9, 10; 3:1, 2, 5²; 4:3, 4, 5², 6; 5:4; 6:3², 4, 7²; 8:2, 5², 6, 9, 11; 9:2², 5, 6; 10:3, 4; 11:2; 12:5 cit, 6, 7 Eph 1:3; 2:1²; 4:2; 8:2; 9:1³; 10:1, 3; 14:1³; 15:1; 17:2; 18:1, 2; 19:2², 3; Mag 1:2; 3:1², 2; 4:1²; 5:2²; 11:1; 15:1 Tral 2:3; 3:1, 2; 4:2; 6:1; 7:1, 2 FL; 10:1² Rom 1:2; 2:1, 2 L; 3:1; 4:3; 5:1; 6:1; 7:1, 2²; 8:1, 2; 9:2; 10:1², 3 Philad 2:1; 5:1, 2; 6:1², 3²; 7:2³; 8:1, 2²; 9:1, 2²; 10:2²; 11:1² Smyr 3:2, 3; 4:1⁴, 2; 5:1, 2², 3; 6:2; 7:1, 2³; 8:1; 11:1 Pol 2:3; 3:1; 5:1, 2; 8:1 Philip 2:2, 3; 4:1cit; 6:1; 7:2 cit Mar 2:2², 3, 4; 4:1²; 5:1²; 6:2; 7:1,

2³; 8:1, 2², 3; 9:1², 2², 3; 10:1³,2²; 11:1³,2²; 12:1, 2; 13:2, 3; 14:1³; 15:1²; 17:1,2,3; 20:1,2; 21:1²(³F); 22:2, 3; Ep 2, 3, 4² H Vis 1:1:2, 3, 4, 5², 8; 2:1, 4; 4:2⁴, 3; 2:1:3², 4; 2:1², 5, 8; 3:1², 4; 4:1, 2, 3²; 3:1:3, 6, 9; 2:1, 2³, 3, 4², 5⁴, 6, 7³, 8⁴, 9³; 3:2³, 4, 5²; 4:1, 2²; 5:1, 2, 3, 4², 5³; 6:1², 2², 3², 4², 5², 7(²L); 7:1², 2, 3, 6²; 8:4, 5⁶, 7, 9², 11(²FL); 9:1, 3, 7; 10:2, 3, 4³, 5³; 12:1², 2; 13:1, 4; 4:1·2, 5, 6², 8, 10; 2:1³; 3:1, 3, 4, 5, 6; 5:5², 7 H Man 1:1, 2; 2:2, 4, 5; 3:3; 4:1:1, 2, 5, 6,8,9,11; 3:3², 6; 4:2²,4²; 5:1:3², 5, 6, 7; 2:1², 3, 4⁴, 8; 6:1:2³, 4; 2:7, 8, 9, 10; 7:1, 2⁴, 3, 4, 5²; 8:1, 2³, 7; 9:5, 6, 7, 8, 10, 11; 10:1:4², 6; 2:4; 3:2²; 11:1, 3, 4, 6, 12, 13, 14, 17, 21; 12:1:1, 2²; 2:3,4 FL; 3:4,5,6; 4:2,4²; 5:2², 3, 4; 6:1, 2, 5 H Sim 1:10, 11²; 2:3, 4², 5, 6; 4:1², 2, 4², 5, 6, 7; 5:1:2, 4, 5; 2:2², 3, 5, 7, 9², 10, 11; 3:3, 4, 7, 9; 4:2, 3², 4², 5; 5:1, 2⁴, 3⁵; 6:4; 7:2, 3; 6:1:4, 6; 2:2, 4³, 6; 3:2², 4⁴, 6²; 4:4³; 5:3, 7³; 7:3, 5², 6, 7; 8:1:2², 3, 4², 5, 7, 8, 9, 10, 11, 12², 13², 14³, 15², 16³, 17², 18²; 2:1, 2², 3, 5⁴, 7², 8², 9; 3:2², 3, 4², 5², 7³, 8²; 4:2, 5³, 6⁵; 5:1², 2³, 3³, 4⁴, 5³, 6²; 6:2, 4², 5², 6⁵; 7:1, 2, 3², 4², 5, 6²; 8:1³, 2, 3³, 4², 5³; 9:1⁵, 3, 4³; 10:1³, 2³, 3⁴, 4; 11:3, 4, 5; 9:1:2, 3, 4, 5², 6³, 7⁶, 8², 9²(³FL), 10²; 2:1², 2³, 3³, 4, 7³; 3:1², 2², 3², 4, 5; 4:1⁴, 2², 3³, 4, 5, 6, 7, 8;

5:1⁴, 2, 7; 6:2, 3², 4⁶, 6,
7², 8²; 7:2, 3, 5; 8:2, 3², 4³,
5⁴, 6, 7²; 9:2, 3, 4³, 5³, 6,
7²; 10:1, 3, 5, 7³; 11:1, 2²,
3, 4, 5³, 6², 7; 12:1, 2, 4,
6; 13:1, 2³, 3², 5, 7, 8, 9;
14:2²; 15:2⁴, 3⁴, 4⁴; 16:3,
6², 7; 17:2³, 5²; 18:1, 2, 3;
19:1², 2³, 3³; 20:1³, 2, 4²;
21:1⁵, 2, 4; 22:1², 2, 3, 4³;
23:1, 2, 3, 5²; 24:1,4; 25:1;
26:1, 2, 3, 5, 6, 8²; 27:1,2;
28:1, 3³, 4, 5; 29:1, 3 Did
1:1, 2, 3³, 5², 6 FL; 2:1, 7³;
3:7; 4:1, 2, 3, 5, 8, 11, 13;
5:1; 6:3²; 7:1, 2, 3, 4²;
8:1²; 9:1, 3, 5; 10:1, 3, 7;
11:2², 3, 4, 5³, 6², 7, 8, 9, 10,
11², 12; 12:1², 2,3, 4; 13:1,
4, 7; 14:1, 2; 15:3, 4; 16:2,
5, 7
δ' Pap 2:16 Diog 2:2, 5; 4:2;
6:1; 8:2 Philad 7:2 L Did
6:2; 7:2; 11:12; 12:5
δέησις Mag 7:1
δεήσει H Vis 3:10:7
δέησιν 1 Clem 22:6 cit; 59:2
Bar 12:7
δεήσεσιν Philip 7:2
δεῖγμα Diog 3:3; 4:5
δείγματα Diog 7:9
δείκνυσιν 1 Clem 26:1
δείκνυται Diog 12:9
δείξω 1 Clem 35:12 cit H Vis
3:1:2; 5:5 H Sim 5:3:2;
6:1:5; 8:11:5
ἔδειξας H Sim 9:11:9
ἔδειξε H Man 11:1 H Sim 3:1;
4:1; 8:1:1; 9:1:1, 4; 2:1;
10:5
ἔδειξεν 1 Clem 5:5; 10:7 H Vis
4:1:3 H Sim 5:6:3
δείξω 1 Clem 10:3 cit H Vis
5:5 H Sim 9:2:7
δείξης H Sim 5:4:2
δείξῃ Bar 5:6, 9; 7:5; 12:6

δεῖξαι 1 Clem 16:12 cit H Vis
3:1:2; 4:1:3 H Sim 9:1:1
δείξας Diog 9:6 H Sim 8:11:5
δείξασα H Vis 3:3:1
δειχθέντα Diog 11:2
δέδειχεν Bar 13:3
δεικνύεις H Sim 5:4:5
δεικνύει H Sim 6:1:5; 2:5
δειλαινόμενος H Sim 9:1:3
δειλαινόμενα Rom 5:2
δειλίαν Mar 3:1 H Sim 9:21:3
ἐδειλίασεν Mar 4:1
δειλοί H Sim 9:28:4
δειναῖς 2 Clem 17:7 H Sim 6:3:3
δεινάς Mar 2:4
δεινά 1 Clem 6:2 Mar 8:3
δεινοτάτη H Man 10:1:2
δεινῶς H Vis 1:3:1 H Man 12:1:2
ἐδείπνησα H Sim 9:11:8
ἐδείπνησας H Sim 9:11:8
δείπνου Mar 7:1 H Sim 5:2:9;
5:3
δεῖπνον H Sim 5:2:9
δεισιδαιμονίαν Diog 1:1; 4:1
δέκα Bar 4:4 cit, 5 cit; 9:8; 15:1
Rom 5:1 H Vis 2:2:1;
4:1:2 H Sim 9:3:3 L, 5;
4:2 L, 3 L; 5:4 L; 15:4 L
δεκαδύο Bar 8:3²
δεκαοκτώ Bar 9:8 cit, 8²
δέκατον H Sim 9:1:9
δεκάτου H Sim 9:27:1
δεκτή H Sim 5:1:3; 3:8
δεκτόν Mar 14:1 H Sim 2:7
δεκτόν Bar 14:9 cit
δεκτήν Bar 3:2 cit H Sim 5:1:5
δεκτά Bar 15:8
δένδρον Eph 14:2 cit H Sim 8:
1:3, 4²; 2:7; 3:1, 2; 6:1
δένδρου H Sim 4:3; 8:2:9
δένδρον H Sim 8:2:9; 3:1
δένδρα Bar 11:10 cit H Sim 2:2;
3:1,3; 4:2,4; 9:1:10; 27:1;
28:1, 3
δένδρων H Sim 2:2; 9:1:9
δένδρα H Sim 3:1²; 4:1²; 9:1:9
δεξιά 1 Clem 28:3 cit

48

δεξιᾶς Bar 12 : 11 cit
δεξιάν Bar 13 : 5, 5² cit Did 1 : 4;
  12 : 1
δεξιά H Vis 3 : 2 : 1
δεξιῶν 1 Clem 36 : 5 cit Bar
  11 : 10 cit; 12 : 10 cit Philip
  2 : 1 H Vis 3 : 2 : 1², 2, 4 H Sim
  9 : 6 : 2
δεξιούς H Sim 9 : 2 : 4
δεξιά H Vis 3 : 1 : 9³ H Sim
  9 : 12 : 8
δεόμεθα Philip 6 : 2
  ἐδεῖτο Bar 13 : 2 cit
  ἐδέοντο Bar 12 : 7
  δεώμεθα 1 Clem 50 : 2
  δεομένοις 1 Clem 59 : 4
  ἐδεήθην H Sim 5 : 4 : 1
  δεηθείς H Vis 3 : 1 : 2
δέσυς 1 Clem 2 : 4 L
δεπόσιτα Pol 6 : 2
δέρμα H Vis 5 : 1 H Sim 6 : 2 : 5
  δέρμασιν 1 Clem 17 : 1
δέρεσθαι Pol 3 : 1
δεσέρτωρ Pol 6 : 2
δεσμίους 1 Clem 59 : 4
δεσμός Eph 19 : 3
  δεσμόν 1 Clem 49 : 2 Philad 8 : 1
  δεσμά Tral 12 : 2 Smyr 10 : 2
  Pol 2 : 3
  δεσμῶν Bar 14 : 7 cit
  δεσμοῖς 2 Clem 20 : 4 Mag 1 : 2
  Smyr 11 : 1 Philip 1 : 1
  δεσμά 1 Clem 5 : 6; 55 : 2 Eph 11 : 2
δεσμωτήριον H Sim 9 : 28 : 7
δεσπόζειν H Vis 3 : 4 : 1
δεσπότης 1 Clem 7 : 5; 8 : 2; 9 : 4;
  11 : 1; 20 : 11; 24 : 1; 33 : 1, 2;
*   36 : 2, 4; 40 : 1; 52 : 1; 64 Bar
  1 : 7; 4 : 3 Diog 8 : 7 H Vis
  2 : 2 : 4, 5 H Sim 1 : 6, 9; 5 : 2 : 2,
  5, 6, 11²; 9 : 5 : 7; 7 : 6; 9 : 4
δεσπότου 1 Clem 20 : 8; 24 : 5;
  40 : 4; 56 : 16 H Vis 3 : 3 : 5
  H Sim 5 : 2 : 8, 9; 4 : 1; 5 : 3
δεσπότῃ 1 Clem 48 : 1 H Man
  5 : 1 : 5² H Sim 5 : 2 : 10; 9 : 7 : 6;
  26 : 4

δεσπότην 1 Clem 55 : 6 Diog
  3 : 2
δέσποτα 1 Clem 59 : 4; 60 : 3;
  61 : 1, 2 Did 10 : 3
δεῦρο Rom 7 : 2
δεῦτε 1 Clem 8 : 4 cit; 22 : 1 cit
Δευτερονομίῳ Bar 10 : 2
δευτέρα H Sim 9 : 15 : 2, 3, 4 Did
  2 : 1
  δεύτερον H Sim 9 : 1 : 5
  δευτέρου Bar 13 : 5 cit Eph 5 : 2
  δευτέρας H Sim 9 : 11 : 7
  δευτέρου H Sim 9 : 19 : 2
  δευτέρᾳ Mar 21 : 1 H Vis 3 : 12 : 1
  Did 8 : 1
  δευτέρῳ Eph 20 : 1
  δευτέραν Bar 6 : 13
  δεύτερον H Man 10 : 3 : 2 Did 1 : 2
δέχεσθαι Eph 6 : 1
  δέξεται 1 Clem 28 : 2; 54 : 3
  ἐδέξασθε Philad 11 : 1
  δέξασθε 1 Clem 58 : 2 Did 11 : 1, 2
  δεξαμένων Rom 9 : 3
  δεξαμένοις Philip 1 : 1
  δεχθήτω Did 11 : 4; 12 : 1
δεῖ 1 Clem 46 : 1 2 Clem 1 : 1²;
  2 : 5; 4 : 4; 6 : 5; 7 : 4; 9 : 3;
  17 : 1 Bar 4 : 1; 7 : 5, 11; 12 : 5
  Eph 6 : 1²; 7 : 1² Tral 2 : 3;
  4 : 1 Smyr 4 : 1 Pol 3 : 1 Philip
  6 : 2 cit Mar 2 : 1; 5 : 2; 12 : 3
  H Vis 3 : 1 : 2; 8 : 11; 10 : 2;
  4 : 3 : 3 H Man 4 : 1 : 8; 6 : 2 : 7,
  8; 7 : 1; 8 : 1², 2², 3, 4, 5, 6², 7, 8;
*   12 : 3 : 1 H Sim 7 : 1, 4, 5; 9 :
  1 : 3; 7 : 6; 9 : 2²; 10 : 1
  ἔδει Bar 5 : 6, 13; 7 : 11 L Eph
  3 : 1 Mar 12 : 3 H Vis 3 : 4 : 3
  H Man 3 : 4; 4 : 3 : 2 H Sim
  6 : 4 : 2
  δέῃ H Vis 3 : 13 : 4 H Sim 5 : 4 : 2
  δέον 1 Clem 34 : 2 Tral 2 : 3
  Philip 5 : 3
  δέον Pap 4
  δεόντων H Man 6 : 2 : 5
  δέοντα H Sim 2 : 5, 8
  δεῖν 1 Clem 62 : 2

49

4:2:4; 3:3 H Sim 9:1:2;
12:3; 16:2
διά (acc) 1 Clem 1:1; 3:4; 4:8,
11, 12, 13; 5:2, 4, 5; 6:1,2;
7:4; 10:7; 11:1; 12:1;
15:5 cit; 16:5² cit, 7 cit, 13 cit,
14 cit; 44:2; 47:3, 7; 51:1,5
2 Clem 4:5; 10:3; 11:1;
19:2; 20:4 Bar 5:2² cit; 7:11;
8:4 F, 6 F, 7; 10:4, 12; 11:
7 cit; 12:2, 5; 14:1; 16:4,7;
17:2; 21:1² Diog 2:6; 4:4
Eph 3:2; 4:1; 17:1, 2; 19:3
Mag 4:1; 8:2; 9:2, 3; 10:1
Rom 6:1 L Philad 3:1; 5:2
Smyr 3:2; 7:1 Pol 2:2; 7:1;
8:1 Mar 4:1; 13:2; 14:3
H Vis 1:3:1²; 2:2:8; 3:1;
4:1²; 3:2:1²; 4:3; 5:1, 5;
6:1⁴,2,4,5²; 7:2, 6²; 9:1,3;
11:4; 12:2,3; 13:2; 4:2:4²;
5:5 H Man 4:1:8, 10; 2:3;
9:7; 10:2:2; 12:6:2 H Sim
6:5:3,6; 7:2; 8:8:1, 2²; 9:4²;
10:1; 11:1; 9:8:3²,6,7;12,2,
3; 13:5; 14:2; 16:7; 17:4;
18:2; 19:1,3³; 21:2,3; 22:2,
3; 26:8; 28:3², 6²
δι' (acc) 1 Clem 31:4; 47:6;
51:5; 54:2; 55:5 2 Clem
13:1, 2 cit Bar 7:2; 10:8;
14:4 Diog 10:2 Tral 2:1; 8:2
Rom 6:1 Smyr 2:1; 9:2
Pol 3:2³ Philip 8:1, 2; 9:2
H Sim 6:2:3 L; 5:4
διαβάς H Vis 1:1:3
διαβεβαιούμενος Pap 2:3
διαβήματα 1 Clem 60:2
διαβοήτου Eph 8:1
διαβολῆς Philip 4:3
διάβολος Pap 4 L Mar 3:1 H Man
5:1:3; 11:3; 12:4:7; 5:1,2,4
διαβόλου 2 Clem 18:2 Eph 10:3
Tral 8:1 Rom 5:3 Philip 7:1
H Man 4:3:4, 6; 7:2, 3²;
9:9, 11; 11:17; 12:2:2; 4:6;
6:2², 4

διαβόλῳ Smyr 9:1 H Sim 8:3:6
διάβολον H Man 7:2; 12:4:6;
5:2; 6:1
διάβολοι Philip 5:2
διαγγέλλουσα Diog 11:5
διάγοντες Tral 2:2
διαδέξωνται 1 Clem 44:2
διαδήματα Philip 1:1
διέδωκεν H Sim 5:2:9
διαθήκη Bar 4:6,8; 13:1; 14:1 F
διαθήκης Bar 6:19; 9:6; 13:6;
14:3 cit
διαθήκη 1 Clem 15:4 cit
διαθήκην 1 Clem 35:7 cit Bar
4:7 cit; 14:1, 2 cit, 5², 7 cit
διάθρυπτε Bar 3:3 cit
διαιρέσεις Rom 5:3
διέλῃς 1 Clem 4:4 cit
δίαιτα 1 Clem 39:8 cit; 56:13 cit
διαίτῃ Diog 5:4
διακόνει H Sim 8:4:1
διακονεῖν H Sim 8:4:2
διακονῶν H Man 2:6
διακονῆσαι H Sim 2:10; 9:26:2
διακονήσαντες H Vis 3:5:1
H Sim 9:26:2
διακονία H Man 2:6
διακονίας Philad 10:2 Smyr 12:1
H Sim 9:26:2
διακονία H Sim 9:27:2
διακονίαν Mag 6:1 Philad 1:1
H Man 2:6; 12:3:3 H Sim
2:7; 9:26:2
διακονίαι 1 Clem 40:5
διακονίας H Sim 1:9
διάκονος Philip 5:2
διακόνου Eph 2:1 Mag 2:1
Tral 7:2 Philad 11:1
διάκονον Philad 10:1
διάκονοι Tral 2:3 Philip 5:2²
H Vis 3:5:1 H Sim 9:15:4;
26:2
διακόνων 1 Clem 42:5 Mag 6:1;
13:1 Tral 7:2 L
διακόνοις Philad Int; 4:1; 7:1
Pol 6:1 Philip 5:3
διακόνους 1 Clem 42:4, 5 cit

56

δίωξον 1 Clem 22:5 cit
διώξασιν Bar 5:11
ἐδιώχθη 1 Clem 4:13 Tral 9:1
ἐδιώχθησαν 1 Clem 5:2; 45:4
  Mag 8:2
διωχθῆναι 1 Clem 4:9
διωχθεῖσαι 1 Clem 6:2
δόγματος Diog 5:3
  δόγμα Did 11:3
  δόγματα Bar 1:6
  δογμάτων Bar 10:10
  δόγμασιν Mag 13:1
  δόγματα Bar 9:7; 10:1, 9
δεδογματισμένων 1 Clem 20:4;
  27:5
δοκεῖς H Vis 2:4:1 H Sim 7:4;
  9:14:5
  δοκεῖ 1 Clem 48:6 Bar 10:11
    Diog 7:9 H Vis 1:1:8 H Man
    4:2:2; 8:6, 11; 10:1:2; 2:4
    H Sim 2:8; 9:18:2; 26:6
  δοκεῖτε 1 Clem 43:6 2 Clem 7:5
    Bar 8:1 Diog 2:8 H Sim
    5:1:3; 9:28:6, 8
  δοκοῦσι Diog 3:5
  ἐδόκει 2 Clem 2:3 Diog 8:10
    H Sim 3:1; 9:2:2; 5:1; 9:7
  ἐδοκοῦμεν 2 Clem 20:4
  ἐδόκουν H Sim 9:2:3
  ἐδοκοῦσαν H Sim 9:9:5
  δοκῇ H Vis 2:3:4 L
  δοκῶμεν 2 Clem 17:3
  δοκοίη Diog 2:10
  δοκεῖν Tral 10:1 [2] Smyr 2:1 [2];
    4:2 [2]
  δοκῶν H Vis 4:3:7 H Man
    11:12
  δοκοῦσα H Sim 9:11:4
  δοκοῦντος Diog 10:7
  δοκοῦντες Bar 10:10 Pol 3:1
    H Vis 3:7:1
  δοκοῦσαι H Sim 9:4:1
  δοκούντων 2 Clem 2:3 Diog 3:5
  δοκοῦντας 1 Clem 57:2
δόξω H Sim 9:7:6
δόξουσιν Bar 12:5

ἔδοξα H Vis 5:3
ἔδοξεν Smyr 5:3 Mar 12:3
δόξῃ H Sim 5:6:7 Did 13:7
δοκίμαζε H Man 11:7, 16
δοκιμάζεται H Vis 4:3:4
δοκιμάζεσθε H Vis 4:3:4
δοκιμάσω H Sim 8:2:5
δοκιμάσεις H Man 11:7
ἐδοκίμασε H Sim 9:24:4
ἐδοκίμασεν 1 Clem 1:2 H Vis
  3:5:3
δοκιμάσῃ Smyr 8:2 H Sim 9:5:2
δοκιμάσαντες 1 Clem 42:4 Did
  12:1
δεδοκιμασμένος Did 11:11
δεδοκιμασμένῳ 1 Clem 47:4
δεδοκιμασμένον H Vis 1:2:4
δεδοκιμασμένοι 1 Clem 44:2
δεδοκιμασμένους Did 15:1
δοκιμασίας Did 16:5
δοκιμώτερα Mar 18:1
δόλιοι H Sim 9:26:7
  δόλια 1 Clem 15:5 cit
  δόλια 1 Clem 15:5 cit
δολιότητα 1 Clem 35:8 cit H Sim
  8:6:2
δόλος 1 Clem 16:10 cit; 50:6 cit
  Bar 20:1 Philip 8:1 cit Did
  5:1
  δόλῳ Eph 7:1
  δόλον 1 Clem 22:3 cit
  δόλους 1 Clem 35:5
δόξα 1 Clem 3:1; 16:3 cit; 20:12;
  32:4; 38:4; 43:6; 45:7;
  50:7; 58:2; 64; 65:2 2 Clem
  20:5 Bar 3:4 cit; 8:2 Diog
  12:9 Smyr 6:1 Mar 14:3;
  20:2; 21:1; 22:1, 3; Ep 4
  H Vis 1:1:8 Did 8:2; 9:2,
  3, 4; 10:2, 4, 5
  δόξης 1 Clem 5:4; 34:6 cit;
  59:2 Bar 11:5 cit; 21:9
  Philip 5:1 H Vis 1:3:4; 2:
  2:5, 6; 3:1:5 H Sim 8:7:4, 6
  δόξῃ 1 Clem 9:2; 32:2 H Vis
  1:3:2; 3:3:1
  δόξαν 1 Clem 17:2; 27:7 cit;

45:8; 61:1, 2 2 Clem 17:5, 7
Bar 12:7; 19:3 Diog 9:6
Eph Int; 13:1 Mag 15:1
Rom 10:2 Pol 4:3; 7:2 Phi-
lip 2:1 cit H Vis 3:2:1 H Man
4:4:2; 12:4:2 H Sim 5:3:3
δόξας H Vis 1:3:3
δοξάζω Smyr 1:1 FL Mar 14:3
δοξάζει Bar 11:9 Mar 19:2
δοξάζουσι H Sim 6:3:6²
δοξάζωμεν Philip 8:2
δοξάζωσιν Mar 20:1 F
δοξάζειν Eph 2:2 H Vis 2:1:2
H Sim 9:28:5
δοξάζων Smyr 1:1 H Sim 6:1:1
δοξάζουσα Bar 2:10 cit H Man
5:2:3
δοξάζοντος H Vis 1:1:3; 4:1:4
δοξάζεται Diog 12:9
δοξάζονται Diog 5:14
δοξάσεις 1 Clem 52:3 cit Bar
19:2
δοξάσει 1 Clem 35:12 cit
δοξάσουσιν H Vis 3:4:2
δοξασθήσομαι Bar 6:16 cit
δοξασθήσεται Bar 21:1 H Man
3:1
δοξασθήσεσθε Philad 10:2
ἐδόξασα Tral 1:2
δοξάσῃ Pol 7:2 H Sim 9:18:5
δοξάσωσι Mar 20:1 H Sim 8:6:3
δοξάσαι Philad 10:1
δοξάσαντα Eph 2:2
ἐδοξάσθησαν 1 Clem 32:3
δοξασθῇ H Vis 3:4:3; 4:1:3
δοξασθῆτε Pol 8:1
δοξασθῆναι 1 Clem 43:6
δοξασθείς 1 Clem 17:5
δεδοξασμένη Philip 1:3 cit
δόρυ Pol 6:2
δόσεως H Man 5:2:2
δουλείας 1 Clem 4:9 H Sim 5:6:7
δουλείαν 1 Clem 55:2
δουλεύω Mar 9:3
δουλεύετε Diog 2:5
δουλεύουσι H Sim 6:3:6²
δούλευε H Man 9:12

δουλευέτωσαν Pol 4:3
δουλεύειν 2 Clem 6:1 cit, 1 H Sim
6:5:2; 8:6:2
δουλεύων H Sim 4:6
δουλεύοντα 1 Clem 16:12 cit
δουλεύοντες H Sim 1:7; 4:2, 5,
6²; 8:9:3
δουλεύοντας 1 Clem 45:7
δουλεύονται H Man 8:6
δουλεύσει Bar 13:2 cit, 5 cit
H Sim 4:7
ἐδούλευσε H Sim 5:6:5
ἐδούλευσεν 1 Clem 31:4
δουλεύσω H Man 8:8
δουλεύσῃς H Man 12:2:5
δουλεύσῃ H Vis 3:8:8 H Man
12:3:1
δουλεύσωμεν 2 Clem 11:1² Phi-
lip 6:3
δουλεύσητε H Vis 4:2:5 H Man
12:6:2
δούλευσον H Man 12:2:5 H Sim
5:1:5
δουλεύσατε Philip 2:1 cit
δουλεῦσαι H Man 12:3:1 H Sim
4:7
δουλεύσασα H Sim 5:6:7
δουλευσάντων 1 Clem 26:1
δεδουλευκότι 2 Clem 17:7
δεδουλευκότων 2 Clem 18:1
δούλας Pol 4:3
δοῦλος Rom 4:3 H Man 12:1:2;
3:1 H Sim 5:2:3, 8, 9; 4:3;
5:2; 9:15:3; 28:4
δούλου H Sim 5:2:2, 5²; 4:1;
5:5; 6:1, 4
δούλῳ Bar 19:7; H Man 4:1:2
H Sim 5:2:6², 7 Did 4:10
δοῦλον H Vis 1:2:4 H Man
3:4; 8:4, 5 H Sim 5:2:2, 11
δοῦλοι Pol 4:3 H Sim 1:1 Did
4:11
δούλων 1 Clem 60:2 Mar 20:1
H Man 11:1; 12:5:2 H Sim
5:5:3; 6:2:1; 9:13:7;
19:1, 3
δούλοις H Vis 1:2:4; 4:1:3

58

H Man 4:1:8; 3:4; 5:2:2;
6:2:6; 8:6; 10:1:2; 12:2:1
H Sim 1:10; 2:2; 6:5:6, 7;
9:20:2²; 24:2; 26:3
δούλους 2 Clem 20:1 Pol 4:3
H Man 5:2:1; 6:2:4; 8:10;
9:9; 12:1:3; 2:2; 5:4 H Sim
2:4; 5:2:2; 8:6:5; 10:3;
9:27:2; 28:8
δεδουλῶσθαι Diog 2:10
δεδουλωμένοις Bar 16:9 L
δεδουλωμένους Bar 16:9
δράκων Pap 4 L
δρακί Bar 16:2 cit
δράσαντες 1 Clem 45:7
δρέπανον H Sim 8:1:2, 3
δρόμῳ Diog 7:2 Pol 1:2
δρόμον 1 Clem 6:2; 20:2
δρόμων Diog 7:2
δροσισθῆναι Mag 14:1
δύναμαι Tral 5:1, 2 Rom 3:2 Mar
9:3 H Vis 2:1:3 H Man
3:3²; 9:1 H Sim 5:3:1;
9:9:2; 14:4
δύνασαι Bar 19:8 H Vis 3:8:5
H Man 11:18² H Sim 4:8;
9:2:6, 7; 11:2 Did 1:4;
6:2², 3; 7:2
δύνῃ H Vis 2:1:3; 3:10:8;
4:2:4 H Sim 9:2:7; 12:5 FL
Did 6:2
δύναται 1 Clem 10:5 cit; 21:8;
27:4; 28:2; 39:2; 49:2
2 Clem 6:1 cit; 14:5² Bar
12:7; 15:6 Diog 10:4², 5
Eph 15:2 Tral 11:2 Philad
1:1 Pol 5:2 Philip 3:2 H Vis
1:3:3; 3:6:6; 4:2:6
H Man 3:5; 4:1:10; 5:2:1;
8:4; 10:1:3; 11:12, 19; 12:
4:3²; 5:2³ H Sim 2:3; 4:6,
7; 5:5:4; 6:2; 7:4; 9:5:2;
12:5²; 13:2; 26:5
δυνάμεθα 2 Clem 6:5; 7:3; 8:3
δύνασθε H Sim 1:11 Did 12:2
δύνανται 1 Clem 37:4 2 Clem
6:9 Bar 12:3 Eph 8:2 H Vis

3:6:6; 7:5 H Man 12:3:4, 5
H Sim 6:2:4; 7:3²; 8:2:6;
9:4:8; 7:4,5; 21:4 L; 26:8
Did 7:4
ἠδυνάμην H Sim 5:5:4
ἐδύνατο H Vis 1:1:3
ἠδύνατο Bar 7:2 Mar 7:1
ἠδύναντο H Sim 9:16:2
δύναιτ' Diog 2:4; 8:3
δύνασθαι 1 Clem 39:5 cit Pap 3³
Diog 4:6 Mar 7:2; 8:3 H Vis
3:7:1; 4:1:8 H Man 12:
3:5, 6; 4:1; 6:4 H Sim
6:2:6; 9:1:2; 2:1; 8:5, 6
δυνάμενος 1 Clem 16:2 Bar 6:18
Tral 3:3 H Man 4:1:11;
11:14 H Sim 9:23:4
δυναμένη Eph 8:1
δυνάμενον H Vis 4:2:3
δυναμένου H Man 12:3:4
δυναμένῳ Mar 20:2
δυνάμενον H Man 12:6:3
δυνάμενον Mar 16:1
δυνάμενοι Pol 8:1
δυνάμεναι H Man 12:3:4 H Sim
6:1:1
δυναμένοις Diog 3:5
δυναμένους 2 Clem 5:4 cit H Vis
3:2:9; 7:3 H Sim 9:7:2, 7
δυνάμενα Bar 4:1
δυνήσομαι H Vis 1:2:1 H Sim
7:6
δυνήσῃ 1 Clem 10:6 cit H Man
3:5; 5:2:8; 12:2:5 H Sim
9:12:5²
δυνήσεται Mag 6:2 Pol 7:2
H Man 11:3 H Sim 2:5, 10;
7:6; 9:15:2
δυνησόμεθα Bar 15:7² Mag 9:2
Mar 17:2
δυνήσεσθε Philip 13:2 H Vis
4:2:5 H Sim 6:1:4
δυνήσονται H Sim 2:10 L; 8:
2:6; 9:21:4; 26:2
δυνηθήσεσθε Philip 3:2
ἠδυνήθην Bar 21:9 Pol 8:1
ἠδυνήθη Diog 9:3

ἠδυνήθησαν H Sim 9 : 8 : 3
δυνηθῶ Eph 1 : 2 H Man 8 : 8
δυνηθῇς H Vis 5 : 5
δυνηθῇ H Sim 8 : 2 : 7
δυνηθείη Mar 2 : 4
δυνηθέντες Tral 5 : 1
δύναμις Diog 7 : 9 Tral 3 : 2 H Man
   5 : 2 : 1; 7 : 2[3]; 11 : 10, 17; 12 :
   4 : 6 Did 8 : 2; 9 : 4; 10 : 5
δυνάμεως 1 Clem 11 : 2 Bar 20 : 1
   H Vis 3 : 3 : 5 H Man 11 : 5
δυνάμει 1 Clem 33 : 3 Diog 9 : 1
   Eph 11 : 2; 14 : 2 Smyr 13 : 1
   H Vis 1 : 3 : 4; 4 : 2 : 3 H Sim
   9 : 14 : 1; 16 : 5
δύναμιν Diog 9 : 2; 12 : 5 Mag
   3 : 1 Rom 3 : 2 Smyr 1 : 1
   H Vis 3 : 4 : 3; 8 : 6; 11 : 2
   H Man 5 : 2 : 3; 6 : 1 : 1; 7 : 2[2];
   8 : 8; 9 : 11[2], 12[2]; 10 : 3 : 2;
   11 : 2, 5, 6, 11, 17, 20, 21; 12 :
   5 : 2; 6 : 2, 4 H Sim 2 : 5[2];
   6 : 4 : 3[2], 4; 9 : 13 : 2, 4, 7, 8,
   ([2]FL); 14 : 2; 18 : 5; 21:2; 26:8
δυνάμεις 2 Clem 16 : 3 L Eph
   13:1 H Vis 3 : 8 : 7 H Sim 9:13:2
δυνάμεων Mar 14 : 1 H Vis 1 : 3 : 4
δυνάμεις H Vis 3 : 8 : 6 H Man
   6 : 1 : 1
Δύναμις H Sim 9 : 15 : 2
δυναμώσας H Sim 5 : 5 : 2 F
ἐδυναμώθητε H Vis 3 : 12 : 3 L
δυνατός 1 Clem 48 : 5; 61 : 3 Pap
   2 : 16 H Man 7 : 1 H Sim 1 : 8
   Did 10 : 4
δυνατόν Diog 9 : 4 Smyr 4 : 1
   Mar 18 : 2 H Man 11:21 H Sim
   5 : 7 : 3
δυνατῷ Bar 17 : 1
δυνατόν Diog 9 : 6
δυνατήν H Man 9 : 10
δυνατοί Diog 9 : 1 H Sim 9:3:1
δύναταί H Vis 1:1:3; H Sim 6:1:1;
   9 : 4 : 1
δυνατῶς H Sim 9 : 1 : 3
δυνατώτεραι H Sim 9 : 15 : 3
δῦναι Rom 2 : 2

δύο 2 Clem 6 : 3 Bar 13 : 2 cit H Vis
   1 : 4 : 3 H Man 6 : 2 : 1
δύο Bar 18 : 1 Did 1 : 1
δύο 2 Clem 12 : 2 cit, 3 cit Bar
   13 : 2 cit Eph 14 : 1 Mag 5 : 1,2
   H Sim 2 : 2
δύο 2 Clem 6 : 5
δύο Bar 18 : 1 Did 1 : 1; 7 : 4
δύο Eph 11 : 1
δυσί 2 Clem 6 : 1 cit
δυσί 2 Clem 12 : 3
δυσίν Bar 9 : 8
δύο 1 Clem 5 : 4 Bar 7 : 6 cit
δύο Bar 4 :8; 14 : 2 cit Mar 7:2
   H Sim 9 : 2 : 3; 7 : 6, 7 Did
   12 : 2
δύο 1 Clem 47 : 6 Bar 11 : 2 cit
   Mar 6 : 1 H Vis 2 : 4 : 3 H Sim
   8 : 1 : 12, 13; 5 : 3, 4; 8 : 4;
   9 : 1 L Did 1 : 4
δύσβατοι H Man 12 : 4 : 4
δυσθεραπεύτους Eph 7 : 1
δύσεως 1 Clem 5 : 7
δύσει 1 Clem 5 : 6
δύσιν Rom 2 : 2
δύσκολον Rom 1 : 2 Smyr 4 : 1
   H Sim 9 : 20 : 3[2]
δυσκόλοις H Man 12 : 4 : 6
δυσκόλως H Man 4 : 3 : 6; 9:6;
   12 : 1 : 2 H Sim 8 : 10 : 2; 9 :
   20 : 2[2]; 23 : 3
δυσμαθεῖς H Sim 9 : 22 : 1
δυσνόητα H Sim 9 : 14 : 4
δύσχρηστος Bar 6 : 7 cit
δυσωδίαν Eph 17 : 1
δώδεκα 1 Clem 43 : 2 H Man 12 :
   3 : 2 H Sim 9 : 1 : 4; 2 : 3; 9:5;
   17 : 1[2], 2[2]; 18 : 5 Did Tit
δωδεκάσκηπτρον 1 Clem 31 : 4
δωδέκατος Mar 19 : 1
  δωδέκατον H Sim 9 : 1 : 10
  δωδεκάτου H Sim 9 : 29 : 1
δωδεκάφυλον 1 Clem 55 : 6
δωματίῳ Mar 7 : 1
δωρεᾶς Bar 1 : 2
  δωρεᾷ Smyr 7 : 1 Mar 20 : 2
  δωρεάν Bar 9:9 (v. δωρεάν)

δωρεῶν 1 Clem 32:1; 35:4
δωρεαῖς 1 Clem 19:2; 23:2
δωρεάν Tral 10:1
δωρουμένη Diog 11:5
δωρημάτων H Man 2:4 H Sim 2:7
δῶρα 1 Clem 35:1 H Vis 3:2:1
δώροις 1 Clem 4:2 cit
δῶρα 1 Clem 44:4

ἐάν 1 Clem 4:4 cit; 8:3² cit, 4⁴ cit;
12:5, 6²; 14:2; 16:11 cit;
21:1; 28:3³ cit; 32:1 FL;
35:5³; 44:2, 4; 54:2; 59:1;
63:2 2 Clem 3:3; 4:5 cit;
5:3 cit; 6:1, 2 cit, 7, 8 cit, 9²;
7:4; 8:2²; 10:2; 11:1, 7;
14:1, 3; 15:2; 16:2; 19:4
Bar 1·5; 2:5 cit; 3:3² cit,
5 cit; 4:9, 12²; 7:11; 11:8;
12:2, 3; 15:2 cit; 17:2; 19:1
Pap 3 Diog 10:1 Eph 5:2;
14:1, 2; 15:1; 16:2; 20:1²
Mag 5:2; 10:1 F Tral 11:1
Rom 1:2 L; 2:1³; 3:2; 4:3;
8:1, 3²; 9:2 Philad Int; 4:1;
6:1²; 8:1, 2; 9:2 Smyr 4:1;
6:1 Pol 2:1; 5:2² Philip
2:2; 3:2, 3; 5:2²; 8:2; 13:1²
Mar 11:1, 2 H Vis 1:1:8;
2:4; 3:2, 4; 2:2:4, 5; 3:1, 2,
4; 3:1:9; 2:1; 3:2, 4; 5:5⁴;
6:6²; 7:6²; 8:4, 9; 12:3;
13:2, 4; 4:2:5²; 3:6; 5:7²
H Man 1:2; 2:2; 3:2, 5;
4:1:2³, 5, 6², 7, 8, 9²; 2:4;
3:6², 7²; 4:1, 2², 4²; 5:1:2,
3, 5², 6, 7; 2:8²; 6:2:7, 8;
7:4²; 8:2², 9, 12³; 9:4, 5,
6, 7, 8; 10:1:5; 11:3, 6, 12,
15; 12:1:2; 2:4, 5; 3:5², 6;
5:2; 6:2, 5 H Sim 1:5, 7;
2:3, 8; 4:7, 8; 5:1:5²; 2:7;
3:1, 3³, 4, 6, 8; 4:2²; 7:2²,
4; 6:1:1, 3, 4; 3:6; 4:4;
5:5, 7; 7:3, 4, 5, 7²; 8:2:5,
7³; 7:5; 8:3³, 5; 11:3; 9:
2:7; 4:8; 5:2², 5; 9:2;

10:4; 11:1², 2; 12:5; 13:2³;
14:1, 2³; 18:2; 19:2²; 20:4²;
21:4²; 22:4²; 23:5; 26:2²,
5², 8²; 27:3; 28:6, 8; 30:2
Did 1:2, 3, 4⁴; 4:6; 7:2, 3;
11:2, 5², 6, 8, 12; 12:2;
13:4, 5; 16:2
κἄν 2 Clem 7:3; 18:2; 19:3
Diog 2:10 Eph 10:1 Rom
5:2 Mar 10:2 FL H Sim
5:5:4
ἐάνπερ Eph 2:2 Mag 12:1 Rom
1:1, 2²; 4:1 Pol 7:1
ἐαρινοί 1 Clem 20:9
ἑαυτοῦ 1 Clem 17:4; 33:3², 4;
47:3; 48:6 Bar 2:8 F Diog
9:2 Mag 7:1; 12:1 cit Tral
3:2 Philad 1:1 Pol 7:3 Phi-
lip 6:2 cit; 8:2 Mar 12:1
H Man 4:2:2 H Sim 5:3:7;
4:3, 5; 6:5:5; 7:4; 9:26:6;
28:8
ἑαυτῆς H Man 4:1:7; 5:2:1
H Sim 2:3, 8; 9:26:4
ἑαυτοῦ H Man 11:5
ἑαυτῷ 1 Clem 29:1, 3 cit; 38:2;
54:3 Bar 5:7; 10:1 cit; 14:6
Diog 2:9; 9:1 Rom 6:3
Mar 3:1; 13:2 H Vis 4:1:5
H Man 4:1:2, 6, 8; 4:2²;
11:2 H Sim 2:1; 5:2:4;
9:2:5; 9:7
ἑαυτῇ H Man 5:2:3; 9:10
ἑαυτῷ 1 Clem 25:2 H Man 5:1:2
H Sim 9:1:9, 10
ἑαυτόν 1 Clem 33:7; 38:2;
53:5 2 Clem 15:1, 4 Bar
5:4, 9; 7:9 Diog 8:5 Eph
5:3 Mag 8:2 Tral 3:3 L
Smyr 2:1; 4:2 Mar 1:2;
4:1; 12:1; 13:2 H Vis 3:12:2
H Man 11:8, 12, 16
ἑαυτήν 1 Clem 55:5, 6 H Man
5:2:2
ἑαυτό H Vis 4:1:9
ἑαυτῶν 1 Clem 32:4; 35:5;
51:2; 55:1; 57:6² cit 2 Clem

6:9 Bar 4:2, 11 cit; 5:12 cit;
6:7 cit; 21:2, 4², 8 Diog 5:4
H Vis **3**:9:7; 11:3 H Man
10:3:4; **12**:6:5 H Sim **4**:5;
6:5:7; **8**:6:3; **9**:22:3; 23:2;
26:3², 4; 27:2²; 29:3
ἑαυτῶν 1 Clem 1:3 Philip 4:2
H Sim **9**:11:7
ἑαυτῶν H Sim **9**:26:7
ἑαυτοῖς 1 Clem 14:3; 39:5 cit;
47:7; 53:2 cit 2 Clem 12:3;
13:1; 15:5; 17:2; 19:1 Bar
2:1; 4:6, 11 cit; 10:4; 11:1,
2 cit; 14:3 cit Diog 12:1 Mag
12:1 Tral 6:2 H Vis **1**:1:8;
3:5:1²; 6:3; 9:2; 12:3
H Man **4**:1:10; **10**:1:6; **11**:4
H Sim **6**:5:7; **8**:7:2; 8:5;
9:4; **9**:22:1; 26:2,8 Did 15:1
* αὐτοῖς H Vis **4**:3:4 L
ἑαυτοῖς Bar 10:4
ἑαυτούς 1 Clem 7:1; 13:3;
14:2; 23:4 cit; 30:3; 39:1;
51:2; 55:1, 2²; 59:1 2 Clem
4:3; 9:7; 11:3 cit; 19:1
Bar 4:10 Diog 9:1 Tral 8:1
Philip 4:1; 5:3 Mar 1:2 cit;
4:1 FL H Vis **1**:1:9; **3**:11:3
H Sim **6**:2:3, 4; 3:5; 5:4;
7:2; **8**:7:2 FL, 5; 11:3²;
9:17:5; 22:2, 3²; 23:5;
26:4; 28:6
ἐᾷ Eph 3:2
ἔα 1 Clem 39:5 cit
ἐάτω 1 Clem 38:2
εἴασεν Diog 9:1 H Vis **3**:1:9²
εἰάσατε Eph 9:1
ἐάσῃς H Vis **2**:3:1
ἔασον 1 Clem 53:3 cit H Man
6:1:2 H Sim **9**:2:7
ἐᾶσαι 1 Clem 33:1
ἐαθῆναι 1 Clem 55:4
ἑβδομάδος Bar 16:6 cit
ἕβδομον H Sim **9**:1:8
ἑβδόμου H Sim **9**:24:1
ἑβδόμῳ 1 Clem 56:8 cit
ἑβδόμῃ Bar 15:3 cit, 5 cit, 5

Ἑβραΐδι Pap 2:16
ἐγγεννᾶται 1 Clem 25:3
ἐγγίζει H Man **11**:13
ἐγγισάτω Bar 6:1 cit
ἤγγικεν Bar 4:3
ἔγγιστα 1 Clem 5:1 Philad 10:2
ἔγγραφος H Sim **5**:3:8
ἔγγραφοι 1 Clem 45:8
ἐγγραφήσῃ H Man **8**:6 H Sim
5:3:2
ἐνγραφήσονται H Vis **1**:3:2
ἐνέγραψεν H Sim **9**:24:4
ἐγγράψαι Smyr 5:3
ἐγγύς 1 Clem 21:3; 27:3 2 Clem
7:3; 18:2 Bar 21:3² Eph
15:3 Rom 10:2 Smyr 4:2²
H Vis **2**:3:4; **3**:2:9; 7:3;
4:1:9 H Sim **8**:6:5; 9:4;
9:6:2, 6; 10:2
ἐγείρει H Vis **3**:2:4
ἐγείρουσιν H Vis **4**:1:5
ἐγερεῖ Tral 9:2 Philip 2:2
ἤγειρεν Mag 9:3 Smyr 7:1 Phi-
lip 1:2 cit
ἔγειρον 1 Clem 59:4
ἐγεῖραι Philip 5:2
ἐγείρας Philip 2:2
ἐγείραντος Tral 9:2
ἐγείραντα Philip 2:1 cit
ἠγέρθη Tral 9:2 H Vis **1**:4:1
ἐγερθῆναι H Vis **2**:1:3
ἐγκάθηται H Man **10**:3:3
ἐγκαίνισον 1 Clem 18:10 cit
ἐγκακῶμεν 2 Clem 2:2
ἔγκαρπος 1 Clem 56:1
ἔγκαρπον 1 Clem 44:5
ἐγκατάλειμμα 1 Clem 14:5 cit
ἐγκαταλείπει 1 Clem 11:1
ἐγκαταλείπωμεν 1 Clem 33:1 L
ἐγκαταλειφθήσεται H Sim **2**:9
ἐγκατέλιπον Bar 11:2 cit
ἐγκαταλίπῃς Bar 19:2 Did 4:13
ἐγκαταλίπῃ H Man **9**:2
ἐγκαταλίπωμεν 1 Clem 33:1
ἐγκαταλελεῖφθαι Bar 4:14 F
ἐγκατεστήριξε Diog 7:2
ἐγκατασφραγισθῇ Bar 4:8 F

ἐγκατοικεῖ Bar 1:4
ἐγκάτοις 1 Clem 18:10 cit
ἐγκαυχωμένοις 1 Clem 21:5
ἔγκειμαι Tral 12:3 L
  ἐγκειμένου Mar 9:3
ἐγκλείοντες Diog 2:7
  ἐνέκλεισεν 1 Clem 33:3 Diog
    7:2
  ἐγκέκλεισται Diog 6:7
ἐγκλήματα Tral 2:3
ἐγκράτεια 1 Clem 35:2 Bar 2:2
    H Vis 2:3:2; H Man 8:1
  ἐγκρατείας 1 Clem 62:2 2 Clem
    15:1
  ἐγκρατείᾳ Philip 4:2
  ἐγκράτειαν 1 Clem 38:2; 64
    H Man 6:1:1
Ἐγκράτεια H Vis 3:8:4, 7 H Sim
    9:15:2
Ἐγκρατείας H Vis 3:8:7
ἐγκρατεύηται H Man 8:9
  ἐγκρατεύου H Man 8:2², 7, 11
  ἐγκρατεύεσθαι H Man 8:1, 2,
    3, 4, 5, 6², 7, 8
  ἐγκρατευόμενος H Man 8:4
  ἐγκρατευόμενοι 1 Clem 30:3
  ἐγκρατευομένων H Man 8:6
  ἐγκρατεύσῃ H Man 8:2², 12²
    H Sim 5:1:5
  ἐγκράτευσαι H Man 1:2; 8:2,6
ἐγκρατής H Vis 1:2:4
  ἐγκρατεῖς Philip 5:2
  ἐγκρατεῖς 2 Clem 4:3
ἐγκύπτητε Philip 3:2
  ἐγκεκύφατε 1 Clem 45:2; 53:1
  ἐγκεκυφότες 1 Clem 40:1
  ἐγκεκυφόσιν 1 Clem 62:3
ἐγχωρίοις Diog 5:4
ἐγώ 1 Clem 8:2 cit; 12:5; 16:15
  cit; 17:2 cit, 5² cit, 6 cit;
  18:3 cit; 36:4 cit; 39:8 cit;
  57:5 cit Bar 1:8; 2:7 cit;
  3:1 cit, 3 cit; 6:5; 11:4²cit:
  14:7 cit; 16:2 cit Eph 5:1;
  12:1²; 21:1 Mag 2:1 Tral
  6:1; 10:1 Rom 2:1 (²FL);
  3:1; 4:1², 3²; 5:2, 3; 7:2;

9:2 Philad 5:1; 8:1 Smyr
  3:1 Pol 2:3; 6:1 Philip 3:2;
  13:1 Mar 22:2, 3; Ep 4 H Vis
  2:1:4; 4:1; 3:3:3; 9:1;
  4:1:4; 2:2²; 5:3³ H Man
  3:3; 4:1:11; 2:2; 3:6;
  5:1:7; 10:1:3; 12:3:3; 4:7;
  6:1 H Sim 5:1:3; 2:7; 3:1;
  4:5; 5:4; 6:1:2; 2:3; 7:3,
  6; 8:1:4; 2:5², 7; 9:2:7;
  7:4; 9:1, 2, 6; 10:5, 6 FL,
  7; 11:1, 3, 5; 24:4
κἀγώ 1 Clem 57:4 cit Bar 1:4
  Philad 11:1 Smyr 4:2 Pol
  7:1 H Vis 1:2:1, 2, 3; 3:3;
  3:9:10; 4:3:7; 5:1 H Sim
  7:4; 8:2:9; 4:1; 9:7:6;
  10:1; 11:5, 7
ἐμοῦ 1 Clem 15:2 cit; 18:11 cit;
  26:2 cit; 36:4 cit; 57:7 cit
  2 Clem 3:5 cit; 4:5² cit Bar
  9:9 Diog 4:1 Tral 12:3 Rom
  2:1; 4:2; 7:1; 8:3; 9:1
  Smyr 12:1 H Vis 1:4:3; 3:
  10:1; 4:1:5 H Man 4:2:1;
  6:2:2; 12:6:4 H Sim tit;
  5:1:1; 3:4; 4:5; 6:1:4, 5;
  3:2; 7:6; 9:1:3; 11:4
μου 1 Clem 6:3² cit; 8:3 cit,
  4³ cit; 12:5; 13:4 cit; 16:9 cit;
  18:1 cit, 2 cit, 3⁵cit, 5 cit, 9²cit,
  10 cit, 14 cit, 15³ cit; 22:1 cit;
  26:3 cit; 35:7² cit, 8 cit; 36:4
  cit, 5 cit; 39:3 cit; 46:8² cit;
  50:4 cit; 56:5 cit 2 Clem 3:2
  cit; 4:5² cit; 7:1; 9:11² cit;
  10:1; 11:4 cit, 5; 12:6 cit;
  13:2² cit; 14:1 cit Bar 1:4;
  2:5 cit; 4:6, 14; 5:5, 13² cit,
  14³ cit; 6:6 cit, 15, 16² cit;
  7:5², 11; 9:1 cit, 2 cit; 10:2
  cit; 11:3 cit; 12:4² cit, 10² cit,
  11 cit; 13:5 cit; 15:2² cit;
  16:2² cit; 17:1²; 21:2, 7
  Eph 2:1; 3:1; 16:1; 21:1
  Mag 2:1; 11:1; 14:1 Tral
  8:1, 2 cit; 12:2, 3; 13:3

Rom 1:2²; 2:1; 4:2²; 6:3; 7:1 Philad 1:2; 3:3; 4:1; 5:1; 6:3; 8:2 Smyr 5:2; 10:2²; 12:2; 13:1 Pol 2:3; 5:1²; 8:2 Mar 9:3 H Vis 1:1:2, 3², 4, 6, 7; 2:1, 2³; 3:3; 4:2²; 2:1:1, 2, 3, 4²; 2:1; 4:2; 3:1:5³, 6³, 9²; 2:4; 9:1, 2; 4:1:4; 5:1,5² H Man 3:3²; 4:2:1³, 3, 4; 3:7; 4:1, 4²; 12:5:1; 6:3 H Sim 1:3², 4²; 2:1; 5:2:2, 7³; 6:1:1, 4; 7:1, 6, 7; 8: 6:6; 7:5; 8:2; 10:1; 11:4; 9:5:4; 11:7; 23:2 Did 3: 1, 3, 4, 5, 6; 4:1; 14:3

ἐμοί 1 Clem 18:10 cit Bar 1:3 F, 4; 15:8 Diog 1:1 Mag 6:1 Rom 1:2; 5:2; 7:2²; 10:1 Philad 6:1; 8:2; 11:2 Smyr 13:1 Philip 3:2 H Man 4:3:5 H Sim 5:2:2, 7; 6: 3:6²; 7:5

μοι 1 Clem 18:6 cit, 12 cit; 48:2 cit 2 Clem 4:2 cit Bar 1:5²; 2:5³ cit, 7 cit; 3:1 cit; 5:13 cit; 6:1² cit; 13:4 cit; 15:4; 16:2² cit Diog 3:5 Eph 11:2²; 12:2; 20:1 Mag 4:1 Tral 1:1²; 2:1; 4:1; 5:1; 12:1 Rom 2:2; 3:2; 4:1, 2; 5:2, 3²; 6:1³, 2², 3²; 7:2²; 8:2; 9:3; 10:1 Philad 7:2; 8:2; 10:1; 11:1 Smyr 5:3²; 10:1; 11:1, 3; 13:1, 2 Pol 6:1; 7:1; 8:3 Philip 13:1 Mar 8:2; 22:3 H Vis 1:1:5, 8; 2:1², 3; 3:3²; 4:2³, 3; 2:1:2, 3³; 2:1, 4; 4:1²; 3: 1:2⁴, 3, 5, 6, 8, 9²; 2:3, 4²; 3:1³, 2, 4²; 4:3; 6:5; 8:1, 2²; 10:2³, 3, 4, 6, 7², 9; 4:1:3², 4; 2:1, 3; 3:1²; 5:2², 3, 5, 6, 8 H Man 2:1; 3:1, 3; 4:1:4; 2:2; 3:2; 4:1, 3; 6:1:5; 8:2, 8; 9:1; 10:1:2; 11:1²; 12:1:1, 3;

3:2, 5; 4:1, 2 H Sim 1:1; 2:1², 5; 3:1⁴; 4:1²; 5:1: 1; 3:1, 4; 4:1, 2⁴, 3, 5²; 5:4; 6:1:2, 5²; 2:1, 5; 4:1², 3²; 5:1, 2; 7:1; 8:1:1, 4; 2:6, 7, 8, 9; 3:1; 4:1²; 6:1, 3; 11:1, 3, 5²; 9:1:1, 4; 2:1, 2, 3, 6; 5:1, 4, 6; 7:4, 5, 6²; 7; 9:1 (²L), 5, 6, 7; 10:1, 2, 4, 5³; 11:1, 2, 4 FL, 9; 12:1; 14:4; 15:1; 16:1; 17:1, 2; 18:5; 29:4 Did 11:12; 14:3

ἐμέ 1 Clem 54:2 Bar 7:5; 11:2 cit; 14:9 cit Eph 3:1 Tral 4:2 Rom 5:3 Smyr 5:2 H Vis 1:1:6 H Sim 9:10:7; 11:7

κἀμέ 1 Clem 53:4 cit 2 Clem 15:1 Mar 22:3; Ep 4

με 1 Clem 4:10 cit; 8:3 cit; 12:4, 5; 15:2 cit; 16:16² cit; 17:5 cit; 18:2 cit, 3² cit, 5 cit, 7² cit, 8 cit, 11 cit, 12 cit, 14 cit; 26:2 cit; 35:12 cit; 52:3² cit; 53:3 cit; 56:3² cit; 5² cit; 57:5² cit 2 Clem 3:2 cit, 5 cit Bar 1:3; 6:3 cit, 6² cit; 7:11²; 13:4 cit; 14:9² cit Pap 2:4 Eph 2:1; 3:2; 20:1 Mag 15:1 Tral 1:1; 4:1³; 12:1, 3 Rom 1:1, 2; 4:1; 5:2, 3; 6:1 L, 2², 3; 7:1; 9:3; 10:2² Philad 5:1; 7:1, 2 Smyr 3:2 cit; 4:2; 5:2; 9:2²; 12:1 Pol 7:1; 8:1 Philip 3:1 Mar 5:2; 9:3²; 10:1; 12:3; 13:3; 14:2 (²FL); H Vis 1:1:1², 3², 4; 2:2; 4:2; 2:1:1, 2, 3; 4:2; 3:1:5, 7², 9²; 2:4; 3:4; 8:9; 10:6; 4:1:3², 7, 8; 2:1, 2; 5:1, 3², 4 H Man 3:3; 4:2:1²; 8:3; 12:3:1; 4:1, 2; 6:4 H Sim 6:2:5; 7:1; 8:4:2, 3; 11:1; 9:1:1², 4²; 2:2, 5; 9:7; 10:5, 6; 11:4³, 6

ἡμεῖς 1 Clem 16:4 cit, 5 cit, 17; 32:4; 34:7; 35:4; 56:1;

59:2, 4 2 Clem 1:2 FL, 3;
3:1; 6:1, 9; 7:2; 8:2; 9:5;
11:1, 2 cit; 18:1 Bar 5:2 cit;
6:14, 16, 17; 7:9; 8:6; 9:4;
10:12; 11:11; 14:4, 5 Mag
9:2 Smyr 1:2 Philip 6:2;
8:2 Mar 1:2; 18:1; 20:1
H Man **12**:6:4 Did 8:2

ἡμῶν 1 Clem Int; 4:8, 10 cit; 5:1,
3; 6:3; 7:2; 12:4; 15:5³ cit;
16:2 L, 3 cit, 4² cit, 5³ cit,
7 cit; 19:1; 20:11; 21:3, 6³
(⁴L), 8; 23:2, 3, 3 cit; 27:1;
28:2; 29:1; 30:6, 7²; 31:2;
33:8; 34:5; 35:2, 5; 36:1³,
2²; 37:2, 5²; 38:1; 41:1;
42:3 FL; 44:1²; 46:7; 47:7;
48:1; 49:6⁴; 50:7; 58:2;
59:1, 3, 4³; 60:1, 2², 4; 61:1,
3²; 62:1, 2; 63:1, 2, 3; 64;
65:1, 2 2 Clem 1:1, 2, 6;
2:1, 2, 3; 3:3; 6:9; 9:9;
10:1; 11:2 cit; 13:1, 3², 4²;
14:1, 2, 3; 16:2; 17:1, 5;
19:2 Bar 1:6; 2:2, 6, 9, 10²;
4:6², 8, 9, 13²; 5:2² cit, 5;
6:3, 10, 12², 12 cit, 15; 9:1,
4; 10:12; 13:7; 14:5; 16:7,8
Diog 8:10, 11; 9:1, 2, 3 Eph
Int; 1:1; 3:2; 7:2; 15:3³;
18:2; 21:2 Mag Int; 1:2 FL;
9:1, 2; 11:1 Tral Int; 2:2
Rom Int²; 3:3; 6:1 Philad
Int; 4:1; 9:2; 11:2 Smyr
1:1, 2; 4:1, 2; 5:2, 3; 7:1²
Pol 8:3 Philip Int; 1:1², 2²;
2:1 cit; 3:3 cit; 6:3; 8:1²,
1 cit; 9:2; 13:2 Mar Int;
17:1, 2; 19:2³; 20:1; 21:1 F
*H Man **4**:3:1 H Sim **9**:10:4;
11:1, 2, 3; 14:3³; 23:4 Did
8:2⁴; 9:2, 3; 10:2; 15:4;
16:1

ἡμῖν 1 Clem 1:1; 6:1; 7:1;
12:6; 15:5 cit; 16:17; 19:2;
21:1, 9; 23:3 cit; 24:1, 3;
26:1; 27:3; 33:1; 34:3;

40:1; 42:1; 44:4; 48:1;
50:5; 51:1, 2; 55:2; 56:1;
59:3 L; 60:1, 4; 63:1, 2, 3,
4; 65:1 2 Clem 1:3, 4, 7;
6:1; 14:3; 17:5², 6; 20:5²
Bar 1:7²; 2:2, 4, 9, 10²;
3:6; 4:11; 5:3; 6:7 cit, 10,
14, 19; 7:1; 8:3, 7; 9:9;
14:4, 5; 16:8, 9⁴; 19:1 Diog
1:1; 2:2; 3:4; 8:11; 11:8
Eph 11:1; 15:3²; 18:1 Mag
5:2 Tral 5:2 Smyr 7:2 Phi-
lip 5:2; 6:2; 7:2; 8:2; 13:2²
Mar 1:1; 2:2; 11:1; 18:2;
20:2 H Vis **1**:3:3 H Sim
9:10:4 FL; 11:2 Did 8:2²;
9:2, 3; 10:2, 3

ἡμᾶς 1 Clem 7:3; 12:6; 14:1,
2, 3; 19:1; 20:11; 21:4;
22:1; 29:1; 34:2, 4, 7; 36:2;
38:3²; 39:1; 46:1, 6, 7, 9;
47:7; 48:1; 49:5, 6; 56:2,
16; 59:2, 3; 60:2, 3⁴, 4 L;
61:1; 62:3; 64; 65:1² 2 Clem
1:1², 2, 4², 7, 8²; 2:1, 7;
3:1; 4:1, 4; 5:1, 7; 6:5, 7;
7:4; 8:3; 9:3, 5², 10; 10:1²,
2; 11:1; 13:1, 2; 14:2;
15:2; 16:1²; 17:3, 4; 19:2
Bar 1:1; 2:9, 10; 3:3; 4:1³,
9, 13; 5:2, 3; 6:11³, 13;
7:2²; 13:1; 14:4, 6; 16:7
Diog 9:1, 2, 4, 6; Eph 6:1
Mag 1:2; 3:2; 10:1 Tral
2:1; 9:2 Rom 6:1 Smyr
2:1; 6:2; 9:1 L Pol 3:1²,
2³ Philip 2:2; 5:2; 6:3;
7:2 cit; 8:1; 9:2 Mar 2:1;
10:2; 16:2; 17:3; 20:2;
22:1; Ep 2 H Man **8**:3 FL
H Sim **9**:14:3 Did 8:2²

ἐδέσματα H Sim **5**:5:3

ἐδεσμάτων H Vis **3**:9:3 H Man
5:2:2; **6**:2:5; **8**:3; **12**:2:1
H Sim **5**:3:7

ἐδέσμασιν H Sim **5**:2:11

εἴκοσι H Vis 4:1:1
  εἴκοσι πέντε H Sim 9:4:3 L;
  5:4 L; 15:4 L
εἰκτικῶς 1 Clem 37:2 FL
εἶξαι 1 Clem 56:1
εἰκόνος 1 Clem 33:4 Diog 10:2
  εἰκόνα 1 Clem 33:5 cit Bar 5:5 cit;
  6:12 cit
εἰλικρινοῦς 2 Clem 9:8
  εἰλικρινεῖς 1 Clem 2:5
εἰλικρινῶς 1 Clem 32:1
εἰμί 1 Clem 16:15 cit; 17:2 cit,
  5² cit, 6 cit Bar 2:5 cit Eph
  12:1 Mag 12:1; 14:1 Tral
  4:2; 5:2; 13:1, 3; Rom 4:1;
  9:2 Philad 6:3 Smyr 3:2 cit
  Mar 10:1² H Vis 3:3:3;
  5:3 H Man 4:2:1, 2, 3; 5:
  1:7; 10:1:3 H Sim 9:9:2
  Did 14:3
εἰ 1 Clem 10:4 cit; 26:2 cit;
  28:3 cit; 36:4 cit; 59:4 Pol
  2:2; 3:2 H Vis 1:1:6; 3:
  1:2; 2:2; 3:1; 2; 4:3; 6:5,
  7; 4:3:1; 5:3 H Man 4:1:9;
  10:1:2; 12:6:4 H Sim 5:3:
  4; 4:2; 5:1²; 6:4:3; 9:10:
  6; 11:3; 14:4 Did 10:4
ἐστί 1 Clem 53:3 cit; 63:1
  2 Clem 14:2, 3; 15:1 Diog
  2:2; 6:3; 7:9; 8:1, 3, 8;
  10:6 Rom 5:1 Philip 1:1;
  3:3 cit, 3; 7:1 H Man 4:3:6;
  5:1:6 (²FL); 2:1, 2, 3; 6:
  1:3², 4; 2:3³, 4, 5 (²L), 7, 9,
  10; 7:3, 4, 5; 8:1, 5, 10;
  9:3², 7, 9², 11²; 10:1:1, 2²;
  2:4; 11:4, 6, 8, 12², 19, 20,
  21; 12:1:2, 3 L; 2:1; 4:2,
  3; 5:1² H Sim 1:3, 8, 9;
  2:6, 7; 3:2; 4:2; 5:1:2,3;
  3:8; 4:1, 4; 5:4; 6:2, 4;
  7:3, 4; 6:2:4; 3:2, 6; 4:4²;
  5:2, 5, 7; 7:5; 8:1:4; 2:5,
  7; 3:1, 2, 4; 6:1², 3; 7:6;
  8:1, 5; 10:2; 9:9:3; 12:1,
  6, 8; 13:3; 14:4, 5; 17:2;

  19:1², 3²; 20:4; 21:2; 26:4,
  6; 29:1, 3 Did 5:1; 6:3;
  10:6; 11:6, 9, 10; 12:5;
  13:1
ἐστίν 1 Clem 7:4; 14:5 cit;
  15:5² cit; 16:1, 3 cit; 18:3
  cit; 21:3, 4, 9²; 22:2 cit;
  25:2, 3; 27:3; 34:2²; 35:3;
  36:2 cit; 37:4, 5; 38:2; 45:7;
  46:9; 48:4; 49:4, 5; 50:1²,
  6 cit; 53:3 cit FL; 56:2, 16;
  57:2; 58:2; 63:1 FL, 4
  2 Clem 2:6; 3:3; 5:5², 6;
  6:1, 3, 6; 8:5 cit; 9:9; 10:3;
  11:6; 12:3; 13:3; 14:2(²FL),
  3 FL, 4; 15:1 FL, 4 Bar 1:6;
  2:5 cit; 4:11; 5:1; 6:4 cit,
  7 cit, 9, 18; 7:9², 11; 8:2, 7;
  9:2 cit; 10:2, 11; 11:3 cit;
  12:10; 13:5 cit; 15:8; 16:6²,
  7, 9, 10; 18:2; 19:1², 2, 7 F,
  12; 20:1³; 21:1, 7, 8² Diog
  2:2; 5:3, 5; 6:1; 8:4;
  10:5, 6 Eph 2:2; 4:2; 7:2;
  8:2; 9:1; 10:1; 13:2; 14:1³;
  15:1², 3²; 17:2; 18:1; 20:2
  Mag 3:2; 4:1; 5:2²; 7:1²;
  8:2²; 10:1, 2, 3; 15:1 Tral
  2:2; 6:1; 7:2(⁴F³L); 8:1²;
  11:2 Rom Int; 1:2³; 2:2;
  3:3; 4:1; 5:1 FL; 7:2, 3²;
  10:1, 2 Philad Int; 2:1; 6:1;
  8:1, 2; 9:2²; 10:1, 2 Smyr
  5:3; 6:1²; 7:2; 8:2; 9:1
  Pol 2:1; 3:1; 7:3 Philip
  1:1 FL; 2:3 cit; 3:3 cit FL,
  3 FL 7:1 cit, 1 Mar 1:2; 8:2;
  12:2 H Vis 1:1:8; 2:4; 2:
  2:5; 4:1²; 3:1:9; 2:1²;
  3:1; 4:3⁶; 7:5; 8:4, 7, 9;
  4:1:2; 2:2, 4, 5; 3:1, 2, 5
  H Man 1:1; 2:3, 4, 6; 4:
  1:2, 8, 9, 11²; 2:2²; 3:1;
  5:1:4, 6³; 2:1, 4; 6:1:4;
  2:5²; 7:1, 2²; 8:1, 5, 6, 9;
  11:1, 5, 7, 17, 19; 12:
  1:2, 3; 2:2; 3:1; 4:5, 6;

5:1; 6:2 H Sim 1:1, 5, 10,
11; 2:3, 5; 5:1:2, 3²; 3:5;
4:2; 5:2⁴; 6:1:3; 2:1,
3³; 3:2²; 8:1:4; 3:1, 2, 3;
7:2, 6; 9:4; 9:1:1; 5:3;
9:6; 12:1²,2²,6; 13:1²,3,5;
16:3, 4; 19:1; 20:3²; 21:2;
22:3; 25:2; 27:3; 28:4;
30:3 Did 1:2, 3, 5; 4:1, 7,
14; 5:1; 6:3L; 8:2; 9:4;
10:5, 6; 11:5, 8, 9 L, 10 L;
12:2, 5 L; 13:1 L, 2; 14:3

ἐσμέν 1 Clem 7:1; 39:5 cit;
46:7; 50:5 2 Clem 8:1, 2²;
13:1 Bar 5:3; 6:16 Mag 10:1
Philip 6:1, 2

ἐστέ 2 Clem 4:5 cit Bar 9:9;
19:8 Eph 9:2; 12:2 Smyr
9:2 Pol 7:3 Philip 1:3 cit
H Vis 3:9:8; 10:9; 4:3:4
Did 4:8

εἰσί Diog 6:3 Philip 4:3; 9:2;
13:2 H Man 6:2:6; 11:1,4;
12:2:2; 3:4²; 4:4; 5:2,3
H Sim 3:2, 3; 5:4:3;
5:3²; 6:1:3; 3:3,4 L; 5:5,
6; 8:7:2; 9:1;9:9:4;10:6;
12:6, 8; 13:2³, 4; 15:3;
17:2³; 19:1, 2², 3; 21:2, 4;
22:1; 23:3; 24:1; 26:2,3,
7; 27:3; 28:3, 4; 30:1 Did
1:1

εἰσίν 1 Clem 23:3 cit; 27:6,
7 cit; 37:3,5; 39:5 cit; 40:5;
46:4 2 Clem 9:11 cit; 11:2
cit; Bar 2:2; 7:8; 8:1; 9:6²;
10:3, 5; 18:1² Diog 5:1;
6:1 Eph 3:2; 7:1 Tral 2:3;
11:1 Rom 10:2 Philad 3:2²;
6:1 Smyr 6:2 H Vis 1:1:3;
3:3:2; 4:1², 2², 3; 5:1, 2²,
3, 4², 5²; 6:1², 2², 3³, 4²;
5²;7:1,2,3²;8:5²,7 H Man
4:2:3; 6:1:1; 2:1; 7:4;
8:3,4,5; 9:5; 11:4; 12:2:3;
5:4 H Sim 1:3; 2:1; 3:1,
2, 3²; 4:2, 3; 5:5:3; 6:1:2;

2:3, 4²; 3:4²; 5:7; 8:
3:6³; 4:2; 6:4; 7:1, 4; 8:1,
4; 10:3; 9:13:2 FL; 15:4;
17:1²; 18:2; 19:1,2; 20:1²;
21:1, 2; 23:1, 2³; 25:1;
26:1, 7, 8; 27:1; 28:1, 3², 4;
29:1²; 30:3, 4 Did 13:3; 15:2

ἤμην H Vis 1:1:2; 2:1; 3:10:6
H Sim 9:10:1, 7; 11:5

ἦς 2 Clem 17:5 H Vis 3:6:7
H Sim 9:1:2

ἦν 1 Clem 2:1, 4, 6; 14:5 cit;
17:3 cit; 39:3 cit; 46:8² cit
2 Clem 1:6; 2:1; 10:5; 14:2
Bar 4:7 cit; 7:9; 11:9 cit,
10 cit; 13:2 cit, 5; 14:2 cit;
16:7⁴; 17:1 Pap 2:16 Diog
2:3; 8:8 Eph 19:2³; Mag
6:1 Tral 11:2 Mar 2:3;
4:1; 5:1; 6:1; 7:2 FL; 9:1;
15:2; 18:1 H Vis 1:1:3;
3:3; 2:2:1; 3:10:4, 5; 4:
1:5, 6; 2:1, 6; 5:4 H Sim
3:1; 6:1:6⁴; 8:1:3, 14, 15,
18; 9:1:5, 8², 9², 10⁵; 2:1,
2; 3:1; 4:2; 5:6;9:7³;13:7
Did 9:4

ἤμεν 1 Clem 50:5 L

ἦτε 1 Clem 2:5, 7

ἦσαν Tral 11:2 Mar 2:3 H Vis
3:2:6, 8; 10:1 H Sim 8:1:7,
18; 4:6; 6:5; 7:1; 9:1:7²;
2:3, 4³; 3:1; 4:1, 6²; 6:2,
4, 7, 8²; 8:4, 6; 10:7; 13:7;
17:5; 25:1; 27:1; 28:1

ὦ Eph 2:2 Mag 12:1 Tral 12:3

ᾖ 1 Clem 35:5, 11 cit Bar 4:12²
Eph 5:1, 2; 15:2, 3 Mag
13:2 Rom 1:1; 3:1 Smyr
8:2² Pol 5:2 Philip 3:3 Mar
7:2 H Man 6:2:7, 8; 7:2 L;
12:1:2; 5:3 H Sim 5:4:3;
5:4 Did 11:5; 12:2; 14:1

ὦμεν 2 Clem 17:3 Eph 5:3;
15:3

ἦτε 1 Clem 2:1 2 Clem 4:5 cit
Eph 2:2

ὦσιν 1 Clem 8:3² cit, 4² cit Philad Int; 3:2
εἴη 1 Clem 40:3; 43:2 2 Clem 12:3 Mar 9:2
ἴσθι Did 3:7
ἔσο Pol 4:1
ἔστω 1 Clem 30:6; 32:4; 34:5 2 Clem 12:4 Mag 6:2 Smyr 8:2
ἤτω 1 Clem 38:2 L; 48:5⁴(⁵L) Diog 12:7 H Vis 3:3:4
ἔστε 1 Clem 45:1
ἔστωσαν Did 8:1
εἶναι 1 Clem 4:6 cit; 11:2; 16:4 cit; 20:11; 26:1; 30:4 cit; 33:3; 34:2, 4; 37:4; 48:6 2 Clem 1:8; 2:3; 4:3; 6:5; 13:3; 14:1, 2, 4; 20:4 Bar 5:9, 10; 7:9, 11; 8:1; 13:6; 14:8 cit; 19:8 Diog 8:2 Eph Int; 1:2, 3; 4:2; 10:3; 11:2; 14:2; 15:1² Mag 4:1² Rom 1:1; 3:2; 4:1; 5:3; 6:2, 3; 9:2 Philad 3:1 Smyr 7:1; 11:1 Pol 3:1 Philip 7:1 Mar 12:1, 2 H Vis 1:1:8; 2:4:1; 4:1:6 H Man 1:1; 4:1:10; 2:2; 8:6, 10³, 11; 10:1:2; 11:16; 12:6:1 H Sim 3:1; 5:3:3; 7:2; 7:6; 8:9:4; 9:2:2, 3; 4:1; 7:6; 9:5, 7; 11:4; 22:2 Did 4:8
ὤν 1 Clem 16:3 cit; 36:2 cit; 56:16 2 Clem 9:5; 18:2² Bar 2:6; 4:6; 5:5, 7; 7:2; 12:7; 14:4; 15:6 Eph 3:1; 21:2 Mag 7:1 Tral 3:3; 7:2(²FL); 13:1 Rom 3:3; 9:2 Philad 5:1; 7:1 F; 9:1 Smyr 5:2; 11:1²; 13:1 Pol 8:1 Mar 7:2 H Vis 1:3:1; 3:8:1 H Man 1:1; 4:3:4, 5; 11:3 H Sim 5:4:4; 7:4; 8:11:1; 9:2:6; 10:6; 23:4 Did 12:3
οὖσα 2 Clem 14:3 Smyr 8:1 H Man 5:2:3

ὄν Philad 7:1 H Man 5:1:3 H Sim 9:1:7
ὄντος 1 Clem 55:5 Mar 8:3 H Vis 3:1:5
οὔσης 1 Clem 55:4 Bar 15:7
ὄντος 2 Clem 1:8 Mar 8:1 H Vis 1:1:6 H Man 1:1; 11:11 H Sim 9:6:6; 22:1
ὄντι Bar 12:8
οὔσῃ Eph Int Tral Int Philad Int Smyr Int²
ὄντα Bar 16:1 Mag 7:2 Tral 3:1 Rom 10:2 Smyr 1:1; 3:1; 12:1 Mar 17:3 H Vis 3:1:5; 4:2:4 H Sim 5:2:3; 8:4:2; 9:9:7
οὖσαν Eph 5:1 Mag Int Philad 1:2 H Man 10:3:1
ὄν 2 Clem 20:4
ὄντες 1 Clem 7:7 2 Clem 1:6; 9:2 Bar 2:9 Diog 6:4 Eph 1:1; 4:2; 8:1; 9:1 Mag 9:3 Tral 10:1² Philad 5:2 Smyr 2:1; 5:1; 11:3 Philip 6:1 H Vis 3:5:1 H Man 9:6; 12:4:4, 5 H Sim 4:3 (²L); 8:3:2; 7:5; 9:8:5; 14:1; 22:2; 26:8
οὖσαι H Sim 9:2:5
ὄντα Bar 10:4 Diog 2:3
ὄντων H Sim 8:11:1; 9:29:4
οὐσῶν Bar 2:1
ὄντων 1 Clem 40:1 Bar 1:2
οὖσι Eph 1:3 H Sim 8:6:1
οὖσιν Bar 8:3 Eph 1:3 L Tral 5:1; 7:1 Smyr 2:1 H Sim 9:24:4
οὖσιν 1 Clem 20:4 Mag 8:1
ὄντας 1 Clem 13:3 2 Clem 1:8 Bar 5:9 Eph 4:2; 7:1 Tral 1:2; 2:3; 8:1; 11:2 H Man 5:2:1 H Sim 9:9:2
οὔσας Philip 4:3 H Sim 5:2:4, 5
ὄντα Smyr 5:3 H Vis 1:1:6; 5:5 H Sim 3:1; 9:17:3
ἔσομαι 1 Clem 35:9 cit Rom 2:1;

5 : 1², 3, 4, 6, 10, 11, 12, 14²cit;
6 : 2, 2 cit, 3 cit (²F), 4 cit, 8 cit,
10 cit, 13, 13 cit, 16; 7 : 6 cit,
8 cit, 8, 10, 11 F; 8 : 1, 3², 4,
5; 9 : 1 cit, 2 cit, 3 cit, 6, 7;
10 : 5, 10²; 11 : 8², 10 cit, 11³,
11 cit; 12 : 2³, 5, 6 cit, 7, 9 cit;
13 : 1², 5, 7; 14 : 4, 5, 7² cit,
8² cit; 15 : 9²; 16 : 1, 5 cit, 9,
10²; 17 : 1; 18 : 2; 19 : 10³,
11; 20 : 2; 21 : 2, 7, 9 Pap 3;
4 (²L) Diog 1 : 1; 2 : 2, 3; 3 : 5;
4 : 2, 5²; 6 : 10; 9 : 1, 6; 10 : 7;
12 : 5, 9 Eph Int; 2 : 1; 6 : 1;
9 : 1⁵; 11 : 1²; 12 : 2; 13 : 1²;
14 : 1², 2; 16 : 2; 19 : 3; 20 : 1,
2; 21 : 1², 2² Mag 3 : 2; 5 : 2;
6 : 1², 2; 7 : 2²; 8 : 2; 9 : 1;
10 : 2, 3⁴; 11 : 1; 14 : 1; 15 : 1
Tral Int; 2 : 1; 3 : 3; 12 : 2
(²L), 3² Rom 1 : 1, 2; 2 : 2²;
6 : 1; 7 : 1; 9 : 3; 10 : 2², 3;
Philad 1 : 1, 2; 4 : 1; 5 : 1, 2²;
6 : 3; 8 : 1²; 9 : 1, 2; 10 : 1²;
11 : 2² Smyr 1 : 1, 2²; 4 : 2;
5 : 3; 6 : 1, 2²; 8 : 1; 9 : 1;
10 : 1; 11 : 2, 3 Pol 2 : 2 cit, 2,
3; 4 : 3; 5 : 2²; 7 : 1, 2², 3;
8 : 1², 2 Philip 1 : 2, 3 cit, 3;
2 : 1 cit; 3 : 2², 3²; 4 : 1 cit;
6 : 1; 7 : 2 cit; 9 : 2 cit, 2; 13 : 1, 2
Mar 2 : 2, 4²; 5 : 1; 6 : 1, 2;
7 : 1; 8 : 1, 3; 9 : 1, 2²; 13 : 1;
14 : 1, 2, 3; 15 : 1; 17 : 3; 18 : 2;
20 : 2²; 21 : 1²; 22 : 3²; Ep 4²
H Vis 1 : 1 : 1, 2, 3², 5, 6, 7;
2 : 2, 3, 4; 3 : 1², 2; 2 : 1 : 1²,
2, 4; 2 : 2²; 3 : 2; 4 : 3²; 3 : 1 : 2²,
3, 4, 6, 9⁴; 2 : 2, 6, 7, 8², 9⁴;
5 : 1, 2, 3, 4², 5; 6 : 1, 2, 3,
5, 6; 7 : 1², 2², 3³, 5³; 8 : 11;
9 : 7²; 10 : 5; 11 : 3, 4; 13 : 2;
4 : 1 : 1, 2, 5, 8; 3 : 1, 4, 5, 6,
7; 5 : 1² H Man 1 : 1; 2 : 5;
4 : 1 : 11; 3 : 1, 3, 4; 4 : 3;
5 : 1 : 5²; 2 : 1, 2; 6 : 2 : 3; 9 : 1,
5, 9; 10 : 1 : 5; 2 : 2, 3, 6; 3 : 3;

11 : 9², 13, 14, 15², 18²;
12 : 1 : 2², 3; 2 : 3; 4 : 5; 5 : 4
H Sim 1 : 2², 3, 5, 6 L, 7, 8, 9²;
2 : 1, 2, 4², 5, 7, 9; 4 : 2, 8;
5 : 1 : 1; 2 : 2, 5; 3 : 2; 4 : 2²;
5 : 3, 5; 6 : 1², 5; 6 : 1 : 3, 5²;
2 : 2², 3⁴, 4, 6²; 3 : 6; 5 : 3,
4; 7 : 1, 6; 8 : 2 : 1, 2, 3, 5;
3 : 2³, 3, 5³, 6; 4 : 1², 2, 6²;
5 : 1, 3, 4, 5, 6; 6 : 4, 6²;
7 : 2 FL, 3², 5²; 8 : 2², 3², 5³;
9 : 3, 4; 10 : 1, 3, 4; 11 : 3 L;
9 : 1 : 3², 4², 8; 2 : 1, 3²; 3 : 3,
4; 4 : 1, 3³, 4, 5², 6, 7, 8³;
5 : 3, 4³, 6; 6 : 1, 2², 4, 5, 6,
8⁴; 7 : 2, 4², 5, 6², 7; 8 : 2²,
3, 4², 5², 6, 7; 9 : 2, 3³, 4², 5;
10 : 1, 2; 11 : 2, 6, 7; 12 : 3,
4³, 5⁴, 8; 13 : 2², 4², 5³,
6; 14 : 1, 2², 3²; 15 : 1, 2, 3,
4², 5; 16 : 1, 2, 3, 4², 6, 7;
17 : 1, 3; 18 : 2²; 19 : 1; 20 : 2,
3; 22 : 2, 4; 23 : 5; 24 : 4;
25 : 2²; 26 : 6², 7; 27 : 2; 28 : 7;
29 : 4²; 30 : 1, 2² Did 1 : 4, 5,
6; 3 : 4, 5, 6; 5 : 2²; 7 : 1, 2,
3²; 8 : 2²; 9 : 2, 3, 4², 5; 10 : 2,
3, 4, 5²; 11 : 2², 11; 16 : 3²,
4, 5

εἷς Bar 1 : 8; 4 : 6; 7 : 7 Diog 2 : 9
Eph 7 : 2; 15 : 1 Mag 7 : 1;
8 : 2 Philad 4 : 1 Mar 4 : 1;
16 : 2 H Man 1 : 1; 6 : 2 : 1²
H Sim 8 : 1 : 5; 6 : 4; 11 : 2;
9 : 18 : 4

μία 1 Clem 46 : 6 2 Clem 12 : 3
Mag 7 : 1³ Philad 4 : 1 H Man
4 : 1 : 8 H Sim 6 : 4 : 4; 9 : 12 : 6;
13 : 5; 17 : 4²; 18 : 4³ Did
1 : 1²

ἕν 2 Clem 12 : 2 cit, 3 cit Diog
8 : 3 Eph 11 : 1 Philad 4 : 1²
H Sim 9 : 13 : 7³; 18 : 3, 4 Did
9 : 4

ἑνός Diog 9 : 5 Eph 5 : 2 Mag
7 : 2 H Vis 3 : 2 : 6 H Sim 8 :
3 : 4²; 9 : 9 : 7; 18 : 3

μιᾶς 1 Clem 17:4 cit Mar 2:3
  H Sim 6:5:3 Did 7:4
ἑνός 1 Clem 24:5; 34:7 Pap
  2:15 H Sim 4:3; 9:17:2;
  18:5
ἑνί Diog 9:5 Eph 20:1 L H Sim
  6:1:6; 2:4
μιᾷ 1 Clem 37:5 Eph 2:2; 4:2;
  20:2 Philad 4:1 H Sim 9:
  17:3, 4
ἑνί Bar 9:8 Philad Int Smyr
  1:2 H Man 5:2:5 H Sim
  9:17:4 L
ἕνα 1 Clem 5:4; 46:6², 8² cit
  Bar 7:6 cit, 7, 9² cit; 8:1
  Diog 3:2 Eph 20:2 Mag 7:2³;
  12:1 Tral 12:2 H Sim 8:4:6;
  9:3:5; 6:3²; 17:4
μίαν H Vis 3:10:7 H Man 4:
  3:6 H Sim 4:7; 6:4:4²; 5:3²;
  9:9:7; 12:5; 17:4 Did 11:5
ἕν 1 Clem 10:7; 32:1; 46:6;
  47:6 Bar 4:4 cit, 5 cit; 12:2²
  Mag 7:2 H Vis 2:4:3² H Sim
  9:13:5²; 17:5 Did 1:4
εἰσάγει Bar 16:9
  εἴσαγε Bar 3:3 cit
  εἰσήγαγεν 1 Clem 38:3 Bar 6:16
  εἰσαγαγεῖν Mar 6:2; 20:2
εἰσαεί Pol 2:2 L
εἰσακούσομαι 1 Clem 57:5 cit
  εἰσήκουσεν 1 Clem 22:7 cit
  εἰσακούσητε 1 Clem 8:4² cit
εἰσδεξαμένη 1 Clem 12:3
εἰσιόντι Mar 9:1
εἰσέρχεται 1 Clem 25:2
  εἰσέρχονται Philad 9:1
  εἰσελεύσεται H Sim 9:12:4, 6,
  8²; 15:3
  εἰσελευσόμεθα 2 Clem 6:9
  εἰσελεύσονται 1 Clem 48:3 cit
  H Sim 9:14:1, 2²; 20:2
  εἰσῆλθεν 1 Clem 3:4 cit Diog
  1:1 H Vis 5:1 H Sim 5:2:5;
  9:22:2
  εἰσήλθαμεν 1 Clem 38:3

εἰσῆλθον 1 Clem 12:4² H Sim
  9:16:3
  εἰσέλθῃ H Man 12:5:4
  εἰσέλθωσι H Sim 9:12:3
  εἰσέλθωσιν H Sim 9:14:2; 16:4
  εἰσέλθατε Bar 6:8 cit, 13 cit
  εἰσέλθετε 1 Clem 50:4 cit
  εἰσελθεῖν 1 Clem 4:9 FL Diog
  9:1 Philip 1:3 H Sim 9:
  12:5⁴; 15:2; 16:2; 17:5;
  20:3
  εἰσελθών 1 Clem 48:2 cit
  εἰσελθόντες 1 Clem 48:4
  εἰσελθόντα 1 Clem 9:4
  εἰσεληλυθότας H Sim 9:12:4²;
  13:4
εἰσήξομεν 2 Clem 11:7
εἴσοδος H Sim 9:12:6
εἰσπορεύεται H Man 10:2:2, 3;
  12:5:4
εἰσφέροντες H Sim 8:6:5
  εἰσηνέγκαμεν Philip 4:1 cit
  εἰσενέγκῃς Did 8:2
  εἰσενεγκεῖν Philip 7:2 cit
εἶτα 1 Clem 22:8 FL; 23:4⁴ cit;
  25:3; 56:13 cit 2 Clem 11:3²
  cit Bar 6:3, 17; 8:2; 11:10;
  12:2; 13:2 cit Diog 11:6
  H Vis 3:7:3; 12:2; 4:1:10³
  H Man 4:2:3 L; 5:2:4², 7;
  6:2:5; 8:10; 10:2:3; 11:13
  H Sim 8:2:7; 4:5, 6; 5:1,
  3, 4, 6; 9:5:4³; 8:2, 3, 4,
  5, 6, 7; 9:1; 11:8 Did 16:6
εἶτ᾽ 1 Clem 24:5
εἴτε Smyr 1:2² Philip 13:1² H Man
  4:1:10²
ἐκ 1 Clem 3:2; 6:3² cit; 10:2³,
  3³ cit; 11:1; 12:7; 22:6 cit,
  7 cit, 8 cit FL; 24:1; 5²; 25:2,
  3; 29:3² cit; 36:5 cit; 38:3²;
  39:5 cit, 9 cit; 42:2, 5; 44:6;
  50:4 cit; 53:2² cit, 4 cit; 56:9²
  cit; 57:2; 59:3 2 Clem 1:8;
  5:1; 6:7; 8:3; 13:1, 3;
  14:1²; 16:4²; 18:1² Bar
  2:5 cit, 7 cit; 3:5 cit; 4:8 cit, 8;

5:6; 7:4 cit; 9:6,8 cit; 11:10
cit; 12:1 cit, 9 cit, 10 cit;
14:3² cit, 5, 6, 7 cit; 15:9;
16:10; 19:2,·6 Pap 2:4; 3
Diog 2:3; 6:3²; 9:1; 10:2
Eph 7:2²; 10:1; 17:1; 18:2;
20:2; Mag 9:3 Tral 9:1²
Rom 7:3 Smyr 1:1 cit, 1;
11:1² Philip 2:1 cit, 1, 2;
5:2; 7:1 Mar 3:1; 13:1, 3;
14:1; 16:2; 17:2; 22:2²,3²;
Ep 1, 4⁴ H Vis 1:1:2, 4, 6;
2:1:4; 2:6; **3**:2:1, 2, 4, 5²,
6, 9; 4:3; 5:2; 6:7; 7:1,6;
8:7⁶; 9:2; **4**:1:6; 2:1, 2
H Man 1:1; **2**:4²; **3**:1; **5**:
1:3; 2:2, 4⁵ H Sim **1**:3, 4,
6; **2**:7; **5**:2:9; 3:7²; 4:1;
5:3²; **6**:3:2; 7:1; **8**:2:1,9;
4:1; 5:5; **9**:1:8, 10; 2:1;
3:3, 5; 4:1, 3, 4², 5; 5:3;
6:2, 5, 6³; 7:1; 8:1², 3, 7;
9:5, 7; 10:3; 12:7; 15:3,4;
16:1, 5; 17:3,5; 18:3; 19:1,
2; 20:1; 21:1; 22:1, 3; 23:1,
2; 24:1, 2, 4; 25:1²; 26:1,
2, 5²; 27:1; 28:1; 29:1, 4²;
30:1, 2² Did 1:5; 3:2, 3,
4, 5, 6

ἐξ 1 Clem 8:3 cit; 18:14 cit; 19:2;
30:6; 32:2³; 33:8; 34:2, 4,
7; 38:4; 39:5 cit; 56:8 cit
2 Clem 3:4²; 8:2; 9:8; 11:2
cit; 17:1, 7; 19:1 Bar 1:8;
4:5² cit, 6; 5:12; 11:8, 10²
cit; 14:7 cit; 16:8; 21:4 Diog
2:1; 8:11; 9:6; 11:8 Eph
15:3; 20:2 Mag 11:1 Rom
9:2 Pol 4:2; 8:2 Philip 1:2,
3 cit; 4:2; 7:2; 9:1; 13:2
Mar 9:1 H Vis **1**:2:2; 3:2;
2:2:4; **3**:2:1, 4, 6, 8; 3:2;
6:6; 12:3; 13:4; **4**:1:7;
2:5 H Man **4**:4:1; **5**:1:7;
6:1:5; 2:8; **8**:10; **9**:2; **12**:
5:2; 6:1, 2 H Sim 7:3, 4²;
8:2:6, 7; 4:5, 6; 5:3, 4;

6:2, 6²; 7:2, 3²; 8:3, 5²;
9:2, 4; 10:2, 4; 11:3; **9**:
8:2, 5², 6; 9:2², 3, 7; 14:6;
17:5; 18:3; 20:1; 28:2, 3;
30:3, 4 Did 16:4
ἔκαστος 1 Clem 37:3; 38:1; 41:1
Bar 2:8 cit; 4:12 Pap 2:16
Diog 5:4 Mag 5:1 H Sim
6:3:6; **8**:1:5; 4:2 L, 3; 5:2,
6; 11:2; **9**:19:3 FL
ἔκαστον Diog 2:3;8:3 Mag 5:2
ἑκάστου H Sim **8**:3:4²
ἑκάστης 1 Clem 43:2
ἑκάστου H Sim **4**:3; **9**:17:2;
18:5
ἑκάστῳ 1 Clem 34:3 cit 2 Clem
11:6
ἑκάστῳ Diog 2:3
ἔκαστον 1 Clem 3:4² 2 Clem
17:4   Philip 6:2 cit
Mar 13:2 H Sim **8**:4:6
ἑκάστην Bar 19:10
ἔκαστον 1 Clem 24:5; 32:1
ἔκαστα Bar 1:7
ἑκάτερον Diog 12:4
ἑκατόν H Vis **4**:1:6 L
ἑκατόνταρχοι 1 Clem 37:3
ἐξέβαλλες 1 Clem 35:8 cit L
ἐκβαλλόμενος H Sim **1**:4
ἐκβληθήσεται H Sim **8**:7:5
ἐκβληθήσονται H Sim **9**:14:2;
18:3 L
ἐξεβλήθησαν H Sim **9**:17:5
ἐκβληθέντας H Sim **9**:18:3
ἐξέβαλες 1 Clem 35:8 cit
ἐκβαλεῖν H Sim **1**:6
ἔκβολοι H Vis **3**:5:5
ἐκδέχεται 2 Clem 20:3 Bar 10:11
ἐκδεχώμεθα 2 Clem 12:1
ἐκδέξομαι H Sim **9**:11:2
ἔκδεξαι H Sim **9**:10:5
ἐκδίκει Pol 1:2
ἔκδοτον Smyr 4:2
ἐκδύσωσιν Bar 10:4
ἐκεῖ 1 Clem 28:3³ cit; 35:12 cit
2 Clem 8:3 Eph 21:2 Rom
6:2 Philad 2:1; 10:1 Smyr

8:2[2] H Vis **3**:1:3 H Man
4:1:3; **10**:1:6 H Sim **9**:11:7
Did 4:1

κἀκεῖ 1 Clem 41:2 H Man **5**:2:7 L
H Sim **6**:1:6 L; 2:6 L

ἐκεῖθεν Eph 9:1 Smyr 11:1 H Sim
9:18:3 Did 1:5

κἀκεῖθεν Mar 7:1

ἐκεῖνος 1 Clem 43:2 2 Clem
6:4; 19:4 Bar 13:3 Smyr
8:2 Mar 6:2 H Vis **5**:4
H Man **5**:2:7; **11**:12, 14[2]
H Sim **5**:2:4; 7:5; 9:6:3

κἀκεῖνος 1 Clem 17:5 H Man
11:2; **12**:5:4 H Sim **2**:6

ἐκείνη 1 Clem 47:4 Smyr 8:1
H Man **4**:3:1 H Sim **9**:2:2

κἀκείνη H Sim **9**:12:5

ἐκεῖνο 2 Clem 2:6; 20:1 H Man
5:2:5 H Sim **8**:1:3; **9**:1:1

ἐκείνου Diog 9:3; 10:5 Mag
3:2 H Man **5**:2:2, 7 H Sim
9:5:2

ἐκείνης H Vis **3**:1:2 H Sim
5:3:7

ἐκείνου 1 Clem 29:3 cit H Sim
9:1:8[2]

ἐκείνῳ 1 Clem 46:8 cit 2 Clem
6:5 Bar 7:10 H Vis **2**:4:3
H Man **5**:1:4 H Sim **4**:3, 4

ἐκείνῃ Mar 2:2; 7:2 H Sim **5**:
3:7; **9**:5:1

ἐκείνῳ H Sim **4**:5; **9**:6:7

ἐκεῖνον 1 Clem 25:3 Pap 3 Rom
6:1[2] Mar 7:1 H Vis **1**:1:3
H Man **6**:2:7

ἐκείνην 2 Clem 17:6 H Vis **1**:
1:4 H Man **4**:3:6 H Sim
9:11:4 FL; 12:5

ἐκεῖνο 2 Clem 1:6 Diog 10:8
H Man **11**:15 H Sim **9**:1:8

κἀκεῖνο Bar 4:14

ἐκεῖνοι 1 Clem 51:1 Bar 4:6
Rom 4:3[2] Mar 20:1 H Vis
3:1:9; 2:1, 5 H Sim **4**:6[2];

5:4:3; 7:3[2]; **8**:1:18; **9**:4:1,
2[2]; 12:6; 16:6; 18:3 L

κἀκεῖνοι Bar 9:6; 14:5 H Sim
5:2:6; **7**:2, 3; **9**:3:1; 12:8

ἐκεῖνα H Sim **6**:2:7; **9**:1:10

κἀκεῖνα Rom 3:1 H Man **3**:5[2]

ἐκείνων 1 Clem 44:3 Bar 3:6;
4:6 Diog 8:2 Tral 13:1
H Man **7**:5; **11**:9 H Sim **9**:
3:1

κἀκείνων 1 Clem 17:1

ἐκείνων H Vis **1**:3:1 H Sim **9**:
11:7; 26:8

ἐκείνων H Vis **3**:1:9; 2:1
H Sim **9**:2:7

ἐκείνοις 1 Clem 30:3; 39:9 cit
Bar 2:9; 4:6 L; 8:7; 10:12
Mar 2:3 H Man **12**:4:4
H Sim **8**:6:2; **9**:26:6

κἀκείνοις Smyr 6:1 H Sim **9**:
16:4

ἐκείναις H Sim **9**:13:9; 20:4

ἐκείνοις M Man **12**:5:3

ἐκείνους Bar 13:1 Mar 10:2

ἐκεῖνα 2 Clem 6:6 Bar 21:1
H Sim **6**:2:6

κἀκεῖσε H Man **5**:2:7 H Sim **6**:
1:6; 2:7; **9**:3:1

ἐκζητεῖς H Vis **3**:3:5

ἐκζητεῖ Bar 10:4

ἐκζητῶμεν 1 Clem 35:5

ἐκζητεῖτε Bar 21:8 H Vis **3**:9:5

ἐκζητεῖν 1 Clem 13:1 cit Bar
2:1; 4:1

ἐκζητῶν H Vis **3**:3:5

ἐκζητοῦντες Bar 21:6

ἐκζητήσεις Bar 19:10 Did 4:2

ἐκζητήσει Philip 2:1

ἐξεζήτησα 1 Clem 14:5 cit

ἐξεζήτησεν Bar 2:5 cit

ἐκζητήσατε 1 Clem 8:4 cit

ἔκθαμβος H Vis **3**:1:5

ἐξέκαυσαν 1 Clem 1:1

*ἐκκλεισθήσῃ H Sim **1**:5

ἐκκλεισθήσεσθε H Vis **3**:9:6

ἐκκλησία 1 Clem Int 2 Clem 2:1;
14:2[2], 3 Diog 11:5 Eph 5:1

ἐκπορευέσθω H Man 3:1
ἐκπορευομένη H Vis 4:2:1
ἐκπορευομένοις Bar 2:7 cit
ἐκπρεπεστάτη H Vis 3:10:5
ἐκπρεπεῖς H Vis 1:1:3
ἐκριζοῖ H Man 9:9
ἐξερίζωσεν 1 Clem 6:4
ἐκρίπτει Bar 11:7 cit
ἐκριφῆναι 1 Clem 57:2
ἔκρυσις Pap 3
ἐκστρέφοντες H Sim 8:6:5
ἐκσφενδονήσῃ Bar 2:10
ἐκτείνει H Vis 4:1:9
ἐξέτεινον 1 Clem 57:4 cit
ἐξετείνετε 1 Clem 2:3
ἐκτείνων Bar 19:9 Did 4:5
ἐκτείνεται Bar 5:4 cit
ἐξέτεινεν Bar 12:2
ἐξετείνατε 1 Clem 2:3 L
ἐκτέλει H Man 12:3:3 FL
ἐκτενείας 1 Clem 33:1; 37:1 Mag
14:1 L
ἐκτενοῦς 1 Clem 58:2; 62:2
ἐκτενῇ 1 Clem 59:2
ἐκτενῶς 1 Clem 34:7
ἐξέτιλλε H Sim 5:2:4
ἐκτιλάτω H Sim 8:4:3
ἐκτετιμέναι H Sim 5:5:3
ἐκτετιμένων H Sim 5:4:1
ἐκτετιμένας H Sim 5:2:5
ἐκτός Diog 10:5 Tral 7:2 FL
H Sim 5:3:3
ἕκτον H Sim 9:1:7
ἕκτου H Sim 9:23:1
ἐκτραπῆναι Mag 11:1
ἐξέθρεψα H Vis 3:9:1
ἐκτρίβει H Man 10:1:2; 2:1, 2
H Sim 6:2:1
ἐκτρίβειν H Man 10:1:3
ἐκτριβούσας H Sim 6:1:4
ἔκτρωμα Rom 9:2
ἐκτυπωθῆναι Diog 2:3
ἐκφέρει 1 Clem 24:5
ἐκφέροντα 1 Clem 52:2 cit
ἐξενεγκεῖν Philip 4:1 cit
ἐξέφυγον H Vis 4:2:3
ἐξέφυγες H Vis 4:2:4

ἐκφύγητε Tral 2:1
ἐκφυγεῖν H Vis 4:2:5
ἐκφυγόντες H Vis 4:3:4
ἐκπέφευγας H Vis 4:2:4
ἐξειπεῖν 1 Clem 48:5; 49:3 2 Clem
14:5 Diog 11:8
ἔκφρικτα H Vis 1:3:3
ἐκχυθέν 1 Clem 7:4
ἐκχυθέν 1 Clem 46:6
ἔκχεον Did 7:3
ἐκκέχυμαι Philad 5:1
ἐκκεχυμένον Bar 1:3
ἔκχυσις 1 Clem 2:2
ἐκχωρῶ 1 Clem 54:2
ἐκχώρει H Sim 1:4
ἐξεχώρησεν 1 Clem 31:4
ἐξεχώρησαν 1 Clem 55:1
ἑκών Diog 2:9 Rom 4:1
ἑκόντες H Sim 8:10:4 L
ἑκόντα Rom 5:2
ἑκόντας Mar 4:1
ἔλαιον 1 Clem 56:5 cit
ἐλαίου Did 13:6
ἔλαιον H Man 11:15
ἐλαττούμενον Diog 10:6
ἐλάττωμα H Sim 9:9:6
ἐλάσσονι Bar 13:2 cit, 5 cit
ἐλάττονι H Vis 3:7:6
ἐλάσσονα H Sim 2:4
ἔλασσον H Sim 9:11:7
ἐλάττους H Sim 9:28:4
ἐλαφρά H Man 5:2:4
ἐλαφρόν H Man 11:6
ἐλαφροί H Man 12:4:5
ἐλαφροτέρως H Sim 7:6
ἐλάχιστος H Sim 6:4:4
ἐλάχιστον H Man 11:20 H Sim
8:1:14, 15
ἐλαχίστου H Man 5:1:5
ἐλαχίστῳ 2 Clem 8:5 cit
ἐλάχιστον H Sim 6:4:2; 8:5:
5, 6; 10:1, 3
ἐλάχιστοι H Sim 4:3 L; 9:8:7
ἐλάχιστα 1 Clem 20:10; 37:5
H Man 11:21
Ἐλδάδ H Vis 2:3:4
ἐλεᾶτε 1 Clem 13:2 cit Philip 2:3 cit

ἐλεῶντες Bar 20:2
ἔλεγχος H Vis 1:1:6
  ἐλέγχοις 1 Clem 57:4 cit
  ἐλέγχους 1 Clem 57:5 cit
ἐλέγχει Philad 7:1
  ἐλέγχετε Diog 2:9
  ἐλέγχετε Did 15:3
  ἐλέγχοντες Diog 2:8
  ἐλέγξω 1 Clem 35:10 cit
  ἐλέγξεις Did 2:7
  ἐλέγξει 1 Clem 56:5 cit
  ἐλεγχθήσεσθε Mag 10:2
* ἤλεγξεν 1 Clem 56:6 cit
  ἐλέγξω H Vis 1:1:5
  ἐλέγξῃ Bar 12:5
  ἐλέγξαι Bar 19:4 Did 4:3
  ἐλέγξας Diog 9:6
  ἐλεγχθέντες Diog 9:1
ἐλεεῖν Mar 2:2
  ἐλεῶν Diog 9:2
  ἐλεοῦντες Bar 20:2 F Did 5:2
  ἐλεήσεις Did 2:7
  ἠλέησεν 2 Clem 1:7 H Vis 1:
    3:2
  ἐλεήσῃς Bar 3:5 cit
  ἐλέησον 1 Clem 18:2 cit; 59:4
  ἠλεήθην Philad 5:1
  ἐλεηθῆτε 1 Clem 13:2 cit Phi-
    lip 2:3 cit
  ἐλεηθῆναι 1 Clem 56:16
  ἠλέημαι Rom 9:2
  ἠλεημένη Rom Int Philad Int
    Smyr Int
  ἐλεημένη Philad Int F
  ἠλεημένοι Eph 12:1
ἐλεημοσύνη 2 Clem 16:4[3] Did
  1:6
  ἐλεημοσύνας Did 15:4
ἐλεήμων Did 3:8
  ἐλεῆμον 1 Clem 60:1
  ἐλεήμονες Philip 6:1
  ἐλεήμονας 2 Clem 4:3
ἔλεος 1 Clem 22:8 cit; 56:5 cit L
  Smyr 12:2 Philip Int Mar Int
  H Sim 4:2
  ἐλέους 1 Clem 2:4; 9:1; 50:2
    2 Clem 16:2

ἐλέει 1 Clem 18:1 cit; 28:1;
  56:5 cit Tral 12:3 Philad Int
ἔλεος 1 Clem 18:2 cit 2 Clem
  3:1 Bar 15:2 cit H Vis 2:2:3;
  3:9:1, 8
ἐλευθερίας Pol 4:3
  ἐλευθερίαν H Sim 5:2:7
ἐλεύθερος Rom 4:3 H Sim 5:2:2
  ἐλεύθεροι Rom 4:3
ἐλευθεροῦσθαι Pol 4:3
ἔλευσιν 1 Clem 17:1 Philip 6:3
ἐλεφάντινον H Vis 3:1:4
Ἐλισαιέ 1 Clem 17:1
ἕλκων Bar 11:10 cit
  ἑλκόμενοι H Vis 3:5:2
  ἑλκομένους H Vis 3:2:6
ἐλλείπειν Bar 4:9
  ἐλλείπητε Bar 21:2, 8
ἐλλείψεως 1 Clem 20:10
Ἕλληνες Diog 3:3
  Ἑλλήνων Diog 1:1; 5:17
  Ἑλληνίδας Diog 5:4
ἐλλόγιμος 1 Clem 58:2
  ἐλλογίμων 1 Clem 44:3
  ἐλλογίμους 1 Clem 57:2
  ἐλλογιμωτάτοις 1 Clem 62:3
ἐλπίζω Rom 1:1 H Man 12:6:4
  H Sim 8:2:9; 11:2
  ἐλπίζει Bar 17:1
  ἐλπίζομεν 2 Clem 1:2
  ἐλπίζουσιν Philad 11:2
  ἐλπίζειν 1 Clem 59:3 Philad 5:2
  ἐλπίζων Bar 1:3
  ἐλπίζοντα Eph 1:2
  ἐλπίζοντες Bar 8:5 H Sim 8:9:4
  ἐλπιζόντων H Man 12:5:2
  ἐλπίζουσιν 1 Clem 12:7 Bar
    19:7 Did 4:10
  ἐλπίζοντας 1 Clem 11:1; 22:8 cit
  ἐλπίσει Bar 6:3 cit
  ἤλπισεν 1 Clem 16:16 cit
  ἤλπισαν Bar 16:1
  ἐλπίσωσιν Bar 12:2, 3
  ἐλπισάτω Bar 12:7
  ἐλπίσατε Bar 6:9
  ἐλπίσαντες 2 Clem 11:5 Bar 11:8;
    16:8

2 cit, 3 cit, 4⁴, 5²; 49 : 1, 5³, 6²;
50 : 2², 3², 5, 6 cit; 51 : 5;
52 : 3 cit; 53 : 2; 54 : 1, 3; 55:2,
4, 5²; 56 : 1, 5 cit, 8 cit, 9² cit,
15 cit; 57 : 2; 58 : 2; 59 : 2, 3³,
4; 60 : 1⁷, 2, 3, 4; 61 : 2;
62 : 2²; 63 : 1, 2, 3, 4; 65 : 1²
2 Clem 1 : 2, 6, 7; 3 : 4², 5;
4 : 3⁵, 5 cit; 5 : 2 cit, 5, 7; 6 : 8,
8 cit; 7 : 1; 8 : 2³, 5, 5² cit;
9 : 2³, 4², 5, 9 FL; 11 : 1;
12 : 1, 3, 4; 13 : 2 cit, 2²; 14:3³;
16 : 2, 4; 17 : 3², 5, 6; 18 : 2;
19 : 1, 2, 3 Bar 1 : 1², 3, 4³,
8; 2:8 cit, 10; 3 : 1 cit, 3 cit, 6²;
4 : 7 cit, 8, 9², 11², 14; 5 : 1,
3, 6, 10, 11²; 6 : 3, 7, 9, 10,
11, 14³, 16² cit; 7 : 4, 8; 8 : 1,
2, 6²; 9 : 1, 3 cit, 6, 7, 8³, 9;
10 : 1 cit, 1, 2², 4², 5², 8², 9,
10² cit, 10, 11²; 11 : 4 cit, 6,
6 cit, 7² cit, 8 cit, 8, 11²; 12:1,
2², 4, 5², 7², 10; 13 : 2² cit, 4;
14 : 2² cit, 5, 7 cit; 15 : 1³, 2,
3, 3³ cit, 4 cit, 4³, 5, 6, 8,
9; 16 : 2, 8², 9², 10; 17 : 1, 2;
19 : 1, 2, 4, 5, 7², 8³, 12;
20 : 1, 2; 21 : 1², 3, 6 Pap
2 : 15; 3² Diog 3 : 4; 4 : 3;
5 : 4, 8, 9, 13, 14; 6 : 1², 3²,
4², 7, 8³; 7 : 2⁷, 4; 8 : 10²;
9 : 1, 4², 5, 6; 10 : 2², 5, 6, 7;
11 : 4, 5; 12 : 1, 2, 3 Eph Int⁶;
1 : 1³(⁴L), 2, 3⁵; 2 : 1, 2; 3:1²,
2; 4 : 1, 2⁴; 5 : 1²; 6 : 2³; 7:2²;
8 : 1, 2; 9 : 2; 10 : 1, 3³; 11:1,
2³(⁴L); 12 : 2²; 13 : 1, 2; 14:1,
2; 15 : 3²; 16 : 2; 19 : 1, 2;
20 : 1⁵, 2⁴; 21 : 2³ Mag Int⁶;
1 : 1, 2², 3; 3 : 1; 5 : 2²; 6:1⁴,
2²; 7 : 1²; 9 : 1²; 10 : 2²;
11 : 1²; 12 : 1; 13 : 1⁵; 14:1⁴;
15 : 1² Tral Int⁵; 1 : 1⁴; 2 : 2
(²L); 3 : 2; 4 : 1², 2; 6 : 2; 8:1³,
2; 9 : 2; 11 : 2; 12 : 2, 3⁸; 13:1²,
2², 3² Rom Int⁵; 1 : 1; 2:2²;
3 : 3; 4 : 3; 5 : 1; 6 : 3; 7 : 2³;

8 : 2, 3 L; 9 : 1²; 10 : 3 Philad
Int⁹; 1 : 1, 2; 2 : 2; 3 : 3; 5:1²,
2³; 6 : 2², 3⁴; 7 : 2; 8 : 2⁴; 9:2;
10 : 1², 2; 11 : 1², 2 Smyr Int⁴;
1 : 1⁴, 2⁴; 3 : 1; 4 : 2; 7 : 2;
9 : 2; 11 : 1², 2; 12 : 1, 2(²FL);
13 : 1, 2 Pol 1 : 1², 2³; 2 : 1,
2 cit; 5 : 1, 2²; 6 : 1, 2; 7 : 1³;
8 : 3⁴ Philip 1 : 1; 2 : 1 cit, 2;
3 : 2; 4 : 1, 2³; 5 : 2, 3³; 6 : 1,
3; 7 : 1 cit; 8 : 1 cit; 9 : 1³, 2
Mar Int; 3 : 1; 5 : 2; 7 : 1(²F),
2; 8 : 1, 3; 9 : 2; 12 : 1; 14:2⁵;
15 : 2; 16 : 2²; 18 : 1, 2; 19:1²;
20 : 1, 2; 22 : 1, 2, 3; Ep 1²,
3³, 4 H Vis 1 : 1 : 2, 6, 8⁵;
2 : 1, 2²; 3 : 1, 2, 4; **2** : 2 : 2,
3, 6; 3 : 2, 4²; 4 : 2; **3** : 1 : 5²;
2 : 5, 9; 3 : 1; 4 : 3; 5 : 1², 3,
4², 5²; 6 : 1, 2, 3³, 4, 6; 7 : 1;
8 : 4, 8; 9 : 1, 2, 6, 8, 10;
10 : 2, 3, 6, 7; 11 : 4; 12 : 3²;
4 : 1 : 4, 5; 2 : 1²; 3 : 2, 4², 5;
5 : 1, 5, 7² H Man **2** : 3, 4, 5,
7; **3** : 1³, 3, 4, 5; **4** : 1 : 4², 9,
10; 2 : 4; 3 : 2; 4 : 4; **5** : 1 : 2⁵,
3², 4, 6; 2 : 1, 2, 3³, 5, 7, 8²;
6 : 1 : 1, 3, 5; 2 : 5²; **7** : 1, 2⁴,
5; **8** : 4, 8, 9², 10, 11, 12;
9 : 1, 5, 6, 10; **10** : 1 : 5, 6;
2 : 5; 3 : 1; **11** : 2, 4, 12², 15,
17; **12** : 1 : 3; 2 : 4; 3 : 2, 3;
4 : 3, 5, 6; 5 : 1, 3, 4²; 6 : 1, 4
H Sim **1** : 1, 5, 6, 9, 11; **2** : 1,
5, 6, 7; **3** : 1, 2, 3²; **4** : 3, 4²,
5; **5** : 1 : 5⁴; 2 : 4²; 3 : 7; 4 : 3;
5 : 5; 6 : 5², 6, 7; 7 : 1, 2; **6** :
1 : 1², 2³, 3, 6²; 2 : 1, 3,
4³, 7; 3 : 5, 6⁴; **7** : 4², 6², 7;
8 : 1 : 4, 14; 3 : 1, 8; 5 : 6;
6 : 2, 4; 7 : 1, 2³, 4², 6³; 8 : 1;
9 : 2, 4; 10 : 2; 11 : 3, 4²;
9 : 1 : 1, 9; 2 : 5, 6; 4 : 3, 6, 7;
6 : 7; 8 : 4; 9 : 6, 7; 13 : 9;
14 : 1², 2; 16 : 5, 7²; 18 : 4;
19 : 2; 20 : 1, 2, 3; 23 : 1, 2;
24 : 1², 3²; 25 : 2; 26 : 1, 4, 8;

28:4², 5; 29:1, 2³ Did 1:5;
2:2; 4:8², 10, 11, 14²; 7:1,
2²; 8:2³; 10:2, 5; 11:7, 8,
9, 12; 12:1; 14:3²; 15:3³,
4; 16:1, 2, 3, 5, 6
ἐνί Eph 11:2
ἐναλλάξ 1 Clem 12:4 Bar 13:5 cit
ἔναντι 1 Clem 39:4 cit
ἐναντίον 1 Clem 16:3 cit, 7 cit
  2 Clem 11:7 Bar 5:2 cit
τοὐναντίον Mar 12:1
  ἐναντίοι Smyr 6:2
  ἐναντία Bar 16:7
  ἐναντίοις 2 Clem 4:3
  ἐναντία H Vis 5:7
ἐναντιουμένους 1 Clem 61:1
ἐνάρετον 1 Clem 62:1 Philad 1:2
ἐνάτου H Sim 9:26:1 (v. ἔννατος)
ἐνδεέστερον H Man 8:10; 11:8
ἐνδεής H Vis 3:1:2
  ἐνδεεῖς H Man 8:10
ἐνδείκνυνται Diog 5:4
  ἐνδεικνύσθω 1 Clem 38:2
  ἐνδεικνυμένων Diog 3:5
  ἐνδειξάσθωσαν 1 Clem 21:7
ἐνδέχατον H Sim 9:1:10
  ἐνδεχάτου H Sim 9:28:1
ἐνδελεχισμοῦ 1 Clem 41:2
ἐνδέχεται H Man 11:12
  ἐνδέχηται H Vis 3:3:4
ἐνδεόμενον Bar 20:2 Did 4:8;
  5:2
ἐνδήσουσιν 1 Clem 59:1
ἐνδεδεμένος Rom 5:1 L
ἐνδιδυσκόμενοι H Sim 9:13:5
ἔνδοξος H Vis 5:1 H Man 2:6;
  7:2,4 H Sim 7:1, 2, 3; 8:1:
  2; 3:3; 6:1; 9:7:1; 12:8
  ἔνδοξον H Vis 4:1:3
  ἐνδόξου Philip 3:2 H Man 6:2:3
    H Sim 9:1:3
  ἐνδόξου H Vis 3:3:5; 4:2:4
  ἐνδόξῳ 1 Clem 9:1 H Vis 1:3:4
  ἐνδόξῳ 1 Clem 43:2; 58:1
  ἔνδοξον 1 Clem 45:7 H Sim
    9:12:7
  ἔνδοξον H Sim 9:18:5

ἔνδοξοι H Man 12:3:4 H Sim
  6:1:1; 8:9:1; 10:1; 9:2:3;
  6:2; 12:6, 8; 27:3; 28:3
  ἔνδοξα H Sim 9:14:4; 29:3
  ἐνδόξων 1 Clem 19:2; 34:7
    Mar 8:1 H Sim 9:12:8
  ἐνδόξοις 1 Clem 23:2
  ἐνδόξοις Bar 1:2
  ἐνδόξους 1 Clem 3:3 H Sim 5:
    6:4, 7; 9:3:1
  ἔνδοξα H Vis 4:1:4 H Sim 9:
    2:5
ἐνδοξότερος H Sim 5:3:3
  ἐνδοξότεροι H Sim 9:28:4;
    29:3
  ἐνδοξότεραι H Sim 9:2:3; 10:7
ἐνδόξως Bar 12:6; 16:6 cit, 8
  H Sim 5:5:4; 9:18:4
ἔνδυμα H Sim 9:13:7
  ἔνδυμα H Man 12:1:2 H Sim
    9:13:2², 8
ἐνδυναμοῦντος Smyr 4:2 H Man
  12:6:4
  ἐνδυναμοῦ H Man 5:2:8
  ἐνδυναμούσθωσαν H Man 5:2:8
  ἐνδυναμώσω H Sim 6:1:2
  ἐνδυναμώσας H Sim 5:5:2; 7:4
  ἐνεδυναμώθην H Man 12:6:4
  ἐνεδυναμώθης H Sim 9:1:2
  ἐνεδυναμώθητε H Vis 3:12:3
  ἐνεδυναμώθησαν H Sim 9:13:7
  ἐνδυναμωθῇ H Man 12:5:1
  ἐνδυναμωθεῖσαι 1 Clem 55:3
  ἐνδεδυναμωμένος H Sim 5:4:4
ἐνδύνοντες Bar 4:10
  ἐνδύσῃ H Man 1:2
  ἐνδύσωσι H Sim 9:13:2
  ἐνεδύσατο H Vis 3:12:2
  ἐνεδύσαντο H Sim 8:9:1; 9:
    13:3, 8
  ἐνδυσώμεθα 1 Clem 30:3
  ἐνδύσησθε Bar 3:2 cit H Sim
    9:29:3
  ἐνδύσωνται H Man 10:3:4
  ἔνδυσαι H Man 2:4; 5:2:8;
    9:7; 10:3:1; 12:1:1; 2:4
    H Sim 6:1:2

80

ἐνδυσάμενος H Vis 4 : 1 : 8 H Man
9 : 10
ἐνδυσάμενοι H Sim 6 : 1 : 4
ἐνδέδυσαι Pol 1 : 2
ἐνδέδυται H Sim 6 : 5 : 3²
ἐνδεδυμένος H Man 12 : 1 : 1
ἐνδεδυμένον H Sim 6 : 1 : 5
ἐνδεδυμένοι H Man 11 : 4 H Sim
9 : 13 : 4; 24 : 2
ἐνδεδυμέναι H Sim 9 : 2 : 4; 9 : 5
ἐνδεδυμένων H Sim 9 : 13 : 8;
15 : 1
ἐνδύσεως Diog 9 : 6
ἐνέδρας Tral 8 : 1 Philad 6 : 2
ἐνειλημένους Philip 1 : 1 FL
ἔνεστι H Sim 8 : 10 : 2 F
ἔνεστιν Rom 4 : 1 L
ἐνοῦσαν 2 Clem 19 : 2
ἕνεκα (v. εἵνεκα) 2 Clem 1 : 2 Mar
17 : 3 H Vis 1 : 3 : 1 H Man
12 : 4.: 2
ἕνεκεν (v. εἵνεκεν) Tral 12 : 2 Pol
3 : 1 Philip 2 : 3 cit Mar 13 : 2;
17 : 3 L H Vis 1 : 1 : 6; 3 : 5 : 2
H Man 5 : 2 : 2 H Sim 1 : 5;
9 : 28 : 5, 6 Did 10 : 3
ἐνειλιγμένους Philip 1 : 1
ἐνεργείᾳ H Man 5 : 2 : 1
ἐνέργειαν H Man 5 : 1 : 7; 2 : 1;
6 : 1 : 1
ἐνέργειαι H Man 6 : 1 : 1
ἐνεργείας H Vis 3 : 8 : 3 H Man
6 : 2 : 2, 6 FL
ἐνεργοῦντος Bar 2 : 1
ἐνεργουμένων 1 Clem 60 : 1
ἐνεργούμενα Bar 1 : 7
ἐνεργῆσαι H Man 5 : 2 : 1
ἐνεργήματα Bar 19 : 6 Did 3 : 10
ἐνήρεισται Eph 8 : 1
ἔνθα Mar 18 : 2
ἐνθάδε 2 Clem 6 : 6; 10 : 3, 4 Diog
10 : 7 H Sim 9 : 5 : 5
ἔνθεν 2 Clem 13 : 3 Eph 19 : 3
ἔνθεον Tral 8 : 2 L
ἐνθύμησις H Man 4 : 1 : 2²; 6 : 2 : 7
ἐνθυμήσεως H Man 4 : 1 : 3
ἐνθυμήσεων 1 Clem 21 : 9

ἐνιαυτοῦ H Sim 6 : 5 : 3
ἐνιαυτόν Bar 10 : 6, 7; 14 : 9 cit
H Sim 6 : 4 : 4; 5 : 4
ἐνιαυτούς H Sim 6 : 4 : 4
ἐνίδρυσε Diog 7 : 2
ἔνιοι Diog 5 : 3
ἐνίοις Pap 4
ἐνίους 1 Clem 44 : 6
ἔνια 2 Clem 19 : 2 Pap 2 : 15
ἐνίοτε 2 Clem 19 : 2 FL
ἐνστάντος 1 Clem 55 : 1
ἐνεστῶσαν Eph 11 : 1
ἐνεστώτων Bar 4 : 1; 17 : 2
ἐνεστῶσιν Bar 5 : 3
ἐνεστῶτα Bar 1 : 7
ἐνισχυόντων Mar 17 : 2
ἐνισχύσω Bar 14 : 7 cit
ἐνκάρδια 2 Clem 9 : 9
ἐνκατάλειμμα 1 Clem 14 : 5 cit L
ἐνκαταλελεῖφθαι Bar 4 : 14
ἐνκατασφραγισθῇ Bar 4 : 8
ἐνκεκραμένους Eph 5 : 1
ἐνκεκύφατε 1 Clem 45 : 2 F; 53 : 1 F
ἐνκεκυφόσιν 1 Clem 62 : 3 F
ἔννατον H Sim 9 : 1 : 9 (v. ἔνατος)
ἐννέα Rom 10 : 3
ἐννεύει H Vis 3 : 1 : 9
ἐννοήσας Diog 8 : 9
ἔννοιαν Diog 8 : 9
ἐννοιῶν 1 Clem 21 : 3, 9 Philip 4 : 3
ἐνοξίσασαν Mag 10 : 2
ἐνοπτριζόμεθα 1 Clem 36 : 2
ἐνιδών Diog 12 : 5
ἑνότητι Eph 4 : 2²; 5 : 1; 14 : 1 Phi-
lad 2 : 2; 5 : 2 Smyr 12 : 2
Pol 8 : 3
ἑνότητα Philad 3 : 2; 8 : 1; 9 : 1
ἔνοχος H Man 2 : 2²; 4 : 1 : 5
ἑνώθητε Mag 6 : 2
ἡνωμένος Mag 7 : 1 Smyr 3 : 3
ἡνωμένης Mag 14 : 1
ἡνωμένην Eph Int
ἡνωμένοις Rom Int
ἐνπνεόμενοι Mag 8 : 2
ἐνεσκιρωμένοι H Vis 3 : 9 : 8
ἐνεστερνισμένοι 1 Clem 2 : 1
ἐνταλμάτων 2 Clem 17 : 3

ἐντεταγμένος 1 Clem 58:2
ἐντέλλομαι Rom 4:1 H Vis 3:
  8:11; 5:5 H Man 4:1:1
  H Sim 7:6
ἐντέλλεται Bar 14:6
ἐντέλλεσθε Rom 3:1
ἐντέλλεσθαι H Vis 5:5 H Man
  5:2:8
ἐνετειλάμην Bar 2:7 cit, 8 cit
  H Man 6:1:1 H Sim 5:2:7;
  3:8; 6:1:2; 8:6:4
ἐνετείλω 1 Clem 53:2 cit
ἐνετείλατο Bar 7:3, 6 Philip 6:3
  H Vis 2:2:4; 5:6,8 H Sim 5:2:6
ἐνετείλασθε Philip 13:2
ἐντείλῃ H Sim 5:3:4
ἐντειλάμενος Bar 12:6
ἐντέταλσαι H Man 12:6:4
ἐντέταλται Bar 8:1
ἔντερον Bar 7:4 cit
ἐντεῦθεν 1 Clem 53:2 cit
ἔντευξις H Man 5:1:6; 10:3:2,3;
  11:9, 14 H Sim 2:5, 6
ἐντεύξεως H Man 10:3:3
ἐντεύξει H Sim 2:5
ἔντευξιν 1 Clem 63:2 2 Clem
  19:1 H Man 10 3:3² H Sim
  2:5, 7; 5:4:3, 4
ἐντεύξηται H Man 10:2:5
ἔντιμον Bar 6:2 cit H Sim 5:2:2
ἐντίμους 1 Clem 3:3
ἐντολή Bar 10:2 H Man tit omn
  (¹²); 6:2:10 Did 2:1
ἐντολῆς Bar 7:3 Philip 5:1
  H Man 5:2:8 H Sim 5:3:3
ἐντολῇ 1 Clem 13:3 Tral 13:2
  Rom Int Philip 4:1 H Man
  6:1:1
ἐντολήν Bar 6:1; 9:5; 10:11;
  21:8 Mag 4:1 Smyr 8:1
  Philip 3:3 H Man 1:2; 2:7 FL;
  3:2, 5; 5:2:8; 8:12 H Sim
  5:2:2, 4, 7²; 3:3 Did 1:5;
  13:5, 7
ἐντολαί Bar 16:9 H Man 12:
  3:4²; 4:4 H Sim 1:7; 5:
  5:3; 6:1:3

ἐντολῶν 2 Clem 3:4; 6:7 H Man
  12:4:3², 5 H Sim 1:7; 5:
  3:5; 6:1:1, 2; 2:2; 8:7:5;
  8:2
ἐντολαῖς 2 Clem 17:3 Eph 9:2
  Philad 1:2 Philip 2:2 H Vis
  5:5 H Man 12:4:6; 5:1
  H Sim 6:1:1, 4; 7:6, 7;
  8:7:6; 11:3, 4; 9:14:5
ἐντολάς 2 Clem 4:5 cit; 8:4;
  17:1, 6 Bar 4:11; 10:12;
  19:2 Pap 2:3 H Vis 3:5:3;
  5:5², 6 H Man 2:7; 4:2:4²;
  4:4²; 5:2:8; 7:1², 4, 5⁴;
  8:12; 12:3:2²,6; 5:1; 6:3,4
  H Sim 5:1:5; 3:2²,3; 6:1:4;
  8:3:8; 6:6; 7:6; 9:1:1;
  23:2; 29:2 Did 4:13
ἐντός Eph 5:2 Tral 7:2 Philip
  3:3 H Sim 8:9:4 FL
ἐντρεπέτω 1 Clem 38:2
ἐντρέπεσθε Mag 12:1
ἐντρεπέσθω 1 Clem 38:2 L
ἐντρέπεσθε Mag 6:2 Smyr 8:1
ἐντρεπέσθωσαν Tral 3:1
ἐντρέπεσθαι Tral 3:2
ἐνετράπην H Vis 1:1:7
ἐντραπῶμεν 1 Clem 21:6
ἐντροπήν Mag 3:1
ἐντρύφα H Man 10:3:1
ἐντυγχάνει H Sim 2:6
ἐντυγχάνων H Man 10:3:2
ἐντυγχάνοντες H Sim 2:8
ἐντυγχανούσας Philip 4:3
ἐντύχωμεν 1 Clem 56:1
ἐντυχεῖν Mar 17:2
ἐντυχόντες Diog 12:1
ἐνώπιον 1 Clem 7:3; 18:3 cit,
  4 cit; 21:1; 27:6; 39:5 cit;
  60:2²; 61:2 2 Clem 3:2² cit
  Bar 4:11 cit Philip 6:1 cit
  Mar 14:1, 2
ἕνωσις Mag 13:2
ἑνώσεως Pol 1:2
ἕνωσιν Mag 1:2 Tral 11:2 Phi-
  lad 4:1; 7:2; 8:1 Pol 5:2
ἐνωτίζου Bar 9:3 cit

82

Ἐνώχ 1 Clem 9:3 Bar 4:3
ἕξ Bar 15:3 cit, 4 cit, 4 Mar 9:3
 H Vis 3:1:6; 2:5²; 4:1, 2;
 10:1 H Sim 9:3:1², 3, 4;
 4:4, 7; 5:1; 6:2; 12:7, 8
ἐξαγοραζόμενοι Mar 2:3
ἐξήγαγον H Vis 1:1:2
 ἐξήγαγες 1 Clem 53:2 cit Bar
 4:8 cit; 14:3 cit
 ἐξήγαγεν 1 Clem 10:6 cit
 ἐξάγαγε 1 Clem 12:4
 ἐξαγαγεῖν Bar 14:7 cit
ἐξαίρετον Philad 9:2
 ἐξαίρετοι 1 Clem 39:9 cit
ἐξαιρέτως Diog 4:4 Tral 12:2
 Smyr 7:2
ἐξαιρούμενος 1 Clem 39:9 cit
 ἐξελῶ Bar 6:14 cit
 ἐξελοῦμαι 1 Clem 52:3 cit
 ἐξελεῖται 1 Clem 56:8 cit
ἐξάρωμεν 1 Clem 48:1
ἐξῃτήσατο Mar 7:2
ἐξαίφνης 1 Clem 23:5, 5 cit Pol
 8:1 H Vis 2:1:4; 3:12:2
 H Sim 6:1:2
ἑξάκις 1 Clem 56:8 cit
ἑξακισχιλίοις Bar 15:4²
ἐξακολουθεῖν 1 Clem 14:1
ἐξακοντίζουσιν 1 Clem 14:2
ἑξακοσίας 1 Clem 43:5
ἐξακριβάζομαι H Man 4:2:3
 ἐξακριβάζῃ H Man 4:3:3
ἐξαλείψω 1 Clem 53:3 cit
 ἐξαλειφθήσεται H Sim 9:24:4
 ἐξαλείψωμεν 2 Clem 13:1
 ἐξάλειφον 1 Clem 18:2 cit, 9 cit;
 53:4 cit
 ἐξαλειφθῆναι 1 Clem 53:5
ἐξαμαρτῆσαι H Man 6:2:7
 ἐξήμαρτον H Sim 8:10:1
ἐξαναστήσεις 1 Clem 26:2 cit
 ἐξαναστήσεται Bar 4:4 cit
 ἐξανάστησον 1 Clem 59:4
ἐξαπατάτω Eph 8:1
 ἐξαπατᾶσθε Eph 8:1
 ἐξαπατήσητε Rom 6:2
ἐξάπινα H Sim 9:7:6

ἐξηπλωμένον H Vis 3:1:4
ἐξαποστέλλει H Vis 4:2:6 FL
 ἐξαπέστειλε H Sim 9:14:3
 ἐξαποστείλαντι 2 Clem 20:5
ἐξῆψαν Mar 15:1
ἐξαριθμηθήσεται 1 Clem 10:5 cit
 ἐξαριθμῆσαι 1 Clem 10:5 cit,
 6 cit
ἐξασθενήσετε Philad 6:2
ἐξαυτῆς H Vis 3:1:6
ἐξεγείρει H Vis 3:1:7
ἐξηγέρθην 1 Clem 26:2 cit
 ἐξηγέρθη H Vis 3:12:2
ἐξόν Smyr 8:2
 ἐξόν Mar 12:2
ἐξιέναι Mar 8:1
ἐξελίσσουσιν 1 Clem 20:3
ἐξεμπλάριον Eph 2:1 Tral 3:2
 Smyr 12:1
ἐξήρισαν 1 Clem 45:7
ἐξερχόμενος Did 11:6
 ἐξελεύσεται 1 Clem 29:3 cit Bar
 11:8 Did 1:5
 ἐξῆλθε Mar 16:1 H Sim 5:2:2
 ἐξῆλθεν 1 Clem 10:2; 24:5;
 55:5 Bar 13:2 cit Mar 16:1 F
 ἐξῆλθον 1 Clem 42:3 Mar 7:1
 ἐξέλθῃς H Sim 1:6
 ἐξέλθῃ Bar 19:4
 ἐξελθεῖν 1 Clem 55:4 2 Clem
 5:1; 8:3 H Sim 7:1
 ἔξελθε H Sim 1:3
 ἐξελθόντος H Sim 5:2:3
ἐξετάζεις H Sim 9:13:6
 ἐξετασθήσεται Did 1:5
 ἐξητάσθησαν H Sim 9:28:4
ἐξετασμός 1 Clem 57:7 cit
ἐξηγήσαι H Vis 4:2:5
 ἐξηγήσασθαι 1 Clem 49:2
ἐξήγησις 1 Clem 50:1
 ἐξήγησιν H Vis 3:7:4
ἑξῆς Diog 3:1
ἐξιλάσομαι H Vis 1:2:1
 ἐξιλάσαντο 1 Clem 7:7
ἔκστηθι Bar 11:2 cit
 ἐκστῆναι Mar 12:1
ἔξοδον H Vis 3:4:3

ἐξοιδῆσαι Pap 3
ἐξολεθρευθήσεται Bar 7 : 3 cit
  ἐξολεθρευθήσονται 1 Clem 14:4
    cit
  ἐξολεθρεύσαι 1 Clem 15 : 5 cit
  ἐξολεθρεῦσαι 1 Clem 22 : 6 cit;
    53 : 3 cit
ἐξομοιοῦσθε Diog 2 : 5
ἐξομολογούμεθα 1 Clem 61 : 3
  ἐξωμολογούμην H Vis 3 : 1 : 5
  ἐξομολογεῖσθαι 1 Clem 51 : 3;
    52 : 1 H Vis 1 : 1 : 3
  ἐξομολογούμενος H Man 10:3:2
  ἐξομολογουμένου H Vis 3 : 1 : 6
  ἐξομολογουμένοις H Sim 9:23:4
  ἐξομολογήσομαι 1 Clem 26:2 cit;
    52 : 2 cit Bar 6 : 16 cit
  ἐξομολογήσῃ Bar 19 : 12 Did
    4 : 14
  ἐξομολογήσωμαι 1 Clem 48:2 cit
  ἐξομολογήσασθαι 2 Clem 8 : 3
ἐξομολογήσει H Sim 2 : 5
  ἐξομολόγησιν H Sim 2 : 5
ἐξουθενήσαμεν Bar 7 : 9 L
  ἐξουθενήσαντες Bar 7 : 9
ἐξουθένημα 1 Clem 16 : 15 cit
ἐξουθενώσει 1 Clem 18 : 17 cit
ἐξουσία H Man 4 : 3 : 5 H Sim 5 :
    7 : 3
  ἐξουσίας Bar 6 : 18; 18 : 1
  ἐξουσίαν 1 Clem 61 : 1, 2² 2 Clem
    5 : 4 cit Bar 2 : 1; 4 : 2, 13;
    8 : 3 Smyr 4 : 1 Pol 7 : 3 Mar
    2 : 1 H Man 4 : 1 : 11; 12:4:2
    H Sim 1 : 3; 5 : 6 : 1, 4; 8:3:3,
    5²; 9 : 23 : 4; 28 : 4, 8
  ἐξουσίαις Mar 10 : 2
ἔξοχος Mar 19 : 1
ἐξοχώτατον 1 Clem 33 : 4
ἔξω 1 Clem 4 : 11; 12 : 6 2 Clem
    7 : 4; 12 : 2 cit, 4 cit, 4; 13 : 1
    H Vis 2 : 4 : 3; 3 : 5 : 5; 9 : 6
    H Sim 9 : 2 : 4; 9 : 5; 13 : 8
ἔξωθεν Pap 3 Rom 3 : 2 H Vis
    3 : 4 : 3
ἐξώτεροι H Sim 9 : 7 : 5; 8 : 3, 5, 7
  ἐξώτερα H Sim 9 : 9 : 3

ἑορτάς Diog 4 : 5
ἐπαγγελία 2 Clem 5 : 5; 10 : 4
  ἐπαγγελίας 1 Clem 26 : 1 2 Clem
    15 : 4 Bar 6 : 17; 16 : 9 Eph
    14 : 2
  ἐπαγγελίᾳ 2 Clem 11 : 1
  ἐπαγγελίαν 2 Clem 10 : 3 Bar
    5 : 7; 15 : 7 H Vis 1 : 3 : 4
  ἐπαγγελίαι H Vis 3 : 2 : 1
  ἐπαγγελιῶν 1 Clem 34 : 7 H Sim
    1 : 7
  ἐπαγγελίαις 1 Clem 27 : 1
  ἐπαγγελίας 1 Clem 10 : 2 2 Clem
    11 : 7 H Vis 2 : 2 : 6
ἐπαγγέλλεται H Man 9 : 10
  ἐπαγγελλόμενος Eph 14 : 2
  ἐπαγγελλομένου Tral 11 : 2
  ἐπαγγελλόμενοι Eph 14 : 2
  ἐπηγγειλάμην H Sim 5 : 2 : 7
  ἐπηγγείλατο Diog 10 : 2 H Vis
    1 : 3 : 4; 3 : 1 : 2; 2 : 3; 5 : 7
    H Sim 1 : 7
  ἐπαγγειλάμενος 2 Clem 11 : 6
  ἐπαγγειλαμένου 1 Clem 32 : 2
  ἐπηγγελμένων 1 Clem 35 : 4
ἐπάγειν H Man 3 : 4
ἐπαινῶ Mag 12 : 1
  ἐπαινεῖ Smyr 5 : 2
  ἐπαινοῦμεν Mar 4 : 1
  ἐπαινοῦσι H Sim 9 : 22 : 2
  ἐπαινουμένη Bar 11 : 9 cit
  ἐπῄνεσεν 1 Clem 33 : 6
ἔπαινος 1 Clem 30 : 6
ἐπαίρεσθαι 1 Clem 39 : 1
  ἐπαιρόμενον 1 Clem 14 : 5 cit
  ἐπαιρομένων 1 Clem 16 : 1
  ἐπαιρομένοις 1 Clem 21 : 5
  ἐπάρασα H Vis 3 : 2 : 4
  ἐπήρθησαν 1 Clem 45 : 8
ἐπαισχύνονται H Sim 9 : 14 : 6; 21:3
  ἐπαισχυνθήσεται Smyr 10 : 2
  ἐπῃσχύνθητε Smyr 10 : 2
  ἐπαισχυνθέντες H Sim 8 : 6 : 4
ἐπακολουθούσης Philip 3 : 3
  ἐπηκολούθησαν 1 Clem 43 : 1
    Smyr 10 : 1
ἐπακούειν Mag 3 : 2

36:4; 39:9 cit 2 Clem 13:1;
16:3; 19:4 Bar 1:2; 7:10;
8:5 F; 11:2 cit; 16:6 cit, 7,
8, 10; 19:4, 5, 12; 20:2 Diog
7:3; 10:7; 11:5 Tral 8:2
cit Mar 7:2; 20:1 F; 22:1
H Man 4:1:8; 6:1:1; 10:
2:3; 12:4:4 H Sim 2:7;
5:2:5, 6, 11²; 6:1:6; 5:5;
7:2; 8:1:16, 17, 18²; 5:1,
6; 11:3; 9:2:2, 5; 14:3²;
17:4; 24:2 Did 4:3; 5:2
ἐπ᾽ (dat) 1 Clem 34:4; 57:7 cit
Bar 5:13; 9:5 cit; 10:11;
12:2, 3; 16:10; 19:7 Diog
12:6 Eph 1:3 L H Sim 6:
3:1 Did 4:10
ἐφ᾽ (dat) 1 Clem 33:1; 56:2
2 Clem 15:3 Bar 9:4 Philad
6:1 H Man 4:1:6, 10; 4:2
ἐπί (acc) 1 Clem 2:2, 8; 3:3⁴;
4:6 cit; 5:1, 7; 6:2; 7:2;
9:1; 12:7; 13:4² cit; 16:1,
7 cit, 16 cit; 18:3 cit, 13 cit;
19:2; 21:6; 22:6² cit, 8 cit;
23:1; 25:4; 33:3; 34:4, 7,
8 cit; 43:2; 48:1; 50:7; 55:1;
58:1; 59:3; 60:1; 63:1
2 Clem 11:7 cit; 13:1; 16:1;
17:3 Bar 4:3, 8, 10; 5:2 cit;
6:3, 6 cit, 7, 9; 7:3, 8, 9 cit;
8:1, 2, 5; 10:10 cit; 11:1,
8²; 12:7²; 13:5² cit; 16:1,
8; 18:1; 19:1, 3, 7, 12; 20:2
Pap 3 Eph 5:3; 13:1 Mag
7:1, 2² Philad 3:2; 6:2;
10:1 Smyr 11:1 Pol 1:1
Philip 7:2; 8:1 cit Mar 2:3 cit;
7:1 cit, 2²; 8:2; 11:1² H Vis
1:1:8²; 2:4²; 2:2:5; 3:2:
4, 9; 7:2, 6²; 9:8; 11:2, 3;
4:2:4, 5 H Man 4:1:1, 2,
3, 7, 8; 2:2; 3:5; 5:1:4;
6:2:3, 4, 5, 7, 8; 9:2, 3, 6;
10:3:2, 3³; 11:1², 2, 20, 21;
12:3:5; 5:3, 4 H Sim 2:3²,
4, 5; 5:7:2; 6:3:2, 5, 6;

8:2:5; 9:1:4; 2:5 F; 4:2;
14:1, 4²; 17:5; 18:5; 21:1²;
24:2; 26:3; 28:4; 29:1 Did
4:10, 14
ἐπ᾽ (acc) 1 Clem 7:5; 11:1;
16:5 cit Bar 6:3 cit; 8:5;
14:9 cit; 15:2 cit Rom 5:3
H Man 12:5:2 H Sim 5:6:2;
8:6:3, 4; 9:28:4
ἐφ᾽ (acc) 1 Clem 46:6; 60:3
Bar 1:3; 4:11; 12:2; 17:1;
19:7 H Vis 3:9:1; 12:3 Did
4:10
ἐπιβάλλονται H Sim 6:3:5
ἐπέβαλεν Philip 1:1
ἐπιβάληται H Man 10:2:2
ἐπιβλέποντα 1 Clem 59:3
ἐπιβλέψω 1 Clem 13:4 cit
ἐπεβόα Mar 12:2 FL
ἐπεβόων Mar 12:2
ἐπεβόησεν Mar 3:1
ἐπιβοῆσαι Mar 12:3
ἐπίγειον Diog 7:1 H Man 9:11;
11:6, 12, 14
ἐπιγείου H Man 11:11
ἐπιγείῳ H Man 11:17
ἐπίγεια Philip 2:1 H Man 11:19
ἐπιγείων Eph 13:2 Tral 9:1
ἐπίγεια Diog 7:2
ἐπιγελάσομαι 1 Clem 57:4 cit
ἐπιγινώσκω Mar Ep 2²
ἐπιγινώσκεις H Vis 5:3
ἐπιγινώσκουσιν Bar 10:3
ἐπιγινώσκῃ Eph 4:2
ἐπιγίνωσκε Mar Ep 2
ἐπιγινώσκονται H Sim 4:3
ἐπιγνώσῃ Diog 11:7
ἐπιγνώσεται 1 Clem 32:1
ἐπέγνων H Vis 5:4
ἐπέγνωσαν H Sim 9:16:7
ἐπιγνῷς Diog 10:7, 8
ἐπιγνούς Diog 10:3; 12:6 Phi-
lad 1:2 H Man 6:2:6 H Sim
8:11:2; 9:18:1
ἐπιγνόντες H Sim 8:6:3
ἐπεγνωκέναι Rom 10:2
ἐπεγνωκότες H Sim 9:18:1

88

ἐπισκοπήσαντες H Vis 3:5:1
ἐπισκοπημένῳ Pol Int
ἐπισκοπῆς 1 Clem 44:1, 4
ἐπισκοπῇ 1 Clem 50:3 Pol 8:3
ἐπίσκοπος Tral 1:1 Philad 4:1
    Smyr 8:2 Mar 16:2
ἐπισκόπου Eph 2:1; 4:1; 5:2
    Mag 2:1; 3:1; 6:1; 7:1;
    13:1 Tral 2:2; 7:1, 2 Phi-
    lad 3:2; 7:2; 8:1 Smyr
    8:1, 2; 9:1 Pol 5:2² Mar
    Ep 1
ἐπισκόπῳ Eph 1:3; 2:2; 4:1;
    5:3; 20:2 Mag 2:1; 3:1;
    6:2; 13:2; 15:1 Tral 2:1;
    3:2; 13:2 Philad Int; 7:1
    Smyr 8:1 Pol Int; 6:1²
ἐπίσκοπον 1 Clem 59:3 Eph
    1:3; 5:1; 6:1² Mag 3:2;
    4:1 Tral 3:1; 12:2 Rom
    2:2 Philad 1:1 Smyr 8:1;
    9:1²; 12:2
ἐπίσκοποι Eph 3:2 H Vis 3:
    5:1 H Sim 9:27:2²
ἐπισκόπων 1 Clem 42:5
ἐπισκόπους 1 Clem 42:4, 5 cit
    Philad 10:2 Did 15:1
ἐπισκοτοῦνται H Man 10:1:4
ἐπισκοτούμενον H Man 5:1:2
ἐπισπᾶσαι H Sim 9:2:6
ἐπισπᾶται H Man 4:1:8
ἐπισπῶνται H Vis 1:1:8; 3:9:3
ἐπεσπάσατο Mar 3:1
ἐπισπουδάζει H Sim 2:6
ἐπίσταμαι Bar 1:4 H Man 6:2:5
    ἐπιστάμεθα 1 Clem 55:2
    ἐπίστασθε 1 Clem 45:3; 53:1²
    ἠπίστατο Diog 8:1
ἐπιστέλλομεν 1 Clem 7:1
    ἐπέστειλεν 1 Clem 47:3
    ἐπεστείλαμεν 1 Clem 62:1
ἐπιστήμη Bar 2:3
    ἐπιστήμην Bar 21:5
    Ἐπιστήμη H Vis 3:8:5, 7
    Ἐπιστήμης H Vis 3:8:7
ἐπιστήμων Bar 6:10

ἐπιστήμονες Bar 4:11 cit
ἐπιστολή 1 Clem 65:2 2 Clem
    20:5 F Bar 21:9
ἐπιστολῆς Smyr 11:3
ἐπιστολῇ 1 Clem 63:2 Eph 12:2
    Philip 13:2
ἐπιστολήν 1 Clem 47:1 Mar
    20:1
ἐπιστολάς Pol 8:1 Philip 3:2;
    13:2
ἐπιστρέφῃ 2 Clem 19:2
ἐπιστρέφειν H Man 8:10
ἐπιστρέφοντες Philip 6:1
ἐπιστρεφομένοις H Vis 2:3:4
ἐπιστρέψουσιν 1 Clem 18:13 cit
ἐπιστρέψῃς H Vis 1:3:1
ἐπιστρέψῃ H Man 6:1:5 H Sim
    8:7:5
ἐπιστρέψωμεν 1 Clem 9:1 2 Clem
    16:1; 17:2 Philip 7:2
ἐπιστρέψωσι H Sim 9:26:2
ἐπίστρεψον 1 Clem 59:4 H Man
    9:2
ἐπιστρέψαντες H Sim 9:26:3
ἐπεστράφην H Vis 4:3:7
ἐπιστραφῆτε 1 Clem 8:3 cit
    H Man 12:6:2
ἐπιστράφητε H Man 12:4:6
ἐπιστραφῆναι 1 Clem 7:5
ἐπιστραφείς Mar 8:3; 12:3
ἐπιστραφέντες Bar 4:8
ἐπιστροφήν 1 Clem 1:1 Bar 11:8
ἐπισφραγίσας Mar 1:1
ἐπισωρεύοντας Bar 4:6
ἐπιταγήν H Vis 3:8:2
ἐπιτασσόμενα 1 Clem 37:3
    ἐπιτάξεις Did 4:10
    ἐπέταξαν H Sim 9:4:4; 5:1
    ἐπιτάξῃς Bar 19:7
    ἐπιτάξας Bar 6:18
    ἐπιτάξαντες H Sim 9:6:2 L
    ἐπιτεταγμένους 1 Clem 20:3
ἐπιτελεῖ 1 Clem 37:3
    ἐπιτελοῦσιν 1 Clem 20:10; 37:2
    ἐπετελεῖτε 1 Clem 2:8
    ἐπιτελεῖν 1 Clem 1:3; 33:1;
    40:1 Diog 3:5 Mar 18:2

ἐργασώμεθα 1 Clem 33 : 8
ἐργάσησθε Bar 21 : 2 H Vis 5 : 7
  H Man 12 : 6 : 2
ἐργάσωνται H Vis 3 : 1 : 9 H Sim
  8 : 11 : 4
ἔργασαι H Man 12 : 3 : 1 FL
ἐργάσασθαι H Man 7 : 4[2]
ἐργασάμενος H Man 6 : 2 : 10;
  8 : 8
ἐργασάμενοι H Sim 8 : 10 : 3 FL;
  9 : 6 : 2; 27 : 3
ἐργασίας H Man 6 : 2 : 6
ἐργαστηρίων Mar 13 : 1
ἐργάτης 1 Clem 34 : 1 Did 13 : 2
  ἐργάται 2 Clem 4 : 5 cit
ἔργον Bar 10 : 11 Eph 14 : 2 Rom
  3 : 3 Smyr 11 : 2 Pol 7 : 3 H Sim
  2 : 7; 9 : 10 : 2
ἔργου 1 Clem 34 : 1 H Man 6 :
  2 : 3 H Sim 2 : 9; 5 : 2 : 7
ἔργῳ Rom 2 : 1 Pol 8 : 1 H Man
  6 : 2 : 7
ἔργον 1 Clem 2 : 7; 33 : 1, 8;
  34 : 3 cit, 4; 43 : 1 Bar 5 : 10
  Eph 1 : 1 H Vis 1 : 2 : 4; 3 : 2
  H Man 4 : 1 : 2 H Sim 1 : 11;
  2 : 7; 5 : 2 : 7; 9 : 28 : 6
ἔργα 2 Clem 16 : 3 Bar 4 : 1 Diog
  7 : 9 Pol 6 : 2 H Vis 3 : 7 : 6;
  8 : 7 H Man 6 : 2 : 3, 4, 6, 8,
  10; 8 : 4, 5; 12 : 1 : 3 H Sim
  6 : 3 : 6; 9 : 21 : 2
ἔργων 1 Clem 28 : 1; 32 : 3, 4;
  39 : 4 cit; 59 : 3 2 Clem 11 : 6;
  17 : 7 Bar 1 : 6; 4 : 1; 21 : 1
  Diog 9 : 1 Eph 10 : 1 Philip
  1 : 3 cit H Vis 3 : 8 : 4, 8 H Man
  5 : 1 : 1; 6 : 2 : 4; 8 : 4; 9 : 10;
  11 : 16; 12 : 6 : 4
ἔργοις 1 Clem 30 : 3; 33 : 2, 7[2];
  38 : 2; 48 : 5 2 Clem 4 : 3[2];
  12 : 4 Bar 19 : 1 H Man 4 :
  1 : 9; 6 : 2 : 3, 10; 12 : 1 : 3
  H Sim 5 : 2 : 5; 7 : 2; 8 : 9 : 3;
  9 : 14 : 1, 2
ἔργα 2 Clem 1 : 6; 6 : 9; 13 : 3;
  17 : 4 Bar 4 : 10; 15 : 3 cit

H Vis 3 : 1 : 9; 8 : 5 H Man
  4 : 2 : 3; 6 : 2 : 4, 6; 7 : 3[2]; 8 : 8
  H Sim 1 : 7; 6 : 3 : 5; 8 : 6 : 3;
  9 : 1; 10 : 3; 11 : 1, 2; 9 : 14 : 2
ἐργοπαρέκτῃ 1 Clem 34 : 1
ἐρεύγεται 1 Clem 27 : 7 cit
ἐρευνῶν 1 Clem 21 : 2 cit
  ἐρευνῶντες H Man 10 : 1 : 6
  ἐρευνήσαντες H Man 10 : 1 : 4
ἐρευνητής 1 Clem 21 : 9
ἔρημος 2 Clem 2 : 3 Bar 11 : 3 cit
  ἐρήμου 2 Clem 2 : 1 cit, 3 cit
  ἐρήμῳ Bar 9 : 3 cit H Vis 2 : 3 : 4
  ἔρημον Bar 7 : 8 cit, 8
  ἔρημον Pap 3
ἐρημοῦται H Sim 9 : 26 : 4
ἐρημῶδες H Sim 9 : 1 : 9
  ἐρημώδους H Sim 9 : 26 : 1
  ἐρημώδεις H Sim 9 : 26 : 3
ἐρίθειαν Philad 8 : 2
ἔριον Bar 8 : 1, 5, 6
  ἔριον 1 Clem 8 : 4 cit Bar 7 : 8 cit,
  8, 11[2]; 8 : 1
  ἐρίων H Vis 1 : 2 : 2
ἔρις 1 Clem 3 : 2; 6 : 4; 44 : 1;
  54 : 2 Eph 8 : 1
  ἔριν 1 Clem 5 : 5; 9 : 1; 14 : 2
  ἔρεις 1 Clem 46 : 5
  ἔρεις 1 Clem 35 : 5
ἐριστικός Did 3 : 2
Ἑρμᾶς H Vis 1 : 2 : 4
  Ἑρμᾶ H Vis 1 : 1 : 4; 2 : 2, 3;
  4 : 3; 2 : 2 : 2; 3 : 1[2]; 3 : 1 : 6,
  9; 8 : 11; 4 : 1 : 4, 7
ἑρμηνείαις Pap 2 : 3
ἑρμηνευτής Pap 2 : 15
ἑρμηνεύῃ Philad 6 : 1
  ἡρμήνευσε Pap 2 : 16
ἑρπετά H Sim 9 : 1 : 9; 26 : 1
ἐρυθράν 1 Clem 51 : 5
ἔρχομαι 2 Clem 17 : 4 cit H Vis
  4 : 1 : 9 H Sim 5 : 2 : 2; 9 : 10 :
  5, 6
  ἔρχεται 2 Clem 16 : 3 Philad 7 :
  1 cit Philip 2 : 1 H Vis 2 : 3 : 4;
  4 : 3 : 7 H Man 11 : 17; 12 :

94

5 : 2, 4 H Man 5 : 1 : 3; 11 : 12
H Sim 7 : 4
εὐθύτητι H Vis 3 : 5 : 3
εὐθύτητα 1 Clem 14 : 5 cit
εὐκατάλλακτον H Vis 1 : 1 : 8
εὐκλεῆ 1 Clem 7 : 2
εὐκλεῶς 1 Clem 45 : 5
εὐκόλως H Man 12 : 3 : 5 FL H Sim
7 : 6 L
εὐκόπως H Man 12 : 3 : 5
εὐκοπώτερον H Man 12 : 4 : 5
εὐκταίαν 1 Clem 65 : 1
εὐλαβείας Philip 6 : 3
εὐλαβεστέρους Mar 2 : 1
εὐλαβοῦνται 1 Clem 44 : 5
εὔλαλος 1 Clem 30 : 4 cit
εὐλογῶ Mar 14 : 2, 3
εὐλογεῖ Mar 19 : 2
εὐλογοῦσιν Diog 5 : 15
εὐλογοῦσαν 1 Clem 15 : 3 cit
εὐλογεῖτε Did 1 : 3
εὐλογοῦντας 1 Clem 10 : 3 cit
εὐλογήσω 1 Clem 10 : 3² cit
εὐλογηθήσεται Bar 13 : 5 cit
εὐλογηθήσονται 1 Clem 10 : 3 cit
εὐλόγησεν Bar 13 : 5 cit
ηὐλόγησεν 1 Clem 33 : 6 H Vis
1 : 3 : 4
εὐλογήσω Bar 13 : 4 cit
ηὐλογήθη 1 Clem 31 : 2
εὐλογηθῇ Bar 13 : 5
εὐλογημένος 1 Clem 10 : 3 cit;
30 : 5 cit
εὐλογημένου Eph 2 : 1
εὐλογημένη Eph Int Mag Int
ηὐλογημένοις 1 Clem 30 : 8
εὐλογητός Bar 6 : 10 Eph 1 : 3
εὐλογητοῦ Mar 14 : 1
εὐλογίας 1 Clem 31 : 1
εὐλογία 1 Clem 31 : 1
εὔλογον Smyr 9 : 1
εὔλογον Mag 7 : 1
εὐμόρφων H Sim 9 : 13 : 8
εὔνοια Rom 4 : 1
εὐνοίας Mar 17 : 3
εὔνοιαν Tral 1 : 2
εὐοδοῦνται H Sim 6 : 3 : 6

εὐοδοῦσθαι H Sim 6 : 3 : 5
εὐοικονόμητος Rom 1 : 2
Εὔπλῳ Eph 2 : 1
εὐποιΐαν Pol 7 : 3
εὐπραγήσαντες 2 Clem 17 : 7
εὐπρέπειαν H Vis 1 : 3 : 4
εὐπρεπέστατος H Sim 5 : 2 : 4; 9 :
10 : 3
εὐπρεπέστατον H Sim 9 : 1 : 10
εὐπρεπέσταται H Sim 2 : 1
εὐπρεπέστερος H Sim 5 : 2 : 4
εὐπρεπέστερον Diog 2 : 2
εὐπρεπῇ H Sim 9 : 9 : 7
εὐπρεπῶς H Sim 5 : 2 : 5; 9 : 2 : 4
εὐπρόσδεκτος H Sim 5 : 3 : 8
εὐπρόσδεκτον H Man 10 : 3 : 1
εὐπρόσδεκτοι 1 Clem 40 : 4
εὐπρόσδεκτα 1 Clem 40 : 3
εὐπρόσδεκτα 1 Clem 35 : 5
εὕρημα Diog 7 : 1
εὑρίσκω Bar 9 : 5; 16 : 7
εὑρίσκεις H Vis 3 : 3 : 5
εὑρίσκουσιν 1 Clem 25 : 5
ηὕρισκον H Vis 2 : 1 : 4
εὑρίσκοντες Bar 7 : 8
εὑρίσκεται H Man 5 : 1 : 5; 8 : 10
εὑρίσκονται H Man 11 : 15
εὑρισκόμενος H Man 5 : 2 : 8
εὑρήσεις H Man 11 : 15; 12 : 3 : 3
H Sim 1 : 9
εὑρήσομεν 2 Clem 6 : 7
εὑρήσετε 1 Clem 45 : 3
εὑρήσουσιν 1 Clem 57 : 5 cit
εὑρεθήσομαι H Sim 8 : 2 : 7
εὑρεθησόμεθα Tral 2 : 2
εὑρεθήσονται H Sim 4 : 4; 9 :
7 : 5
εὑρέθη 1 Clem 9 : 3; 10 : 1;
16 : 10 cit; 43 : 5 Philip 8 : 1
cit H Vis 3 : 5 : 4
εὑρέθησαν H Sim 8 : 1 : 18; 4 : 4;
5 : 2, 6²; 6 : 4; 9 : 4 : 6; 6 : 7;
8 : 1, 2, 3, 4, 5² (³L), 6, 7;
30 : 2
ηὑρέθησαν Smyr 3 : 2
εὑρεθῶ Eph 11 : 2 Tral 12 : 3
Rom 3 : 2²; 4 : 1, 2

εὑρεθῇς H Sim 6 : 5 : 2; 9 : 5 : 5
εὑρεθῇ 2 Clem 7 : 4 Eph 10 : 3;
14 : 2 Pol 6 : 2 H Man 2 : 7;
3 : 1 H Sim 9 : 26 : 5
εὑρεθῶμεν 1 Clem 50 : 2 2 Clem
6 : 9 Bar 4 : 14 Eph 10 : 3 Mag
9 : 2
εὑρεθῆτε Bar 21 : 6
εὑρεθῶσιν 1 Clem 12 : 6 Pol 4 : 3
H Sim 9 : 5 : 2; 26 : 5
εὑρεθείημεν Tral 13 : 3 L
εὑρεθείητε Tral 13 : 3
εὑρεθῆναι 1 Clem 35 : 4; 50 : 2;
57 : 2 Eph 11 : 1; 12 : 2; 21 : 2
Rom 2 : 2; 5 : 2 Pol 7 : 1 Mar
22 : 1 H Sim 9 : 13 : 2
εὑρεθείς 1 Clem 9 : 3, 4 2 Clem
16 : 4 Diog 11 : 4
εὑρεθεῖσα H Sim 5 : 6 : 7
εὑρεθέντων H Sim 9 : 6 : 4
εὑρεθέντων H Man 3 : 5
εὗρον 1 Clem 14 : 5 cit; 18 : 1 cit
Philad 3 : 1
εὗρε H Sim 5 : 2 : 6
εὕρομεν 1 Clem 36 : 1
εὗρον Mar 7 : 1
εὕρω Philad 8 : 2
εὕρῃ H Man 4 : 1 : 4 H Sim 5 :
2 : 10; 9 : 7 : 6
εὑρεῖν 2 Clem 10 : 3 H Vis 3 :
7 : 1 H Sim 2 : 5
εὑρών Tral 1 : 2
εὑρόντες Mar 6 : 1
εὑρημένον Diog 5 : 3
εὐρυχώρῳ H Man 5 : 1 : 2
εὐσεβείας 1 Clem 15 : 1; 32 : 4
εὐσέβειαν 1 Clem 1 : 2; 11 : 1
2 Clem 19 : 1
εὐσεβής 2 Clem 19 : 4
εὐσεβοῦς 1 Clem 2 : 3
εὐσεβές 2 Clem 20 : 4
εὐσεβῶν 1 Clem 50 : 3
εὐσεβῶς 1 Clem 61 : 2; 62 : 1
εὐσπλαγχνίαν 1 Clem 14 : 3
εὔσπλαγχνος 1 Clem 54 : 1
εὔσπλαγχνον 1 Clem 29 : 1
εὔσπλαγχνοι Philip 5 : 2; 6 : 1

εὐσταθείας 1 Clem 65 : 1
εὐστάθειαν 1 Clem 61 : 1
εὐσταθοῦσαν H Sim 6 : 2 : 7
εὐστάθει Pol 4 : 1
εὐσταθοῦντος H Sim 7 : 3
εὐσταθοῦντας H Man 5 : 2 : 2
εὐσταθές Mar 7 : 2
εὐσυνείδητος Philad 6 : 3
εὐσυνείδητοι Mag 4 : 1
εὐτάκτως 1 Clem 37 : 2; 42 : 2
εὐταξίαν Eph 6 : 2
εὔτεκνον Smyr 13 : 2
Εὔτεκνον Smyr 13 : 2 FL
εὐφραίνεται Diog 12 : 9
εὐφραίνεσθαι Bar 10 : 11
εὐφρανθήσεται 2 Clem 19 : 4
H Man 5 : 1 : 2 H Sim 9 : 18 : 4
εὐφρανθήσεσθε Bar 1 : 8
εὐφρανθήσονται H Vis 3 : 4 : 2
εὐφράναι Bar 21 : 9 H Man 12 :
3 : 4
εὐφράνθην H Sim 9 : 11 : 8
ηὐφράνθην H Sim 5 : 7 : 1
εὐφρανθῶμεν Bar 4 : 11
εὐφράνθητι 2 Clem 2 : 1² cit
εὐφρανθήτωσαν 1 Clem 52 : 2 cit
εὐφροσύνης Bar 1 : 6; 7 : 1; 10 : 11
εὐφροσύνην 1 Clem 18 : 8 cit Bar
15 : 9
εὐχαριστῶ Philad 6 : 3; 11 : 1
εὐχαριστοῦμεν Did 9 : 2, 3; 10 :
2, 4
εὐχαριστοῦσιν Smyr 10 : 1
εὐχαρίστει H Sim 7 : 5
εὐχαριστείτω 1 Clem 38 : 2;
41 : 1 L
εὐχαριστεῖν 1 Clem 38 : 4 Did
10 : 7
εὐχαριστῶν Eph 21 : 1 H Sim
2 : 6; 5 : 1 : 1
εὐχαριστοῦντος H Vis 4 : 1 : 4
εὐχαριστοῦντες Bar 7 : 1
εὐχαριστούντων 2 Clem 18 : 1
ηὐχαρίστησα H Sim 9 : 14 : 3
εὐχαριστήσωσιν Did 10 : 3
εὐχαριστήσατε Did 9 : 1; 10 : 1;
14 : 1

εὐχαριστία Smyr 8:1
  εὐχαριστίας Smyr 7:1 Did 9:1, 5
  εὐχαριστίᾳ Philad 4:1
  εὐχαριστίαν Eph 13:1 Smyr 7:1
εὐχερές Rom 1:2
  εὐχερεῖς Bar 20:2
εὐχήν Mar 15:1
  εὐχῶν 1 Clem 41:2
  εὐχάς 1 Clem 52:3 cit Philip
    7:2 cit Did 15:4
εὔχομαι Eph 1:3; 2:1 Mag Int;
    1:2 Tral Int; 10:1; 12:3
    Rom 5:2 Philad 6:3 Smyr
    11:1; 13:2 Pol 8:3
  εὐχόμεθα Mar 22:1
  εὔχεσθαι H Sim 5:2:10
  εὔξηται H Sim 5:3:7
  εὐξάμενος Rom 1:1
εὔχρηστος H Vis 3:6:7 H Man
    5:1:6² H Sim 9:26:4
  εὔχρηστον H Vis 4:3:4 H Man
    5:1:5
  εὔχρηστοι H Vis 3:5:5; 6:1,
    6³, 7 H Sim 9:15:6
  εὔχρηστα 1 Clem 37:5
εὐψύχει H Vis 1:3:2
  εὐωδίας Bar 2:10 cit Mar 15:2
εὐωνύμων H Vis 3:2:4
  εὐώνυμα H Sim 9:12:8
Ἐφέσιοι Mag 15:1
  Ἐφεσίων Eph 8:1; 11:2 Tral
    13:1 Rom 10:1 Philad 11:2
  Ἐφεσίοις Smyr 12:1
  Ἐφέσῳ Eph Int
Ἔφηβον 1 Clem 65:1
ἐφηδόμενος Diog 9:1
ἐπεστάθη H Vis 3:1:6
  ἐπισταθέντων 1 Clem 12:4
  ἐπέστησαν Mar 6:1
  ἐφεστῶτες H Sim 9:6:2
ἐφοδίοις 1 Clem 2:1
ἐπεῖδεν 1 Clem 4:2 cit
Ἐφραΐμ Bar 13:5, 5 cit
ἐχθές 1 Clem 4:10 cit
ἔχθρας Diog 5:17
ἐχθρόν Did 1:3

ἐχθροί 1 Clem 36:6 2 Clem
    6:3
  ἐχθρῶν Bar 16:4² Did 1:3
  ἐχθρούς 1 Clem 36:5 cit 2 Clem
    13:4 cit Bar 12:10 cit
ἔχω Eph 3:1 Tral 3:2 Mar 11:1
    H Vis 2:4:2; 4:1:4 H Sim
    5:1:1; 4:5; 9:9:2; 10:5;
    14:4; 16:7
  ἔχεις Bar 9:8; 12:1, 7 Pol 1:3
    H Vis 3:11:4 H Man 6:2:6;
    11:16; 12:3:2 H Sim 5:3:4;
    6:8; 9:13:9; 16:7
  ἔχει 1 Clem 23:1; 49:5 2 Clem
    10:4²; 15:5² Bar 10:1 cit, 6
    Diog 2:9; 10:6 Eph 5:2
  * Mag 5:1, 2 Philad 6:3; 9:2
    Smyr 4:1; 9:1 Pol 7:3 H Vis
    1:1:8; 2:2:5; 3:4:1; 8:6,
    9; 13:3 H Man 4:3:2, 6;
    5:1:5; 6:1:1, 2, 3; 7:2;
    9:11; 10:3:2, 3(²L); 11:21
    FL; 12:4:7² H Sim 2:5⁴;
    5:5:4; 6:2:4²; 4:4; 5:3²;
    8:3:5; 6:6; 9:10:4; 12:5²;
    18:1, 4; 28:3, 8 Did 11:11;
    12:4
  ἔχομεν 1 Clem 46:6 2 Clem
    8:2; 9:7; 15:2; 16:1; 17:1
    Bar 4:9 Mag 5:2 Tral 9:2
    Smyr 9:1 Philip 4:1 cit
  ἔχετε Bar 10:10; 21:2 Mag
    12:1 Rom 2:1 Philad 10:1
    Smyr 4:1 Pol 7:2 H Vis
    4:3:6 H Sim 9:23:5; 28:7
    Did 15:3, 4
  ἔχουσι Diog 1:1 Philad 2:2
    H Man 4:3:3; 10:1:6 H Sim
    8:8:3; 9:15:2
  ἔχουσιν 1 Clem 41:3; 50:3
    Diog 5:17 H Vis 1:1:9;
    3:2:1; 3:2; 5:5²; 6:1, 3,
    4; 7:5²; 8:6 H Man 4:3:3;
    10:3:3; 11:21 H Sim 5:3:4;
    8:6:5; 7:3; 8:2; 9:19:2;
    26:8²
  εἶχον H Vis 1:1:2

ἐσχήκεισαν H Sim 9:15:6
ἐσχηκότες H Sim 8:4:4; 5:5;
9:16:5
ἕως 1 Clem 5:2; 8:3 cit; 10:4 cit;
11:2; 20:7 cit; 25:3; 36:5
cit; 39:5 cit; 50:3, 4 cit; 63:3
2 Clem 8:2²; 16:1 Bar 12:10
cit; 14:8 cit; 21:8 Smyr 11:2
Philip 1:2 H Vis 2:2:5;
3:3; 3:6:5; 9:5; 4:2:1
H Sim 5:2:2; 8:1:4 L; 9:
10:5, 6; 11:1, 2, 7; 24:4;
27:3 Did 11:6; 14:2; 15:3

ζῶ 1 Clem 8:2 cit
ζῇ 1 Clem 25:2; 58:2² Bar
10:6 H Sim 8:8:1
ζῶμεν Mag 8:1
ζῆτε Eph 6:2; 8:1
ζῶσι H Sim 9:21:2
ζῶσιν Diog 5:8 Mar 14:1 H Sim
8:7:1; 9:21:2², 4
ζῆθι H Sim 8:11:4 L
ζῆν 1 Clem 59:3 Diog 10:7;
12:6 Eph 3:2; 11:1; 17:1;
20:2 Mag 1:2; 5:2; 10:1
Tral 9:2 Rom 8:1 Smyr 4:1
H Sim 8:2:9; 8:5 FL; 9:
14:3
ζῶν Rom 7:2
ζῶσα 2 Clem 14:2
ζῶν Rom 7:2
ζῶντος 2 Clem 20:2 Philad 1:2
H Vis 2:3:2; 3:7:2 H Sim
6:2:2
ζώσης Pap 2:4
ζῶντι Did 7:1
ζῶντα Mar 5:2; 12:3²
ζῶν Did 7:2
ζῶντες 1 Clem 51:4 2 Clem 3:1
* Tral 2:1 Philad 3:2 H Sim
9:16:4, 6³
ζῶντα H Sim 3:3
ζώντων 1 Clem 53:4 cit 2 Clem
1:1 Philip 2:1 H Sim 2:9
ζῶντας 1 Clem 4:12 Bar 7:2

ζήσομεν Bar 6:17
ζήσομαι H Man 4:2:3
ζήσῃ H Man 1:2; 4:2:4; 4:3;
6:2:10²; 7:4; 8:6, 11, 12²;
9:12; 10:3:4; 12:3:1 H Sim
5:1:5; 7:2, 4; 8:11:4
ζήσεται Bar 6:3 cit; 11:10 cit,
11 cit, 11 H Man 2:6; 3:5;
4:2:4; 3:6; 12:3:1 Did 12:4
ζήσεσθε H Man 12:6:3 H Sim
6:1:4; 9:29:3
ζήσονται Bar 8:5 H Man 7:4,
5; 8:12²; 9:12; 10:3:4;
12:6:5 H Sim 8:2:7, 9;
11:1, 3, 4; 9:20:4; 22:4;
23:3
ἔζησα H Man 3:3 FL
ἔζησαν Mag 8:2
ζήσῃ H Sim 8:2:7
ζήσωμεν 2 Clem 10:1 Philip 8:1
ζήσητε H Man 12:2:2 H Sim
9:28:8
ζήσαι Bar 9:2 cit Mag 9:2 Rom
6:2 H Vis 3:8:5 H Man
3:3; 8:4 H Sim 6:2:4; 8:
2:6², 7; 9:21:4; 26:2, 5
ζῆλος 1 Clem 3:2; 4:7, 9, 10, 12;
6:3, 4; 39:7 cit Tral 4:2
ζήλους 1 Clem 14:1; 63:2
ζῆλος 1 Clem 4:8, 11, 13; 6:
1, 2; 9:1
ζήλου 1 Clem 43:2
ζῆλον 1 Clem 3:4; 5:2, 4, 5;
45:4 H Sim 8:7:4²
ζηλοτυπία Did 5:1
ζηλοῦν 2 Clem 4:3
ζηλῶσαι Rom 5:3
ζηλωτής Did 3:2
ζηλωταί 1 Clem 45:1 Philip 6:3
ζημίαις H Sim 6:3:4
ζημιωθῇ 2 Clem 6:2 cit
ζητῶ Diog 11:1 Rom 6:1
ζητεῖς H Sim 2:1
ζητεῖ Bar 21:6 H Man 5:1:3;
2:6
ζητεῖτε 1 Clem 12:4
ζητῶμεν Bar 14:1

ζήτει Pol 4:2
ζητεῖν 1 Clem 48:6 Bar 2:9
ζητοῦντες Mar 6:1 Did 16:2
ζητούντων Mar 6:1
ζητείσθω Mar 3:1
ζητήσουσιν 1 Clem 57:5 cit
ζητήσωμεν Bar 11:1; 16:6
ζήτησον 1 Clem 22:5 cit
ζητήσας Mar Ep 4
ζυγοῦ Bar 2:6
ζυγόν 1 Clem 16:17 Did 6:2
ζύμην Mag 10:2²
ζωή 1 Clem 16:8 cit; 17:4 cit;
  35:2 Diog 12:4, 7 Eph 7:2;
  18:1 Mag9:1 Pol2:3 H Vis
  3:3:5 H Man 7:5² H Sim
  6:2:3 L; 8:6:4; 7:6²
ζωῆς 1 Clem 20:10 2 Clem
  5:5; 14:1 Bar 1:4, 6; 2:10;
  4:9 F; 11:2 cit Diog 9:1,6;
  12:2, 3, 4, 6 Eph 14:1; 19:3
  Mar 14:2 H Vis 1:3:2; 2:
  2:8; 3:12:2; 4:2:5; 5:2
  H Man 11:7,16; 12:3:2; 6:2
  H Sim 5:6:3; 6:2:3; 3:6;
  9:16:2; 26:2; 29:2 Did
  1:1, 2; 4:14; 9:3; 16:1
ζωῇ H Vis 3:6:7; 8:4 H Man
  3:3; 8:4, 9² H Sim 2:6;
  4:4; 5:1:5
ζωήν 1 Clem 22:2 cit; 48:2
  2 Clem 8:4, 6; 14:5; 17:3;
  19:1; 20:5 Diog 9:6; 12:3,
  5, 6 H Vis 1:1:9; 2:2:7;
  3:2; 3:8:4; 9:9; 4:3:5
  H Man 2:1; 3:5; 11:16;
  12:6:2² H Sim 6:5:4, 7;
  8:6:6²; 7:5; 8:2, 3, 5; 9:
  14:3; 16:3; 21:4; 26:2;
  28:6 Did 10:3
ζώνην Mar 13:2
ζωοποιεῖται Bar 6:17
  ζωοποιοῦνται Diog 5:12
  ζωοποιούμενοι Bar 6:17 Diog
    5:16
  ζωοποιήσει Bar 12:5
  ζωοποιήσῃ Bar 7:2

ζωοποιῆσαι Bar 12:7
  ἐζωοποιήθην H Man 4:3:7
  ἐζωοποιήθησαν H Sim 9:16:7
  ζωοποιηθῶσιν H Sim 9:16:2
ζῶον Bar 10:7, 8
  ζώου 1 Clem 25:3
  ζώων 1 Clem 20:10
  ζώοις 1 Clem 20:4
  ζῶα 1 Clem 9:4; 33:3²
Ζωσίμῳ Philip 9:1
Ζωτίωνος Mag 2:1

H Bar 9:8
ἤ 1 Clem 2:1²; 4:10cit; 13:1cit,
  4cit; 14:1; 21:5; 27:5cit;
  28:4; 30:4cit; 32:3², 4³;
  39:2, 3cit, 4cit, 7cit; 40:2;
  41:2³; 44:3; 45:7; 46:6,
  8²cit; 47:6; 51:2², 3; 53:3
  cit, 4cit, 5; 56:15cit; 57:2,
  4cit 2 Clem 1:3, 5; 2:1cit,
  3cit; 3:1; 6:9; 8:2, 3; 10:
  3; 17:7 Bar 2:8cit; 6:1cit,
  18²; 10:12; 11:7cit; 13:1²,
  3; 16:2²cit; 17:2; 19:5², 7,
  10² Pap 2:4⁷, 15³ Diog 1:1;
  2:1, 3; 7:2⁴; 8:2; 9:3, 4;
  10:3 Eph 11:1²; 15:1 Rom
  1:1 L; 6:1 Philad 6:1, 3;
  Smyr 5:1; 6:2²; 8:1 Philip
  2:2cit, 2²; 6:1² Mar 5:1;
  13:1; 15:2² H Vis 1:1:7,
  8; 2:1²; 3:4:3; 10:4 H Man
  2:4, 6; 4:1:1²; 2:2; 3:3²;
  4:1, 3; 5:2:2⁷; 6:2:5, 7,
  8; 9:7; 11:15, 18, 20; 12:
  2:1 H Sim 1:4²; 3:3; 5:3:
  7²; 4:5; 6:2; 8:7:6; 9:
  23:4; 28:4, 7 Did 4:4, 9,
  10; 7:4; 11:12; 12:2; 13:6
ἤ H Sim 9:17:5 F
ἡγεμονίας Mag 11:1
  ἡγεμονίαν 1 Clem 61:1
ἡγεμονικῷ 1 Clem 18:12 cit
ἡγοῦμαι Diog 2:10 Mar 10:2
  ἡγοῦνται Diog 2:6

ἡγοῖντ᾽ Diog 3:3
ἡγείσθω. Smyr 8:1
ἡγεῖσθαι 2 Clem 5:6 Diog 9:6
ἡγουμένου Mar 9:3
ἡγούμενοι 1 Clem 32:2; 51:5;
   55:1
ἡγουμένων 1 Clem 5:7; 37:3
ἡγουμένοις 1 Clem 1:3; 37:2;
   61:1; 63:1
ἡγήσω H Vis 3:3:4
* ἡγήσατο H Vis 2:1:2; 4:1:3
   H Man 4:2:1 H Sim 7:5;
   9:28:5
ἡγήσαιτο Diog 4:5
ἡδέως 1 Clem 31:3 Tral 6:2 H Man
   2:2 H Sim 6:5:5; 8:10:3²,
   4; 9:14:6; 27:2
ἤδη 1 Clem 25:2 2 Clem 2:7;
   13:1; 16:3; 17:1 Bar 4:6,
   10; 10:5; 14:5 Diog 2:2;
   9:1 Eph 5:3 Tral 5:2 Smyr
   11:3 Mar 2:3; 22:3; Ep 4
   H Vis 1:2:4; 2:4:2; 3:1:9;
   5:2; 8:9; 11:2; 12:2² H Man
   12:3:5, 6 H Sim 8:3:5; 9:
   14:3; 16:5; 21:4; 27:3
ἥδιον 1 Clem 2:1; 62:3
ἥδομαι Rom 7:3
ἡδονή H Man 12:5:3
ἡδονῇ Tral 6:2 Philad 2:2 H Sim
   6:5:7
ἡδονήν 2 Clem 15:5 H Man
   10:3:3
ἡδοναῖς Diog 6:5²; 9:1 Rom
   7:3 H Sim 8:8:5; 9:4
ἡδυπαθείαις 2 Clem 16:2
ἡδυπαθείας 2 Clem 17:7
ἡδυτέρα H Sim 8:9:1
ἦθος 1 Clem 1:2; 21:7
ἥκει 1 Clem 16:9 cit
ἥξω H Vis 3:1:3
ἥξεις 1 Clem 20:7 cit
ἥξει 1 Clem 23:5² cit 2 Clem
   12:2 Did 16:5, 7
ἥξῃ Bar 4:3
ἥκασιν 1 Clem 12:2
Ἡλίαν 1 Clem 17:1

ἡλικίᾳ Mag 3:1
ἡλικίαν Mar 3:1; 7:2; 9:2
ἡλίκης 2 Clem 10:4
ἥλιος 1 Clem 20:3 Diog 7:2 H Vis
   4:1:6 H Sim 9:1:6; 17:4
ἡλίου 1 Clem 25:4 2 Clem 14:1
   H Sim 9:21:1
ἡλίῳ Eph 19:2
ἥλιον Bar 5:10; 15:5 H Sim
   9:2:2; 21:3
Ἡλιούπολιν 1 Clem 25:3
ἥλων Mar 13:3
ἡμέρα 1 Clem 20:2; 24:3³; 27:
   7 cit 2 Clem 16:3 Bar 6:4 cit;
   15:4, 4 cit; 21:3 H Sim 6:
   4:4
ἡμέρας 1 Clem 2:4; 11:2;
   17:4 cit; 25:4; 50:3, 4 cit
   2 Clem 11:2 cit Bar 15:8;
   19:10 Diog 7:2 Rom 5:1
   Mar 14:2 H Vis 2:2:4, 5²
   H Man 4:4:3 H Sim 5:3:7
   Did 4:1; 8:3
ἡμέρᾳ 1 Clem 27:7 cit; 52:3
   cit Bar 7:9; 15:3 cit, 5 cit,
   5; 21:6 Diog 4:3 Mar Ep 3
   H Sim 5:3:7; 9:5:1
ἡμέραν 2 Clem 11:2 cit; 12:1;
   17:4, 6 Bar 12:4 cit; 14:9
   cit; 15:6, 9; 19:10² Diog
   6:9 Mar 5:1; 10:1; 18:2
   H Vis 3:2:2; 10:7; 12:2
   H Sim 6:4:4²; 5:3² Did 4:2;
   11:5
ἡμέραι Bar 8:6 H Vis 2:2:5
ἡμερῶν 2 Clem 14:2 Bar 2:1;
   12:9 cit; 16:5 cit Diog 4:5
   Mar 5:2 H Man 4:3:4 H Sim
   6:4:4; 9:12:3
ἡμέραις Bar 4:9; 15:3 cit, 4 cit,
   4 Diog 2:7 H Vis 2:2:8
   H Sim 9:20:4 Did 16:3
ἡμέρας 1 Clem 4:1 cit; 22:2
   cit; 53:2 Bar 4:3, 7 cit; 14:
   2 cit H Vis 2:2:1; 3:7:6;
   8:11; 4:1:1; 2:5; 5:2;
   H Man 12:3:2; 6:2 H Sim

5 : 2 : 9; **6** : 3 : 6; 4 : 4; **7** : 1;
8 : 2 : 9; 4 : 1; 11 : 5; **9** : 5 : 5,
6; 7 : 6, 7; 26 : 6; 29 : 2 Did
12 : 2
ἥμεροι Eph 10 : 2
ἥμερα H Vis **1** : 3 : 3
ἡμεροῦται H Man **12** : 1 : 2
ἡμερώτερον H Man **12** : 4 : 5
ἡμέτερος H Sim **9** : 11 : 3
    ἡμετέρα Diog 9 : 2
    ἡμετέρας 1 Clem 32 : 4 Diog 9:6
    ἡμέτερον H Sim **9** : 24 : 4
    ἡμετέραν 1 Clem 7 : 4; 33 : 5 cit
        Bar 5 : 5 cit
    ἡμέτερα Smyr 5 : 1
    ἡμετέρων Mar 9 : 1; 12 : 2
    ἡμετέρων Bar 7 : 3
    ἡμετέρας Diog 9 : 2
ἡμίξηροι H Sim **8** : 4 : 6; 5 : 2; 7 : 1
    ἡμιξήρους H Sim **8** : 1 : 8, 9; 4 : 6;
        5 : 3, 4²; 7 : 1, 2; **9** : 1 : 6
ἥμισυ H Sim **8** : 8 : 1²
    ἥμισυ H Sim **8** : 1 : 11²; 5 : 2²;
        8 : 1²
    ἡμίσεις H Sim **9** : 8 : 5²
ἡνίκα 1 Clem 57 : 4 cit
ἠπίως 1 Clem 23 : 1
Ἡρώδου Smyr 1 : 2
    Ἡρώδῃ Mar 6 : 2
    Ἡρώδης Mar 6 : 2 FL; 8 : 2
    Ἡρώδου Mar 17 : 2; 21 : 1
Ἡσαΐας Bar 12 : 11
    Ἡσαΐα 2 Clem 3 : 5
Ἡσαῦ 1 Clem 4 : 8
ἥττονι 1 Clem 55 : 6
    ἥττονα 1 Clem 47 : 4
    ἡσσόνων 1 Clem 39 : 9 cit
ἡσυχάσει 1 Clem 57 : 7 cit
    ἡσύχασον 1 Clem 4 : 5 cit
    ἡσυχάσαντες 1 Clem 63 : 1
ἡσυχίας Eph 15 : 2 H Man **5** : 2 : 6
    ἡσυχία Eph 19 : 1
ἡσύχιος Bar 19 : 4 H Man **5** : 2 : 3;
    6 : 2 : 3; **11** : 8 Did 3 : 8
    ἡσύχιον 1 Clem 13 : 4 cit H Man
        8 : 10
ἡσύχως 1 Clem 44 : 3

ἦτα Bar 9 : 8 F
ἦχος H Vis **4** : 1 : 4
ἠχώ Rom 2 : 1

θάλασσα Diog 7 : 2
    θαλάσσης 1 Clem 20 : 6 Bar 4:5
        cit F; 6 : 12 cit Rom 5 : 1
    θαλάσσῃ Diog 7 : 2
    θάλασσαν 1 Clem 10 : 4 cit; 33:3;
        46 : 8 cit; 51 : 5 Diog 7 : 2
    θαλάσσας H Vis **1** : 3 : 4
ἔθαλλον H Sim **9** : 1 : 8
θανάσιμον Tral 6 : 2
    θανάσιμα H Sim **9** : 1 : 9 FL
θανατηφόρον Tral 11 : 1
θάνατος 1 Clem 3 : 4 cit; 9 : 3;
    51 : 4 cit 2 Clem 1 : 6 Diog 9:2
    Eph 19 : 1 Mag 5 : 1 Philad
    8 : 2 H Sim **6** : 2 : 3, 4; **8** : 7 : 6;
    9 : 4; **9** : 19 : 1, 2
    θανάτου 1 Clem 4 : 9; 5 : 2; 16 :
        10 cit; 56 : 9 cit 2 Clem 16 : 4
        Bar 11 : 2 cit; 12 : 5; 19 : 2, 7 F,
        8; 20 : 1 Diog 1 : 1; 10 : 7 Eph
        19 : 3 Mag 9 : 1 Smyr 3 : 2;
        5 : 1 Philip 1 : 2 Did 1 : 1;
        2 : 4; 5 : 1
    θανάτῳ 1 Clem 56 : 3 cit Bar
        5 : 11; 7 : 3 cit; 10 : 5; 14 : 5;
        16 : 9 Eph 7 : 2 Smyr 4 : 2
        H Sim **8** : 7 : 3; 11 : 3
    θάνατον 1 Clem 8 : 2 cit; 9 : 1;
        16 : 9 cit, 13 cit; 41 : 3; 55 : 1
        Bar 5 : 6; 12 : 2 Diog 10 : 7
        Tral 2 : 1 Smyr 3 : 2 H Vis **1** :
        1 : 8; **2** : 3 : 1 H Man **4** : 1 : 2;
        12 : 1 : 2, 3 H Sim **6** : 2 : 2, 3;
        5 : 4, 7; **8** : 6 : 6; **8** : 5; **11** : 3 L;
        9 : 18 : 2; 23 : 5; 26 : 6
θανατοῖ 1 Clem 39 : 7 cit H Man
    12 : 1 : 3
θανατοῦσαι H Man **12** : 2 : 2
θανατοῦνται Diog 5 : 12
ἐθανατοῦντο Bar 12 : 2
θανατώσουσιν H Sim **9** : 20 : 4
θανατωθῶσιν 1 Clem 12 : 2

θέλητε 1 Clem 8:4² cit
θέλωσιν H Man 5:2:8
θέλε Did 3:4
θέλειν Diog 10:7 Mar 1:2
θέλων 1 Clem 22:2 cit Bar 2:9;
4:9; 9:2 cit; 13:5; 19:1
H Vis 3:3:1 Did 13:1
θέλοντος Diog 10:4 H Vis 3:1:9
θέλοντα Rom 6:2
θέλοντες Bar 7:11 H Vis 3:
5:5; 7:3 H Sim 9:22:1
θελόντων H Vis 3:2:9
θέλουσιν 1 Clem 62:1 Philad
10:2 Smyr 11:3
θελήσετε H Vis 3:9:5
ἠθέλησας 1 Clem 18:16 cit
ἠθέλησεν 1 Clem 36:2 2 Clem
1:8; 2:7 Bar 5:13; 10:12
ἠθελήσατε Rom 8:3
ἠθέλησαν Philad 7:1
θελήσω H Sim 9:9:2
θελήσῃς H Vis 3:3:3 H Man
11:15 H Sim 1:5; 9:12:5
Did 1:2
θελήσῃ Rom 5:2 H Man 4:
1:7; 11:8
θελήσητε Rom 6:2; 8:1 H Vis
4:3:6
θελήσατε Rom 8:1
θελήσαντος Mag 3:2 Rom Int
θεληθῆτε Rom 8:1
θέμα Pol 2:3
θεμέλιον H Sim 9:4:2; 14:6
θεμέλια H Sim 9:21:2
θεμελίοις H Sim 9:4:3
θεμέλια Bar 6:2 cit H Sim 9:
5:4; 15:4
θεμέλιος H Sim 9:4:2 FL; 14:6 FL
θεμέλιον 1 Clem 33:3
θεμελιώσει H Vis 1:3:2
θεμελιώσας H Vis 1:3:4
τεθεμελίωται H Vis 3:3:5
τεθεμελιωμένος H Vis 4:1:4
τεθεμελιωμένοι H Vis 3:13:4
τεθεμελιωμένα H Vis 3:4:3
θεμιτόν 1 Clem 63:1 Diog 6:10
θεοδίδακτοι Bar 21:6

θεοδρόμος Pol 7:2
θεοδρόμους Philad 2:2
θεομακαρίστου Smyr 1:2 FL
θεομακαριστότατε Pol 7:2
θεομακαρίτου Smyr 1:2
θεοπρεπεστάτου Mag 1:2
θεοπρεπεστάτῃ Smyr Int
θεοπρεπέστατον Pol 7:2
θεοπρεπεστάτοις Smyr 11:1
θεοπρεπῆ Mar 7:2
θεοπρεπές Smyr 12:2
θεοπρεσβευτήν Smyr 11:2
θεοπρεσβύτην Smyr 11:2 FL
θεός 1 Clem 4:2 cit, 4 cit; 10:4,
6 cit; 12:5; 17:5; 18:1, 2 cit,
10 cit, 14² cit, 17 cit; 30:2 cit,
6; 32:4; 33:5, 5 cit; 35:7
cit; 43:4; 50:2; 53:2; 58:2;
59:4; 64 2 Clem 13:4; 14:
2 cit; 20:4 Bar 3:5 cit; 5:5,
12; 6:8 cit; 9:2 cit, 5 cit;
11:4 cit; 14:7 cit, 8 cit; 15:
3 cit, 6; 16:8; 21:5 Diog
6:10; 7:2; 8:1, 7; 9:2;
10:2, 6, 7; 12:1, 3 Eph 5:
3 cit; 7:2; 14:1; 15:3; 18:2
Mag 8:2 Rom 2:2; 3:3 Phi-
lad 8:1 Smyr 9:2; 11:3 Pol
6:1, 2 Philip 1:2 cit; 2:1;
5:1 cit Mar 14:1², 2 H Vis
1:1:6; 3:1, 4 H Man 1:1;
2:4²; 3:1; 9:3; 11:8 H Sim
5:1:4; 6:2, 5; 7:5 L; 9:
23:4; 28:5
θεοῦ 1 Clem Int⁴; 1:1, 3; 2:1 L;
3:4; 4:12; 7:7; 8:1; 10:1,
2; 11:2; 16:2; 17:2²; 21:6;
27:7 cit; 29:2 cit; 30:3, 8²;
32:2²; 35:1, 11 cit, 12 cit;
42:1, 2², 3², 4; 43:1, 2, 6F;
45:8; 46:4; 49:2, 5, 6; 50:
3 (²L), 5, 7; 51:3, 5; 53:1;
54:4; 55:3; 56:1, 2; 58:2;
62:3; 65:2 2 Clem 1:1; 2:3;
6:9; 9:3, 6; 11:1, 7; 12:1²,
13:3; 14:1; 19:1; 20:1, 2
Bar 1:2; 3:4 cit; 4:9, 11;

5:9, 11; 7:2², 9; 10:2; 12:
9 cit, 10; 16:1, 6, 6 cit; 18:1;
19:4, 5, 6, 7; 20:1, 2²; 21:1
Diog 1:1; 4:2, 3, 4, 5; 7:9;
8:2; 9:1³, 2, 4; 10:4, 6², 7
Eph Int²; 1:1², 3; 2:1; 3:2;
4:1, 2²; 5:2; 7:1, 2; 8:1;
9:1; 10:1; 11:1; 12:2; 13:1;
16:1 cit, 2; 17:2; 18:2; 19:
1, 3; 20:2; 21:1, 2 Mag Int;
1:3; 2:1; 3:1; 5:2²; 6:1²,
2; 7:2; 10:1; 14:1²; 15:1²
Tral 1:1, 2; 2:3; 3:1; 5:2;
7:1; 11:2; 12:1, 2, 3; 13:3
Rom Int²; 1:2; 2:1²; 4:1³,
2 L; 6:2, 3; 7:1, 3; 9:2;
10:2² Philad Int²; 1:1, 2;
3:2², 3 cit; 7:1², 2; 8:1;
9:1²; 10 1², 2; 11:1 Smyr
Int²; 1:1²; 4:2²; 6:1 L,
2; 7:1; 8:1; 9:1; 10:1²;
11:1², 2; 12:1, 2; 13:2 Pol
Int; 1:3; 2:3²; 3:1; 4:1, 3²;
5:2; 6:1; 7:1, 2, 3; 8:1, 3
Philip Int²; 1:1, 3; 2:3 cit;
4:2, 3; 5:2, 3 cit; 6:1 cit, 2;
9:2 Mar Int²; 2:1; 7:1 cit,
2; 10:2; 17:3 H Vis 1:1:3;
2:4²; 3:3, 4; 2:1:3; 3:2;
3:1:5; 4:1, 2, 3; 5:1²; 7:2;
8:3, 8; 9:2; 4:3:5² H Man
3:4; 4:1:2, 8; 3:4; 5:2:1,
2; 6:2:4, 6; 7:1; 8:1, 4, 5,
6, 10; 9:1, 9; 10:1:2, 6;
2:6; 3:2; 11:1, 5, 12, 17;
12:1:2, 3; 2:1, 2, 4²; 3:1;
4:2, 3; 5:1, 2, 4 H Sim 1:
1, 7, 8, 10; 2:2, 4, 9; 5:3:
3²; 4:3; 5:2, 3, 5; 6:1; 6:
2:1, 2, 3²; 3:3; 4:2; 5:6,
7; 8:3:2²; 6:5; 8:5; 9:1,
3; 10:3²; 9:1:1; 12:1, 2,
3, 4, 5, 6, 8²; 13:2², 3, 7²,
9²; 14:1, 5³; 15:2², 3², 4²;
16:2, 3³, 4, 5², 7; 17:1, 4;
18:2, 3, 4²; 19:1, 3; 20:2³,
3; 24:2, 4; 26:3; 27:2;

28:2, 3; 29:2² Did 3:10;
4:1, 9, 11; 5:2; 6:1; 11:11;
16:4
θεῷ 1 Clem 4:1 cit; 7:4; 10:
6 cit, 7; 14:1; 18:17 cit; 21:5,
8²; 27:2; 30:6; 35:6; 38:2;
41:1; 45:7; 49:5²; 52:3 cit,
4 cit; 62:2 2 Clem 6:1; 9:7;
11:1; 15:2; 17:7²; 18:1;
20:5 Bar 2:10 cit; 4:11;
6:16 cit; 8:4; 13:7 cit; 16:7²;
19:2 Diog 1:1; 3:3; 7:4;
12:8 Eph 1:1; 5:3; 6:2;
19:3; 21:2 Mag Int; 3:1;
14:1 Tral Int; 4:1; 8:2 Rom
Int; 1:1; 2:1, 2; 4:2; 9:1
Philad 6:3; 11:1 Smyr 8:2
Pol 1:1²; 6:1; 7:3²; 8:3
Philip 2:1 cit; 5:3 Mar 2:1;
3:1; 14:1; 22:1 H Vis 3:
1:9; 6:6, 7 H Man 1:2; 2:
5, 6²; 3:5; 4:2:4; 4:3;
5:1:2; 6:2:10²; 7:4, 5²;
8:4, 6², 11, 12⁴; 9:7, 12²;
10:2:5; 3:1, 2, 4²; 12:2:2;
3:1; 6:2, 3, 5 H Sim 1:7 L;
2:5², 6, 7; 4:2; 5:1:4², 5³;
3:2, 3, 8; 6:6; 7:3, 4; 6:
1:4; 5:2; 8:6:4; 10:1; 11:
1, 3, 4²; 9:20:4; 22:4; 27:3;
28:3, 5, 6, 8; 29:3² Did
10:6

θεόν 1 Clem 2:3; 7:7; 12:7;
18:2; 21:7; 35:5; 45:6;
46:6; 55:6; 56:1; 59:3;
62:2 2 Clem 2:2, 3; 4:4;
15:3; 16:1; 17:1; 19:1 Bar
12:6 cit; 16:1; 19:7² Diog
3:2; 8:2², 3, 6; 10:5, 7 Eph
2:1; 8:1; 9:1, 2; 12:2 Mag
1:1; 3:2; 10:3; 13:1 Tral
1:2 Rom 2:2; 7:1 Philad
* 1:2; 4:1; 5:1 Smyr 9:1²;
11:3 Philip 3:3; 7:2 Mar
19:2 H Vis 1:1:9; 2:1; 2:
2:2; 3:3:4; 4:2; 4:2:4
H Man 9:5; 11:9 H Sim 2:6;

6 : 3 : 6; **8** : 11 : 2; **9** : 12 : 8;
18 : 1³, 2³; 28 : 5, 6 Did 1 : 2;
4 : 10²

θεῶν Mar 12 : 2 Did 6 : 3
θεοῖς 2 Clem 3 : 1 Diog 2 : 10
θεούς Diog 1 : 1; 2 : 1, 5, 6
θεοσέβεια Diog 6 : 4
θεοσεβείας Diog 4 : 5, 6
θεοσέβειαν 2 Clem 20 : 4 Diog 1 : 1;
3 : 3
θεοσεβεῖν Diog 3 : 1
θεοσεβής 1 Clem 17 : 3 cit
θεοσεβοῦς Mar 3 : 1
θεοστυγίαν 1 Clem 35 : 5
θεότητος H Man **10** : 1 : 4², 5², 6;
11 : 5, 10², 14
θεοφιλοῦς Mar 3 : 1
Θεοφόρος Eph Int Mag Int Tral
Int Rom Int Philad Int Smyr
Int Pol Int
θεοφόροι Eph 9 : 2
θεραπεύοντι 2 Clem 9 : 7
θεραπεύεται Pol 2 : 1
θεράπων 1 Clem 43 : 1 cit; 53 : 5
Bar 14 : 4
θεράποντος 1 Clem 51 : 5
θεράποντα 1 Clem 4 : 12; 51 : 3
θερεία H Sim **4** : 2 F
θεριζόμενος 1 Clem 56 : 15 cit
θερινοί 1 Clem 20 : 9
θερμῷ Did 7 : 2
θέρος H Sim **4** : 2
θέρει H Sim **4** : 3, 5
θέσις H Vis **3** : 13 : 3
θέωμεν 2 Clem 7 : 3
ἐθεώρεις 1 Clem 35 : 8 cit
θεωροῦντες 1 Clem 16 : 16 cit
θεωρεῖσθαι Tral 1 : 1 Mar 2 : 2
ἐθεώρησα Mag 6 : 1
θηκῶν 1 Clem 50 : 4 cit
θηλυκόν 2 Clem 12 : 5
θῆλυ 2 Clem 12 : 2 cit, 5 cit; 14 : 2
Bar 10 : 7
θηλείας 1 Clem 55 : 5 2 Clem
12 : 2 cit, 5 cit
θῆλυ 1 Clem 33 : 5 cit 2 Clem
14 : 2 cit

θημωνιά 1 Clem 56 : 15 cit
θῆρες 1 Clem 56 : 12 cit
θηρσίν 1 Clem 20 : 4
θηριομαχῶ Rom 5 : 1
ἐθηριομάχησεν Mar 3 : 1
θηριομαχῆσαι Eph 1 : 2 Tral 10 : 1
θηρίον H Vis **4** : 1 : 6, 8, 10; 2 : 3,
5; 3 : 1, 7
θηρίον Bar 4 : 5 cit Mar 3 : 1
H Vis **4** : 1 : 6, 8; 2 : 1, 4
θηρία H Sim **9** : 26 : 7²
θηρίων 1 Clem 56 : 11 cit Bar
6 : 12 cit, 18 Rom 4 : 1²; 5 : 2, 3
Smyr 4 : 1, 2 Mar 11 : 2 H Vis
4 : 2 : 4
θηρίοις Diog 7 : 7
θηρία Bar 4 : 5 cit Eph 7 : 1 Rom
4 : 2 Smyr 4 : 2 Mar 2 : 4;
11 : 1 H Vis **3** : 2 : 1 H Sim
9 : 1 : 9 FL; 26 : 1
θησαυρούς Bar 11 : 4 cit
τεθλακότες H Sim **8** : 6 : 3
θλίβει H Sim **7** : 1
θλῖβε H Man **10** : 2 : 5
θλίβειν H Man **8** : 10
θλίβονται H Sim **8** : 10 : 4 L
θλιβομένου Smyr 6 : 2 H Sim **7** : 3
θλιβόμενον Bar 20 : 2 Did 5 : 2
θλιβόμενοι H Man **2** : 5 H Sim
8 : 10 : 4
θλιβομένας H Sim **1** : 8
θλιβήσῃ H Sim **7** : 6
θλιβήσονται H Sim **7** : 3
θλίψῃ H Sim **7** : 6
θλιβῆς H Sim **7** : 3
θλιβῶσι H Sim **6** : 3 : 6
θλιβῆναι H Sim **7** : 1, 2, 3, 4, 5²
θλιβέντα Bar 7 : 11
θλιβέντες Bar 7 : 11 Philad 6 : 2
H Sim **8** : 3 : 7
θλίψις 1 Clem 57 : 4 cit H Vis
2 : 3 : 4; **3** : 6 : 5 H Sim **7** : 7²
θλίψεως 1 Clem 52 : 3 cit H Vis
4 : 1 : 1; 2 : 5; 3 : 6
θλίψει 1 Clem 59 : 4 H Sim **6** :
3 : 6

ἰάθημεν 1 Clem 16:5 cit Bar
  5:2 cit
ἰαθῶσιν H Sim 9:28:5
ἰαθῆναι 2 Clem 9:7
ἰάσεως Bar 12:7
ἴασιν H Man 4:1:11; 12:6:2
  H Sim 5:7:3, 4; 7:4; 8:
  11:3
ἰατρός Eph 7:2
  ἰατροῦ Pap 3
  ἰατρόν Diog 9:6
Ἰγνάτιος Eph Int Mag Int Tral
  Int Rom Int Philad Int Smyr
  Int Pol Int Philip 13:1
  Ἰγνατίου Philip 13:2
  Ἰγνατίῳ Philip 9:1
ἰδέα H Vis 5:4 H Sim 6:1:6;
  9:17:2
  ἰδέᾳ H Vis 1:2:3 H Sim 6:2:
  5; 9:3:1
  ἰδέαν H Sim 9:1:4
  ἰδέαι H Sim 9:17:1
ἴδιος 1 Clem 40:5
  ἴδιον Smyr 11:2
  ἰδίας Diog 4:6; 10:2
  ἰδίου 1 Clem 33:3
* ἰδίᾳ H Vis 1:3:4 H Sim 6:5:5
  ἰδίῳ 1 Clem 37:3; 41:1 Pap 3
  Philip 8:1 cit
  ἴδιον 1 Clem 20:10 Diog 9:2
  Mag 5:1 cit, 2 Mar 6:2; 17:3
  H Sim 9:4:7; 5:4; 12:4;
  28:4
  ἰδίαν Eph 6:1 Smyr 7:2 H Sim
  1:2, 11; 8:3:5
  ἴδιοι 1 Clem 46:7 Philad Int
  Smyr 11:2 H Sim 8:5:1,
  3, 4, 6
  ἴδιαι 1 Clem 40:5[2]
  ἰδίων Mar 20:1
  ἰδίων 1 Clem 55:1
  ἰδίων Diog 9:1 H Man 2:4
  Did 1:5
  ἰδίοις 1 Clem 20:4 Diog 5:10; 7:2
  ἰδίους Bar 5:9
  ἰδίας Diog 5:2, 5 Philip 7:1
  H Sim 8:4:3

ἴδια 1 Clem 2:6 Bar 19:8 H Sim
  8:4:6; 11:2 Did 4:8
ἰδίως Bar 4:6
ἰδιωτικάς H Vis 2:3:1
ἰδού 1 Clem 14:5cit; 18:5 cit, 6 cit;
  23:3 cit; 29:3 cit; 34:3 cit;
  53:3 cit; 57:3 cit 2 Clem 15:
  3 cit Bar 3:3 cit, 5 cit; 5:14
  cit; 6:2 cit, 8 cit, 13 cit, 14 cit;
  9:5 cit; 13:4 cit, 7 cit; 14:8
  cit; 15:4 cit; 16:3 cit H Vis 1:
  3:4[2]; 2:3:4; 3:2:4; 4:1:
  5, 6; 2:1 H Sim 7:4; 9:6:1
ἱδρωσάτω Did 1:6
ἵδρυται Diog 11:6
ἱδρυμένου 1 Clem 44:5
ἱδρῶτος Bar 10:4
Ἰεζεκιήλ 1 Clem 17:1 2 Clem 6:8
ἱερατεύειν 1 Clem 43:4
ἱερεύς Bar 7:6 cit
  ἱερεῖς 1 Clem 25:5; 32:2 Bar
  7:3, 4 cit; 9:6 Philad 9:1
  ἱερεῦσιν 1 Clem 40:5
Ἰεριχώ 1 Clem 12:2
ἱερά H Sim 1:10
  ἱεραῖς 1 Clem 33:4; 43:1
  ἱεράς 1 Clem 45:2; 53:1
Ἰερουσαλήμ 1 Clem 41:2
ἱερωσύνης 1 Clem 43:2
Ἰεσσαί 1 Clem 18:1 cit
Ἰησοῦ 1 Clem 12:2
  Ἰησοῦ Bar 12:8, 9
Ἰησοῦς 1 Clem 32:2 2 Clem 5:4;
  14:2 Bar 8:2; 12:10; 15:9
Ἰησοῦς Χριστός 1 Clem 16:2;
  49:6; 58:2; 59:4 2 Clem
  1:2 Eph 3:2; 4:1; 5:1;
  7:2; 16:2; 17:2; 20:1;
  21:1 Mag 7:1; 10:2; 13:2
  FL; 15:1 Rom 3:3; 8:2;
  9:1 Philad 3:1; 5:1; 8:2;
  11:2 Smyr 4:1; 8:1; 9:2;
  10:2 Mar 22:3 Ep 4
Ἰησοῦς ὁ Χριστός 1 Clem 42:1
  Eph 18:2
Χριστός Ἰησοῦς 1 Clem 16:2 L
  Smyr 8:2 Philip 8:1

ἱμάτια Mar 13:2 H Sim 9:13:
8; 15:1, 3
ἱματισμός H Sim 9:13:3²
ἱματισμοῦ Did 13:7
ἱματισμῷ H Vis 1:2:2
ἱματισμόν Bar 6:6 cit H Sim
8:2:3, 4; 9:13:3
ἱματισμῶν H Sim 9:13:5
ἵνα 1 Clem 4:4² cit L; 5:1;
13:2² cit; 28:1; 35:7 cit L;
43:6; 46:5 L, 7 L; 48:2 cit L;
50:2; 55:1³, 6; 58:1; 63:4
2 Clem 7:2, 3; 8:2, 6; 9:10;
10:1; 11:5; 12:5; 13:1;
14:1, 2, 3; 15:3; 17:1 (²FL),
3; 19:1, 3; 20:2 Bar 1:5;
2:6, 10; 3:1 cit L, 6; 4:1, 3, 8, 9,
11, 13; 5:1, 6, 7, 9, 11, 13;
6:5, 18; 7:1, 2, 3, 5, 10;
8:1; 9:4; 10:12; 11:4 cit;
12:2², 3, 5, 6, 7, 8; 13:4 cit,
5; 14:5²; 16:8; 21:6, 7 Diog
2:2, 7; 7:7; 9:1, 5; 11:3
Eph 1:2; 2:2; 4:2³; 5:1, 3;
10:1, 3; 11:1, 2; 15:2², 3;
17:1; 18:2 Mag 9:2; 10:2;
* 13:1, 2; 14:1 Tral 3:3;
4:1; 5:2; 8:2; 12:3² Rom
2:2²; 3:1, 2²; 4:1, 2³; 5:3²;
8:1, 3 Philad 3:2; 4:1; 5:1;
6:3 Smyr 1:1, 2; 2:1; 7:1;
8:2; 11:1, 2, 3 Pol 1:2;
2:2² (³L); 3:1; 4:3²; 5:2;
6:1, 2; 7:2; 8:1 Philip 2:3²
cit; 6:2; 8:1; 13:1 Mar 1:1,
2²; 2:4; 6:2; 7:2; 10:1;
12:2; 20:1; 22:3; Ep 4
H Vis 1:1:5; 2:1; 3:1, 4;
2:1:3; 2:4, 6², 7; 3:1; 3:
1:2, 6, 9²; 2:3; 3:1, 3; 4:3²;
8:10, 11; 9:1, 8, 10; 10:2²,
9; 4:1:3³, 7; 2:4; 5:2, 5²
H Man 2:7; 3:1, 5; 4:1:11;
2:1, 3; 5:1:7; 6:1:1², 2:10;
8:6, 8²; 12:1:3 FL; 2:2;
3:2; 5:1 H Sim 1:6, 9; 2:6;
4:5; 5:2:8, 10; 4:1, 5; 5:1;

6:7; 7:1; 6:4:3; 5:2; 7:1²,
2, 3, 5, 6; 8:6:1, 3; 9:4;
11:1; 9:1:3, 10; 2:6; 4:8;
5:2; 10:1, 5; 11:9; 12:3;
14:2; 16:2, 4; 18:5; 26:6;
28:4, 5, 8 Did 1:5; 4:2;
10:3; 14:2
ἵν' 1 Clem 40:3 H Sim 5:3:7;
9:20:4 (v. ἱνατί)
ἱνατί 1 Clem 4:4² cit; 35:7 cit;
46:5, 7 Bar 3:1 cit Did 1:5 F
ἰνδαλλέσθω 1 Clem 23:2
ἰοῦ Diog 2:2
ἰῷ Tral 6:2 L H Sim 9:26:7
ἰόν H Vis 3:9:7
ἰουδαΐζειν Mag 10:3
Ἰουδαῖοι Diog 3:2
Ἰουδαίων Diog 1:1; 4:6; 5:17
Mar 12:2; 13:1; 17:2; 18:1
Ἰουδαίοις Diog 3:1 Smyr 1:2
Ἰουδαϊσμός Mag 10:3
Ἰουδαϊσμόν Mag 8:1; 10:3
Philad 6:1²
Ἰούδας Pap 3
Ἰούδα Mar 6:2 FL
Ἰούδα Mar 6:2
Ἰούδαν 1 Clem 32:2
Ἰουδίθ 1 Clem 55:4
ἱππεῖς Mar 7:1
Ἰσαάκ 1 Clem 31:3 Bar 6:8 cit;
7:3; 8:4; 13:2 cit, 3 Philad 9:1
Ἰσοκράτης Mar Ep 4
Ἰσοκράτους Mar Ep 4
ἴσου Philip 4:2
ἴσην 1 Clem 21:7
ἴσους Bar 7:10 cit
Ἰσραήλ 1 Clem 4:13; 8:3 cit;
29:2 cit; 31:4; 43:5, 6; 55:6
Bar 4:14; 5:2, 8; 6:7; 8:1,
3; 9:2 cit; 11:1; 12:2², 5; 16:5
ἵσταντο H Sim 8:1:8, 9, 10, 11,
12, 13, 14, 15, 16, 17
ἵστασθαι H Sim 8:1:6, 7
ἱσταμένου Mar 21:1
ἔστησεν 1 Clem 29:2 cit
ἐστάθη H Sim 8:2:8
ἐστάθησαν H Sim 9:4:1

καθαρισθήσεται H Sim 9:18:2
καθαρισθήσεσθε H Vis 4:3:4²
καθαρισθήσονται H Vis 3:2:2
ἐκαθάρισε H Sim 5:6:2
ἐκαθάρισαν H Sim 8:7:5
καθαρίσῃ Eph 18:2
καθαρίσωμεν H Sim 9:7:6
καθαρίσητε H Sim 9:23:5
καθαρίσωσιν H Man 12:6:5
    H Sim 7:2; 8:11:3
καθάρισον 1 Clem 18:3 cit; 60:2
    H Man 9:4, 7; 10:3:4 H Sim
    5:3:6; 9:7:2
καθαρίσαι 1 Clem 16:10 cit
    H Vis 3:9:8 H Sim 6:5:2
καθαρίσας H Sim 5:6:3; 9:
    8:4
καθαρισθῶσι H Sim 7:2
καθαρισθῶσιν H Vis 2:3:1;
    3:8:11
καθαρισθῆναι H Sim 9:7:6;
    18:3²
κεκαθάρισται H Sim 9:10:4 FL
καθαρισμόν 1 Clem 60:2
καθαρός 1 Clem 17:4 cit; 39:4
    cit, 5 cit Bar 15:6 Tral 7:2²
    (³FL) Rom 4:1
καθαρά H Vis 4:2:5 H Man
    2:7; 12:3:2; 6:5 H Sim 7:6
    Did 14:1
καθαρόν H Man 5:1:2
καθαρᾷ 1 Clem 21:8; 45:7
    2 Clem 11:1 Bar 15:1 cit,
    6 cit H Vis 3:9:8; 5:7
    H Sim 5:1:5; 6:3:6²; 7:6;
    8:3:8
καθαρόν H Man 5:1:3 H Sim
    9:18:4
καθαράν 1 Clem 18:10 cit H Man
    10:3:3 H Sim 4:7; 5:7:1;
    7:5; 8:6:2 Did 14:3
καθαρόν Rom 6:2 H Sim 8:
    4:1
καθαροί 1 Clem 8:4 cit H Vis
    4:3:5
καθαραῖς Bar 15:1 cit, 6 cit
καθαρά H Sim 5:7:4; 9:10:2

καθαρῶς Diog 12:3
καθέδρα H Vis 1:4:3
καθέδρας H Vis 1:4:1
καθέδρᾳ H Vis 3:10:3; 11:4
καθέδραν Bar 10:10 cit H Vis 1
    2:2; 4:1; 3:11:2, 4 H Man
    11:1²
καθέζεται H Vis 3:11:4
ἐκαθέζετο H Vis 3:2:4
καθεξῆς 1 Clem 37:3 Mar 22:3
καθηκόντως 1 Clem 1:3
καθήκουσαν 1 Clem 1:3
καθῆκον 1 Clem 3:4; 41:3
καθήλωσαν Mar 14:1
καθήλωσον Bar 5:13 cit
καθηλωμένον Smyr 1:2
καθηλωμένους Smyr 1:1
κάθηται H Vis 3:12:2
κάθηνται H Vis 3:2:1
ἐκάθητο H Vis 3:11:4
κάθου 1 Clem 36:5 cit Bar 12:
    10 cit
καθῆσθαι Did 12:3; 13:1
καθήμενος 1 Clem 35:8 cit
    H Man 11:1 H Sim 5:1:1;
    6:1:1
καθημένη H Vis 3:10:3, 5;
    11:2
καθήμενον H Man 11:1
καθημένην H Vis 3:13:3
καθήμενα Bar 10:4, 10
καθημένων H Vis 3:2:1
καθημένους Bar 14:7 cit H Man
    11:1²
καθημερινός H Vis 1:3:2
καθίζει H Vis 3:2:4
καθιῇ H Vis 3:1:9
ἐκάθισε H Sim 9:1:4
ἐκάθισεν Bar 10:10 cit H Vis
    1:2:2 H Sim 8:4:1
καθίσω H Vis 3:1:9
καθίσῃς H Vis 3:1:9
κάθισον H Vis 3:1:8²
καθίσαι H Vis 3:1:8, 9²; 2:2
καθίσαντος H Vis 5:1
καθίσαντες Mar 8:1
κεκαθίκαμεν H Sim 9:5:6

καθίστανον 1 Clem 42:4
καταστήσω 1 Clem 42:5 cit
  κατέστησε H Sim 5:6:2
  κατέστησεν 1 Clem 4:10 cit
  κατέστησαν 1 Clem 43:1; 44:2
  κατασταθέντας 1 Clem 44:3
  καθεσταμένων 1 Clem 54:2
καθολική Smyr 8:2
  καθολικῆς Mar Int; 8:1; 16:2;
    19:2
  καθολικόν Mar Ep 1
καθόλου Pap 3
καθοπλισάμενος H Man 12:2:4
  καθωπλισμένον H Man 12:2:4
καθότι Tral 5:2
καθώς 1 Clem 16:2; 20:6; 30:7;
    38:1; 48:2; 51:3; 60:4;
    62:2 Bar 1:7; 4:12; 6:14;
    10:10³ Mag 3:1 Tral 1:1
    Smyr 2:1 Philip 5:2; 6:3;
    7:2; 13:2 Mar 14:2; 22:
    1, 3 H Vis 3:8:7; 5:5, 6
    H Man 5:1:3; 10:1:5; 11:2,
    9; 12:1:1; 2:5² H Sim 6:
    3:3; 5:2; 7:5; 8:1:5; 2:5,
    8; 9:4:1², 3; 10:2; 11:9³;
    25:2
καί 1 Clem Int; 1:1⁷, 2⁵, 3⁵; 2:1²,
    2³, 4², 5², 6, 8²; 3:1², 1⁴ cit,
    2⁴(5L), 4⁴; 4:1⁴ cit, 2³ cit, 3²
    cit, 4² cit, 5 cit, 6³ cit, 7, 9,
    11, 12, 13; 5:2³, 4, 5, 6, 7³;
    6:1, 2³, 3, 3 cit, 4²; 7:1²,
    2³, 3³, 4², 5², 6, 7; 8:2², 3⁴ cit,
    4, 4⁷ cit; 9:1⁵, 3, 4; 10:2⁴,
    3⁹ cit, 4, 4⁴ cit, 5² cit, 6, 6³ cit,
    7²; 11:1³, 2³; 12:1, 2, 4²,
    5³, 6², 7², 8; 13:1⁵, 1² cit,
    3, 4² cit; 14:1², 2, 3, 5, 5⁶
    cit; 15:1, 3, 4, 4 cit, 5, 6 cit;
    16:3⁶ cit, 4⁴ cit, 5 cit, 7³ cit,
    10³ cit, 12³ cit, 13² cit, 14² cit,
    15, 15² cit; 17:1⁴, 2², 2 cit,
    3, 3 cit, 5², 5 cit, 6; 18:2,
    2 cit, 3² cit, 4² cit, 5 cit, 6 cit,
    7² cit, 8 cit, 9 cit, 10 cit, 11 cit,

12 cit, 13 cit, 15 cit, 17 cit;
    19:1⁴, 2⁶, 3; 20:2, 3, 4², 5,
    7 cit, 9³, 10², 11², 12; 21:1,
    3, 5³, 8², 9²; 22:1, 3 cit,
    4 cit, 5 cit, 6 cit, 7² cit, 8 cit FL;
    23:1², 2, 3³ cit, 4 cit, 5², 5³
    cit; 24:3, 4, 5⁴; 25:2³, 3,
    4², 5; 26:1², 2, 2³ cit, 3, 3 cit;
    27:1, 3, 4, 5², 6, 7² cit; 28:1²,
    3 cit; 29:1², 3, 3 cit; 30:1³,
    3², 4 cit, 6, 8⁴; 31:1, 2, 4³;
    32:2³, 3, 4; 33:1², 2, 3³,
    4², 5³ cit, 6², 6 cit, 7; 34:1,
    3 cit, 5, 6² cit, 7², 8² cit; 35:
    1, 2, 3², 5⁷, 6, 7 cit, 8⁴ cit,
    9 cit, 10 cit, 11 cit, 12 cit;
    36:1, 2², 3 cit, 4² cit, 5, 6;
    37:3, 4, 5²; 38:1 (²L), 2 L,
    3³; 39:1⁴, 3 cit, 5² cit, 6 cit,
    7 cit, 9 cit; 40:1, 2³, 3, 4, 5²;
    41:2²; 42:2, 3², 4³, 5², 5 cit;
    43:1³, 2⁴, 3², 4², 5⁵, 6; 44:
    1, 2, 3², 4, 5; 45:1, 4, 7⁶,
    8²; 46:1, 3, 3² cit, 4, 5³, 6³,
    7³, 8 cit, 9; 47:3³, 4, 5, 6³,
    7³; 48:1³, 4², 6²; 49:6²;
    50:1², 2, 4³ cit, 6 cit; 51:.1³,
    2², 4, 5⁵; 52:2³ cit, 3, 3⁴ cit;
    53:1 1², 2³, 3, 3⁶ cit, 4,
    5; 54:2³, 3, 3 cit, 4; 55:1²,
    2, 5², 6²; 56:1⁴, 2, 3 cit, 5 cit,
    6, 6 cit, 7 cit, 10² cit, 11 cit;
    57:1, 2², 4⁵ cit, 5 cit, 6 cit,
    7² cit; 58:1, 2⁶; 59:1, 2²,
    3⁷, 4⁴; 60:1⁷, 2⁵(⁷L), 3², 4⁴;
    61:1³, 2⁴, 3⁶; 62:1 (²FL),
    2¹², 3³; 63:1², 2², 3³ (⁴L),
    4²; 64⁹(¹¹F); 65:1⁵, 2²(³FL)
    2 Clem 1:1², 2⁵(⁶FL), 6⁶, 7³,
    8; 2:1 cit, 4, 6, 7³; 3:1, 2,
    4³, 5; 4:3³, 4, 5² cit; 5:1,
    4³ cit, 5⁵, 6³; 6:1², 3, 4³, 6²,
    8, 8² cit, 9³; 7:1², 3³, 4, 6²
    cit; 8:2², 4², 5 cit, 6; 9:1,
    4, 5², 9, 10, 11; 10:1², 4,
    5²; 11:1, 2, 2 cit, 4² cit, 5,
    7; 12:1, 2² cit, 3, 4², 5; 13:1⁴,

$2(^2L)$, 3^2, 4 cit, 4; $14:1$, 2 cit, 2^3, 3, 4, 5; $15:1^2$, 2^4, 3; $16:2$, 3^4; $17:1^2$, 2^3, 3^4, 4 cit, 5^7, 5^2 cit, 6, 7^3; $18:1^2$, 2^2; $19:1^5$, 2^5; $20:1$, 2^2, 4^3, 5^3 Bar $1:1$, 2^3, 3, 4^3, 6^4, 7^3; $2:1$, 2^2, 5^4 cit, 7 cit, 8 cit; $3:2^2$ cit, 3^3 cit, 4^3 cit, 5^5 cit; $4:1$, 2, 3^2, 4, 4 cit, 5^6 cit, 6^4, 7^3 cit, 8^3, $9(^2F)$, 11 cit, 11, 13, 14^2; $5:2^2$ cit, 3^3, 5, 5 cit, 6, 7^2, 8^3, 13, 14, 14 cit; $6:2$ cit, 2, 3^2 cit, 4, 4 cit, 6, 7, 8^4 cit, 10 cit, 10^3, 12^6 cit, 12, 13^2 cit, 14 cit, 14, 16^3 cit, 17^3, 18^3 cit, 19; $7:2^2$, 3^4, 4^2 cit, 5^2, 6^3 cit, 8^4 cit, 8^4, 9^4, 11^3; $8:1^7$, 3, 5, 6^2, 7; $9:1^2$, 2^2, 3^3, 3 cit, 4, 5, 5 cit, 6^5, 8^2 cit, 8^3; $10:2$ cit, 3^2, 4^4, 5 cit, 5^2, 6 cit, 7, 8, $10^2(^3FL)$, 10^2 cit, 11 cit, 11^5, 12; $11:1$, 2^3 cit, 4^2, 4^4 cit, 5, 5 cit, 6, 6^2 cit(^3FL), 7 cit, 8^3, 9, 9 cit, 10^3 cit, $11^4(^5L)$, 11 cit; $12:1^3$ cit, 1, 2^4, 4, 4 cit, 5^2, 6^2, 7^5, 9 cit, 10, 11^2, 11 cit; $13:1$, 2^5 cit(^6F), 3^2, 4, 5^3, 5^7 cit, 6, 7; $14:2^3$ cit, 2, 3, 3^3 cit, 5^2, 7^5 cit, 9, 9^2 cit; $15:1$, 1^2 cit, 2, 3^4 cit, 5 cit, 5^4, 6 cit, 7, 8 cit, 9^3; $16:1^2$, 4^2, 5^3, 5^4 cit, 6, 6 cit, 7^2, 8, 10; $17:1$; $18:1^4$, 2^2; $19:2$, 6, 7, 8, 10^4; $20:1$, 2^4; $21:3$, 4, 6, 7^2, 8, 9^2 Pap $2:3^3$, 4^3, 15; 3^5; 4^2 (^5L) Diog $1:1^{11}$; $2:1^6$, 2, $3(^2F)$, 7^5, 8, 9, 10^2; $3:2$, 3, 4^3, 5^3; $4:1^5$, 2, 4, 5^5, 6^3; $5:3$, 4^5, 5^2, 10, 11, 12^2, 13^2, 14^2, 15^2, 17^2; $6:2$, 3, 4, 5^2, 6^2, 7, 8, 9^2; $7:2^{11}$, 3, 4, 6, 7; $8:2$, 3, 4, 7^3, 8^6, 9, 10^2, 11^4; $9:1^2$, 2^4, 4, 6^2; $10:1(^2F)$, 2, 4, 5, 7^3, 8; $11:2$, 4^2, 5, 6^4; $12:1$, 2, 3, 6^2, 8, 9^6 Eph Int^4; $1:1 (^2L)$, 2, 3; $2:1^7(^8L)$, 2;

$3:1^2$, 2^2; $4:1^2$, 2^4; $5:1$, 2^2, 3; $6:1$, 2; $7:2^5$; $8:1$, 2; $9:2^4$; $10:1$, 3^2; $11:2$; $12:1$; $13:1^2$, 2; $14:1^2$, 2; $15:1^2$, 1 cit, 2^2, 3^4; $16:2$; $18:1$, 2; $19:1^3$, 2^3, 3; $20:1^3$, 2^3; $21:1^4$, 2 Mag Int^3; $1:2^3$, 3; $2:1^4$; $3:1^2$; $4:1^2$; $5:1^3$, 2; $6:1^4$, 2^3; $7:1$, 2^2; $8:2$; $9:1^2$, 2, 3^2; $10:2^2$, 3; $11:1^3$; $12:1^2$; $13:1^8$, 2^5; $14:1^2$; $15:1^3$ Tral Int^5; $1:1_3$; $2:2$, 3^2; $3:1^2$, 2^2; $4:1$; $5:1$, 2^6; $6:2$ L; $7:1^3$, 2^2; $8:1$; $9:1^4$, 2^2; $10:1$; $11:2$; $12:1$, $2^3(^4L)$, 3; $13:1^2$, 2^2, 3^2 Rom Int$^8(^9L)$; $1:1$; $2:1$; $3:2^5$; $4:1^2$, 2, 3^2; $5:1^3$, 2^2, 3^2; $6:3$; $7:1$, 2^2, 3; $8:1$; $9:1$, 2, 3^2; $10:1^2$, 2^2 Philad Int^8; $1:1$, 2^2; $2:1$; $3:2^3$; $4:1^2$; $5:1^2$, 2^7; $6:1$, 2, 3^2; $7:1^4$, 1 cit, 2; $8:1^2$, 2^4; $9:1^6$, 2; $10:1^2$, 2^2; $11:1^2$, 2^2 Smyr Int^4; $1:1^3$, 2^2; $2:1^5$; $3:1^2$, 2 cit, 2^5, $3(^2L)$; $4:1$, 2; $5:2$; $6:1^5$; $7:1^2$, 2^2; $8:1$, 2^2; $9:1^2$, 2^2; $10:1^2$, 2; $11:2^4$, 3^2; $12:1^2$, $2^8(^9FL)$; $13:1^2$, 2^5 Pol Int^2; $1:2^4$; $2:2$ cit, 2^2, 3^3 (^4FL); $3:1^3$; $4:3$; $5:1^3$, 2^3; $6:1^4$, 2; $7:2^2$, 3; $8:1$, 2^3, 3 Philip Int^3; $1:1^2$, 2^2, 3 cit; $2:1$ cit, 1^5, 2^3, 3^2 cit, 3; $3:2^3$, 3^2; $4:1$, 2^5, 3^3; $5:1$, 2^5, 3^6; $6:1$, 1 cit, 2^3, 2 cit, 3^5; $7:1^3$, 2^2; $8:1$, 2^2; $9:1^7$, 2^4; $13:1^4$, 2^3 Mar Int^5; $1:1$, 2^4, 2 cit; $2:1$, 2^6, 3^4, 4^2; $3:1^4$; $4:1^2$; $5:1^4$, 2^3; $6:1^5$, 2; $7:1^2$, 2^4; $8:1^4$, 2^7, 3^2; $9:1^3$; 2^3, 3^5; $10:1^2$, 2^2; $11:2^2$; $12:1^3$, 2^3; $13:1^2$, 2^3, 3^2, $14:1^4$, 2^6, 3^5; $15:1^2$, 2^3; $16:1^3(^4FL)$, 2^3; $17:1^5$, 2^3, 3^4; $18:1^2$, 2^3; $19:1^2$, 2^6; $20:1^2$, 2^2; $22:1^2$, 2, 3; Ep 1^6, 2^2, 3^2, 4^2 H Vis $1:1:1$, 2^4,

3^9, 4, 6^3, 7, 8^5, 9^4; 2:1, 2^5, 3^3, 4^5; 3:1^2, 2^5, 3^3, 4^{13}; 4: 1^3, 2^5, 3^4; **2**:1:1^4, 2^3, 3^4, 4; 2:1^2, 2^6, 3^3, 4^2, 5, 7^2; 3:1, 2^6, 4; 4:1, 2, 3^3; **3**:1:2^5, 3, 4^5, 5^7, 6^6, 7^4, 8^2, 9^6; 2:1^5, 2, 4^4, 5^2, 6^2, 7, 8^2, 9^5; 3:1^3, 2^4, 3^3, 4, 5^4; 4:1^3, 2^3, 3^6; 5:1^{12}, 2^2, 3^2, 4^2, 5^2; 6:1^3, 3, 4^2, 5^7, 6^3, 7^2; 7:1^3, 2^3, 3^3, 5^2, 6^4; 8:2, 4, 7^4, 8, 9^2, 11^2; 9:1^4, 2^5, 3^2, 4, 5, 6^2, 7^2, 8^2, 10; 10:1^4, 3, 4^2, 5^2, 6^2, 7^2, 9; 11:2^4, 3^3; 12:1^4, 2^6, 3^7; 13:1^3, 2^4, 3^3, 4; **4**: 1:3^3, 4^4, 5^4, 6^3, 7^3, 8, 9^3, 10; 2:1^2, 2^2, 3, 4^4, 5^6, 6^3; 3:3^2, 4^7, 5, 6, 7; **5**:1^4, 2^2, 3, 4^5, 5^3, 6, 7^2 H Man **1**:1^3, 2^4; **2**:1^2, 2^2, 3, 4^2, 5, 7^3; **3**:1^3, 2^2, 3^2, 4^3, 5^4; **4**:1:1, 2, 4, 5^3, 6^2, 7, 8^4, 9^5; 2:1^2, 2^6, 3, 4^2; 3:1, 3, 4^3, 5^2, 6^2, 7; 4:1^2, 2^2, 3^4, 4^2; **5**:1:1^3, 2^2, 3, 4, 5^5(^{6}F), 6^4, 7^4; 2:1^3, 2^3(^{4}FL), 3^5, 4^2, 5, 6^2, 7^2, 8^6; **6**:1:1^5, 2, 3^3, 4, 5; 2:1, 3^8, 4^4, 5^{11}, 6^3, 7, 8, 10; 7:1^3, 2, 3, 4^6, 5; **8**:1, 2, 3^9(^{10}L), 4, 5^2, 6^2, 8^4, 9, 10^4, 11^2, 12^6; **9**:1^2, 2^2, 3, 4^4, 5, 6, 7^2, 8^3, 9^6, 10^2, 11, 12^3; **10**:1:1^2, 2^6(^{7}FL), 3^2, 4^5, 5^5(^{6}FL), 6^7; 2:1, 2^3, 3^3, 4, 5^2; 3:1^4, 3^2, 4^3; **11**:1^3, 2^3, 3^2, 4^5, 6^3, 7^3, 8^6, 9^2, 11^2, 12^8, 13^4, 14^4, 15^5, 16, 17^2, 18^2, 19^2, 20^2, 21; **12**:1:1^2, 2^3, 3; 2:1^6, 3, 4^3, 5^3(^{4}F); 3:1^6, 2^2, 3^3, 4^3, 5; 4:1^2, 2^7(^{8}FL), 3^3, 4^2, 5^2, 6^3 (^{4}FL), 7; 5:1^3, 3^3, 4^4; 6:1, 2^5, 3^4, 4^4, 5^2 H Sim **1**:1^3, 3^3, 4^4, 5^3, 6^3, 7^3, 8^6, 9^2, 10, 11^2; **2**:1^6, 2, 3^3, 4^5, 5^8, 6, 7^5, 8^6, 10^2; **3**:1^2, 2^2, 3; **4**:1, 2, 3^3, 4^5, 5^3, 6, 7, 8; **5**:1:1^3, 3, 5^7; 2:2^9, 3^2, 4^5, 5^6, 6^2, 7^3, 9,

10, 11^2; 3:2^3, 3^2, 4, 6^2, 7^4, 8^4, 9^3; 4:1^7, 2^4, 3^5, 4^4, 5^2; 5:1^4, 2^2, 3, 4^2; 6:1, 2^4, 4, 5, 6^4, 7^4, 8; 7:1^2, 2^2, 4^3; **6**: 1:1^7, 2^2, 4^2, 5^4, 6^8; 2:1^3, 2^3, 3^4, 4, 5^6, 6^6, 7^5; 3:1^2, 2^2, 3^4, 4^2, 5^3, 6^7; 4:1^2, 2, 3(^{2}L), 4^4; 5:1^2, 2^3, 3^7, 4^4, 5^8, 6, 7^4; 7:1^2, 2^5, 4^5, 5^3, 6^9, 7^2; **8**:1:1^2, 2^2, 3^2, 4, 5^4, 6, 7, 8, 9^2, 10^2, 11^2, 12, 13, 14, 15, 16, 17^3, 18^4; 2:1^4, 2^2, 4^2, 5, 6^2, 7^3, 8^3, 9^4; 3:1, 2^3, 3^2, 4, 5, 6^2, 7^2, 8^4; 4:1^4(^{5}L), 2^4, 3, 4^3, 5^3, 6^8; 5:1^2, 2^3, 3, 4^2, 5^3, 6^3; 6:1^3, 2^2, 3^6, 4^4, 5^4, 6^4; 7:1^2, 2^6, 3, 4^3, 5^3, 6^2; 8:1, 2, 3^2, 5^4; 9:1^5, 2, 3^2, 4^2; 10:1^5, 3^4, 4; 11:1^3, 2, 3^4, 4^3, 5; **9**:1:1^2, 2^3, 3(^{2}L), 4^4, 5, 7, 8^7, 9^5, 10^4; 2:3, 4^2, 5^2, 6^3, 7^2; 3:1^7, 3, 4^3, 5; 4:1^3, 2^4, 3^4, 4^3, 5^4, 6^2, 7, 8^2; 5: 1^3, 2^2, 3^6, 4^5, 5^2, 6^4, 7; 6: 1^2, 2^5, 4^2, 5^3, 6^3, 7^4, 8^4; 7: 1^3, 2, 4^2, 5, 6^6, 7^3; 8:1^5, 2^7, 3^2, 4^4, 5^3, 6^4, 7^4; 9:1^2(^{3}L), 2, 3^4, 4, 5^4, 6^6, 7 FL; 10:1^3, 2^5, 3^4, 5^2, 6^2, 7; 11:1, 2, 3^2, 4^5, 5^3, 6^2, 7^5, 8, 9^3; 12:1^3, 2, 5^2, 7^3, 8; 13:2, 3^2, 4, 5^3, 6^2, 7^6, 8^3(^{4}F), 9; 14:1^4, 2^3, 3^4, 4^4, 5^4, 6; 15:1, 2, 3^2, 4^2, 5, 6^2; 16:1, 3^3, 4^2, 5^5, 6^2, 7^6; 17:1^2, 2^6, 3, 4^5, 5^4; 18:1, 2^4, 3^{10}, 4^3, 5^4; 19:1^5, 2^4, 3; 20:1, 2, 3, 4^2; 21:1, 2^3, 3^2, 4; 22:1^4, 2^2, 3^3, 4^2; 23:1^2, 2^3, 3^2, 4^3, 5^2; 24:1^5, 2^6, 3^2, 4^3; 25:1, 2^6; 26:1, 2^5, 3^2, 4^5, 6, 7^6, 8^2; 27:2^3, 3; 28: 1, 2^2, 3, 4^4, 5^2, 6^2; 29:3^2 (^{3}L), 4^3; 30:1^2, 2, 3, 4^3 Did **1**:1, 2, 3^3, 4^4, 5^3, 6; **3**:1, 8^5, 9; **4**:1, 8, 11, 12, 14; **5**:1, 2; **7**:1^2, 3^2, 4^2; **8**:1^2,

116

4 cit; 57:7 cit Philip 2:2 cit; 4:3; 5:3
κακῇ Eph 16:2 Tral 6:2 Philad 2:2
κακήν Eph 9:1 Mag 10:2
κακόν Philip 2:2 cit H Man 4: 3:4
κακοί 1 Clem 57:5 cit Diog 5:16
κακαί Rom 5:3
κακά 2 Clem 10:1
κακῶν Diog 9:2
κακῶν Philad 3:1
κακῶν 1 Clem 39:9 cit; 56:10 cit Smyr 7:2 H Man 5:2:4
κακάς Tral 11:1
κακά 1 Clem 22:6 cit
κακοτεχνίας Philad 6:2 Pol 5:1
κακουργουμένη Diog 6:9
κεκακῶσθαι 1 Clem 16:7 cit
κακῶς H Sim 9:26:2
κακώσει 1 Clem 16:4 cit
καλανδῶν Rom 10:3 Mar 21:1
καλεῖ Bar 12:6
καλεῖτε Diog 2:5
καλοῦσι Diog 8:2
καλοῦσιν Mag 4:1
ἐκάλουν 1 Clem 57:4 cit
ἐκάλουν H Sim 9:3:4
καλῶμεν 2 Clem 4:1
κάλει Mar 11:1 H Sim 8:4:2
καλῶν Diog 7:5
καλεῖται Mag 10:1 Tral 3:1 H Vis 3:8:3, 4
καλοῦνται H Vis 3:8:5 H Sim 9:15:3
ἐκαλοῦντο H Sim 8:1:5
καλεῖσθαι Mag 4:1; 14:1 Pol 7:2
καλούμενος Pap 4 L
καλέσετε Bar 3:2 cit
ἐκάλεσα Bar 14:7 cit H Sim 8: 4:2
ἐκάλεσεν 1 Clem 59:2 2 Clem 1:8; 9:5
ἐκάλεσαν H Sim 9:3:1
καλέσαι 2 Clem 2:4 cit Bar 5:9 cit;

14:9 cit; 19:7 H Sim 8:2:8 Did 4:10
καλέσας 2 Clem 2:7
καλέσαντος 2 Clem 5·1; 10:1
καλέσαντα 2 Clem 16:1
ἐκλήθη 1 Clem 17:5
ἐκλήθημεν 2 Clem 1:2
ἐκλήθητε 2 Clem 9:4
ἐκλήθησαν H Sim 9:9:5; 17:4
κληθέντες 1 Clem 32:4
κληθεῖσι H Man 4:3:4
κεκλημένοι H Sim 8:1:1
κεκλημένων 1 Clem 65:2
κεκλημένους H Sim 9:14:5
κάλλιστον 1 Clem 6:1
κάλλιστα Mar Ep 1
καλλονῆς 1 Clem 49:3
καλλονήν 1 Clem 35:3
κάλλει H Vis 1:1:2; 3:10:5 H Sim 9:13:9
κάλλος 1 Clem 16:3 cit H Vis 1:1:2
καλοκἀγαθίαν Eph 14:1
καλός 1 Clem 21:8 Bar 7:1; 19:11 Did 4:7
καλή 1 Clem 56:2 H Sim 1:10; 5:3:5, 8
καλόν 1 Clem 7:3; 46:8 cit, 51:3 2 Clem 16:4 Bar 21: 1, 8 Eph 15:1 Rom 2:2; 3:3 FL; 6:1 Philip 5:3 Mar 11:1 H Man 6:2:9
καλοῦ H Man 12:5:3
καλῆς 2 Clem 16:4
καλοῦ Philip 6:1 cit
καλῷ Mar 13:2
καλόν H Vis 3:1:3 H Sim 2:4
καλήν H Vis 3:13:1²
καλόν 1 Clem 8:4 cit; 61:2 Bar 6:12; 21:2 Diog 4:3 Philip 6:3 H Sim 5:2:7²
καλοί Philad 9:1 H Man 10: 1:5 H Sim 9:3:1
καλαί H Man 12:3:4 H Sim 6: 1:1, 2
καλά Philad 9:2
καλοῖς 2 Clem 12:4

καταξιοῦσθαι Pol 7:2; 8:2
  καταξιωθήσεται Philad 10:2
  κατηξίωσας Mar 14:2 L
  κατηξίωσεν Rom 2:2
  καταξιώσῃ 1 Clem 50:2 Eph
    20:1
  καταξιῶσαι Pol 7:2 FL
  κατηξιώθην Smyr 11:1
  κατηξιώθημεν 1 Clem 41:4
  καταξιωθῆναι Tral 12:3
  καταξιωθείς Mag 1:2 Pol 1:1
κατεπάλαισαν H Sim 8:3:6
καταπαλαῖσαι H Man 12:5:2
καταπαύσεως Bar 16:2 cit
καταπαυόμενοι Bar 15:7
  καταπαύσεται Bar 15:5
  κατέπαυσε Mar 1:1; 8:1
  κατέπαυσεν Bar 15:3 cit, 5 cit
    Mar 1:1 F; 8:1 F
  καταπαύσας Bar 15:8
καταπιστεύουσα H Man 9:10
καταπλέουσιν 2 Clem 7:1
  καταπλεύσωμεν 2 Clem 7:3
καταπλήξει Diog 7:3
καταπλησσέτωσαν Pol 3:1
  καταπέπληγμαι Philad 1:1
καταπονοῦντες Bar 20:2 Did 5:2
  καταπονουμένῳ Bar 20:2 Did 5:2
καταποντισθῆναι 1 Clem 46:8 cit
κατάρας Bar 20:1 Philip 2:2 Did
    5:1
  κατάραν Philip 2:2
κατηρῶντο 1 Clem 15:3 cit
  καταρωμένους 1 Clem 10:3 cit
    Did 1:3
  καταράσομαι 1 Clem 10:3 cit
  κατηραμένοις 1 Clem 30:8
καταργῶν Bar 16:2
  καταργεῖται Eph 13:2
  καταργήσει Bar 15:5
  κατήργησεν Bar 2:6
  καταργήσῃ Bar 5:6
  κατήργηται Bar 9:4
κατηριθμημένον 1 Clem 59:2
καταρτίζειν Bar 16:6
  καταρτίσας H Man 1:1
  κατηρτίσθη H Vis 2:4:1

κατηρτισμένος Philad 8:1
  κατηρτισμένοι Eph 2:2
  κατηρτισμένους Smyr 1:1
κατασβέσαι Mar 16:1
κατέσκαψεν 1 Clem 6:4
κατεσκευασμένου Diog 2:2
κατασκηνώσει 1 Clem 57:7 cit
  κατεσκήνωσας Did 10:2
  κατασκηνώσωμεν 1 Clem 58:1
κατασκηνώσεως H Sim 5:6:7
κατάσκιον H Sim 9:1:9
κατασκοπεῦσαι 1 Clem 12:2
κατάσκοπον Bar 12:9
  κατάσκοποι 1 Clem 12:4
  κατασκόπων 1 Clem 12:2
κατάστασιν Diog 5:4
κατάστημα Tral 3:2
καταστρέφει H Man 5:2:1 H Sim
    6:2:1
  καταστρέφοντα H Man 6:2:4
  κατέστρεψεν 1 Clem 6:4 FL
  καταστρέψαι 1 Clem 27:4
καταστροφή 1 Clem 57:4 cit
  καταστροφήν 1 Clem 7:7
καταστρώσω 1 Clem 28:3 cit
κατάσχεσιν 1 Clem 36:4 cit
κατέφερεν Bar 14:2
καταφθείρει H Man 10:1:2
  καταφθείρεται H Sim 9:26:4
  καταφθείρονται H Man 10:1:4
  καταφθαρήσεται H Sim 9:26:6
  κατεφθάρης H Vis 1:3:1
  καταφθαρῆναι H Vis 1:3:1
  κατεφθαρμένοι H Sim 6:2:4
  κατεφθαρμένων H Sim 9:14:3
καταφθορά H Sim 6:2:4
  καταφθοράν Bar 5:1; 16:5 cit
    H Sim 6:2:2, 3
καταφιλεῖν H Sim 9:11:4[2]
  καταφιλοῦσαν H Sim 9:11:4
  κατεφίλησαν H Sim 9:6:2
καταφρονεῖς Mar 11:2
  καταφρονεῖ H Man 10:3:1
  καταφρονεῖτε Diog 2:7
  καταφρονοῦσι Diog 1:1
  κατεφρόνουν Mar 2:3
  καταφρονεῖται H Man 7:2

κατεφρόνησαν Smyr 3:2
καταφρονήσῃς Diog 10:7
καταφρόνησον H Man 9:10
καταχαροῦμαι 1 Clem 57·4 cit
καταχύματος H Vis 3:9:2
καταψεύδομαι Tral 10:1
καταψεύδῃ H Vis 1:1:7
καταψεύδεσθαι Diog 4:3
κατιόντα Mar 8:3
κατείρχθησαν 1 Clem 45:7
κατέναντι H Vis 1:2:2; 3:2:4;
  9:10
κατενώπιον Philip 5:2
κατεπίθυμος H Vis 3:2:2; 8:1
κατεργάζεται H Vis 2:3:1 H Man
  4:1:2
  κατεργάζονται H Sim 8:8:5
  κατειργάσατο 1 Clem 4:7
  κατειργασάμεθα 1 Clem 32:4
  κατειργάσαντο 1 Clem 32:3
κατέδεται 1 Clem 8:4 cit
  καταφάγεται Bar 6:2 cit
  καταφάγῃ Bar 10:4
  καταφαγεῖν Rom 5:2
κατευθύνοντες 1 Clem 48:4
  κατεύθυνον 1 Clem 60:2
κατευοδωθήσεται Bar 11:6 cit
  κατευοδωθῇ Mag 13:1 cit
  κατευοδωθῆτε Mag 13:1 cit FL
κατεῖχεν Diog 8:10
  κατέχονται Diog 6:7
  κατέσχον H Sim 9:11:6
κατηγορεῖ 1 Clem 17:4
κατήγορος Mag 12:1 cit
κατηφής H Vis 1:2:3
κατηχεῖν 2 Clem 17:1
κατισχύουσιν H Vis 2:3:2 L
  κατισχύσομεν H Man 12:6:4
  κατισχύσουσιν H Vis 2:3:2
κατοικεῖ Bar 10:5; 16:8 Diog
  6:8 Eph 6:2 Philad 8:1
  H Man 4:1:3; 5:1:2, 3, 6;
  2:3, 5, 7; 10:1:6; 12:2:4
  κατοικεῖτε H Vis 4:3:2 H Sim
  1:1
  κατοικοῦσιν Diog 5:2 H Man
  5:1:4; 6:2:2 H Sim 9:29:2 L

κατοικῇς H Man 4:2:1
κατοικῇ H Man 5:2:5
κατοικείτω Rom 7:2
κατοικεῖν Bar 6:14 H Man
  3:4; 4:3:2; 5:2:6² H Sim
  1:1, 3; 4:2; 8:2:5; 8:5 FL;
  9:11:3
κατοικῶν Bar 16:9 H Vis 1:
  1:6 H Man 3:1 H Sim 1:6
κατοικοῦν H Man 2:3; 5:1:2²
  H Sim 5:7:1
  κατοικοῦντος Eph 15:3
  κατοικοῦντα Bar 16:10
  κατοικοῦν H Man 10:2:5
  κατοικοῦντες 1 Clem 39:5 cit
  Diog 5:4 H Vis 4:3:4 H Sim
  3:1, 2
  κατοικοῦσαι H Sim 9:17:1, 2
  κατοικοῦντα H Sim 9:17:4
  κατοικούντων Mar 12:2
  κατοικοῦσι 1 Clem 60:4
  κατοικοῦσιν 1 Clem 12:5; 60:
  4 FL
  κατοικοῦντα H Man 5:1:4
  κατοικήσω H Man 4:4:3
  κατοικήσεις Bar 11:4 cit
  κατοικήσει H Sim 9:24:4
  κατοικήσουσι H Sim 9:22:4
  κατοικήσουσιν H Vis 4:3:5
  H Sim 8:7:3; 8:3; 9:29:2
  κατῴκησε H Sim 5:6:5
  κατῴκησεν H Sim 5:6:7
  κατοικῆσαι H Sim 9:1:3
κατοίκησις H Sim 8:7:5; 8:5; 9:2
  κατοίκησιν H Vis 3:8:8
κατοικητήριον Bar 6:15; 16:7
  κατοικητηρίῳ Bar 16:8
κατοικία H Sim 8:6:6; 8:2, 3;
  9:4; 10:1, 4; 9:13:5
  κατοικίαν H Sim 8:3:4; 6:3;
  7:3
κατῴκισεν H Man 3:1 H Sim 5:
  6:5
κατοικτεῖραι Mar 3:1
κατορθοῦται H Vis 1:1:8
  κατορθώσει H Vis 4:2:5
  κατωρθώσαντο H Vis 3:5:3

κτήματά H Sim 1:9
κτήνη H Vis 4:1:5 H Sim 9:1:8
κτηνῶν H Sim 9:1:8; 24:1
*κτιζόμενοι Bar 16:8
  ἔκτισας 1 Clem 60:1 Did 10:3
  ἔκτισε H Man 12:4:2 H Sim
    5:6:2
  ἔκτισεν Diog 7:2
  κτίσον 1 Clem 18:10 cit
  κτίσας H Vis 1:1:6; 3:4² H Man
    1:1 H Sim 5:5:2; 7:4; 8:
    2:9
  κτίσαντι 2 Clem 15:2
  κτίσαντα H Sim 4:4
  κτίσαν H Sim 5:6:5
  ἐκτίσθη H Vis 2:4:1
  κτισθέντες H Vis 3:4:1 H Sim
    5:5:3
  κτισθέντων Diog 4:2
  κτισθέντα Diog 4:2
  ἐκτισμένης 2 Clem 14:1
  ἐκτισμένων Diog 8:2
κτίσις 1 Clem 34:6 cit H Man 7:5
    H Sim 9:14:5; 25:1 Did
    16:5
  κτίσεως 1 Clem 59:3 Bar 15:3
    Mar 14:1 H Vis 3:4:1 H Sim
    9:1:8; 12:2²; 23:4
  κτίσει H Vis 1:3:4
  κτίσιν 1 Clem 19:3 H Vis 3:
    4:1 H Man 12:4:2 H Sim
    5:6:5
  κτίσεις H Vis 1:1:3
κτίσματα H Man 8:1
  κτισμάτων Diog 8:3 H Man
    12:4:3
  κτίσματα H Vis 3:9:2
κτίστην 1 Clem 19:2; 59:3; 62:2
κυβερνήτην Mar 19:2
  κυβερνῆται Pol 2:3
κύθρας 1 Clem 17:6 cit
ἐκύκλευον H Sim 9:9:6 FL
κύκλῳ Mar 15:2 H Vis 3:2:8;
    4:2; 8:2 H Sim 9:1:4; 2:3;
    3:1, 2: 4:1; 6:2²; 7:3, 6;
    9:6; 10:1, 2; 11:4, 5; 12:5
κυκλώσει 1 Clem 22:8 cit

ἐκύκλωσα H Sim 9:9:6
ἐκύκλωσαν Bar 6:6 cit
κυκλώσωμεν H Sim 9:9:6
κυλιομένους H Vis 3:2:9; 7:1
  κυλισθῆναι H Vis 3:2:9²; 7:3
κύματα 1 Clem 20:7 cit
κυνηγέσια Mar 12:2
κυοφοροῦσα 1 Clem 20:4
  ἐκυοφορήθη Eph 18:2
κυρία H Vis 1:1:5; 2:2; 3:3;
    4:2; 2:1:3; 3:1:3, 8; 2:4;
    3:1², 4, 5; 4:1², 3; 5:3;
    6:5, 6; 8:2, 5, 6; 4:2:2, 3;
    3:1
*κυριακήν Did 14:1
  κυριακῶν Pap 2:15
κυριεύων Bar 21:5 H Sim 9:23:4
  κυριεύσῃς H Man 5:2:8
  κυριεύσῃ Bar 6:18
  κυριεῦσαι Bar 7:11
κύριος 1 Clem 8:2 cit, 4 cit; 12:5;
    15:5² cit, 6 cit; 16:2, 7 cit,
    10 cit, 12 cit, 17; 22:7 cit, 8 cit
    FL; 23:5 cit; 29:3 cit; 32:2;
    33:7; 34:3 cit, 6 cit, 8 cit; 49:
    6; 50:6 cit; 53:3; 55:5;
    56:3 cit, 4 cit, 6 cit; 58:2; 64
    2 Clem 4:5; 5:2; 6:1; 8:5;
    9:5, 11; 12:2; 13:2; 14:5;
    15:4; 17:4 Bar 1:4; 2:5
    cit; 3:1² cit, 3 cit; 4:8, 12;
    5:1, 5²; 6:3, 4 cit, 8² cit,
    10, 12, 13 (²L), 14 cit, 16;
    7:1, 2, 3; 9:1², 2 cit, 3 cit,
    5² cit; 10:12; 11:4 cit, 7 cit;
    12:1 cit, 5, 9 cit, 10 cit, 11 cit;
    13:2 cit, 4 cit; 14:3, 4, 7 cit,
    8 cit; 15:4; 16:2, 2 cit, 5 cit,
    5; 18:2; 21:3, 6, 9 Eph 7:2;
    17:1, 2; 20:1 Mag 7:1 Phi-
    lad 8:1; 11:1, 2 Pol 1:2;
    5:1 Philip 2:3; 7:2 Mar
    1:1, 2; 2:2; 8:2; 18:2;
    22:3; Ep 4 H Vis 1:3:1;
    2:2:8; 3:4; 3:4:1; 5:3;
    12:2, 3; 4:2:4 H Man 3:1²;

λαμβάνει 1 Clem 29:3² cit; 34:1
　　Bar 10:10 Tral 6:2 H Man
　　11:12 H Sim 5:4:3 Did 1:5
λαμβάνετε Bar 21:2
λαμβάνουσιν H Man 9:6
ἐλάμβανε H Sim 8:1:5, 6; 2:8
ἐλάμβανεν Eph 19:3
ἐλάμβανον H Vis 3:2:5
λαμβάνῃς H Man 9:7
λαμβάνωσιν H Sim 8:2:7
λαμβανέτω Did 11:6
λαμβάνειν Mar 17:2 H Man
　　11:12 H Sim 9:3:2
λαμβάνων Bar 10:11
λαμβάνοντι Did 1:5
λαμβάνοντες 1 Clem 2:1 H Man
　　2:5³ H Sim 6:3:6
λαμβανόντων Diog 10:6
λήψῃ H Man 9:5, 7, 8 Did
　　2:6; 4:3
λήμψῃ Bar 19:3, 4 H Vis 3:
　　10:6
ληψόμεθα 2 Clem 8:4; 11:7
λήψονται H Sim 4:6²; 5:3:9;
　　8:11:3
ἐλήφθησαν H Sim 9:9:6
ληφθῆναι Mar 17:1
ἔλαβον Bar 1:5 Tral 3:2 H Vis
　　2:1:4
ἔλαβες H Vis 2:4:1 H Man
　　9:7; 12:2:5
ἔλαβε H Sim 5:6:3, 4, 7 Did
　　1:5
ἔλαβεν 1 Clem 5:6 2 Clem 20:3
　　Bar 4:7 cit; 10:1; 14:2 cit,
　　4² Eph 17:1 H Vis 1:1:3;
　　3:1:5; 13:2; 5:4 H Man
　　2:6 H Sim 2:7²; 5:2:3, 11
ἐλάβομεν 2 Clem 1:5 Bar 14:4
　　Mag 9:2 H Man 4:3:1
ἐλάβετε H Sim 1:8; 9:24:4
ἔλαβον 1 Clem 6:2; 7:7 Bar
　　10:11 H Man 2:5; 3:2²
　　H Sim 8:1:5, 16; 2:4; 3:5,
　　8; 9:11:8; 13:7²; 16:3;
　　26:2
λάβω Philip 13:1

λάβῃς Bar 19:5 Diog 10:1 F
　　H Vis 3:1:6 H Man 5:1:
　　5 F H Sim 9:2:6 FL; 13:2²
λάβῃ H Man 11:12 H Sim 9:
　　12:8; 16:3; 26:6 Did 1:4
λάβωμεν 1 Clem 5:1, 3; 9:3;
　　24:4; 37:5 Bar 14:5 H Sim
　　8:2:6
λάβοι H Sim 9:12:4
λάβε Bar 9:5; 12:9 cit H Vis
　　2:1:3 H Man 11:18², 20²
　　H Sim 5:2:2
λαβέτω Bar 7:6 cit
λάβετε 1 Clem 23:4 cit 2 Clem
　　11:3 cit Bar 7:6 cit Smyr
　　3:2 cit
λαβεῖν 1 Clem 12:5 2 Clem 1:2
　　Bar 7:11; 14:1, 2 cit; 19:9
　　Rom 1:1; 6:2 Mar 14:2
　　H Man 9:1 H Sim 4:6; 8:
　　1:3 Did 4:5
λαβών 1 Clem 43:2 Bar 4:13;
　　9:7; 10:3, 9; 14:2 Diog
　　10:6 H Vis 3:1:5 H Man
　　5:1:5; 12:2:5 F; H Sim 5:
　　2:4, 9; 6:4; 9:2:6; 8:2 Did
　　13:3, 5, 6, 7
λαβόντος Bar 4:6
λαβόντες 1 Clem 42:3; 55:2
　　2 Clem 16:1 Bar 16:8 Eph
　　4:2; 17:2 Mag 6:2 H Sim
　　5:2:10; 8:6:3; 9:13:7;
　　17:4
λαβοῦσαι H Sim 9:10:3
λαβόντα H Sim 8:2:9
λαβόντας H Sim 8:2:9
εἴληφε Diog 7:2
εἰλήφαμεν Mar 14:1
εἰλήφατε Bar 1:2 H Vis 3:13:2
εἰληφέναι Mag 8:1
εἰληφώς H Sim 5:3:7; 4:4
εἰληφότα H Man 4:3:2
εἰληφότες 1 Clem 44:2 H Sim
　　8:6:3
λαμπηδόνι H Sim 9:2:2
λαμπρά H Sim 9:17:4
λαμπράν H Vis 3:2:4

8:1, 2; 10:2, 7, 9; 4:2:3;
3:1; 5:2, 3, 5 H Man 2:1;
3:1, 3; 4:2:2; 3:2; 9:1;
11:1; 12:1:1; 3:2, 5; 4:2
H Sim 1:1, 4; 2:1; 3:1²;
4:1; 5:2:2, 6, 7; 6:1:5;
2:1; 4:1, 3; 5:2; 7:1; 8:
1:4; 2:5, 6, 7, 9; 4:1, 3;
6:1; 11:1, 3, 5; 9:1:1; 2:6;
5:6; 7:1, 4, 5, 6, 7; 9:1(²L),
6; 10:1, 4, 5, 6; 11:8 Did
14:3
λέγομεν 1 Clem 17:1 2 Clem
13:2, 3; 14:4
λέγουσι H Sim 9:4:8; 11:1, 2
λέγουσιν 2 Clem 14:2 L Pap
2:4 Tral 10:1 Smyr 2:1
H Sim 6:3:5
ἔλεγον H Vis 1:2:1 H Sim 6:
1:1
ἔλεγε Pap 2:15
ἔλεγον Mar 8:3 H Sim 9:3:2
λέγω Rom 3:2
λέγῃ 2 Clem 15:2 Philip 7:1
λέγε H Vis 3:4:3 H Man
4:1:4; 3:1; 4:1; 12:5:1
H Sim 5:5:5; 8:11:1
λεγέτω 2 Clem 9:1
λέγειν Bar 12:10 Diog 1:1;
2:10 Philad 7:2 Mar 9:2
H Vis 1:1:6; 3:8:11; 4:1:
4, 5 H Man 11:7, 18 H Sim
5:2:1
λέγων 1 Clem 17:4; 30:4 cit;
53:3 cit 2 Clem 4:2 cit; 15:2
Bar 2:4; 7:9; 13:4; 15:4
Eph 15:1 Smyr 5:2 Mar
9:2; 12:1 H Vis 1:1:2; 3:
1:3; 4:3 H Man 4:2:1; 4:1;
9:1 H Sim 5:2:4; 4:3; 8:
1:4
λέγουσα H Vis 1:4:2; 3:8:9;
4:2:2
λέγον Rom 7:2 Philad 7:2
λέγοντος Bar 16:10 Philad 8:2
Mar 3:1; 9:3; 10:1 H Vis
2:4:1

λεγούσης 2 Clem 14:1 Mar Ep
3 H Vis 1:2:3
λέγοντι Bar 12:1
λέγοντα 2 Clem 15:3 H Man
11:16 H Sim 5:1:1; 6:1:2
λέγουσαν H Vis 1:1:4; 3:10:6
λέγοντες 1 Clem 23:3 cit 2 Clem
11:2 cit; 13:3; 17:5, 7 Tral
4:1 Mar 8:2; 12:2 H Sim
6:3:6
λεγόντων 1 Clem 12:4 Philad
8:2
λέγουσιν Pap 2:3
λέγοντας Bar 4:6
λέγεται Bar 8:2 L
ἐλέγετο Mar 13:1
λέγωμαι Rom 3:2
λέγεσθαι Tral 13:1 Rom 3:2;
9:2
λεγομένην 1 Clem 25:3
λεγόμενον Bar 7:8
λεγόμενοι Mar Ep 2
λεγόμενα H Sim 5:4:3
λεγομένων Eph 18:1
λεγομένων Mar 12:1
λεγομένας Smyr 13:1
λεγόμενα H Man 10:1:6
λεχθέντος Mar 12:2
λεχθέντα Pap 2:15
λειποτακτεῖν 1 Clem 21:4
λείπει Tral 5:2 H Vis 3:1:9 H Sim
9:9:4
λείπῃ Pol 2:2
λειπώμεθα Tral 5:2
λειτουργοῦσι Did 15:1
λειτουργοῦσιν 1 Clem 34:5
ἐλειτούργουν 1 Clem 34:6 cit
λειτουργεῖν 1 Clem 43:4
λειτουργῶν H Sim 7:6
λειτουργοῦντες 1 Clem 32:2 H Sim
9:27:3
λειτουργήσει H Man 5:1:2
λειτουργῆσαι H Man 5:1:3
λειτουργήσαντας 1 Clem 9:2;
44:3
λειτουργία H Sim 5:3:8

λειτουργίας 1 Clem 9:4; 41:1;
44:3, 6
λειτουργίαν 1 Clem 20:10; 44:2
Did 15:1
λειτουργίαι 1 Clem 40:5
λειτουργίας 1 Clem 40:2 H Sim
5:3:3
λειτουργοί 1 Clem 8:1
λειτουργῶν 1 Clem 41:2
λειτουργούς 1 Clem 36:3 cit
λέντιον H Vis 3:1:4
λεοπάρδοις Rom 5:1
λεπίδα Bar 10:1 cit
λεπτόν H Sim 9:10:1
Λευῖται 1 Clem 32:2
Λευίταις 1 Clem 40:5
λευκανῶ 1 Clem 8:4² cit
λευκανθήσομαι 1 Clem 18:7 cit
λευκόν H Vis 4:3:5 H Sim 9:1:10
λευκοῦ H Sim 9:29:1; 30:1,2,4
λευκόν H Sim 8:2:3, 4 L
λευκήν H Vis 1:2:2 H Sim 9:
2:1
λευκόν H Vis 4:1:10; 5:1
H Sim 6:2:5
λευκοί H Vis 3:2:8; 5:1; 6:5
H Sim 9:4:5; 6:4; 8:5(²L)
λευκοῖς H Vis 4:2:1²
λευκούς H Sim 9:8:5; 9:1
λευκάς H Vis 4:2:1
λέων 1 Clem 35:11 cit
λέοντα Mar 12:2
λεόντων 1 Clem 45:6
λήμματος H Sim 9:19:3
ληνοῦ Did 13:3
ληρώδεις Diog 8:2
ληστήν Mar 7:1 cit
ληστῶν 2 Clem 14:1 cit
λήψεως H Man 5:2:2
λίαν 1 Clem 4:3 cit; 47:6 Philad
5:1 Pol 7:2 H Vis 3:10:3, 6
H Man 3:3; 4:2:1; 5:1:5;
8:6; 9:9²; 10:2:3; 12:1:2;
3:4; 4:1² H Sim 2:5; 5:
2:5, 7, 11; 3:5; 4:2; 5:4;
6:1:6³; 2:5, 7; 7:1; 8:1:
2, 16, 17, 18²; 3:8; 5:6;

9:1:7, 10; 2:4; 6:8; 8:6;
9:2, 4, 7; 11:3 Did 6:3
λιβάνου 1 Clem 25:2
Λιβάνου 1 Clem 14:5 cit
λιβανωτοῦ Mar 15:2
ἐλιθάσθησαν 1 Clem 45:4
λιθασθείς 1 Clem 5:6
λιθίνους Diog 2:7
λιθίνας Bar 4:7 cit; 6:14 cit
λιθοξόος Diog 2:3
λίθος Bar 6:2 Diog 2:2, 9 H Vis
3:6:6 H Sim 9:9:7
λίθου H Vis 3:2:6 H Sim 9:
4:1²; 9:7; 18:3
λίθον Bar 6:2 cit, 3, 4 cit H Man
11:18, 20 H Sim 9:3:5; 6:3²;
9:6
λίθοι Eph 9:1 H Vis 3:2:8;
5:1; 6:3; 7:5 H Sim 9:3:3;
4:2, 3², 5, 6²; 5:2, 4; 6:7²,
8; 7:4, 6; 13:6; 15:4; 16:
1, 5; 17:3²; 30:1, 2
λίθων Mar 18:1 H Vis 3:2:6;
4:3; 5:1, 2; 6:7 H Sim 9:
5:3, 4; 6:4; 7:4²; 9 1;
10:1, 2; 13:6; 29:4²; 30:4
λίθοις H Vis 3:2:4 H Sim 9:
6:4
λίθους 2 Clem 1:6 H Vis 3:
2:5, 6, 7, 9; 4:2; 5:3; 7:1
H Sim 9:3:3, 4, 5; 4:1², 3,
4, 7, 8²; 6:5, 6; 7:1, 2, 4,
6, 7; 8:1; 9:1, 4, 5, 6²; 12:
4, 7; 13:3, 4; 15:5; 18:3
λιμένος Smyr 11:3
λιμένα Pol 2:3
λιμῷ 1 Clem 56:9 cit
λινοκαλάμην 1 Clem 12:3
λινοῦν H Vis 3:1:4²
λινοῦς H Sim 9:2:4; 11:7
λιπανάτω 1 Clem 56:5 cit
λιπαρά 1 Clem 2:2
λιποτακτεῖν 1 Clem 21:4 L
λιτανεύσατε Rom 4:2
λίβα 1 Clem 10:4 cit
λογίζομαι Tral 3:2
λογίζονται Diog 1:1

λογιζόμενοι Diog 3:3
ἐλογίσατο H Sim 5:2:4
ἐλογισάμεθα 1 Clem 16:4 cit
ἐλογίσαντο H Sim 9:28:4
λογίσῃ 1 Clem 60:2
λογίσηται 1 Clem 50:6 cit
λογίσαιτο Diog 7:3
λογισάμενος Bar 1:5
ἐλογίσθη 1 Clem 10:6 cit; 16:
3 cit, 13 cit
ἐλογίσθησαν H Sim 8:9:3
λογισθείς Diog 11:5
λογισθέντες Diog 11:2
λογίων Pap 2:15
λόγια 1 Clem 13:4 cit; 19:1;
53:1; 62:3 2 Clem 13:3 Pap
2:16 Philip 7:1
λογισμόν Diog 2:9
λογισμῶν Diog 2:1 Philip 4:3
λογισμούς 1 Clem 59:3
λόγος 1 Clem 13:3; 56:3 2 Clem
11:2 Bar 16:9; 19:4 Diog
* 11:2, 7; 12:7, 9 Mag 8:2
Rom 2:1 H Vis 1:3:2 Did
2:5
λόγου 1 Clem 21:5 Bar 19:10
Diog 2:1; 4:1; 11:2, 8 Mar
10:2
λόγῳ 1 Clem 27:4²; 42:3 Bar
14:5; 19:10 Diog 11:2 Phi-
lad 11:1 Smyr Int Philip 9:1
* Mar 22:1
λόγον 1 Clem 57:3 cit Bar 9:3 cit,
4, 9; 10:11; 19:9 Diog 7:2;
10:2; 11:3 Eph 15:2 Philad
11:2 Smyr 10:1 Philip 3:2;
6:2 cit; 7:2 Mar 10:1 H Vis
3:7:3; 9:10 H Man 2:5
H Sim 9:25:2 Did 4:1
λόγοι 1 Clem 27:7 cit
λόγων 1 Clem 13:1; 46:7;
48:5 2 Clem 17:7 Diog 8:3
Did 1:3
λόγοις 1 Clem 13:3; 18:4 cit;
30:3; 38:2 Bar 15:1 Did
4:2
λόγους 1 Clem 2:1; 35:8 cit;

57:4 cit Bar 19:4 Pap 2:4
Diog 8:2 Did 3:8
λοιδοροῦνται Diog 5:15
λοιδόρησον Mar 9:3
λοιδορίας Philip 2:2 cit
λοιδορίαν Philip 2:2 cit
λοιμικοῦ 1 Clem 55:1
λοιμά Bar 10:4
λοιμῶν Bar 10:10 cit
λοιμοτέρους Pol 2:1
λοιπῆς H Sim 1:5
λοιποῦ H Sim 9:11:3
λοιπῷ Diog 5:4
λοιπόν 1 Clem 64 Diog 9:2
Eph 11:1 Smyr 9:1 Mar 9:1
H Vis 3:13:2 H Man 5:2:
7; 10:3:2 H Sim 5:2:4;
7:4; 6:3:6; 8:8:2
λοιποί 1 Clem 43:1 H Sim 9:
8:3, 5, 6; 9:4; 23:2; 26:8
λοιπαί Mag 15:1
λοιπά 1 Clem 32:2 Bar 10:5
Eph 19:2 H Sim 8:1:15
λοιπῶν Diog 5:1 H Vis 3:2:1
H Sim 9:7:4
λοιπῶν 1 Clem 25:2 Diog 8:3
H Sim 5:5:1; 9:2:7
λοιποῖς Philip 9:1 Mar 15:1
H Sim 9:7:2; 22:4
λοιποῖς Diog 2:4 H Sim 9:2:7
λοιπούς H Sim 9:8:2, 7
λοιπάς H Vis 4:2:5; 5:2 H Man
5:2:8; 12:3:2; 6:2 H Sim
6:3:6
λοιπά H Sim 1:4; 5:2:9; 8:
3:8; 5:6; 11:5; 9:5:5
λουομένην H Vis 1:1:2
λούσασθε 1 Clem 8:4 cit
λύκοι 2 Clem 5:3 cit Philad 2:2
λύκων 2 Clem 5:2 cit
λύκους 2 Clem 5:4 cit Did 16:3
λυμαίνεται H Vis 3:9:3
λυμαίνονται H Vis 3:9:3
λυμάνῃ H Vis 4:2:4
λυμᾶναι H Vis 4:1:8
λυπεῖ H Man 10:2:2, 4; 3:2
λυποῦσι H Man 10:2:4

λυπῶν Diog 11:7   H Man 10:
  3:2 FL
λυπῇ H Vis 3:1:9
λυπεῖται H Man 10:2:3
ἐλυπούμην H Sim 6:3:1
λυπείσθω 2 Clem 19:4
λυπούμενος H Vis 1:2:1, 2
λυπουμένου H Vis 3:1:9 H Man
  10:3:3
λυπουμένῳ H Vis 3:13:2
ἐλυπήθη 1 Clem 4:3 cit
λυπηθῆναι Diog 1:1
λύπη H Man 10:1:2[2]; 2:1, 2, 3,
  4; 3:3[3]
λύπης H Vis 5:4   H Man 10:
  3:1, 4
λύπην 1 Clem 46:9 H Vis 4:
  3:4   H Man 3:4; 10:1:1;
  2:5, 6; 3:4   H Sim 1:10;
  9:2:6
λυπῶν H Vis 3:13:2
λύπαις H Vis 3:11:3
Λύπη H Sim 9:15:3
λυπηρός H Man 10:3:2
  λυπηροῦ H Man 10:3:2
  λυπηρά H Man 10:2:4
λυσσῶντες Eph 7:1
λύτρον Bar 19:10 Diog 9:2
λυτροῦσθαι H Man 8:10
  λυτρώσεται 2 Clem 17:4
  λυτρώσονται 1 Clem 55:2
  λυτρώσηται H Vis 4:1:7
  λύτρωσαι 1 Clem 59:4
  λυτρωσάμενος Bar 14:5, 8 cit
  λυτρωσάμενον Bar 14:6; 19:2
  ἐλυτρώθημεν Bar 14:7
  λυτρωθείησαν Philad 11:1
λύτρωσις 1 Clem 12:7
  λύτρωσιν Bar 19:10 F Did 4:6
λύχνος 1 Clem 21:2 cit
  λύχνοι Did 16:1
λύε Bar 3:3 cit
  λύεται Eph 13:1
  ἐλύετο Eph 19:3
  λύσει 1 Clem 56:9 cit Philad
    8:1
  λύσας Philip 1:2 cit Mar 13:2

λελυμένου Smyr 6:2
λελυμέναι H Sim 9:9:5
λελυμένων Mag 12:1
λελυμένας H Sim 9:13:8
Λώτ 1 Clem 10:4; 11:1

μ′ H Sim 9:4:3; 5:4; 15:4;
  16:5
μαγεία Bar 20:1 Eph 19:3
μαγείαι Did 5:1
μαγεύσεις Did 2:2
Μαγνησίᾳ Mag Int
μάγον H Man 11:2 FL
μαζούς 1 Clem 20:10
μάθημα Diog 5:3
μαθηματικός Did 3:4
μαθητεία Tral 3:2
μαθητεύοντες Rom 3:1
μαθητεύομαι Rom 5:1
μαθητεύεσθαι Eph 3:1
μαθητευθῆναι Eph 10:1
μαθητής Diog 11:1 Eph 1:2 Tral
  5:2 Rom 4:2; 5:3
μαθητοῦ Mar 22:2
μαθητῇ Mar Ep 1
μαθητήν Pol 7:1
μαθηταί Pap 2:4 Mag 9:2, 3;
  10:1
μαθητῶν Pap 2:4
μαθηταῖς Diog 11:1, 2[2]
μαθητάς Pol 2:1 Mar 17:3
Μαιάνδρῳ Mag Int
μακαρίζω Eph 5:1
  μακαρίζει Philad 1:2
  μακαρίζετε H Sim 9:28:6
  μακαρίσεις Diog 10:8
  ἐμακάρισεν 1 Clem 1:2
μακάριος 1 Clem 43:1; 50:6 cit;
  56:6 cit 2 Clem 16:4; 19:4
  Bar 10:10 cit Philad 10:2
  Mar 21:1; 22:1   H Vis
  1:1:2; 3:8:4 H Man 8:9
  H Sim 5:3:9; 6:1:1[2] Did
  1:5
μακαρία 1 Clem 55:4
μακάριον H Sim 9:30:3

136

μακαρίου 1 Clem 47:1 Philip
3:2 Mar 22:3
μακάριον Mar 1:1; 19:1
μακάριοι 1 Clem 40:4; 44:5;
48:4; 50:5, 6 cit 2 Clem 19:3
Bar 11:8 Philip 2:3 cit H Vis
2:2:7; 3:3 H Sim 2:10;
5:3:9; 9:24:2; 29:3
μακάρια 1 Clem 35:1 Mar 2:1
μακαρίοις Philip 9:1
μακαρίοις Bar 1:2
μακαρισμός 1 Clem 50:7
μακράν Bar 20:2 Philip 3:3; 4:3;
6:1 Mar 5:1 H Vis 3:2:7,
9; 5:5; 6:1; 7:1 H Man 12:
2:4; 4:4 H Sim 1:1; 9:7:2
Did 5:2
μακρόβιον 1 Clem 16:11 cit
μακροθυμεῖ 1 Clem 49:5
ἐμακροθύμησεν Diog 9:2
μακροθυμήσατε Pol 6:2
μακροθυμία Bar 2:2 H Man 5:
1:6²; 2:3²
μακροθυμίας H Sim 8:7:6
μακροθυμία 1 Clem 62:2 Eph
3:1 H Man 5:1:3, 6
μακροθυμίαν 1 Clem 13:1; 64
Eph 11:1 H Man 5:2:8
Μακροθυμία H Sim 9:15:2
μακρόθυμος Bar 3:6 Diog 8:7
H Vis 1:2:3 H Man 5:1:1, 2
H Sim 8:11:1 Did 3:8
μακρόθυμον H Man 8:10
μακρόθυμον 1 Clem 19:3
μαλακίαν 1 Clem 16:3 cit
μαλακιῶν H Vis 3:11:2
μαλακίας H Vis 3:12:3
μαλακισθέντες H Vis 3:11:3
μεμαλάκισται 1 Clem 16:5 cit
Bar 5:2 cit
μαλακοί Philip 5:3 cit
μάλιστα 1 Clem 13:1; 43:6 Diog
1:1; 3:1 Eph 20:1 Philad
Int Pol 3:1 Mar 13:1 H Vis
1:1:8; 2:4 H Man 12:1:2
H Sim 8:6:5; 9:10:7
μᾶλλον 1 Clem 2:1; 14:1, 2; 21:5;

27:2; 41:4; 48:6²; 51:2²;
53:3 cit 2 Clem 2:1 cit, 3 cit;
4:4; 10:1, 3; 17:1 Bar 1:3;
19:8; 21:9 Diog 2:7, 8;
3:3; 6:9 Eph 5:1, 2; 16:2
Mag 12:1 Rom 3:3; 4:2;
5:1; 7:1, 2 Philad 5:1 Smyr
5:1² Pol Int; 2:1; 5:1 Mar
2:2; 19:1 H Sim 2:4; 9:
1:7, 8²; 17:5; 22:4; 24:1;
28:4 Did 4:8
μαμωνᾷ 2 Clem 6:1
Μανασσῆ Bar 13:5², 5 cit
μάνδραν Bar 16:5 cit
μανθάνω Rom 4:3
ἔμαθεν Bar 9:9 Mar Ep 1
μάθωμεν Mag 10:1
μάθετε 1 Clem 8:4 cit; 57·2
Bar 5:5; 6:9; 9:7, 8; 14:4;
16:2, 7, 8
μαθέτωσαν 1 Clem 21:8
μαθεῖν Diog 1:1; 4:1, 6; 11:2
Mar 10:1 H Sim 9:1:3
μαθόντα Bar 21:1
μαθόντες Mar 20:1
μεμαθηκέναι Diog 4:6
μαντεύονται H Man 11:4
μάντιν H Man 11:2
Μαξίμῳ H Vis 2:3:4
μεμαραμμένον H Vis 3:11:2
μεμαρασμένον H Vis 3:11:2 L
μεμαραμμένοι H Sim 9:23:2
μεμαρασμένοι H Sim 9:23:2 L
μεμαραμμέναι H Sim 9:1:7
μεμαρασμέναι H Sim 9:1:7 L
μεμαραμμένας H Sim 9:23:1
μεμαρασμένας H Sim 9:23:1 L
μαρὰν ἀθά Did 10:6
μαργαρίτας Eph 11:2
Μαρίας Eph 7:2; 18:2; 19:1
Tral 9:1
Μαριάμ 1 Clem 4:11
Μαρκιανοῦ Mar 20:1 L
Μαρκίωνος Mar 20:1; Ep 2
Μαρκίωνι Mar Ep 2
Μαρκιωνισταί Mar Ep 2
Μάρκος Pap 2:15²

137

Μαρτίων Mar 21:1
μαρτυρεῖ Bar 15:4 Mar 21:1
  μαρτυροῦσιν Philad 11:1
  μαρτυρείτω 1 Clem 38:2
  μαρτυρεῖσθαι 1 Clem 38:2
  μαρτυρουμένης Diog 12:6
  ἐμαρτύρησεν Mar 22:1; Ep 3
    H Sim 5:2:6
  μαρτυρήσῃ H Sim 5:7:1
  μαρτυρήσας 1 Clem 5:4, 7 Mar
    19:1
  μαρτυρήσαντας Mar 1:1
  ἐμαρτυρήθη 1 Clem 17:2
  μεμαρτυρημένου Eph 12:2 Phi-
    lad 11:1
  μεμαρτυρημένῳ 1 Clem 18:1
  μεμαρτυρημένοι Philad 5:2
  μεμαρτυρημένων 1 Clem 19:1
  μεμαρτυρημένοις 1 Clem 47:4
  μεμαρτυρημένους 1 Clem 17:1;
    44:3
μαρτυρία 1 Clem 30:7 Bar 1:6
  μαρτυρίας Mar 1:1; 13:2; 17:1
  μαρτυρίᾳ H Sim 5:2:6
μαρτυρίου 1 Clem 43:2, 5 Mar
  18:2; Ep 1
  μαρτύριον Bar 8:3, 4; 9:3 cit
    Diog 4:4 Tral 12:3 Philad
    6:3 Philip 7:1 Mar 1:1;
    19:1
  μαρτύρια Mar 2:1
μάρτυς Philad 7:2 Mar 16:2;
  19:1
  μάρτυρος Mar 15:2
  μάρτυρες 1 Clem 63:3 Mar 2:2
  μαρτύρων Mar 14:2
  μάρτυρας Mar 17:3
μαρυκώμενον Bar 10:11 cit
  μαρυκώμενα H Sim 9:1:9
μαστιγοῖ 1 Clem 56:4 cit
  μαστιγοῦσιν Tral 4:1
  μαστιγούμενα H Sim 6:3:1
  μαστιγωθείς 2 Clem 7:4
μάστιγος 1 Clem 56:10 cit
  μάστιγα H Sim 6:2:5
  μάστιγες 1 Clem 22:8 cit
  μαστίγων 1 Clem 17:5

μάστιξι Mar 2:2
  μάστιξιν Mar 2:2 F
  μάστιγας Bar 5:14 cit H Vis
    3:2:1; 4:2:6
μαστῶδες H Sim 9:1:4
ματαιολογίαν Philip 2:1
ματαιοπονίαν 1 Clem 9:1
ματαία Bar 16:2
  μάταιον Bar 2:5 cit
  ματαίας 1 Clem 63:1 H Man
    11:8
  ματαίῳ Bar 19:5
  ματαίαν H Sim 5:1:4
  ματαίων 2 Clem 19:2 H Man
    12:6:5
  ματαίων H Man 12:2:1
  ματαίαις H Sim 6:2:2
  ματαίας 1 Clem 7:2
  μάταια Bar 20:2 Philad 1:1
    H Sim 1:1 Did 5:2
ματαιότητος Bar 4:10
  ματαιότητι Tral 8:2 cit
  ματαιότητα Philip 7:2
ματαιωμάτων H Man 9:4 H Sim
    5:3:6
μάτην H Sim 5:4:2²; 6:1:3; 9:
    4:8; 13:2
Ματθαῖος Pap 2:4, 16
μάχαιρα 1 Clem 8:4 cit
  μαχαίρας Smyr 4:2
  μάχαιραν Smyr 4:2
μαχομένους Bar 19:12 Did 4:3
μεγαλεῖον 1 Clem 26:1; 49:3
  μεγαλείων H Vis 4:1:8
  μεγαλεῖα 1 Clem 32:1 H Vis
    4:2:5 H Sim 9:18:2
μεγαλειότης 1 Clem 24:5
  μεγαλειότητος Diog 10:5
  μεγαλειότητι Rom Int
  μεγαλοπρεπείᾳ 1 Clem 60:1
  μεγαλοπρεποῦς 1 Clem 61:1
  μεγαλοπρεπεῖ 1 Clem 9:1, 2
  μεγαλοπρεπῆ 1 Clem 45:7
  μεγαλοπρεπές 1 Clem 1:2; 64
  μεγαλοπρεπέσι 1 Clem 19:2
ἐμεγαλορημόνησεν 1 Clem 17:5
  μεγαλορήμονα 1 Clem 15:5 cit

138

μεγαλορρημοσύνας Eph 10:2
μεγαλορημοσύνας Eph 10:2 FL
μεγαλύνωμεν 1 Clem 15:5 cit L
μεγαλυνῶ 1 Clem 10:3 cit
μεγαλυνοῦμεν 1 Clem 15:5 cit
ἐμεγαλύνθησαν 1 Clem 32:3
μεγάλως 1 Clem 1:1; 17:2, 5
　　Philip 1:1 H Vis 1:3:3; 3:
　　4:1 H Sim 5:5:4; 8:5:6 FL;
　　9:18:4
μεγαλωσύνη 1 Clem 20:12; 61:3;
　　64; 65:2 Mar 20:2; 21:1
μεγαλωσύνης 1 Clem 16:2; 27:
　　4; 36:2 cit; 58:1
μέγας 1 Clem 20:11 Pap 4 L Mar
　　9:1 H Man 7:4 H Sim 8:
　　3:3; 9:3:1 Did 14:3
μεγάλη 2 Clem 5:5 Bar 1:4;
　　6:4 cit Tral 3:2 H Vis 1:
　　1:8 H Man 4:1:2; 2:2²;
　　5:2:3, 4; 12:4:2 H Sim 8:
　　6:1
μέγα 1 Clem 50:1 2 Clem 2:6
　　Pap 3 H Vis 4:1:3 H Sim
　　2:7; 8:3:2; 9:14:5; 22:3
μεγάλου Pol 3:1 H Vis 3:9:8
μεγάλης 1 Clem 53:5 2 Clem
　　15:4 Mar 15:1 H Vis 1:2:
　　4; 4:2:5; 3:6
μεγάλου Mar 8:1; 14:1 H Vis
　　4:2:4
μεγάλῳ H Man 5:2:3
μεγάλη Philad 7:1 Mar 12:2
　　H Vis 1:3:4²; 2:2:2; 3:8:9
　　H Sim 9:16:7
μεγάλῳ Philad 6:3 Mar 21:1
μέγαν 1 Clem 14:2 H Vis 3:
　　2:4 H Sim 6:2:5; 9:12:7
μεγάλην Diog 8:9 H Vis 1:2:
　　2; 2:2:7; 4:2:4 H Man 4:
　　1:1, 8; 3:6; 4:2; 8:2²; 9:
　　11; 11:21 H Sim 2:5; 5:1:
　　5; 6:1; 6:2:5; 8:1:1; 9:1;
　　9:2:1; 4:2
μέγα 1 Clem 10:3 cit; 18:2 cit;
　　26:1; 53:3 cit; 54:3 2 Clem

　　8:5 cit H Vis 3:2:4 H Sim
　　8:1:2; 9:1:4; 18:5; 28:6
μεγάλοι 1 Clem 37:4 Bar 8:4
μεγάλαι H Vis 1:1:3; 2:3:1
　　H Man 12:3:4
μεγάλα H Sim 9:14:4
μεγάλων 1 Clem 37:4 Mar 8:1
μεγάλων 1 Clem 19:2; 34:7
　　H Sim 9:1:7
μεγάλων Bar 1:2; 4:5 cit
μεγάλας 1 Clem 6:4 H Vis 2:
　　3:1; 3:2:1 H Sim 6:5:3;
　　7:2; 9:8:4; 23:1, 3
μεγάλα 1 Clem 6:4 2 Clem
　　13:3 Philip 13:2 H Sim 9:
　　2:5
μεγέθους Rom 3:3
μεγέθει Eph Int H Sim 9:6:1
μέγεθος Smyr 11:2 Mar 17:1
μέγιστος 1 Clem 5:7
μέγιστον H Vis 4:1:6
μέγιστοι 1 Clem 5:2
μέγιστα H Sim 9:1:9
μέθας 1 Clem 30:1
μεθιστάνει H Vis 1:3:4
　　μεταστήσῃ 1 Clem 44:5
μεθοδεύῃ Philip 7:1
μεθύσματος H Man 8:3
　　μεθυσμάτων H Man 6:2:5;
　　12:2:1
μέθυσος H Sim 6:5:5
μείζων 1 Clem 36:2 cit; 48:6 Bar
　　13:2 cit, 3, 5 cit
μείζονος H Vis 4:1:6²
μείζονα H Man 11:4 H Sim 5:
　　2:10; 8:10:2
μεῖζον Pap 3
μείζονες H Sim 9:7:5
μείζονας H Sim 9:9:3
ἐμείωσαν 1 Clem 47:5
μείωσιν Diog 4:4
μελανήσει H Sim 9:30:2
　　ἐμελάνησαν H Sim 9:8:7
μελανώτεραι 1 Clem 8:3 cit
μέλας Bar 4:9
　　μέλαν H Vis 4:3:2 H Sim 9:
　　1:5

μέλανος Bar 20:1
μέλανος H Sim 9:19:1
μέλαν H Vis 4:1:10
μέλανες H Sim 9:6:4²; 8:2,
4, 5; 19:1
μελάνων H Sim 9:8:2
μέλανας H Sim 9:8:1, 5
μέλανα H Sim 9:9:5; 13:8;
15:1, 3
μελετῶμεν Bar 4:11
μελετῶν Bar 19:10
μελετῶντες Bar 21:7
μελετώντων Bar 10:11
μελετᾶσθαι Eph 19:3
μελετήσει Bar 11:5 cit
μελέτη Bar 10:11
μέλι Bar 6:17 H Man 5:1:5³
μέλιτος H Man 5:1:5²
μέλιτι Bar 6:17
μέλι Bar 6:8 cit, 10 cit, 13 cit
H Man 5:1:5, 6
μέλισσαι Bar 6:6 cit
μέλλω Eph 20:1 Mar 8:2 H Vis
1:1:6; 3:8:11; 5:5 H Man
4:4:3; 5:2:8; 11:7,18 H Sim
5:2:1; 5:4
μέλλεις H Sim 1:5; 5:3:5
μέλλει Mag 5:1 H Sim 9:26:6
μέλλομεν H Sim 9:11:3
μέλλετε Bar 7:5 H Sim 1:1
μέλλουσι Diog 8:2
μέλλουσιν Bar 12:10
ἔμελλες H Sim 5:3:3, 7²
ἔμελλε H Sim 9:5:1
ἔμελλεν Bar 6:14; 7:3; 16:5
ἤμελλεν Bar 9:8
μέλλειν 1 Clem 42:3; 43:6
H Sim 9:5:7
μέλλων 2 Clem 6:3 Bar 7:2
μέλλουσα 2 Clem 10:4
μέλλοντος Bar 6:7; 7:10; 12:1,2
μελλούσης 2 Clem 5:5 Mar 11:2
H Vis 4:2:5
μέλλοντι 2 Clem 20:2
μελλούσῃ H Vis 2:2:3
μέλλοντα Bar 4:1; 5:10, 6:9;

7:5 Pol 8:2 Philip 5:2 H Sim
9:26:6
μέλλουσαν 1 Clem 24:1 2 Clem
10:3; 18:2 Eph 11:1 H Sim
8:6:2
μέλλον 1 Clem 31:3; 55:6
μέλλοντες H Vis 3:5:5 H Man
4:3:3 H Sim 4:2; 9:12:3;
30:3
μέλλουσαι H Sim 9:2:4, 5; 3:2
μελλόντων 1 Clem 42:4 Mar
13:3; 17:2; 18:2 H Sim 8:
6:2; 9:6:8
μελλόντων 1 Clem 28:1 Bar
1:7; 17:2 H Vis 1:1:8
μέλλουσι H Man 4:3:3; 12
3:3 H Sim 6:1:3
μέλλουσιν H Sim 9:3:4
μέλλουσιν Bar 4:9
μέλλοντας Bar 5:9 Mar 14:3
H Vis 2:2:8 H Sim 9:3:4
μέλλοντα Bar 5:3
μέλη 1 Clem 37:5; 46:7
μελῶν Diog 6:2 Tral 11:2 Rom
5:3
μέλη 1 Clem 46:7 Diog 6:6
Eph 4:2 Tral 11:2
μέλει Smyr 6:2 H Sim 9:13:6
ἐμέλησεν Bar 11:1 H Vis 2:3:1
μελήσῃ Bar 1:5
μεμφόμενος Diog 12:5
μέμψασθαι H Sim 9:10:4
μέν 1 Clem 12:4; 23:4 cit; 62:1
2 Clem 3:1; 9:5; 10:5;
11:3 cit Bar 1:2; 2:4; 4:6;
5:2; 7:9 cit; 8:7; 9:8; 10:
7, 9; 11:1, 8, 11; 14:4; 16:
7; 17:2; 18:1, 2; 19:9 Pap
2:15, 16; 3³ Diog 1:1; 2:2,
3, 7, 8, 9, 10²; 3:2, 5;
4:2, 5, 6; 6:3, 4, 7²; 7:
4 F; 8:2, 4, 8, 10; 9:1, 2,
5, 6; 10:1 Eph 6:2; 14:1;
18:2 Mag 4:1; 5:2 Tral
4:2² Rom 1:2 Pol 8:1 Phi-
lip 7:2 cit Mar 2:1, 2, 4 L;
5:1; 6:2; 7:1; 8:2; 9:1;

10:2; 14:1 FL; 17:3; 20:1;
22:2; Ep 1 H Vis 1:2:4;
3:2:5, 6, 7; 3:2, 3; 5:1²,
3; 6:2, 3, 4, 5; 7:1; 8:3, 5;
9:3, 7; 10:3, 4; 11:2; 4:
3:2 H Man 2:2, 5; 3:4; 4:
2:3; 5:2:4; 6:2:3, 10; 8:
6; 10:2:4; 3:2; 11:8, 12;
12:5:1 H Sim 2:5, 7; 4:1²,
4; 6:2:2, 4; 3:4; 7:2; 8:
3:5; 4:6; 5:1; 8:1; 9:1²;
10:3; 9:1:2², 6, 7; 6:6;
11:5; 12:2; 13:3; 15:2, 3,
4; 19:2; 20:1²; 21:1²; 22:
1; 23:2; 26:2; 28:3 Did
1:2, 5; 2:7; 4:5; 6:2; 12:2

μέντοι Pap 2:15 H Sim 6:1:6
μένει Bar 4:6 L Diog 6:4
   μένητε Eph 10:3 F
   μενέτω Pol 5:2; 6:2 H Man
    4:1:6
   μένετε Bar 21:4 Eph 10:3
   μένειν Pol 5:2 Mar 5:1 H Man
    4:1:10 H Sim 9:11:3
   μενούσης Pap 2:4
   μενόντων Bar 2:3
   μένοντας H Vis 3:2:9
   μενῶ H Sim 9:11:3
   μενεῖς H Sim 9:11:1
   μενεῖ Did 11:5; 12:2
   ἔμεινα H Sim 9:11:6, 7
   ἔμεινε H Sim 8:1:4
   ἔμειναν H Sim 9:13:9
   μείνῃ H Man 4:4:2 Did 11:5
   μεῖνον H Vis 3:1:9
   μείνας H Sim 9:11:8
   μείναντες H Vis 4:3:4
   μείναντας H Sim 9:13:4
μεριεῖ 1 Clem 16:13 cit
μερίσαι Mag 6:2
μέριμναν H Vis 4:2:4
   μερίμνας H Vis 3:11:3; 4:2:5
μεριμνᾶν Diog 9:6
μερίς 1 Clem 29:2 cit; 30:1
   μερίδα 1 Clem 35:8 cit
μερισμός Philad 8:1

μερισμόν Philad 2:1; 3:1; 7:2
   μερισμούς Philad 7:2 Smyr 7:2
μέρος H Vis 4:3:4, 5 H Sim 8:
   1:16; 2:9; 10:1
   μέρος 1 Clem 29:1 Bar 1:5
   Pol 6:1 Mar 14:2 H Vis 3:
   1:6; 6:4 H Sim 5:2:2; 8:
   5:6; 9:7:4
   μέρη H Vis 3:2:1²
   μέρη H Vis 3:1:9⁴; 6:4 H Sim
   8:1:12, 13; 5:3, 4, 6; 8:4;
   9:1; 9:2:3; 9:3
μέσον Mar 15:2
   μέσου 1 Clem 29:3 cit
   μέσῳ 2 Clem 5:2 cit Bar 12:2
   Diog 12:3 Mar 12:1; 18:1
   μέσον H Sim 9:12:7
   μέσην H Sim 9:7:5; 8:2, 4, 6
   μέσον Bar 7:11 H Sim 9:2:1,
   3; 6:1; 8:5; 11:7; 15:2
   μέσοις 2 Clem 18:2
   μέσους H Sim 9:8:2 FL
μεστή Bar 20:1 Did 5:1
   μεστοί 1 Clem 2:3 2 Clem 13:1
μεμεστωμένος Did 2:5
μετά (gen) 1 Clem 2:4 L; 8:2;
   31:3, 4; 33:1; 34:1; 35:8
   cit; 37:1; 42:3; 44:3; 46:
   3² cit (³FL); 51:2; 54:2; 62:
   2; 65:1, 2 2 Clem 12:2 cit,
   5 cit; 15:2, 3; 19:4 Bar
   1:5; 4:2; 7:4 cit, 5; 10:11⁴;
   11:5 cit; 19:2, 6²; 20:1;
   21:1,9 Diog 11:8; 12:1, 6,9
   FL Mag 13:1 Tral 6:2 Phi-
   lad 3:2 Pol 5:2 Philip 6:3
   Mar 7:1; 8:3²; 10:1; 13:1;
   22:2, 3; Ep 4 H Vis 1:3:
   2, 4; 2:2:6, 7; 4:3; 3:1:6;
   2:6; 3:3; 5:2; 8:8; 9:6;
   5:2 H Man 2:3; 3:3, 4;
   5:1:2, 7; 2:3, 6³, 8; 6:2:
   1, 3², 5 L; 8:6; 10:3:3²;
   11:13; 12:3:3 H Sim 3:2;
   5:3:2, 4², 9; 6:6; 7:6, 7;
   8:4:5; 9:1, 3²; 9:1:1; 7:
   3, 4; 8:2, 4, 5; 10:6, 7;

11:1, 3, 7; 13:5, 7; 17:4;
19:2; 22:4; 25:2; 27:3;
29:2 Did 3:9²; 8:1; 11:11;
14:2; 15:2
μετ' (gen) 1 Clem 2:3, 4; 15:1,
4 cit; 26:2 cit; 46:3 cit; 53:5;
56:1; 58:2 2 Clem 4:5 cit
Tral 12:2 Smyr 11:3; 12:1
Pol 6:1, 2; 8:2 Mar 5:1
H Vis 1:4:3; 3:1:9²; 2:2,
5; 8:11; 10:1 H Man 4:1:
4, 5; 2:1; 5:1:7; 2:1; 6:
2:2; 11:2 FL; 12:6:4 H Sim
tit; 5:1:1; 3:4; 4:5; 6:1:5;
3:2; 7:6; 9:6:2²; 9:6; 10:
1; 11:3, 4, 5³, 6, 7, 8; 15:6;
16:5, 6, 7 Did 1:4; 16:7
μεθ' (gen) 1 Clem 15:1; 21:1;
61:3; 65:2 Bar 21:2, 8 Tral
3:2 Pol 6:2 Mar 22:1 H Man
12:4:7; 6:1 H Sim 5:4:5;
9:7:3 F; 11:1, 3 Did 12:4
μετά (acc) 1 Clem 23:4 cit; 51:5
2 Clem 5:4² cit; 8:3; 11:3 cit;
19:1 Bar 4:14; 20:1 Pap 3
Smyr 3:1, 3 Pol 4:1 H Vis
1:1:1, 2, 3; 2:1; 3:3; 2:
1:3; 2:1, 4; 3:1:8; 8:11;
9:5; 4:1:1; 2:1 H Man 4:
1:7; 3:6 H Sim 5:2:5, 9;
6:1:5; 7:1; 8:1:3; 2:5, 6,
8, 9; 4:1; 6:1; 11:1; 9:1:
1; 2:5; 4:3³; 5:2; 6:1;
7:6, 7; 9:6; 13:8; 17:5;
18:3², 4; 29:4 Did 10:1
μετ' (acc) 1 Clem 20:8 Mar
11:2 H Sim 8:2:9; 11:5;
9:5:5, 6
μεθ' (acc) 1 Clem 4:1 cit
μετέβη Mar 6:1
μεταβῶμεν Bar 18:1
μεταβάλεσθε Mag 10:2
μετεγραψάμην H Vis 2:1:4
μετεγράψατο Mar 22:2; Ep 1, 4
μεταγράψωμαι H Vis 2:1:3
μετηγάγετε 1 Clem 44:6
μεταδίδοτε H Vis 3:9:2

μεταδιδοῦσιν H Vis 3:9:4
μεταδοῦναι Bar 1:5
μετακόσμια Diog 12:9
μεταλαμβάνετε H Vis 3:9:2
μεταλαμβανέτωσαν 1 Clem 21:8
μεταλαμβάνειν Diog 3:5
μεταλαμβάνοντες 2 Clem 15:5
μεταλήψεται 2 Clem 14:3, 4
μεταληψόμεθα 2 Clem 16:2
μετέλαβον H Vis 3:7:6
μεταλάβωμεν 1 Clem 35:4
μεταλάβητε 2 Clem 14:3
μεταλαβεῖν 2 Clem 14:5
μετειληφότες 1 Clem 19:2
μεταμεμορφωμένον Diog 2:3
μετανοεῖ H Man 4:2:2; 10:2:3
μετανοοῦσι H Man 11:4
μετανοοῦσιν H Vis 3:7:3 H Sim
8:7:3
μετανοῇ H Man 4:1:9
μετανοείτω Did 10:6
μετανοεῖν 2 Clem 8:3 Smyr 9:1
Mar 7:2 H Vis 3:5:5 H Man
12:3:3 H Sim 6:1:3; 8:6:
2, 5; 9:26:6
μετανοοῦντος H Sim 7:5
μετανοοῦντα H Man 4:1:8 H Sim
7:4
μετανοοῦντες H Sim 6:1:4
μετανοούντων H Man 12:6:1
H Sim 7:4; 8:9:4
μετανοοῦσιν Philad 8:1 H Man
4:2:2
μετανοήσει 2 Clem 15:1 H Sim
8:11:2
μετανοήσουσι H Sim 8:11:2
μετανοήσουσιν H Vis 1:1:9;
3:2 H Sim 8:6:6²; 9:23:2²
μετενόησε H Sim 8:6:4
μετενόησεν H Man 10:2:4
μετενόησαν H Sim 4:4; 8:6:1,
2, 6; 7:5; 8:2², 5; 9:2;
10:1, 3; 9:22:3; 23:2; 26:8
μετανοήσῃς Mar 11:1, 2
μετανοήσῃ H Man 4:1:5, 7;
3:6; 9:6 Did 15:3

μετανοήσωμεν 2 Clem 8:1, 2; 13:1; 17:1
μετανοήσητε H Vis 4:2:5; 5:7
μετανοήσωσι H Sim 6:3:6; 5:7; 7:2²; 8:6:3; 8:3³, 5; 11:1 L, 3; 9:14:1, 2; 20:4; 22:4²
μετανοήσωσιν Philad 8:1 Smyr 4:1; 5:3 H Vis 2:2:4; 3: 3:2; 5:5³ H Man 5:1:7 H Sim 8:11:1; 9:14:2; 19: 2; 21:4²; 26:8²
μετανόησον Mar 9:2
μετανοήσατε 1 Clem 8:3 cit H Sim 9:23:5
μετανοῆσαι 2 Clem 9:8; 16:1; 19:1 H Vis 3:5:5; 7:2 H Man 4:2:2² H Sim 8:6: 5, 6
μετανοήσαντες 1 Clem 7:7 2 Clem 13:1 Philad 3:2 H Vis 3:13:4²
μετανενοήκασι H Sim 8:7:3
μετανενοήκασιν H Sim 7:4²; 8: 7:3
μετανενοηκότας H Sim 8:6:6; 7:2
μετάνοια 2 Clem 16:4 Mar 11:1 H Vis 2:2:5²; 3:7:5 H Man 2:7; 4:1:8, 10; 2:2; 3:1; 12:3:2 H Sim 6:1:3; 2:3; 7:6; 8:6:6; 7:2; 8:5; 9:4²; 9:19:1, 2, 3³; 20:4; 22:4; 26:5, 6
μετανοίας 1 Clem 7:4, 5; 8:1, 2, 5; 62:2 2 Clem 8:2 Eph 10:1 H Vis 2:2:5; 5:8 H Man 4:2:2; 3:5; 12:4:7; 6:1 H Sim 6:2:4; 8:6:1; 7:2; 10:2; 9:1:1; 14:3; 23:5; 24:4
μετάνοιαν 1 Clem 7:6; 8:2 cit; 57:1 Bar 16:9 H Vis 3:7:5; 4:1:3 H Man 4:1:8; 3:3, 4, 5, 6 H Sim 8:3:5; 6:2²; 8:2, 3; 10:3; 11:1; 9:26:6
μεταξύ 1 Clem 44:2, 3; 63:3 Bar 13:5 Diog 7:2 Philad 7:1

Smyr 4:2² Mar 16:1 Did 1:1
μεταπαραδιδόασιν 1 Clem 20:9
μεταπεμψάμενος Rom 2:2
μετατίθεσθαι Mar 11:1
μετατεθήσονται H Vis 3:7:6
μετετέθη 1 Clem 9:3
μετατεθῆναι H Vis 3:7:6
μετάθες Bar 13:5 cit
μεταθέντες Mar 8:2
μετενεχθῆναι H Sim 9:6:5; 8:1
μετέπειτα H Vis 2:4:2
μετέχετε Eph 4:2
μετέχουσι Diog 5:5
μετέχητε Eph 4:2 F
μετασχεῖν 1 Clem 8:5 Diog 8:11
μετοπωρινοί 1 Clem 20:9
μέτοχος H Man 4:1:9
μέτοχον Eph 11:2
μετόχους 1 Clem 34:7
μετρῶ Tral 4:1
μετρεῖτε 1 Clem 13:2 cit Philip 2:3 cit
μετρηθήσεται 1 Clem 13:2 cit
ἐμέτρησεν Bar 16:2 cit
μέτρια 1 Clem 1:3
μέτρῳ 1 Clem 13:2 cit Philip 2:3 cit
μέτρα Diog 7:2
μετώπου H Vis 4:2:1
μέχρι 1 Clem 4:9² Pap 3² Diog 9:1; 10:7 Mag 8:1 Rom 4:3; 5:1 Smyr 5:1 Philip 1:2 Mar 2:2 H Vis 2:2:4; 3:10:9 H Sim 9:11:7; 15:6
μέχρις Smyr 5:3 H Vis 4:1:9 H Sim 6:5:3; 9:11:1 Did 1:5, 6
μή (adv) 1 Clem 4:4 cit, 10 cit; 8:4 cit; 13:1 cit; 15:1; 18:11² cit; 20:4; 21:1, 4, 7; 22:3 cit; 23:2; 27:2², 5; 30:3, 5 cit, 6; 34:4; 35:11 cit; 38:2³ (⁴L); 39:4 cit, 5 cit, 6 cit; 41: 1; 43:6; 45:7; 46:8 cit; 48:6; 50:2, 6 cit; 52:1; 55:1; 56:1, 5 cit, 6 cit, 8 cit,

10 cit, 11 cit, 13 cit; 60:2
2 Clem 1:6, 7, 8; 3:1, 4²;
4:1, 3³, 5 cit; 5:1, 4² cit, 6²;
6:9²; 7:1, 3, 6; 9:1, 2, 10;
11:1², 5; 13:1², 2; 14:1, 3;
15:5; 16:2; 17:1, 3²; 18:1;
19:2, 4; 20:4 Bar 2:6, 7 cit,
8² cit, 9², 10; 3:6; 4:2, 6,
9³, 10; 5:10²; 6:3, 10;
7:2, 3 cit; 9:5 cit; 10:2,
4, 5², 6 cit L, 6, 7, 8; 11:1,
3 cit; 12:2, 3; 15:6; 17:1,
2; 19:2, 4, 5³, 6², 7², 9;
21:2, 8 Pap 3² Diog 1:1;
2:1, 2, 7, 10²; 3:1, 5; 4:6;
7:7; 9:6; 10:4, 7; 11:2, 7;
12:3, 6 Eph 5:2, 3²; 8:1;
9:1, 2; 10:2, 3; 11:1; 15:1;
16:1; 17:1; 20:2 Mag 3:1;
4:1²; 5:2; 8:1²; 10:1, 2;
11:1 Tral 4:1²; 5:1, 2; 7:1;
8:2²; 12:3² Rom 1:2; 2:2;
3:2³; 4:1², 2; 5:2; 6:2³;
7:1, 2; 9:3 Philad 3:1, 3;
6:1², 3; 8:2 Smyr 4:1;
5:2²; 6:1; 7:1; 10:1 Pol
3:1; 4:1, 3³; 5:2; 6:2 Phi-
lip 2:2 cit, 3² cit; 5:2²; 6:1³;
7:1 cit, 1, 2 cit Mar 1:2 cit,
2; 6:1; 7:2; 8:3; 10:2;
11:1, 2; 12:1, 2²; 13:2;
16:1; 17:2 H Vis 1:1:6, 8;
3:2²; 2:2:5, 7; 3:1, 2; 3:
2:2, 6, 8, 9²; 3:1, 4; 5:3;
6:2², 3, 5, 6²; 7:3, 5, 6;
9:2, 3², 4, 7, 10; 10:9; 11:
2, 3; 12:2; 13:2; 4:1:4,
7, 9; 2:4², 6; 3:6; 5:5, 7
H Man 1:1; 2:1, 2, 4², 6;
3:2, 4; 4:1:1, 5, 8², 9³;
3:1, 3; 5:1:2, 3², 5, 7;
2:6; 6:1:2; 2:10; 7:2², 5;
8:2⁴, 4, 7², 8, 9, 10²(³FL),
11, 12²; 9:2², 5, 6, 7, 8²,
10, 11, 12; 10:2:5; 3:2;
11:6, 11, 12; 12:1:2²; 2:3;
3:5, 6²; 4:1, 6, 7; 5:1, 4;

6:1, 2 H Sim 1:5, 6, 8, 10²,
11; 2:3², 5, 8; 3:1; 4:6²;
5:2:2, 4³; 3:1, 7; 4:2³, 4;
5:4; 6:7; 7:4; 6:1:2, 3;
2:4, 6²; 3:2, 5; 5:7; 7:3;
8:1:4; 2:2, 7, 8; 3:4, 7²;
4:5, 6; 6:3, 5, 6; 8:1, 3, 5;
9:1, 4²; 11:1, 3; 9:1:5;
2:6, 7²; 3:3; 4:8³; 5:1, 2,
3, 5, 6; 6:4; 7:2; 8:6; 9:7;
11:1, 2, 7, 8; 12:4², 5³, 6,
8; 13:2³, 9; 14:2, 3; 15:6;
16:2; 18:1, 2²; 19:2, 3;
21:1, 2, 4; 22:4; 23:5; 26:
3², 5, 6, 8; 28:6; 29:3 Did
1:2², 4, 5²; 3:2, 3, 4, 5, 6;
4:5, 10, 12, 13; 7:2, 3; 8:
1, 2; 9:5; 11:2, 5, 6, 11;
12:2, 4; 13:4; 14:2²; 15:
2, 3; 16:1², 2

μή (conj) 1 Clem 21:1; 44:5
2 Clem 2:2; 10:1 Eph 17:1
Tral 5:1 Rom 1:2 Mar 17:2
H Sim 1:5; 8:2:5; 9:9:6;
20:2 Did 6:1
μήγε 2 Clem 6:7 Did 11:9
μηδαμῶς H Vis 1:2:4
μηδέ 1 Clem 3:4²; 8:4 cit; 13:1²
cit; 20:4; 23:2; 34:4 2 Clem
4:3²; 12:5; 13:1; 20:1 Pap
3³ Mag 7:1²; 8:1 Rom 6:2
Smyr 4:1; 5:3 Pol 4:1, 3
Mar 8:3; 12:2; 17:1 H Vis
2:3:1; 3:6:2 H Man 2:2;
3:4; 5:2:6; 10:1:4; 3:2
H Sim 1:10, 11²; 4:5; 5:
7:4; 8:3:7; 9:19:3 Did
3:2³, 3², 4⁴(⁵F), 5², 6²; 8:2;
9:5; 15:3
μηδ' Rom 7:2 H Man 9:1 F
μηδείς Eph 5:2 Mag 6:2 Tral
8:2 Rom 7:1 Smyr 6:1;
8:1 Did 9:5; 11:12; 15:3
μηδεμία Eph 8:1 H Sim 5:1:5
μηδέν Eph 11:2 Mag 6:2 Rom
5:3 Pol 4:1
μηδενός H Man 2:2

μικρά 2 Clem 6:6
μικρῶν 1 Clem 37:4 Mar 8:1
μικρῶν H Sim 9:1:7
μικρῶν 2 Clem 1:2
μικρούς 1 Clem 57:2
μικράς H Sim 8:10:1; 9:23:
1, 2
μικρά 2 Clem 1:1, 2² H Sim
8:1:2; 10:1
μικρότερος Mag 11:1
μίλιον Did 1:4
ἐμιμοῦντο Smyr 12:1
    μιμεῖσθαι Mar 19:1
    μιμήσεται Mag 10:1
    μιμήσηται Mag 10:1 F
    μιμήσασθαι Diog 10:5
μιμήματα Philip 1:1
μιμητής Diog 10:4², 6
    μιμητήν Rom 6:3
    μιμηταί 1 Clem 17:1 Eph 1:1;
        10:3 Philad 7:2 Philip 8:2
        Mar 1:2
    μιμητάς Tral 1:2 Mar 17:3
μνησθήσομαι 1 Clem 50:4 cit
    μνησθήσῃ Bar 19:10 Did 4:1
    ἐμνήσθη Bar 13:7
    μνήσθητι Did 10:5
    μνήσθητε 1 Clem 46:7
    μνησθείς H Vis 3:1:5; 4:1:8
    μέμνηται Mar Ep 1
    μεμνημένοι 1 Clem 13:1
Μισαήλ 1 Clem 45:7
μισεῖ 1 Clem 30:6 Diog 6:5² Eph
    14:2
    μισεῖτε Diog 2:6
    μισοῦσαν Diog 6:6
    μισοῦντες Bar 20:2 Diog 5:17
        Did 5:2
    μισούντων 1 Clem 60:3
    μισοῦντας 2 Clem 13:4 cit, 4
        Diog 6:6 Did 1:3
    μισῆται Rom 3:3
    μισήσεις Bar 19:2², 11 H Man
        12:1:1 Did 2:7; 4:12
    μισήσουσιν Did 16:4
    ἐμίσησας 1 Clem 35:8 cit
    ἐμίσησεν Bar 10:8 Diog 9:2

ἐμισήσατε Rom 8:3
ἐμίσησαν 1 Clem 57:5 cit
μισήσωμεν Bar 4:1, 10
μισῆσαι 2 Clem 6:6
μισήσαντες 2 Clem 17:7
μισθός 1 Clem 34:3 cit 2 Clem
    3:3; 15:1 Bar 4:12; 21:3
    Diog 9:2
    μισθοῦ Bar 19:11 Did 4:7
    μισθόν 2 Clem 1:5; 9:5; 11:
        5; 19:1; 20:4 Bar 1:5; 11:
        8; 20:2 H Man 11:12² FL
        H Sim 2:5; 5:6:7² Did 5:2
    μισθούς H Man 11:12²
μῖσος Did 16:3
Μῖσος H Sim 9:15:3
μίτρα H Vis 4:2:1
Μιχαήλ H Sim 8:3:3
μνεία 1 Clem 56:1 Bar 21.7
    μνείαν H Vis 3:7:3
μνήμην Mar 18:2
    μνήμας H Sim 6:5:3²
μνημονεύει Eph 12:2 H Sim 6:
    5:4
    μνημονεύωμεν 2 Clem 17:3
    μνημονεύετε Bar 21:7 Eph 21:1
        Mag 14:1 Tral 13:1 Rom
        9:1 H Vis 4:3:6
    μνημονεύειν Smyr 5:3
    μνημονεύων H Man 4:1:1
    μνημονεύοντες Philip 2:3 H Sim
        1:7
    μνημονεύουσιν Pap 2:3
    μνημονεύεται Mar 19:1
    ἐμνημόνευσα Pap 2:3 H Vis 1:
        3:3
    ἐμνημόνευσεν Pap 2:15
    μνημονεῦσαι H Vis 1:3:3; 2:
        1:3
    μνημονεύσας Mar 8:1
μνημοσύνῳ 1 Clem 45:8
μνημόσυνον 1 Clem 22:6 cit
μνησικακεῖ H Sim 9:23:4²
    μνησικακείτω Bar 2:8 cit
    μνησικακοῦντες H Man 9:3
    μνησικακήσεις Bar 19:4 Did
        2:3

146

μώλωπι 1 Clem 16 : 5 cit Bar 5 : 2 cit
μώμου 1 Clem 63 : 1
μωμοσκοπεῖται Philip 4 : 3
   μωμοσκοπηθέν 1 Clem 41 : 2
μωρίαν Diog 3 : 3
μωρός H Vis 3 : 6 · 5
   μωρά H Man 5 : 2 : 4; 12 : 2 : 1
   H Sim 9 : 22 : 2
   μωροῦ H Man 11 : 11
   μωροί 1 Clem 39 : 1 H Sim 8 :
   7 : 4; 9 : 22 : 4
   μωρά H Man 5 : 2 : 2
   μωρῶν H Man 12 : 2 : 1
   μωρῶν H Man 5 : 2 : 2
   μωραῖς H Sim 8 : 6 : 5
μωρῶς Eph 17 : 2
Μωϋσῆς 1 Clem 17 : 5; 43 : 1, 6;
   53 : 4 Bar 4 : 7 cit, 8; 6 : 8;
   10 : 1, 2, 9, 11², 12 : 2, 5, 6²,
   7, 8, 9; 14 : 2² cit, 2, 3 cit, 4²
   Μωϋσέως 1 Clem 51 : 5; 53 : 2
   Bar 4 : 6; 12 : 2, 7
   Μωσέως Smyr 5 : 1
   Μωϋσῆ Bar 12 : 2
   Μωϋσῆν 1 Clem 4 : 10, 12; 51 : 3
   Bar 14 : 3; 15 : 1
   Μωϋσῆ 1 Clem 53 : 2² cit Bar
   4 : 8² cit; 14 : 3² cit

ναί 1 Clem 60 : 3 Bar 14 : 1 H Vis
   3 : 3 : 1; 4 : 3 : 1 H Man 6 : 1 : 1
   H Sim 9 : 11 : 8
ναός Bar 4 : 11; 6 : 15; 16 : 5, 6,
   6 cit, 7², 8, 10
   ναοῦ 1 Clem 41 : 2 Bar 7 : 3;
   16 : 1, 9 Eph 9 : 1
   ναῷ Bar 16 : 2
   ναόν 1 Clem 23 : 5 cit 2 Clem
   9 : 3 Bar 16 : 3 cit, 9 Mag 7 : 2
   Philad 7 : 2
   ναοί Eph 15 : 3
ναοφόροι Eph 9 : 2
Ναυή 1 Clem 12 : 2 Bar 12 : 8, 9
νεανίαι H Vis 1 : 4 : 1
νεανίσκος H Vis 3 : 10 : 7

νεανίσκου H Vis 2 : 4 : 1 H Sim
   6 : 2 : 6
νεανίσκον H Sim 6 : 1 : 5
νεανίσκοι H Vis 3 : 4 : 1; 10 : 1
νεανίσκων H Vis 3 : 1 : 6; 2 : 5
νεανίσκοις H Vis 3 : 1 : 7; 2 : 5
νεανίσκους H Vis 3 : 1 : 8
Νεάπολιν Pol 8 : 1
νεκρός Bar 12 : 7 H Sim 9 : 16 : 3
   νεκρόν H Sim 8 : 8 : 1
   νεκροῦ H Man 12 : 6 : 2
   νεκροί H Sim 9 : 16 : 4, 6
   νεκρά H Sim 9 : 21 : 2
   νεκρῶν 1 Clem 24 : 1 2 Clem
   1 : 1 Bar 5 : 6; 15 : 9 Mag 9 : 3
   Tral 9 : 2 Philad 6 : 1 Philip
   2 : 1 cit, 1, 2; 5 : 2 Did 6 : 3;
   16 : 6
   νεκροῖς 2 Clem 3 : 1
   νεκρούς Bar 7 : 2
νεκροφόρος Smyr 5 : 2
νέκρωσιν H Sim 9 : 16 : 2, 3
ἐνέμοντο H Sim 9 : 1 : 8; 24 : 1²
νεομηνίας Bar 2 : 5 cit; 15 : 8 cit
νέος Diog 11 : 4
   νέον 1 Clem 52 : 2 cit
   νέαν Mag 10 : 2
   νέοι 1 Clem 3 : 3 H Vis 3 : 5 : 4;
   13 : 4
   νέοις 1 Clem 1 : 3 2 Clem 19 : 1
   νέους 1 Clem 21 : 6
νεότητος 1 Clem 63 : 3 Bar 19 : 5
   Did 4 : 9
νερτέρων 1 Clem 20 : 5
νεῦρα H Man 12 : 6 : 2
νεφελῶν Did 16 : 8
νέφος 2 Clem 1 : 6
νεωτερικήν Mag 3 : 1
νεωτερισμούς 1 Clem 30 : 1
νεώτερος H Sim 9 : 11 : 5
   νεωτέρα H Vis 3 : 10 : 5
   νεωτέρου Bar 13 : 5 cit
   νεωτέραν H Vis 3 : 10 : 4; 12 : 1;
   13 : 1
   νεώτεροι Philip 5 : 3
νήπια H Man 2 : 1 H Sim 9 : 29 : 1
   νηπίοις Tral 5 : 1

νηπίους 1 Clem 57:7 cit
νηπιότητος H Sim 9:29:2
  νηπιότητι H Sim 9:29:1
  νηπιότητα H Sim 9:24:3
νηστεία 2 Clem 16:4 Bar 3:3 cit
  H Sim 5:1:2, 3³; 3:5, 6, 8
  νηστείας 1 Clem 55:6 Diog 4:1
  νηστεία 1 Clem 53:2 Bar 7:4
  cit H Sim 5:2:1
  νηστείαν Bar 3:1 cit, 2 cit; 7:
  3 cit H Sim 5:1:4², 5; 3:5,8
  νηστεῖαι Did 8:1
  νηστείαις Philip 7:2
νηστεύω H Sim 5:1:2²
  νηστεύεις H Sim 5:3:7
  νηστεύετε Bar 3:1 cit H Sim 5:
  1:2, 3
  νηστεύουσι Did 8:1
  νηστεύετε Did 1:3
  νηστεύειν H Sim 5:1:3²
  νηστεύων Bar 4:7 cit 14:2 cit
  H Sim 5:1:1, 4
  νηστεύοντος Bar 7:5
  ἐνήστευσα H Vis 3:10:7
  νηστεύσῃ Bar 7:3 cit
  νήστευσον H Vis 3:10:6 H Sim
  5:1:4
  νηστεύσατε Did 8:1
  νηστεῦσαι Did 7:4
  νηστεύσας H Vis 3:1:2
  νηστεύσαντος H Vis 2:2:1
νῆφε Pol 2:3
  νήφοντες Philip 7:2 cit
  νήψωμεν 2 Clem 13:1
νήχεται Bar 10:5
νικῶσι Diog 5:10
  ἐνίκα Bar 12:2
  'νικᾶν Pol 3:1
  νικωμένους Diog 7:7
  ἐνίκησαν H Sim 8:3:6 L
  νικήσῃς 1 Clem 18:4 cit
  νικήσωμεν 2 Clem 16:2
  νικηθείς H Man 12:5:2
Νικήτης Mar 8:2
  Νικήτην Mar 17:2
νῖκος H Man 12:2:5(²F)
Νινευΐταις 1 Clem 7:7

νοῶ H Man 4:2:1; 10:1:3 H Sim
  5:6:1
  νοεῖς H Vis 3:6:5 H Man 10:
  1:2; 12:4:2 H Sim 1:3;
  6:4:3
  νοεῖ H Sim 6:5:3
  νοεῖτε H Sim 9:28:6
  νοοῦσι H Man 10:1:4, 5 FL, 6
  νοοῦσιν H Man 10:1:5 H Sim
  2:8
  ἐνόουν H Sim 6:4:3
  νοῆς H Sim 9:2:6
  νοεῖτε Bar 4:14; 7:1; 8:2
  νοεῖν 1 Clem 1:3 Tral 5:2
  H Sim 9:2:6 FL
  νοῶν H Sim 5:4:2
  νοούμενος Diog 11:2
  νοήσω H Man 6:2:5
  νοήσεις H Man 10:1:6
  νοήσει Bar 6:10
  ἐνόησα Smyr 1:1
  νοήσῃς H Man 6:1:1 H Sim
  6:5:2
  νοήσωμεν 1 Clem 19:3; 27:3
  νοήσητε Bar 17:2
  νοησάτω Rom 6:3
  νοῆσαι Bar 10:12 Diog 8:11
  H Vis 3:8:11 H Sim 5:3:1;
  5:4²; 9:2:6; 9:2; 14:4
  νοήσαντες Bar 10:12
  νενόηκα H Sim 6:5:1
νομῆς 1 Clem 59:4 Bar 16:5 cit
νομίζω Diog 4:1, 6
  νομίζομεν 1 Clem 1:1; 26:1;
  44:3
  νομίζετε Diog 2:1
  νομίζων Diog 12:6
  νομίζοντες Diog 2:7
  νομιζομένους Diog 1:1
νομίμοις 1 Clem 1:3; 3:4; 40:4
  νόμιμα H Vis 1:3:4
νομίσματα Mag 5:2
ἐνομοθέτησεν Bar 10:11
  νενομοθετημένοις 1 Clem 43:1
νομοθέται Bar 21:4
νόμος Bar 2:6 Smyr 5:1 H Sim
  8:3:2², 4

νόμου Diog 11:6 H Sim 8:3:
  6, 7
νόμῳ Bar 3:6 Mag 2:1 H Sim
  1:5, 6²; 8:3:5
νόμον Mag 8:1 H Sim 1:5⁴; 5:
  6:3; 8:3:3, 4, 5, 7
νόμοις Diog 5:10 H Sim 1:3, 4
νόμους Diog 5:10
νόσῳ H Sim 6:5:5
  νόσους Pol 1:3 cit
νοσσιᾶς Bar 11:3 cit
νοσσοί Bar 11:3 cit
νοσφισάμενοι H Sim 9:25:2
νουθεσίᾳ Eph 3:1
ἐνουθέτεις H Vis 1:3:1
  νουθετῇ 2 Clem 19:2
  νουθετεῖν H Man 8:10
  νουθετῶν H Vis 1:3:2
  νουθετοῦντες 1 Clem 7:1
  νουθετοῦνται H Vis 3:5:4
  νουθετεῖσθαι 2 Clem 17:3
  νουθετήσει H Vis 2:4:3
  νουθετήσωμεν 2 Clem 17:2
νουθέτημα 1 Clem 56:6 cit
νουθέτησις 1 Clem 56:2
νουμηνίας Diog 4:1
νοῦς Mag 7:1 H Man 10:1:5 FL
  H Sim 9:18:4
  νοός H Sim 9:17:2
  νοΐ H Sim 9:17:2
  νοῦν Bar 6:10 Diog 9:6; 10:2;
  11:5 H Sim 9:17:4
νυμφῶνος H Vis 4:2:1
νῦν 1 Clem 6:3 cit;):4 cit; 15:
  6 cit; 61:3; 64 2 Clem 10:5;
  14:2; 19:4; 20:2 Bar 4:1,
  6, 9; 6:18, 19; 11:8; 15:6,
  8; 16:4; 18:2 Pap 3 Diog
  1:1; 2:3(²F), 4, 7 L; 9:1, 6
  Eph 3:1; 14:2 Mag 8:1
  Tral 4:1; 13:3 Rom 4:3²;
  5:3 Philad 11:1 Smyr 5:1
  Philip 1:2; 5:2; 9:2 cit Mar
  14:3 H Vis 1:1:6; 2:2:8;
  3:3:3; 5:1, 5; 6:7; 8:3;
  9:2, 7 H Man 3:5²; 4:3:3²;
  4:3;5:2:1;6:1:1;2:1,4L;

11:11FL,20;12:3:6;6:4(²L)
  H Sim 5:5:1; 7:1, 4; 7:5;
  8:6:3; 9:1:2; 11:9; 14:4;
  17:1; 20:4; 26:6; 29:4;
  30:4
νυνί 1 Clem 47:5 2 Clem 2:3
νύξ 1 Clem 20:2; 24:3³; 27:7 cit
  νυκτός 1 Clem 2:4 Bar 19:10
  Rom 5:1 H Vis 3:10:6 Did
  4:1
  νυκτί 1 Clem 27:7 cit Diog 7:2
  H Vis 3:1:2; 10:7
  νύκτα Mar 5:1 H Sim 9:11:
  6, 8
  νυξί Diog 2:7
  νύκτας 1 Clem 53:2 Bar 4:7
  cit; 14:2 cit
Νῶε 1 Clem 7:6; 9:4 2 Clem
  6:8 cit
νωθρός 1 Clem 34:1
νῶτον Bar 5:14 cit

Ξανθικοῦ Mar 21:1
ξενισθήσονται 2 Clem 17:5
ξενισμόν Eph 19:2
ξένη Diog 5:5²
  ξένης 1 Clem 1:1 H Sim 1:
  1, 6
  ξένοι Diog 5:5
  ξένας H Sim 8:6:5
  ξένα Diog 11:1
ξηραινόμεναι H Sim 9:21:1
  ἐξηράνθησαν H Sim 9:21:3
ξηρόν H Sim 8:1:14
  ξηρᾶς H Vis 3:2:7; 5:3
  ξηρόν H Sim 8:1:11, 12; 5:
  2, 3, 5; 8:4
  ξηροί H Sim 4:4; 9:21:2
  ξηραί H Sim 8:4:4; 5:2; 6:4;
  9:1:6
  ξηρά 1 Clem 24:5 H Sim 3:1,
  2, 3; 8:1:15; 2:6; 9:21:
  1, 2
  ξηράς H Sim 8:1:6, 7; 4:4,
  5³, 6²; 5:3, 4; 6:5; 8:1;
  10:3

ξηρά H Sim 3:1; 4:1², 4; 8:1:
  13; 5:4, 6; 9:1; 10:1; 9:1:6
ξιφίδιον Mar 16:1
ξύλον Bar 11:6 cit; 12:1 cit Diog
  2:2; 12:1, 2² H Sim 2:3
ξύλου 1 Clem 23:4 Bar 5:13;
  8:5; 12:1 cit, 7
ξύλῳ 1 Clem 23:4 cit 2 Clem
  11:3 cit Bar 8:5 F
ξύλον Bar 8:1, 5 Diog 12:3², 8
  Philip 8:1 cit
ξύλα H Sim 4:4
ξύλα 2 Clem 1:6 Mar 13:1

δ 1 Clem 3:1 cit; 4:2 cit, 4 cit, 8;
  7:1, 5; 8:2; 9:4; 10:1, 4,
  6 cit; 11:1; 12:2, 4, 5³; 13:
  1⁴ cit, 3; 15:2 cit; 16:1, 2,
  3 cit, 17³; 17:5; 18:1, 2 cit,
  10 cit, 14² cit, 17 cit; 20:11;
  21:8; 22:2 cit, 7² cit, 8 cit FL;
  23:1, 4, 5² cit; 24:1, 4, 5;
  26:1; 27:2; 29:2 cit; 30:4²
  cit, 6²; 31:2; 32:2, 4; 33:1,
  2, 5, 5 cit, 7; 34:1², 3² cit;
  35:3², 7 cit, 11 cit; 36:2, 3 cit,
  4; 38:2⁸, 3; 39:9 cit; 40:1,
  5²; 42:1, 2; 43:1, 4; 45:7;
  49:1, 6; 50:2, 4 cit, 7; 52:
  1, 2; 53:2, 2 cit; 54:3; 56:
  3, 3 cit, 6 cit, 13 cit; 57:7 cit;
  58:2³; 59:2, 4²; 60:1³;
  61:3; 64² 2 Clem 1:6; 2:3,
  7; 3:3, 5 cit; 4:2² cit, 5; 5:
  2, 3, 4; 6:1, 3²; 7:1, 4, 5,
  6 cit; 8:2, 5, 5 cit; 9:5², 11;
  11:2, 4 cit, 6; 12:2; 13:2,
  4; 14:1 cit, 2 cit, 2², 4³, 5;
  15:2, 4; 16:4; 17:4, 5 cit;
  19:4; 20:4 Bar 1:7; 2:6,
  10; 3:5 cit, 6²; 4:3², 4, 8 cit,
  9², 12², 13; 5:1, 5², 11, 12,
  13; 6:1² cit, 2, 3 cit F, 3 F,
  4, 4 cit, 6, 7, 8, 8 cit, 10³, 13,
  18; 7:1, 2², 3², 6 cit, 7 cit, 7, 8,
  9; 8:1², 2², 6; 9:2² cit, 5² cit,

6, 8, 9; 10:3, 6, 10, 11³,
  12 FL; 11:2, 2 cit, 4, 4 cit,
  6 cit, 7² cit; 12:2, 8², 9 cit,
  10; 13:1², 2 cit, 3², 4, 5, 5 cit;
  14:2, 3 cit, 4 F, 6, 7, 7 cit, 8,
  8 cit, 9; 15:3 cit, 5, 6, 9;
  16:2 cit, 5², 8², 9, 10; 18:2²;
  19:4, 11; 21:1², 3², 5², 9
  Pap 2:4, 15; 3; 4⁷L Diog
  2:2⁶, 9; 3:4; 6:5, 10;
  7:2(²F); 8:7²; 9:2²; 10:2;
  11:2, 4², 5²; 12:1, 5, 6², 9
  Eph Int; 1:3; 2:1²; 5:3,
  3 cit; 6:1; 7:2; 13:1; 15:
  1, 2; 16:2²; 17:1, 2; 18:2²;
  19:1²; 20:1 Mag Int; 3:2;
  5:1; 7:1; 8:2; 10:3; 12:1
  cit; 13:2 Tral Int; 1:1; 4:2;
  6:2; 7:2² (³FL); 9:2; 11:2;
  13:3 Rom Int; 2:2; 3:3²;
  4:2; 6:1; 7:1, 2; 8:2 Phil-
  ad Int; 2:1; 8:1, 2²; 9:1²;
  11:1, 2 Smyr Int; 4:2 L;
  5:1, 2; 6:1 cit; 7:1; 8:2;
  9:1² Pol Int; 1:2; 2:2 cit L, 3;
  5:1, 2; 6:1, 2 Philip 1:2 cit;
  2:1, 2, 3; 3:3; 7:2 Mar 1:
  1, 2; 2:2, 4; 3:1²; 4:1²; 5:1;
  6:2²; 8:2³; 9:2², 3; 10:2²;
  11:1², 2²; 12:2⁵; 13:3; 14:
  1⁵, 2; 16:2; 17:1²; 18:1, 2;
  20:2; 21:1; 22:1, 3; Ep 1,
  3, 4 H Vis 1:1:1, 3, 4, 6²,
  8; 2:3², 4²; 3:1², 2⁴, 4²;
  2:2:4, 5; 4:1; 3:1:9;
  2:5; 3:3, 5³; 4:1; 5:3,
  5; 6:6⁵; 8:9; 9:5, 6; 12:2,
  3; 13:3; 4:1:2, 6; 2:4;
  3:2, 5²; 5:3, 5, 7² H Man
  1:1²; 2:2, 4², 6²; 3:1⁴; 4:
  1:4, 5², 6², 8², 11²; 2:1, 2
  (²L); 3:4², 5; 4:1; 5:1:3²,
  7; 2:2, 7; 6:2:3², 5; 7:1,
  2, 4; 8:4; 9:3; 10:1:5 FL,
  6; 2:2; 3:2; 11:1, 2, 3, 4,
  8, 9⁶, 12², 14²; 12:2:4; 3:6;
  4:3³, 7⁴; 5:1³, 2, 3, 4; 6:1

H Sim 1:2, 3, 4, 6, 9; **2**:1, 5⁴, 6, 7², 10; **3**:2; **4**:2², 5, 6; **5**:1:4; 2:2, 3, 4, 5, 6, 8², 9², 11²; 3:7; 4:2, 3, 4; 5: 2⁸, 3², 5; 6:1, 2², 4, 5; 7:3², 4²; **6**:1:6; 2:3, 4, 6; 3:2³; 4:4²; 5:2, 3, 4, 5⁸; 7:1, 2³, 3, 4, 5²(³L), 6; **8**: 1:3, 4, 5³, 6, 16, 17, 18²; 2:1, 6, 8², 9; 3:2², 3⁴, 4; 4:1; 5:1, 6; 9:4; 11:1²; **9**:1:1, 6; 2:6; 5:1, 2³, 6, 7²; 6:3; 7:1², 6; 8:1; 9:4, 5, 6, 7³; 10:1, 3, 4², 6; 11: 1, 8; 12:1, 2, 6², 8²; 13:1², 3; 14:4; 15:2, 3; 17:1, 4; 18:1², 2, 3, 4; 19:2; 23:4³, 5²; 24:3, 4²; 27:3; 28:4², 5, 6, 8; 30:2 Did 1:5³; 2:5; 4:7; 7:4²; 8:2²; 9:5; 10:6; 11:2, 6, 8³; 12:1, 2; 13:2; 16:1, 2, 4, 7, 8

ἤ 1 Clem Int²; 3:4; 4:5 cit; 12:1, 3, 4 L; 15:2 cit, 4 cit; 16:7 cit, 8 cit, 11 cit, 13 cit; 17:4 cit; 18:3 cit, 5 cit, 15 cit; 20: 12²; 21:9; 22:1; 23:2, 3; 24:3³, 5; 27:3, 7 cit; 28:3 cit; 30:3, 7; 32:4; 34:5, 6, 6 cit; 35:5, 7, 8 cit; 36:1, 2; 37:5; 38:4; 39:8 cit; 42:5; 43:4, 5, 6; 45:7; 46:9; 47:4, 7; 48:3 cit, 4²; 49:4; 50:1, 4 cit, 7; 51:3, 5; 54: 3 cit; 55:4,6; 56:1, 2, 13 cit; 57:3, 4 cit; 58:2³; 61:3²; 65:2 2 Clem 2:1³ cit, 1, 2 cit; 3:1², 5 cit; 5:5³; 6:8; 9:1; 10:4²; 12:2, 4, 6 cit; 14:2², 3², 5; 16:3²; 20:5 Bar 1:3; 3:3 cit, 4² cit; 4:6, 7, 8², 11, 12; 5:4; 6:3, 4² cit, 9², 12; 7:2; 8:2, 5; 9:4, 8; 10:11; 11:2 cit, 5 cit, 9 cit; 12:5; 13:1, 2, 3; 14:1 F; 15:4; 16:2 cit, 2, 5², 9²; 17:1; 18: 1²; 19:1², 7 F, 12; 20:1;

21:3, 7² Diog 6:2, 4², 5, 6, 7, 8, 9; 9:2; 11:5; 12:2, 5² cit, 9 Eph 3:2²; 5:1, 2; 8:1, 2²; 9:1³; 19:1, 2³ Mag 5:1; 9:1 Tral 3:2; 6:1; 13:1 Rom 1:2; 9:1, 3 Philad 1:2; 5:1; 8:2³; 9:1; 11:2 Smyr 6:1; 7:2; 8:1, 2; 10:2; 11:1; 12:1² Pol 2:2 cit; 6:2³; 7:1²; 8:2 Philip 1:2; 2:3 cit; 7:2 cit Mar Int²; 11:1; 14:3 FL; 20:2; 21:1; 22:2, 3; Ep 4 H Vis 1:1:5, 8³; 2:1, 4²; 3:2; 4:2², 3; **2**:2:1, 5, 7; 3:2²; 4:1, 2; **3**:1:2, 6; 2:4, 6; 3:2, 3², 4², 5; 4:1, 2²; 5:5; 7:3; 8:3², 4², 5⁵, 9³; 9:3, 4; 11:3, 4; 13:3; **4**:2:1, 2, 5; 3:1; **5**:4 H Man **2**:3, 6, 7²; **4**:1:2², 5, 6, 7, 8, 11; 2:1, 2²; **5**:1:6⁵; 2:1, 2, 3², 4²; **6**:1:3; 2:7², 10; **7**:1, 2, 5²; **8**:1; **9**:9, 10², 11²; **10**:1:2, 5; 2:1, 2, 3², 4⁵; 3:2, 3⁴; **11**:10, 20; **12**:1:2², 3²; 2:2², 4²; 3:2; 4:1; 5:3; 6:5 H Sim **1**:1, 10; **2**:3⁴, 4³, 5, 6, 8³; **4**:4, 7; **5**:1:3; 3:5, 6, 8³; 5:3; 6:5, 6, 7²; 7:1; **6**:1:3, 6; 2:3 L, 4; 4:4²; 5:2, 3⁵, 7; 7:3, 6; **8**:6:4, 6²; 7:5, 6²; 8:2, 3, 5; 9:1, 2, 4²; 10:1, 4; **9**: 1:2, 10; 2:1, 2³; 4:2³; 5:1, 2, 3; 11:4; 12:1⁶, 2, 3, 5, 6; 13:1, 5; 14:5; 15: 2⁴, 3⁴; 16:4²; 17:2, 4; 18:2, 3, 4; 22:2, 3²; 25:1, 2; 28: 4², 5 Did 1:2, 3, 6; 2:4; 3:2, 3, 9; 4:1, 14; 5:1; 8:2³; 9:2, 3, 4³; 10:2, 4, 5²; 11:7; 14:1, 2, 3; 16:3, 4, 5

τό 1 Clem 3:1; 4:3 cit, 4 cit; 8:4 cit; 10:5 cit, 6 cit; 13:1²; 16:2³, 3² cit; 19:1²; 20:6; 21:6; 23:5;

27 : 2, 7 cit; 28 : 2, 3 cit; 31 : 4;
32 : 2 cit; 34 : 5; 35 : 8 cit; 37 : 3;
38 : 1, 2; 41 : 2; 46 : 9; 49 : 4;
51 : 3; 54 : 2, 3 cit; 56 : 14^2 cit;
58 : 2^2 2 Clem 3 : 1; 6 : 2 cit;
7 : 6 cit; 12 : 2^3 cit, 4^2 cit, 4^3,
5 cit; 13 : 1, 2^2 cit, 4; 14 : 2^2;
15 : 4; 17 : 5 cit Bar 3 : 4 cit; 4 : 3;
6 : 7, 14, 15, 17^3, 18; 8 : 1^2, 5,
6^2; 9 : 2; 10 : 2, 7, 8, 11; 11 :
3^2 cit, 5 cit, 6^3 cit; 12 : 2;
15 : 4; 16 : 7; 19 : 7, 8; 21 : 8
Diog 4 : 2, 3, 4; 10 : 5^3; 12 :
2, 9 Eph 3 : 2; 4 : 1; 14 : 2 cit,
2; 15 : 1; 18 : 1; 19 : 2, 3 Mag
5 : 2 Tral 3 : 2; 4 : 2; 8 : 2,
2 cit; 10 : 1; 13 : 3 Rom 2 : 2;
3 : 3; 8 : 2; 9 : 3; 10 : 1 Philad
7 : 1, 2; 9 : 2^2 Smyr 2 : 1; 4 :
1; 5 : 1; 6 : 1; 7 : 2; 8 : 2;
10 : 2; 11 : 2^2 Pol 2 : 3; 3 : 1;
6 : 1, 2; 7 : 3; 8 : 1 Philip 5 : 3;
7 : 2 cit Mar 2 : 3^2; 4 : 1; 6 : 1;
7 : 1 cit; 12 : 1, 2; 15 : 2 H Vis
1 : 2 : 4; 2 : 1 : 4; 2 : 2; 3 : 2;
3 : 4 : 1, 3; 9 : 3; 10 : 4; 11 :
2; 12 : 2^2; 13 : 2, 3; 4 : 1 : 3^2,
6, 8, 9^2, 10; 2 : 4, 5, 6; 3 : 1, 2,
3, 4^3, 5, 7 H Man 3 : 1; 4 : 2 : 2^2;
5 : 1 : 2^3, 3^2, 5^3; 2 : 5^3, 6; 6 :
1 : 2^2; 10 : 2 : 6^2; 11 : 6^2, 8^2, 10,
12, 13, 14^2, 21^2 H Sim 4 : 2;
5 : 5 : 2^2; 6 : 5^2, 7^2; 7 : 1^2; 8 :
1 : 3, 4^3, 14, 16; 2 : 7, 9; 3 :
1, 2^3; 6 : 1, 6; 8 : 1^2; 10 : 1;
9 : 1 : 1^4, 5^3, 6, 7^2, 8^3, 9^2, 10^3;
6 : 7; 10 : 2; 14 : 5; 16 : 4; 19 : 1,
2; 24 : 1, 4^2; 30 : 3 Did 3 : 5;
4 : 10; 8 : 2^2; 9 : 4; 14 : 3;
16 : 6

τοῦ 1 Clem Int^3; 1 : 1, 3; 2 : 1, 8;
3 : 4; 4 : 8, 10, 12; 5 : 7; 6 : 3;
7 : 3, 4, 7; 8 : 1, 2 cit, 3^2 cit;
10 : 1, 2^3, 3^2 cit, 4 cit; 11 :
2; 12 : 2^2, 4, 5, 7^2; 13 : 1;
14 : 3, 5 cit; 15 : 5 cit, 6 cit;
16 : 2, 7 cit, 9 cit, 10 cit, 12 cit;

17 : 1, 2^2; 18 : 1 cit; 19 : 2;
20 : 8, 11; 21 : 5, 6^2; 22 : 8 cit
(2FL); 24 : 5; 25 : 2, 3, 4; 28 :
4; 30 : 1, 3, 8^2; 31 : 4; 32 : 2^2,
2 cit; 35 : 1, 8^2 cit, 11 cit, 12
cit; 37 : 3; 39 : 5 cit; 40 : 4;
41 : 2^2; 42 : 1^2, 2^2, 3^3, 4; 43 :
2, 6; 44 : 1, 3, 5; 45 : 7, 8;
46 : 4, 7^2; 47 : 1^2; 48 : 3 cit;
49 : 1, 2, 5; 50 : 3^2, 5, 7^2;
51 : 1, 3, 5^2; 53 : 1, 3 cit; 54 :
2, 3 cit, 4; 55 : 3, 5^2, 6; 56 : 1,
2, 14 cit, 16; 57 : 2, 5 cit; 58 :
2; 59 : 2, 3, 4; 60 : 1; 61 : 3;
62 : 3; 64; 65 : 2^2 2 Clem 2 : 3;
3 : 2 cit; 5 : 1^3, 5; 6 : 7, 9; 7 : 3;
8 : 2^2, 3, 4^2; 9 : 6, 11 cit; 10 :
1^2; 11 : 1, 7; 12 : 1^2, 6 cit;
13 : 3; 14 : 1; 15 : 4; 17 : 3^2, 5;
18 : 2; 19 : 1; 20 : 1 Bar 1 : 1,
2, 3; 2 : 1, 6, 8 cit, 9; 3 : 4 cit;
4 : 1, 5, 6, 7^2 cit, 8, 11, 13; 5 :
2 cit, 5, 11; 6 : 9, 12 cit, 18; 7 : 2^2,
3^2, 4^2 cit, 5^3, 7, 9, 10^2, 11; 8 :
1, 3, 6; 9 : 2 cit, 3 cit, 8 cit; 10 : 5;
11 : 1, 9 cit; 12 : 1^3, 2^2, 5^3, 6,
7, 8, 9^2 cit, 10; 13 : 2, 5^3, 5 cit,
7; 14 : 5; 15 : 5; 16 : 1, 8, 9,
10; 18 : 1^2, 2; 19 : 3, 4, 5, 6,
9, 11; 20 : 1; 21 : 1^2, 5 Pap
2 : 3, 4^2; 15^2 Diog 1 : 1^2; 2 : 2;
4 : 2; 6 : 2, 3; 8 : 11; 9 : 1^4, 2,
4; 10 : 6^2, 7^2; 11 : 8; 12 : 3, 6
Eph Int^2; 2 : 1^3; 3 : 2^2; 4 : 1^2,
2; 5 : 2^3; 10 : 3^2; 11 : 1; 12 : 2^2;
13 : 1; 14 : 2 cit; 15 : 1; 17 : 1^2;
18 : 1; 19 : 1^2 Mag 1 : 3^2;
2 : 1^2; 3 : 1, 2; 5 : 2; 6 : 1; 7 : 1;
8 : 2; 9 : 1, 2; 10 : 1; 13 : 1^2
Tral 2 : 2; 3 : 1; 4 : 2; 7 : 1;
8 : 1^2, 2; 9 : 1^2, 2; 10 : 1; 11 : 2^2;
12 : 1, 3^2 Rom Int^3; 1 : 2;
4 : 1, 2; 5 : 3; 6 : 1^2, 2, 3;
7 : 1^2, 3^2 (3L); 10 : 2^2 Philad
Int; 3 : 2; 4 : 1; 6 : 2^2; 7 : 2^2;
8 : 1; 9 : 1^2, 2; 11 : 1 Smyr Int;
1 : 1; 4 : 2^2; 5 : 1; 6 : 1 L, 2;

21:9 Pap 2:3; 3⁷; 4 Diog
1:1; 2:3, 9; 3:2, 5; 4:1²,
4, 6³; 5:4, 17; 7:2², 9; 9:
1³, 2, 5², 6; 10:2, 4, 5, 7;
12:2, 6 Eph Int; 2:1; 5:2;
8:1,2²; 9:1; 13:1; 15:2; 17:1²;
21:2² Mag 1:1; 8:2; 10:1,
2; 11:1³; 14:1³ Tral Int²;
2:2; 3:2; 12:3; 13:1 Rom
Int; 2:1; 6:1; 9:1 Philad
Int; 3:2; 5:2; 10:1, 2 Smyr
Int; 1:2²; 5:1; 11:1; Pol
1:2; 5:2; 7:1 (²L), 3 Philip
1:1, 2; 3:1, 3³; 4:1, 3; 5:
1, 2; 8:1, 2; 9:1 Mar Int;
1:1; 2:2², 3, 4; 3:1; 4:1;
5:1; 7:1, 2; 8:1², 3; 11:2;
12:2, 3; 13:2, 3; 14:1 F, 2;
16:2; 17:1², 2, 3; 19:2³
H Vis 1:1:6, 8; 3:2; 4:1;
2:1:1, 3, 4; 2:1, 3, 4³, 5²,
6, 8; 4:3; 3:1:2, 5, 6, 7;
2:4, 5, 7, 9; 3:5; 4:1, 3;
5:3; 6:1, 4; 7:1², 2, 3; 8:4,
5, 7⁶; 9:1, 3, 6, 7; 10:6, 9;
11:4; 12:2; 4:1:1⁴, 2², 3,
10; 2:5³; 3:6²; 5:2, 4, 8
H Man 2:2²; 3:4; 4:1:1,
3, 5³, 9, 11; 2:2; 3:5; 5:
1:3, 7²; 2:1², 4³, 7², 8⁴;
6:2:1³, 3³, 4, 5, 6, 7, 8, 9²,
10³; 8:10; 9:2², 7², 8, 9,
10, 12; 10:1:1², 4³, 5³; 2:4;
3:1, 3, 4²; 11:2, 4, 5², 7, 9,
10, 12, 16; 12:1:2², 3²; 2:
4, 5³; 3:2; 4:7; 6:1, 2²
H Sim 1:1, 3², 4², 5³, 6²;
2:1², 3², 4, 8; 5:3:3, 4, 7³;
6:3, 4, 6², 7, 8; 6:2:1, 4;
3:2², 6; 4:3(³L), 4⁵; 5:1, 4;
7:2; 8:1:1, 2², 12; 3:2;
6:4; 9:1; 10:3; 9:1:1², 2,
8; 2:2², 3²; 3:1³, 2, 4;
4:1², 2², 5, 6, 8²; 5:1, 3;
6:7; 7:1; 8:1, 3; 9:3, 5, 7;
10:5; 11:7; 12:2², 3, 4, 5²,
7; 13:5, 6; 14:2, 3; 15:5, 6;

16:2²; 18:1; 19:2; 23:3,
4, 5; 24:4; 26:2, 8; 28:2;
29:2 Did 1:1, 2; 2:1; 4:9,
14; 6:1², 3; 8:3; 9:1, 2, 3,
4, 5; 10:2, 5; 13:1, 2; 16:1,
2, 4, 5, 6

τοῦ 1 Clem 9:1; 12:7; 13:1
cit; 14:2; 18:11 cit, 12 cit;
21:4; 22:1², 6 cit; 23:4;
24:5; 25:2, 3; 28:3 cit; 29:
3 cit; 32:3; 33:3²; 34:1;
37:5; 43:2, 5; 44:1; 45:2²;
47:2; 50:2; 54:2; 55:1; 61:
1; 63:2² 2 Clem 2:1; 5:4 cit;
7:4; 8:2; 9:7; 11:1 L; 13:3;
14:3², 4, 5²; 16:2 Bar 1:5;
3:3 cit; 4:10; 5:1; 7:3; 8:
3, 6; 11:1², 8, 9; 12:7;
13:4 cit; 14:2 cit, 5, 6, 8 cit;
15:1; 16:7, 10; 18:1²; 19:1²,
12; 21:9 Pap 2:15; 3 Diog
2:2, 10; 3:1; 6:2, 3 Eph
1:2 (²FL); 3:1; 5:2; 17:1;
20:2 Mag 1:2; 13:1 Rom
1:1; 2:2; 4:2; 5:3; 6:3;
7:2 Philad 4:1 Smyr 1:2 Pol
1:1²; 4:3; 7:1; 8:2 Philip
5:3 cit; 6:1 cit Mar 3:1; 5:2;
7:2; 8:1, 3; 10:2; 12:1, 3;
14:1, 2; 15:1; 16:1, 2; 18:2;
22:3; Ep 1 H Vis 1:1:6;
3:2; 4:2; 2:1:4; 3:1:4, 9;
2:1²; 3:4, 5; 5:2; 7:2, 6²;
8:1²; 10:6; 11:3, 4; 4:1:3,
6, 7; 2:1, 4; 3:4 H Man 1:1;
3:1, 4, 5²; 4:3:1; 4:3; 5:
1:2, 3, 5²; 2:2, 7², 8; 10:
3:2, 3; 11:1, 5, 9, 10, 11²,
21; 12:3:6; 4:2; 6:2 H Sim
1:11; 2:9²; 5:2:7, 9; 5:3:
6:2, 6²; 7:5; 8:2:8, 9; 3:2;
4:2; 6:3, 5; 9:1:2², 4², 8²
2:1²; 5:1; 11:3; 12:5; 14:
3; 15:4; 16:5; 17:4, 5; 19:
1², 2², 3; 20:1³; 21:1²; 22:
1³; 23:1³, 5; 24:1, 4; 25:1²;
26:1⁴; 27:1²; 28:1², 2, 5,

6; 29:1³, 4; 30:1³, 2³, 3, 4²
Did 6:3; 7:1², 4; 8:2; 9:2,
3; 10:2, 3, 5; 11:3; 16:5
τῷ 1 Clem 1:3; 2:8; 3:4;
4:1 cit; 7:4²; 10:6 cit, 7;
13:1 cit; 14:1; 16:5 cit; 17:
5 cit; 18:1, 17 cit; 21:5, 8 L;
27:1², 2; 34:1; 35:4, 6, 7
cit; 36:4; 38:1, 2²; 40:5;
41:1 F; 42:3; 43:1 cit, 6;
45:7; 46:8 cit; 48:1, 2 cit;
49:5²; 52:2 cit, 3² cit, 4 cit;
53:4 cit; 55:5; 56:3 cit;
59:2; 60:3; 62:2 2 Clem
3:5; 4:5 cit; 5:4, 5; 6:8;
8:2; 9:7; 11:1; 15:2²;
17:5, 7²; 18:1; 19:3; 20:
2², 5² Bar 1:7; 2:10² cit;
3:6²; 4:7 cit, 9, 11, 14; 5:2
cit, 3; 6:1 cit, 8 cit, 12, 15, 16²
cit, 17; 7:4; 8:1, 4; 9:1,
5 cit; 10:5², 11; 11:1;
12:2, 10 cit, 11 cit; 13:2 cit,
5 cit, 7, 7 cit; 14:1, 2 cit, 5;
16:2, 7², 9, 10; 19:2, 4, 8,
10; 21:3 Pap 3 Diog 2:2;
3:3, 5; 5:4; 6:7; 7:2, 4;
8:9; 9:1³, 4, 6 Eph 1:1, 3;
2:2; 4:1, 2; 5:1; 19:2;
20:2³; 21:1; Mag Int; 2:1;
3:1²; 6:2; 8:2; 13:2⁴
Tral 2:1, 2; 3:2; 13:2 Rom
Int; 2:2; 9:1 Philad Int;
6:3; 7:1; 11:1² Smyr 1:1;
3:3; 4:2; 8:1², 2; 10:1 Pol
1:2; 6:1²; 8:2 Philip 2:1 cit;
5:2, 3; 8:1; 9:1, 2 Mar 2:1;
3:1; 6:2; 9:1; 12:2; 14:1;
17:2; 20:2; 22:1², 2, 3 F;
Ep 1, 2², 4² H Vis 1:1:2,
3, 8²; 3:1; 2:1:2; 3:4²;
4:2; 3:1:5², 6, 9; 5:5; 6:
6³, 7; 8:8; 9:6, 10; 4:2:5,
6; 5:1 H Man 1:2; 2:5, 6²;
3:3, 5; 4:2:4; 3:6²; 4:3;
5:1:2, 3, 4, 5², 6²; 6:
2:6, 9², 10²; 7:4, 5²; 8:4,

6², 11, 12⁴; 9:7, 12²; 10:1:6;
2:3, 5; 3:1, 2², 4²; 12:1:2;
2:2, 4; 3:1; 6:2, 3, 5 H Sim
1:5, 6², 7; 2:5³, 6, 7⁵; 3:1,
2, 3²; 4:2, 3, 4, 5, 6², 7;
5:1:1, 3², 4², 5⁴; 2:2, 4,
6², 7³, 8, 10, 11; 3:2, 3, 8²;
5:3; 6:2, 6; 7:3, 4; 6:1:1,
4; 3:2², 6²; 5:2, 3, 5, 7²;
7:1, 2, 5², 6; 8:1:2², 5;
2:5², 8; 3:5, 6; 6:4; 9:2;
10:1; 11:1, 3, 4²; 9:5:2, 5;
7:3, 4, 6; 9:4, 5; 10:3 L;
12:2; 13:5, 9; 14:3; 17:2;
20:4; 22:4; 26:4³, 7; 27:
3²; 28:3, 4, 5, 6, 8; 29:3²
Did 1:5²; 4:8, 12; 8:2;
10:6; 16:2
τῇ 1 Clem Int²; 2:8; 3:4; 5:6²;
9:1, 2; 12:4, 8; 13:1² cit,
3; 15:3 cit, 4² cit; 16:3 cit,
6 cit, 7 cit, 12 cit; 20:1; 23:
3 cit; 27:1, 7 cit; 31:1; 33:
3³; 34:7; 35:5²; 38:2; 40:3;
42:4; 49:5; 50:3; 57:4 cit;
60:3²; 62:1; 63:2 2 Clem
1:6³; 6:8 cit; 8:2; 9:2, 4²,
5; 11:1, 2 cit; 13:1; 14:3²
Bar 2:8 cit; 4:2; 5:1; 6:7
cit, 11, 17; 7:4 cit, 8, 9, 10,
11; 8:6; 9:3 cit; 10:1, 4, 5,
11; 11:11; 13:2² cit; 14:5;
15:3² cit, 5² cit, 5², 6; 17:1;
19:2, 3; 21:1 Pap 2:3 Diog
2:1; 4:3; 7:2²; 9:1, 6;
10:2 Eph Int⁵; 1:2; 3:2;
4:1²; 10:2, 3; 11:2; 13:1;
17:1; 20:1³; 21:2 Mag Int²;
3:1; 7:1²; 11:1³ Tral Int²;
6:1; 7:2; 12:2²; 13:2 Rom
Int; 9:1, 3²; 10:3 Philad
Int²; 2:2; 6:2²; 8:1, 2;
11:1, 2 Smyr Int; 3:2; 6:2;
7:1²; 11:3; 12:2 Pol 2:1;
7:1, 3 Philip Int²; 3:2; 4:
1, 2; 8:1; 13:2 Mar Int²;
2:2, 3; 7:1, 2; 13:3; 20:2;

22:1² ; Ep 3 H Vis **1**:1:2;
2:2, 3; 3:2, 4⁴; **2**:2:3²;
3:4; **3**:1:2, 9²; 2:6, 9; 5:
1, 3, 4, 5; 6:4, 7; 8:4; 9:3;
10:3², 4, 5, 7; 11:2; 12:1,
3; 13:1; **4**:1:2²; 2:3²; **5**:1
H Man **2**:2; **3**:1, 3; **4**:1:5;
4:4; **5**:1:3², 6; 2:1², 8²;
6:1:1, 2, 4², 5; **8**:4, 9², 10²;
9:5, 6, 12²; **10**:2:3; **11**:4;
12:1:2; 2:4², 5²; 3:1⁴; 4:
3, 5; 5:4; 6:1 H Sim **1**:5,
6, 9; **2**:5², 6; **4**:4; **5**:1:4,
5²; 2:1, 6, 8, 11; 3:7; 4:3;
5:5; **6**:2:5; 3:6; 5:5², 7;
8:9:1; **9**:1:2²; 2:2; 3:1;
4:6, 7; 5:1; 6:3; 9:7; 14:1;
15:6; 17:2; 23:2; 26:2;
27:2; 29:2² Did 3:9; 10:5;
16:5

τῷ 1 Clem 3:4; 4:3 cit FL,
6² cit, 10; 6:2; 7:1; 8:5;
* 10:1, 4; 15:3 cit, 4 cit; 16:
10 cit; 18:4 cit; 27:5 cit;
28:1; 32:2; 33:3, 8; 34:5²;
36:6; 37:3, 5; 38:1; 40:3;
41:1; 42:4; 43:2; 44:3;
45:7, 8; 47:7; 50:6 cit; 53:5;
56:1, 2, 8 cit; 57:2; 58:1; 60:
1,4; 61:1; 64 2 Clem 1:2; 3:4;
4:3²; 5:7; 8:5; 13:2; 14:
3²; 16:2; 17:3 Bar 4:7 cit;
5:1; 9:8²; 10:2, 8³; 11:11;
13:5; 15:1; 16:6 cit, 7, 8²,
10; 19:2, 8 Diog 6:3, 4, 7;
7:2; 10:7; 12:2 Eph 2:2;
3:1; 9:1²; 18:2; 20:1, 2
Mag 2:1; 9:3; 11:1; 13:2
Tral Int²; 2:2; 11:2; 13:2
Philad Int²; 3:3; 4:1; 5:1, 2;
7:1; 8:2 Smyr 1:1; 3:2;
4:2; 7:2; 8:1; 12:2 Phi-
lip 6 : 2 cit; 8 : 1² cit Mar
7:2; 8:3; 9:2²; 12:1 L;
14:2; 17:1²; 22:3; Ep 4
H Vis **1**:1:2, 8; 3:4; **3**:3:5;
4:1:6 H Man **3**:4²; **4**:1:6;

6:1:2²; **10**:2:4²; **11**:3, 9²,
17⁴, 21 H Sim **4**:3, 5; **5**:6:
5, 6, 7; **6**:1:5, 6; 5:5; **8**:
1:1; **9**:4:4; 6:1, 7; 13:9;
14:3; 17:4; 24:1 Did 4:8;
8:2²; 15:3, 4

τόν 1 Clem 1:3; 2:3, 4(²F); 3:4,
4 cit; 4:6² cit, 10 cit, 12; 5:4,
7²; 6:2; 7:2, 7; 8:2 cit;
10:6² cit; 12:5, 7; 13:4 cit;
14:5 cit; 16:17; 18:1 cit, 2;
19:2²; 20:2, 10; 21:6, 7;
23:5 cit; 24:1; 25:3, 4; 28:
3 cit; 29:1; 32:2; 33:3, 5 cit,
8; 34:1; 35:5; 36:1²; 38:2²,
3²; 41:1; 43:5; 45:6; 49:2;
51:3; 53:3 cit; 55:6²; 56:1;
57:3 cit, 5 cit; 58:2; 59:2², 3¹²;
60:2; 62:2; 63:1³; 64 2 Clem
2:1 cit, 2, 3 cit; 3:1, 2 cit;
4:4; 5:4 cit; 6:2 cit; 7:3,
4, 5; 9:5; 11:5; 14:2 cit;
15:1, 3²; 16:1²; 17:1, 7;
18:2; 19:1², 3, 4; 20:4, 5
Bar 2:10 cit; 3:2 cit, 3² cit,
5 cit; 4:1, 11, 12; 5:2, 6, 7²,
8, 10, 12 cit, 14 cit; 6:3 cit,
6 cit, 7, 7 cit, 9, 10, 12 cit,
12; 7:6 cit, 7, 8, 9² cit, 9³,
10²; 8:1, 3, 5; 9:2 cit, 5 cit,
7, 8²; 10:2 cit, 3², 4⁴ cit, 6 cit,
10, 11⁴; 11:1, 6 cit, 8³, 10 cit,
11³, 11 cit; 12:2, 6, 7², 9 cit;
13:4, 5, 6; 14:2 cit, 2; 15:
5²; 16:1², 2 cit, 3 cit, 5 cit,
9, 10²; 19:1, 2³, 5, 7², 9²,
11; 20:2³ Pap 3² Diog 1:1³;
3:4; 6:7; 7:2³, 7; 8:2; 9:
1, 2⁶, 6; 10:2³, 3, 6, 7 Eph
2:2; 6:1³; 9:2; 15:3; 19:1;
20:1 Mag 3:2⁴; 5:1 cit; 6:2;
7:2 Tral 2:1²; 3:1; 12:2
Rom 1:2; 2:2; 4:2; 6:1²,
2; 7:2 Philad 2:1; 7:2 Smyr
1:1³; 5:2; 8:1; 12:2; 13:2²
Pol 1:2; 3:2⁸; 4:1; 5:1;
8:2² Philip 1:2; 2:1² cit;

H Vis 1:1:2, 4, 8², 9; 2:4;
3:4⁴; 4:1²,3; 2:1:3; 2:7⁵,8;
3:1, 3; 4:1², 3; 3:1:2;
2:6, 7, 8², 9²; 3:5; 4:1, 3²;
5:1², 2, 3, 4, 5; 6:1, 2², 5,
6; 7:1³, 2, 4, 5, 6³; 8:8;
9:1, 3, 5², 8, 9; 10:4², 6²,
7, 9; 11:3, 4; 12:1³, 2⁵, 3²;
13:2², 4; 4:1:3, 6, 8, 9;
2:4³,6; 3:1, 4²; 5:1 H Man
1:2; 2:1³, 4, 6, 7 FL; 3:2²,
5; 4:1:1, 2, 5, 6, 7, 8, 9,
11; 2:2²; 3:4², 5², 6²; 4:3²;
5:1:2, 5³, 7²; 2:1, 2, 3, 8;
6:1:1², 2; 2:3², 4, 5, 7², 8;
8:8, 12; 9:1, 2, 3, 4, 7², 9,
10²; 10:1:1, 5 FL, 6; 2:2,
3, 5, 6; 3:1², 3⁴, 4; 11:1²,
4, 5, 15, 16, 18, 20³, 21; 12:
1:1⁴; 2:4, 5; 3:3, 5; 4:1,
2³, 4, 5; 6:2⁴, 4 H Sim 1:1,
2², 3, 4, 5, 6²(³L), 7, 10, 11;
2:2², 3², 4, 5², 7², 8; 4:7;
5:2:1, 2², 3, 4, 7², 11; 3:3,
4, 5, 6, 7², 8; 4:1, 3; 5:1,
3; 6:5, 8; 7:1², 2³(⁴L), 3, 4;
6:1:2; 3:5, 6; 4:3²; 5:2,
3³; 7:4, 5²; 8:1:1, 2; 3:2²,
3, 4, 5²; 6:1, 2³, 3², 6; 7:3,
5²; 8:2², 3, 5; 9:1; 10:3;
11:1³; 9:1:4, 9; 3:3, 4;
4:2³, 3², 4, 5², 6, 8²; 5:2,
3, 4², 7; 6:2², 3, 4, 8²; 7:2,
4², 5, 6², 7; 8:2², 3², 4², 5,
6, 7²; 9:2², 3, 4, 7; 10:1,
2; 11:6, 8; 12:3, 4², 5³, 8;
13:2², 4³, 6, 7, 8(²FL), 9;
14:2², 3, 4²; 15:2, 3, 4, 5;
16:1, 2², 3⁵, 4, 5², 7³; 17:2,
3, 4; 18:5²; 19:3; 20:2, 3;
21:1, 3, 4; 22:2, 3²; 23:4,
5; 24:3; 26:2², 8², 28:4, 8;
29:1, 3², 4²; 30:1, 2² Did
1:4², 5; 2:7; 3:3, 4, 5, 6,
7; 4:9; 7:3; 8:2; 9:4; 10:
5²; 11:5, 10, 11; 12:4; 13:
3, 5², 6, 7²; 14:2; 15:1; 16:1,5

τό 1 Clem 1:1, 2; 2:4; 3:4; 4:6
cit, 12; 5:6, 7; 6:3; 7:4; 9:1;
10:3 cit, 5 cit; 11:2; 12:3,
6; 13:1, 3; 14:2; 16:1, 3 cit,
7³ cit; 18:2³ cit, 4 cit, 9 cit,
11² cit, 15 cit; 19:3; 20:4;
21:6, 7³; 22:6 cit; 25:1²,
26:1; 31:3; 32:2; 33:4;
34:3 cit, 5, 7²; 35:12 cit;
36:1, 2; 37:5³; 39:5 cit,
6 cit; 41:2, 3²; 43:4, 6²;
46:6, 7²; 47:3, 5; 48:6²;
49:3, 6; 50:5; 51:1, 5²;
52:1; 53:2, 2 cit, 3 cit; 55:
6²; 56:1, 16; 58:1; 59:3²;
60:3²; 61:1², 2; 63:4; 64;
65:1 2 Clem 1:4; 5:1, 4²
cit, 6; 6:7, 9²; 8:3, 4, 5² cit;
9:5, 8, 11 cit; 10:1; 11:1;
12:4; 13:1; 14:1², 3², 4;
15:1, 4; 16:1; 17:2, 3, 5²;
19:1²; 20:4² Bar 1:2;
4:5 cit(²F), 8 cit, 10; 5:9,
11, 14 cit; 6:12; 7:3², 4 cit,
8² cit 8², 9 cit, 11⁴; 8:1³, 3,
5; 9:5 cit, 8; 10:3; 11:8³, 9,
11; 12:7, 8, 9 F; 13:7; 14:
3 cit; 15:1 cit, 2² cit, 3; 16:
4, 7, 8; 17:2; 19:5, 9², 10²;
20:2; 21:2, 9 Pap 3³ Diog
1:1²; 2:10; 4:1, 5, 6; 6:7;
9:1, 6²; 10:6, 7³, 8³; 12:6
Eph 1:1²; 5:3; 7:1; 9:1;
10:2; 11:1; 13:1; 16:2²;
17:2; 18:2; 19:2, 3; 20:2
Mag 1:1, 2; 3:2; 4:1; 5:2²;
6:1; 7:1; 8:2; 9:2; 14:1
Tral 1:1; 2:1; 3:2; 4:2; 6:2;
9:2²; 10:1; 12:3 Rom 1:2;
4:2; 7:3 Philad Int; 1:1, 2²;
3:1; 5:2²; 6:2; 8:1; 9:2;
10:1⁴ Smyr 2:1; 4:2³;
5:2, 3; 6:1; 7:1; 11:2²,
3; 13:2 Pol 2:3; 7:1, 3;
8:1³, 3 Philip 2:1, 2; 6:3²;
7:1; 8:1 cit, 2 Mar 1:1²,
2² cit; 2:1, 2, 3; 5:1, 2;

6:2²; 7:1, 2²; 8:3²; 9:1; 10:2; 11:2²; 12:3; 13:2, 3; 15:1³, 2; 16:1²; 17:1², 2; 19:1²; 20:1; 22:1 H Vis 1:1:2; 2:1; 3:2,3; 2:1:2, 3²; 2:4; 4:1, 2; 3:1:2, 7, 8; 2:1, 4, 9²; 3:3, 5; 5:4; 6:4; 7:2, 3²; 9:1, 3², 5, 7, 8; 10:1²; 12:1; 13:2; 4:1:8; 2:1², 4 H Man 1:1; 2:4; 3:3; 4:1:2², 7, 11; 2:2³; 5:1:4, 5, 6; 2:7 FL; 7:4²; 8:2⁵, 7, 12²; 9:2, 7², 8; 10:1:2²; 2:1², 2², 4⁴, 5³; 3:2⁴(⁶FL), 3³; 11:3, 7², 8³, 9³, 15; 12:2:5; 6:2 H Sim 1:11; 2:7, 8 F; 5:2:7; 4:2; 6:5⁵, 6²; 7:2³, 4²; 6:1:5; 2:3, 5²; 5:5²; 7:1²; 8:1:3², 11(²FL), 12, 13; 2:5², 6, 7, 8, 9²; 3:1; 4:2²; 5:1, 2³, 3², 4², 5, 6²; 6:1, 2, 4²; 7:1; 8:4, 5 FL; 9:1; 10:3; 11:1; 9:1:1, 3, 4, 8; 2:5; 5:2²; 6:1, 7, 8; 7:4; 8:3, 5, 6; 9:4, 6; 11:7; 12:4, 8; 13:2⁵, 3², 8; 14:3(²L), 5, 6²; 15:2; 16:3, 4, 5, 6, 7; 17:5²; 18:3², 4, 5; 19:3; 21:3; 24:2²; 25:2²; 26:7; 28:3², 5; 29:4 Did 1:3, 4²; 4:5²; 5:2²; 7:1; 9:5; 10:1; 11:2², 3

τοὐναντίον Mar 12:1
τοὐπίσω 1 Clem 25:4
οἱ 1 Clem 3:3⁴; 5:2; 7:6, 7; 8:1; 11:2²; 12:4²; 14:4 cit; 16:16 cit, 17; 20:1, 8; 23:3³ cit; 25:5; 27:7 cit; 32:2, 2 cit; 33:7; 35:6³, 11 cit; 36:2, 6²; 37:4², 5; 39:5 cit, 9 cit; 40:4; 41:3; 42:1, 2; 43:1²; 44:1, 5; 45:7², 8; 46:2 cit; 48:4; 49:5; 50:3; 51:2, 5²; 54:4; 57:1; 62:2 2 Clem 1:2; 3:1; 5:3 cit;

6:9; 7:1; 9:11 cit; 10:5; 11:2³ cit; 14:2; 17:5, 7; 19:2, 3 Bar 4:11 cit; 5:6, 10; 6:4 cit; 7:3, 4 cit, 8, 11; 8:2², 3², 4, 5; 9:1 cit, 6²; 10:9, 10²; 11:7² cit; 15:2 cit; 16:1, 3 cit, 4 Pap 2:3, 4; 4 L Diog 2:7 L; 3:3, 5; 5:17; 8:2³; 12:1, 3 Eph 3:2²; 4:2; 8:2²; 14:2; 16:1, 2; 20:2 Mag 4:1; 5:2²; 8:2; 9:1, 3; 13:2 Tral 4:1; 13:2 Philad 7:2 FL; 9:1³, 2; 11:1 Smyr 6:1; 7:1 Pol 3:1; 8:1² Philip Int; 2:3² cit; 5:3; 6:1, 3³ Mar 2:2, 4; 5:1; 6:1², 2; 8:3; 9:1; 14:1; 15:1; 16:1; 20:2; Ep 2 H Vis 1:1:8²; 2:1; 2:2:7; 3:3; 3:2:2, 5²; 4:1⁵, 2³; 5:1⁶, 2², 4, 5; 6:1, 2², 3⁴, 4, 5, 6; 7:1, 2², 3, 5(²FL); 8:3; 9:3, 5, 6²; 7; 10:1²; 11:3; 13:4²; 4:2:6; 3:4³, 5² H Man 2:5³; 3:2; 4:3:3; 6:1:4; 7:4; 8:12; 9:3², 5², 6, 12; 10:1:4, 5⁴, 6; 11:2, 15²; 12:4:4, 5, 6; 6:2 H Sim 1:1, 7; 2:8², 10(²L); 3:1, 2², 3²; 4:2³, 3²(³L), 4², 5, 6²; 5:2:10, 11; 5:3⁶; 9:1:4; 2:3, 4; 3:4⁵; 4:1; 5:6; 8:1:1, 18; 2:3; 3:2², 6², 7², 8; 4:4, 5, 6²; 5:1, 2, 3, 4, 5, 6; 6:3, 4, 5; 7:2, 4; 8:1², 4²; 9:1; 10:1, 3²; 9:3:1², 3, 4; 4:2, 3, 4², 5², 6, 7; 5:1; 6:2³, 6, 8²; 7:4, 6; 8:3, 5, 6, 7; 9:4²; 12:3, 8²; 13:5, 6, 9; 14:1; 15:4⁸, 6; 16:1, 3, 5⁴, 6; 17:3²; 18:2²; 19:1, 2³; 20:1⁶, 2³; 21:1³, 2², 3, 4; 22:1; 23:1, 2³, 3²; 24:1; 25:1, 2²; 26:1, 2, 3², 4, 7, 8²; 27:1, 2, 3; 28:1, 2, 3, 4, 5²; 29:1, 2; 30:1²,

2², 3² Did 3:7; 4:11; 8:2;
9:5; 11:11; 13:3; 15:2;
16:1, 3², 5, 7
αἱ 1 Clem 6:2; 8:3 cit, 4 cit;
10:3 cit; 21:1²; 22:8 cit
(²FL); 27:1, 7 cit; 31:1;
50:3, 6² cit; 56:7 cit 2 Clem
2:2; 16:3 L Bar 14:3 cit;
16:9 Eph 13:1 Mag 15:1
Rom 6:1; 9:3 Philad 10:2²
Smyr 5:1 H Vis 1:1:9; 2:
2:2, 4, 5; 3:1:5; 2:1; 3:2;
5:1; 6:3²; 8:5, 7; 9:9;
10:8, 9 H Man 4:2:3; 6:
1:1; 8:3; 10:2:4; 12:2:2,
3; 3:4²; 4:4 H Sim 1:7;
5:5:2,3⁴; 6:1:3; 3:4; 5:6,
7²; 7:2; 8:1:18²; 2:7; 3:4;
4:2; 5:2, 6; 6:4; 7:1; 9:1:
7², 8; 2:3³; 3:2²,5; 4:1², 5,
8; 5:6, 7; 6:2², 4; 7:3; 8:2,
4; 9:3, 5, 6; 10:3, 6, 7²;
11:1, 2, 4, 5³, 6, 7²; 13:2²;
15:2, 3, 5; 17:1², 2³; 19:3²;
20:1; 21:3; 23:2; 24:1;
25:1; 28:3, 5, 6; 30:1 Did
8:1; 16:1
τά 1 Clem 2:1, 8²; 15:5⁴ cit;
18:15 cit; 20:7 cit, 10; 21:8;
25:3; 32:2; 34:2; 35:1, 3;
37:5; 51:5; 56:14 cit; 59:4
2 Clem 2:1 cit, 3 cit; 5:4 cit;
12:2 cit, 3 cit; 13:3; 14:2;
15:5; 16:3 Bar 2:2; 3:
4 cit; 4:1; 5:12 cit; 9:5 cit;
10:4, 5², 10²; 11:8 cit; 15:4,
8; 16:2; 20:1 Diog 2:3, 4;
7:2⁸, 9; 12:3 Eph 14:1²;
15:3; 19:2, 3 Mag 5:1² Tral
12:2 Rom 6:1 Philad 8:2
Smyr 5:1; 6:1; 10:2 Pol 2:3;
6:2² Philip 2:1 Mar1:1; 2:1²;
19:1 H Vis 1:3:3; 4:2⁴; 3:2:
1³,2; 3:1; 7:6; 8:7 H Man
2:1²; 3:5; 5:2:5; 6:2:3, 4, 6,
8, 10; 8:1, 4; 11:4, 19², 21;
12:1:3; 3:6; 5:3 H Sim

2:2; 3:1, 3³; 4:2², 4²; 5:4:3²;
5:3; 7:3; 6:1:6; 2:7; 3:6;
7:6; 8:1:15; 2:6, 9; 9:1:
8², 10; 13:3; 14:4; 15:6²;
17:1², 2, 4²; 21:2³; 24:1;
26:7³; 28:3, 8; 29:3² Did
1:3; 16:3, 6
τῶν 1 Clem 2:4, 6; 4:1 cit,
13; 5:7; 8:4 cit; 12:4; 13:1;
14:2; 15:6² cit; 16:3 cit,
13 cit; 18:2 cit; 19:1; 20:12;
21:3; 23:3 cit; 25:5; 26:1;
28:2; 32:4; 34:5; 35:3, 4;
36:2, 5 cit; 37:3, 4², 5; 38:
4; 41:2; 42:4; 43:2, 5, 6;
45:4, 6, 7³, 8; 46:7, 8² cit;
50:7; 51:3; 54:2; 55:4², 6;
56:1; 58:2³; 59:2, 3², 60:
2, 3; 61:2², 3; 64; 65:2³
2 Clem 2:3; 3:2 cit; 6:5;
7:6; 11:2 cit; 14:2 F; 16:3²;
17:3, 7; 18:1³; 19:4; 20:3,
4, 5 Bar 1:7²; 2:4; 3:3 cit; 4:4
cit; 6:12 cit, 18 cit; 10:11⁴; 12:
2, 10, 10 cit; 13:7 cit; 16:2 cit,
4²; 19:2 F, 10; 20:2 Pap 2:3,
4²; 3, 4 Diog 1:1²; 2:1, 3; 3:
2, 5³; 4:5²; 5:1; 7:2³; 8:2,
3, 4; 9:2⁴; 10:5², 6 Eph
10:1; 11:2; 12:2; 18:1;
21:2 Mag 6:1⁴; 7:1²; 12:1;
13:1² Tral 7:1; 9:1; 12:2
Rom 7:1; 10:1, 2 Philad
1:1; 11:2² Smyr 5:1;
6:1; 7:2; 11:3; 12:1²;
13:1 Pol 6:1; 8:1 Philip
1:1; 2:1²; 3:2; 6:2, 3²;
7:2 Mar 2:3; 3:1; 6:1;
7:2²; 8:1; 9:1; 12:2³; 13:
1, 2, 3; 14:1, 2; 16:1²;
17:1, 2 (²FL); 18:1, 2²;
20:1; 22:1, 3²; Ep 4² H Vis
1:1:9; 3:2; 4:3; 2:2:7²;
4:3²; 3:1:9; 2:1³, 5², 6;
3:3; 4:3; 5:1², 2², 4; 6:7;
8:8, 9, 11; 9:3; 4:3:6;
5:1 H Man 2:1, 4; 4:3:4;

6 : 2 Tral 2 : 2; 4 : 1; 12 : 2² Philad Int; 4 : 1; 5 : 1 Smyr 7 : 2; 8 : 1; 12 : 1 Pol 1 : 3; 5 : 1², 2 Philip 1 : 1; 5 : 3; 9 : 1³ Mar 2 : 3²; 11 : 2; 12 : 3; 15 : 1; 16 : 2; 19 : 1, 2; 20 : 1 H Vis 1 : 1 : 6, 8; 2 : 4; 3 : 4; 4 : 2²; **2** : 1 : 3; 2 : 4², 5², 6, 8; 3 : 4²; 4 : 2²; **3** : 1 : 7; 2 : 5; 3 : 1; 5 : 1; 6 : 2; 8 : 9; 9 : 2, 4², 7³; **4** : 1 : 3²; 2 : 5, 6² H Man **4** : 1 : 8, 10; 2 : 2; 3 : 3², 4²; **5** : 2 : 2, 7; **6** : 1 : 3; 2 : 6; **8** : 6; **10** : 1 : 2; **11** : 13; 12 : 2 : 1; 3 : 3 H Sim **1** : 3, 4, 10; **2** : 2, 8²; **3** : 2; **4** : 2²; **5** : 2 : 9; 4 : 4; **6** : 1 : 3; 5 : 6, 7; **8** : 6 : 1; 7 : 6²; 8 : 1; 9 : 1, 4; **9** : 3 : 2, 4², 4 : 1, 8²; 6 : 4; 7 : 2; 14 : 3, 4; 16 : 5; 19 : 2, 3; 20 : 2², 3, 4; 21 : 2; 22 : 3, 4²; 23 : 4; 24 : 2, 3, 4; 26 : 3, 6; 28 : 7 Did 4 : 2, 10, 11; 8 : 2; 9 : 5; 10 : 3, 7; 13 : 3, 4, 6

ταῖς 1 Clem 4 : 2 cit; 11 : 2; 19 : 2; 20 : 8; 23 : 2; 27 : 1; 33 : 4; 39 : 1; 43 : 1; 59 : 3; 60 : 1 2 Clem 6 : 9; 8 : 2; 16 : 2; 17 : 3 Bar 4 : 6, 9, 13; 10 : 8² Pap 2 : 3; 3 Diog 2 : 3, 7²; 3 : 5; 5 : 14; 6 : 5²: 7 : 2 Eph 9 : 2 Mag 8 : 1; 14 : 1 Tral 12 : 1; 13 : 1 Rom 4 : 1 Philad 1 : 2 Pol 5 : 1, 2; 8 : 1² Philip 2 : 2 Mar Int H Vis **1** : 1 : 8; **2** : 2 : 2, 8; 3 : 1²; 3 : 4 : 3; 5 : 1, 2; 6 : 3²; 7 : 1; 11 : 3; **5** : 5, 7 H Man **3** : 5; **4** : 3 : 7; **10** : 1 : 5; **12** : 4 : 6²; 5 : 1 H Sim **6** : 1 : 1, 4²; 2 : 1², 3², 4, 6 L, 7; 3 : 3, 5²; **7** : 6, 7; **8** : 5 : 6²; 6 : 4, 5²; 7 : 3, 6; 8 : 1, 5²; 9 : 3², 4; 11 : 3⁴, 4; **9** : 1 : 6; 2 : 5; 4 : 5; 5 : 1; 11 : 8; 14 : 5; 20 : 1², 4³; 21 : 1, 4²; 23 : 1, 3; 28 : 4, 5 Did 10 : 2; 16 : 2, 3

τοῖς 1 Clem 1 : 3; 2 : 1², 6 (2L);

3 : 4; 4 : 2 cit; 7 : 7; 10 : 1; 13 : 3; 14 : 2; 15 : 2 cit; 18 : 10 cit; 19 : 3; 20 : 4, 5; 27 : 1; 33 : 2; 37 : 1; 40 : 4, 5; 43 : 1; 59 : 1; 60 : 1²; 63 : 1, 2 2 Clem 3 : 5 cit; 4 : 3³; 12 : 4; 13 : 2 cit; 18 : 2; 19 : 1, 2, 3 Bar 1 : 2, 8; 4 : 9, 11; 5 : 3; 9 : 8; 14 : 5; 15 : 4; 19 : 1, 8 Diog 2 : 4; 3 : 3; 5 : 4; 9 : 1 Mag 6 : 1; 8 : 1; 13 : 1 Tral 8 : 2 Rom 5 : 1 Philad 8 : 2 Philip 4 : 1 Mar Ep 3 H Vis **1** : 4 : 2; **2** : 2 : 3, 5; 3 : 1 H Man **4** : 1 : 9²; 4 : 4; **5** : 2 : 7²; **6** : 2 : 3, 10; **11** : 4; 12 : 3 : 3; 4 : 4; 5 : 3; 6 : 2, 4 H Sim **5** : 1 : 5; 2 : 5, 11; **6** : 1 : 6; **7** : 2; **8** : 9 : 1, 3; **9** : 2 : 7; 4 : 3; 14 : 1, 2; 18 : 3² Did Tit; 4 : 8; 14 : 3

τούς 1 Clem 1 : 3; 2 : 1; 3 : 3⁴; 5 : 1, 3; 8 : 5; 9 : 1, 2; 10 : 3² cit, 6 cit; 11 : 1²; 12 : 2, 5, 6; 15 : 5 cit; 16 : 10² cit; 17 : 1²; 19 : 1; 20 : 3, 10, 11, 12; 21 : 6³, 8; 22 : 8 cit; 23 : 1; 24 : 4; 32 : 4²; 35 : 8 cit; 36 : 3² cit, 5 cit; 37 : 2; 38 : 4; 42 : 4, 5² cit; 43 : 1, 2, 6; 44 : 2, 3, 4; 45 : 7², 8; 46 : 9; 47 : 6, 7; 50 : 7²; 51 : 2; 55 : 1; 56 : 1; 57 : 6 cit; 58 : 2; 59 : 3³, 4⁹; 61 : 3; 64; 65 : 1, 2 2 Clem 2 : 5; 4 : 4; 5 : 4² cit; 7 : 1; 13 : 4³ cit, 4²; 17 : 2, 6, 7; 20 : 1², 5 Bar 4 : 3; 5 : 9²; 7 : 8, 10 cit; 8 : 1; 9 : 8 (²F); 12 : 10 cit; 13 : 4 cit; 14 : 9² cit; 15 : 5²; 16 : 9; 18 : 2; 19 : 4; 21 : 2 Pap 2 : 4; 3 Diog 1 : 1; 2 : 7²; 5 : 10; 6 : 6; 7 : 2; 8 : 2; 9 : 4; 10 : 2, 5, 7², 8; 12 : 9 Eph 5 : 1; 11 : 2; 19 : 2 Mag 3 : 1; 8 : 2 Tral 2 : 3; 3 : 1², 2; 7 : 1; 9 : 2 Philad 2 : 2; 5 : 2; 7 : 2 Smyr 1 : 2²; 3 : 2; 6 : 2; 7 : 2; 8 : 1; 12 : 2²; 13 : 1 Pol 2 : 1²; 3 : 2 Philip 1 : 1; 4 : 2

Mar 1:1, 2citFL, 2; 2:2²;
3:1; 4:1; 5:2; 7:2; 9:2²;
14:3; 17:3; 20:2²; 21:1;
22:3; Ep 4 H Vis 1:3:1, 4²;
2:2:2,5,8²; 3:2; 4:3; 3:1:
8²; 2:3, 6, 7⁴; 4:2, 3²;
5:3²; 6:1, 2; 7:1, 3²; 9:5,
10 H Man 5:2:1³, 2; 6:2:
4; 8:10; 9:9; 11:1; 12:1:
2³, 3²; 2:2; 3:2; 5:4² H Sim
2:4; 5:2:6, 11; 6:2, 4, 7²;
6:1:5; 3:3; 4:2; 5:7; 7:1;
8:1:6; 2:1², 2², 4, 9; 3:4;
4:2, 5², 6²; 6:3, 5²; 10:3²;
9:1:9; 2:4²; 3:4², 5³; 4:
1², 3, 7², 8; 5:1; 7:1³, 2³,
4, 6, 7²; 8:1, 2², 3, 4², 5²,
6, 7³; 9:1, 3, 4, 5³,6²; 10:
1, 2; 11:7; 12:4³, 7²; 13:3,
8; 14:3, 5, 6; 15:5; 18:3²;
26:1, 2; 27:2³; 28:8 Did
1:3³; 3:8; 8:2; 9:2, 3, 4;
10:2, 4, 5; 11:8

τάς 1 Clem 1:1; 2:3; 3:4;
7:2, 5; 8:4 cit; 10:2; 14:
5 cit; 16:4 cit, 5² cit, 12 cit,
14 cit; 18:9 cit, 13 cit; 19:1;
20:6, 10; 21:6; 23:1; 25:
5; 28:3 cit; 38:3; 40:2, 4;
42:4; 43:3², 5³; 45:2³;
50:5; 51:5; 52:3 cit; 53:1;
55:2; 57:4 cit; 58:1; 60:1²
2 Clem 2:2; 4:5 cit; 8:4;
10:5; 11:6, 7; 16:2²; 17:
6, 7² Bar 2:5 cit; 4:3, 8, 11;
5:2² cit, 10, 13 cit, 14 cit;
6:14 cit; 9:1 cit, 4; 10:12³;
11:6 cit; 12:2², 4 cit, 9 cit;
13:5 cit; 14:1, 2² cit, 3 cit, 5;
15:8 cit; 19:9 Pap 2:3²,
15²; 3 Diog 4:1, 5³; 6:2;
7:2; 9:2, 3 Eph 10:2⁴ Mag
1:2 Tral 5:2⁴; 11:1² Phi-
lad 2:1; 6:2 Smyr 13:1²
Pol 1:3 cit; 5:1² Philip 1:
2 cit; 2:1 cit; 4:2, 3; 5:3;
7:1, 2, 2 cit; 8:1 cit; 13:2²

Mar 14:1 H Vis 1:1:3², 5;
2:2; 3:1, 2, 3, 4; 2:1:2²,
4; 2:2, 4, 6²; 3:1; 4:3²;
3:1:4, 5; 3:2; 5:3; 6:1, 3,
5; 7:1, 2, 6; 8:3², 6; 9:7,
8; 10:4, 5; 11:3²; 12:1, 3;
4:1:3; 2:1,5²; 5:2,5³,6HMan
2:7; 4:2:4; 4:4²; 5:2:8;
6:1:1; 2:2, 6; 7:1², 4, 5⁴;
8:12; 10:1:3, 4, 5³; 11:2²,
6, 13; 12:3:2⁴, 6; 5:1; 6:
2², 3, 4, 5 H Sim 1:8, 9;
2:8, 9; 4:5; 5:1:5; 2:4²,
5²; 3:1, 2², 3²; 5:1; 6:2, 3²;
6:1:4³; 2:1,6; 3:4²,6²; 5:6;
7:4³; 8:1:5², 6², 9, 10, 11,
12, 14, 16, 17, 18; 2:1³, 2³, 4,
5, 6, 8³, 9²; 3:3, 4, 7, 8³; 4:
2, 3, 4, 5², 6²; 5:1², 5; 6:
1, 3, 5, 6; 7:4, 6; 8:1, 2;
9:1, 3 FL, 4²; 10:1, 3, 4;
11:1; 9:1:1; 2:3, 5 F; 3:
2, 4; 4:1, 5², 8; 5:1, 5, 7;
8:2, 3; 9:5; 13:8; 14:1²;
15:1; 18:5; 19:3; 23:2³,
4; 24:1; 26:3, 6; 27:2;
28:2, 6, 8; 29:2², 4 Did
1:6; 4:5; 15:4³

τά 1 Clem 1:3; 2:6, 8; 5:1;
8:4 cit; 9:4; 13:4 cit; 15:
5² cit; 18:6² cit; 19:1; 20:6,
11; 21:1, 2 cit; 27:4; 28:3 cit,
4; 30:1, 4 cit; 31:1; 33:3²;
35:5², 7 cit, 8 cit; 36:2, 4 cit;
37:2, 3; 40:1; 43:1; 44:4;
46:7; 49:1; 50:4 cit, 5;
51:5²; 53:1; 54:2; 57:1;
58:2; 60:1², 2²; 62:2, 3
2 Clem 2:6², 7; 5:3 cit, 6;
6:6³, 8 cit, 9; 9:9; 11:4 cit;
13:1, 3²; 17:4 cit, 4 Bar 1:
7³; 2:1, 5 cit; 4:1, 5 cit, 8,
10, 14; 5:3²; 6:2 cit, 13² cit;
8:1; 10:2 cit, 4, 10; 15:3 cit,
4, 8 cit, 8; 16:5 cit, 10; 19:
6², 10; 21:1 Pap 2:3, 4²,
15, 16; 3 Diog 3:1, 4, 5;

οἰκονομίαν Diog 7:1 Eph 6:1;
  18:2 Mar 2:2
οἰκονομίας Diog 4:5
οἰκονόμοι Pol 6:1
οἶκος 1 Clem 8:3 cit; 56:13 cit
  2 Clem 14:1 cit Bar 16:7
  H Man 5:1:7;12:3:6 H Sim
  7:2, 6
  οἴκου 1 Clem 10:2, 3 cit; 12:7
    Bar 9:8 cit; 14:7 cit H Vis
    1:1:9; 2:3:1 H Man 2:7
    H Sim 5:3:9; 7:1, 3, 7; 9:
    13:9
  οἴκῳ 1 Clem 17:5 cit; 43:1 cit
    Pol 8:2 H Vis 1:3:1; 2:4:
    2; 5:1 H Sim 6:1:1; 7:5;
    9:13:9
  οἶκον 1 Clem 1:3; 10:2; 12:5
    2 Clem 17:3 Bar 3:3 cit;
    12:9 cit; 16:1, 2 cit Smyr
    13:2 H Vis 1:3:1², 2²; 3:
    1:6 H Man 4:4:3 H Sim
    7:6; 9:1:3; 11:2, 6; 14:1
  οἴκους Smyr 13:1 H Sim 1:9;
    8:10:3; 9:27:2
οἰκουμένη v. οἰκέω
οἰκουργεῖν 1 Clem 1:3
οἰκοφθόροι Eph 16:1
οἰκτιρμῶν 1 Clem 18:2 cit; 56:1
  οἰκτιρμοῖς 1 Clem 20:11
  οἰκτιρμούς 1 Clem 9:1
οἰκτίρμων 1 Clem 23:1
  οἰκτίρμον 1 Clem 60:1
οἰνομέλιτος Tral 6:2
οἶνος H Man 10:3:3
  οἴνου H Man 12:5:3² Did
    13:6
  οἴνῳ H Man 10:3:3 L
  οἶνον H Man 11:15
οἴομαι 2 Clem 14:2; 15:1
  οἶμαι Diog 3:1
  οἴει Diog 10:3
  οἴεται 1 Clem 30:4 cit
  οἰόμεθα 2 Clem 6:6
  οἰώμεθα 2 Clem 6:6 L
  οἰόμενοι Diog 2:7; 3:5
  οἰομένοις Diog 3:4

ᾠήθην Tral 3:3
οἴαν 2 Clem 10:4
  οἷον H Sim 8:1:3
  οἷοι H Sim 9:4:6; 8:1; 17:5
  οἷαι H Sim 8:4:6
  οἵους Bar 10:8 H Sim 8:4:6
  οἵας H Sim 8:3:8
  οἷα H Sim 9:17:2
οἰωνοσκόπος Did 3:4
ὀκνήσω Pap 2:3
ὀκτώ Bar 9:8
ὄλεθρος 1 Clem 57:4 cit Eph
  13:1
ὀλιγόβιος 1 Clem 30:5 cit
ὀλίγῳ 1 Clem 23:4
  ὀλίγον 2 Clem 19:3 H Sim 2:
    4; 7:6
  ὀλίγην 1 Clem 10:2
  ὀλίγον Mar 11:2
  ὀλίγοι Bar 4:14 cit H Sim 8:
    5:4; 9:8:6
  ὀλίγα 1 Clem 1:1 H Man 12:
    5:3
  ὀλίγων Mar 5:1
  ὀλίγων Rom 8:2 Pol 7:3 H Man
    12:5:1
  ὀλίγους Tral 8:2
  ὀλίγας H Sim 5:2:9; 7:1; 8:
    2:9; 4:1; 11:5; 9:5:5, 6
  ὀλίγα Bar 1:8 H Man 4:1:4;
    2:1
ὀλιγοχρόνιος 2 Clem 5:5
  ὀλιγοχρόνια 2 Clem 6:6
ὀλιγοψυχοῦντας 1 Clem 59:4
ὀλεῖ 1 Clem 57:7 cit
ὁλοκαύτωμα Mar 14:1
  ὁλοκαύτωμα Bar 7:6 cit
  ὁλοκαυτωμάτων Bar 2:4, 5 cit
    Diog 3:5
  ὁλοκαυτώματα 1 Clem 18:16 cit
    Bar 2:7 cit
ὁλόκληρον H Man 5:2:3
ὅλος 2 Clem 1:6 H Vis 1:2:1;
  5:4
  ὅλη H Vis 3:10:5; 4:2:1
  ὅλον 1 Clem 38:1 Smyr 6:1

H Man 5 : 1 : 5 H Sim 9 : 1 :
7, 8, 9², 10; 24 : 1, 4
ὅλου H Vis 1 : 1 : 9 H Sim 5 :
3 : 9; 7 : 3 L; 9 : 7 : 1
ὅλης 1 Clem 8 : 3 cit; 33 : 8;
34 : 4 2 Clem 3 : 4²; 8 : 2; 17 :
1, 7; 19 : 1 H Vis 1 : 3 : 2; 2 :
2 : 4; 3 : 12 : 3; 13 : 4; 4 : 2 : 5
H Man 5 : 1 : 7; 6 : 1 : 5; 9 : 2;
12 : 5 : 2; 6 : 1, 2 H Sim 7 : 4²;
8 : 6 : 2; 11 : 3; 9 : 14 : 6; 28 : 2
ὅλου Rom 5 : 3
ὅλῳ 1 Clem 17 : 5 cit; 43 : 1 cit;
59 : 2 Pol 8 : 2
ὅλῳ 1 Clem 37 : 5
ὅλον 1 Clem 5 : 7 2 Clem 6 : 2
cit Eph 9 : 2 H Man 12 : 4 : 2
H Sim 6 : 4 : 4; 5 : 4; 8 : 3 : 2;
9 : 2 : 1, 5; 4 : 2; 14 : 5; 17 :
1, 2; 25 : 2 Did 6 : 2
ὅλην Bar 12 : 4 cit Pap 4 L H Sim
9 : 4 : 2; 11 : 8
ὅλον 1 Clem 37 : 5
ὅλοι Eph 8 : 1
ὅλαι H Sim 8 : 5 : 6
ὅλων Diog 7 : 2; 8 : 7
ὅλας H Sim 8 : 1 : 14
ὁλοτελής H Vis 3 : 10 : 9
ὁλοτελῆ H Vis 3 : 13 : 4
ὁλοτελεῖς H Vis 3 : 6 : 4; H Man
9 : 6
ὁλοτελῶς H Vis 3 : 13 : 4 H Sim
8 : 5 : 2
Ὀλοφέρνην 1 Clem 55 : 5
ὅλως Diog 8 : 1 H Vis 4 : 1 : 9
H Man 4 : 2 : 1; 5 : 2 : 7; 9 : 1,
5; 10 : 1 : 5²; 11 : 6, 13, 14;
12 : 6 : 2 H Sim 5 : 4 : 2; 6 : 5;
6 : 1 : 2; 2 : 7; 3 : 1, 2, 5; 5 : 1;
9 : 1 : 9; 4 : 8; 5 : 6; 8 : 5; 11 :
7, 9; 14 : 4; 15 : 6; 22 : 1;
25 : 2
ὁμαλιῶ Bar 11 : 4 cit
ὁμαλῇ H Man 6 : 1 : 2
ὁμαλά H Vis 1 : 3 : 4 H Man 2 : 4
ὁμαλά H Vis 1 : 1 : 3 H Sim 9 :
10 : 1

ὁμαλῶς H Man 6 : 1 : 4
ὁμιλῶ Diog 11 : 1
ὁμιλεῖ Diog 11 : 7
ὡμίλει Mar 2 : 2
ὁμιλίαν Pol 5 : 1
ὄμμασιν 1 Clem 19 : 3
ὤμοσεν Bar 6 : 8 cit; 14 : 1 H Vis
2 : 2 : 5, 8
ὀμόσω Mar 10 : 1
ὄμοσον Mar 9 : 2, 3; 10 : 1
ὀμόσαι Mar 4 : 1
ὁμοήθειαν Mag 6 : 2 Pol 1 : 3
ὁμοθυμαδόν Mar 12 : 3
ὅμοιος 1 Clem 35 : 9 cit Bar 7 : 10
Diog 2 : 2 Philip 3 : 2
ὁμοία 1 Clem 57 : 4 cit
ὁμοίου Did 3 : 1
ὅμοιοι Bar 10 : 3 H Vis 3 : 9 : 7
H Sim 3 : 2, 3; 9 : 4 : 5; 19 : 2;
21 : 2
ὅμοια Diog 2 : 3, 4 H Man 6 :
2 : 5; 8 : 5, 10; 12 : 3 : 1 H Sim
3 : 1, 2, 3
ὁμοίους Bar 7 : 6 cit, 10 cit H Sim
9 : 3 : 1
ὅμοια H Sim 3 : 1; 6 : 5 : 5
ὁμοιότητι Bar 7 : 10 Eph 1 : 3
ὁμοιοτρόπως Diog 3 : 2
ὁμοιοῦσθαι Bar 4 : 6
ὁμοιωθήσῃ Bar 10 : 4, 5, 6, 7
ὁμοιωθῶμεν Bar 4 : 2
ὁμοίωμα Tral 9 : 2
ὁμοιωμάτων H Man 4 : 1 : 1
ὁμοιώματα H Man 4 : 1 : 9
ὁμοίως Bar 2 : 9; 4 : 5; 10 : 10;
12 : 1 Diog 8 : 3 Eph 16 : 2;
19 : 1 Tral 3 : 1; 13 : 2 Pol
5 : 1 Philip 5 : 2, 3 Mar 2 : 4
H Sim 9 : 4 : 3
ὁμοίωσιν 1 Clem 33 : 5 cit Bar 5 :
5 cit; 6 : 12 cit
ὁμολογοῦμεν 2 Clem 3 : 4 Mag 8 : 1
ὁμολογῇ Philip 7 : 1 cit, 1
ὁμολογῶμεν 2 Clem 4 : 3²
ὁμολογεῖτε H Sim 9 : 28 : 7
ὁμολογεῖν Smyr 7 : 1
ὁμολογῶν Smyr 5 : 2

ὅπλων Mar 7:1
ὅπλοις Philip 4:1
ὅπλα H Man 12:2:4
ὁπόθεν Pap 3
ὁποία 1 Clem 43:2
ὁποῖοι H Man 11:15
ὁπόταν Bar 12:2
ὁπότε Bar 12:9
ὅπου 1 Clem 23:3; 25:3; 26:1;
    43:1 Bar 16:6 Philad 2:1
    Smyr 8:2[2] Pol 1:3 Mar 18:1
    H Vis 1:4:3; 2:1:1; 3:1:
    2, 3[2], 4 H Man 4:1:3; 10:
    1:6 H Sim 7:1
ὀπτασίας Mar 12:3
ὀπτασίᾳ Mar 5:2
ὀπτώμενος Mar 15:2
ὅπως 1 Clem 10:2; 12:2, 7; 18:
    4 cit; 35:4; 44:2; 48:1;
    55:2; 56:1; 59:2; 61:2;
    63:1; 65:1 2 Clem 9:6;
    17:2, 7; 18:2 Eph 3:2 Pol
    2:2 Did 14:1
ὁράματι H Vis 3:10:6
    ὅραμα H Vis 3:2:3
    ὁραμάτων H Vis 4:2:2
    ὁράματα H Vis 3:4:3; 4:1:3
ὅρασις H Vis 2 Tit; 3 Tit; 4 Tit
    ὁράσεως H Vis 2:1:1; 3:11:4;
    4:1:1
    ὁράσει 2 Clem 1:6 H Vis 3:
    10:3, 4, 5; 11:2; 12:1; 13:1
    ὅρασιν 2 Clem 7:6 cit; 17:5 cit
    H Vis 2:4:2
ὁρατῷ Diog 6:4
    ὁρατόν Pol 3:2
    ὁρατοί Smyr 6:1
    ὁρατῶν Rom 5:3
    ὁρατά Tral 5:2
ὁρῶ Diog 1:1
    ὁρᾷς 1 Clem 10:4 cit Diog 7:7, 8
    H Vis 3:2:4; 8:9
    ὁρῶμεν 1 Clem 44:6
    ὁρᾶτε 1 Clem 4:7; 12:8; 16:
    17; 23:4; 41:4; 50:1 Bar
    15:8

ὅρα H Man 6:2:4 Did 6:1
    ὁρᾶτε 1 Clem 21:1
    ὁρᾶν Diog 10:2
    ὁρῶσαι H Sim 9:11:4 FL
    ὁρωμένοις 1 Clem 60:1
    ὄψῃ 1 Clem 39:7 cit
    ὄψει H Sim 8:3:4; 9:5:5
    ὄψεται 1 Clem 16:11 cit Rom
    4:2 H Sim 9:15:3 Did 16:8
    ὄψεσθε Bar 11:5 cit
    ὄψονται 2 Clem 17:5, 6 Bar 7:9
    ὀφθήσομαι Bar 6:16 cit
    ὀφθήσεται H Man 12:2:4
    ὀφθήσονται Eph 14:2
    ὤφθη H Vis 3:1:2 L; 10:3, 7;
    11:2
    ὀφθῆναι Bar 2:5 cit Pap 3
    ὀφθεῖσα H Vis 3:3:3
    εἶδον 1 Clem 14:5 cit Bar 4:5
    cit Eph 2:1 H Vis 1:1:2;
    2:1:4; 4:2; 3:1:1; 10:1;
    4:1:1; 3:7 H Sim 6:1:6;
    7:1; 9:3:1; 12:4, 6, 7
    εἶδες H Vis 3:7:1; 12:1; 13:
    1, 3; 5:5 H Sim 4:4; 6:2:
    3, 4; 9:12:4, 6, 7; 13:3, 4,
    8; 17:2; 18:3; 26:7
    εἶδε H Sim 5:2:3; 8:6:2[2]
    εἶδεν 1 Clem 34:8 cit 2 Clem
    11:7 cit Bar 13:5 Diog 8:5
    Mar 2:3 cit; 5:2; 9:1
    εἴδομεν 1 Clem 16:3 cit; 33:7
    Mar 15:1
    εἴδετε Philip 9:1
    εἴδατε Philip 9:1 FL
    ἴδῃς Bar 3:3[2] cit H Vis 3:3:4
    H Sim 8:1:4; 6:1; 9:1:3
    ἴδῃ H Man 5:2:2; 12:2:4
    H Sim 7:5
    ἴδωμεν 1 Clem 7:3; 19:3; 21:
    3; 24:2; 25:1; 31:1; 33:7 F
    Bar 13:1; 14:1 FL H Sim
    9:7:7; 9:6
    ἴδωσιν 2 Clem 13:4 Bar 7:10
    ἴδε 1 Clem 10:4 cit; 14:5 cit
    Bar 6:14; 7:10; 8:1; 12:10,
    11; 15:7 Diog 2:1 H Man 11:18[2]

ἴδετε Smyr 3:2 cit
ἰδέτωσαν 1 Clem 52:2 cit
ἰδεῖν 1 Clem 22:2 cit Bar 7:11
   Diog 8:6, 11 Eph 1:2 Mag
   2:1 Rom 1:1 Mar 15:1
   H Vis 3:1:2; 8:1²; 10:8
   H Sim 9:1:2; 2:5, 7²
ἰδών 1 Clem 55:6 2 Clem 12:5
   Bar 6:12 Mag 1:2 Mar 4:1;
   12:3; 17:1; 18:1 H Vis 1:
   1:2; 3:1:5; 12:3; 4:1:4;
   2:4 H Man 3:3; 12:4:2
   H Sim 5:2:5; 8:4:2; 9:1:
   10; 9:7; 24:3
ἰδοῦσα 2 Clem 12:5
ἰδόντα H Sim 9:9:7
ἰδόντες 2 Clem 17:5 Philip 1:
   3 cit Mar 16:1 H Vis 3:13:2
   H Sim 9:4:7; 13:8
ἰδοῦσαι H Sim 9:11:4; 21:3
ἰδού v. sub ἰδού
ἑώρακα 1 Clem 39:8 cit; 53:
   3 cit
ἑώρακας H Vis 3:6:2; 10:8
   H Sim 9:1:2
ἑωράκαμεν 2 Clem 11:2 cit
ἑωράκειν H Vis 2:1:3; 3:1:6
   H Sim 6:1:1; 7:1; 8:1:3
ἑωρακώς H Sim 5:4:2
ἑωρακότι H Vis 3:3:1
ἑωρακότες H Sim 9:18:2
ὧπται H Vis 3:1:2
ὄργανα Mar 13:3
   ὀργάνων Rom 4:2
   ὀργάνοις 2 Clem 18:2
ὀργή 1 Clem 39:7 cit; 50:4 cit
   Philad 8:1 H Man 5:2:4
   Did 3:2
   ὀργῆς Philip 6:1 H Man 5:2:4
   ὀργῇ Did 15:3
   ὀργήν 1 Clem 63:2 Eph 11:1
   H Vis 3:6:1; 4:2:6 H Man
   12:4:1
   ὀργάς 1 Clem 13:1 Eph 10:2
ὀργίζεται H Vis 1:1:6; 3:1²
ὀργίλος Did 3:2
ὀργίλως H Man 12:4:1

ὀρθῇ Eph 1:1 L H Man 6:1:2, 4
   ὀρθήν H Man 6:1:2
   ὀρθαί H Vis 3:1:5
ὀρθότατα Mar Ep 1
ὀρθρινός H Sim 5:1:1
ὀρθῶς 1 Clem 4:4² cit Diog 4:6;
   11:2; 12:1 H Man 12:6:2
   H Sim 2:7; 8:11:4
ὁρίζει Bar 12:1
   ὁρίζων Did 11:9
   ὥρισεν 1 Clem 40:3 Bar 11:8
   ὁρισθέντες Eph 3:2
   ὡρισμένης H Vis 2:2:5
   ὡρισμένον 1 Clem 41:1 Bar
   19:1
   ὡρισμένοις 1 Clem 40:2 Diog
   5:10
ὅρια Diog 11:5
   ὅρια 1 Clem 29:2 cit
ὁρισμούς 1 Clem 20:3
ὁρκίζειν H Sim 9:10:5
ὅρκια Diog 11:5
ὅρκου 1 Clem 8:2
   ὅρκον Bar 2:8 cit
ὁρμάς Diog 4:5
ὄρνεον 1 Clem 25:2
   ὀρνέου 1 Clem 26:1
   ὄρνεα Bar 10:4
   ὀρνέων H Sim 9:1:8
ὄρος Bar 11:3 cit H Sim 9:1:7²,
   8³, 9², 10³; 19:2; 24:1
   ὄρους H Sim 9:1:4, 8²; 6:6;
   19:1, 2; 20:1; 21:1; 22:1;
   23:1; 24:1; 25:1; 26:1;
   27:1; 28:1; 29:1; 30:1,
   2², 4
   ὄρει Bar 4:7 cit; 14:2 cit; 15:1
   H Sim 9:24:1
   ὄρος 1 Clem 53:2 H Sim 5:1:
   1; 9:1:4, 8; 26:7
   ὄρη H Sim 9:17:1, 2
   ὀρέων 1 Clem 10:7 H Sim 9:
   2:1; 4:4, 5; 5:3; 6:6; 17:
   1; 18:5²; 29:4 Did 9:4
   ὄρη Bar 11:4 cit H Vis 1:3:4
   H Sim 8:1:1; 3:2; 9:1:4²;
   9:5; 17:2, 3

ὅροις Diog 7:2
ὤρυξαν Bar 11:2 cit
  ὠρύγη H Sim 9:6:7
ὀρφανοῦ Smyr 6:2 Philip 6:1
  ὀρφανῷ 1 Clem 8:4 cit Bar 20:2
  H Sim 5:3:7
  ὀρφανῶν H Sim 9:26:2
  ὀρφανούς H Vis 2:4:3 H Man
  8:10 H Sim 1:8
ὠρχοῦντο H Sim 9:11:5
ὅς 1 Clem 5:4; 9:3; 25:3; 29:1;
  36:2 cit; 55:6 Bar 4:4 cit;
  5:4; 6:3 cit; 7:3 cit, 11; 10:1
  cit, 10 cit; 11:10 cit, 11 cit, 11;
  14:5 Pap 2:15 Diog 10:6²,
  7; 11:3 Eph 9:1; 12:2;
  15:1 cit; 18:2; 20:2 Mag
  6:1; 7:1 L; 8:2²; 10:1, 2 L;
 *15:1 Tral 11:1; 9:1, 2; 11:2
  Philad 1:1; 8:1; 9:1; 10:2;
  11:1² Smyr 12:1 Pol 7:2
  Philip 1:2; 2:1; 3:2²; 5:2;
  7:1 cit, 1²; 8:1, 1² cit Mar
  3:1; 19:1; 22:2; Ep 1 H Vis
  3:2:1; 8:4, 8 H Man 3:5;
  4:1:9; 2:4; 6:1:5; 11:1 FL;
  12:3:1 H Sim 4:8; 5:4:3;
  6:1:1; 9:12:8; 13:3; 28:8
  Did 11:1, 12
  ἥ H Man 11:20
  ὅ 1 Clem 25:2 2 Clem 14:4
  Bar 5:1; 11:6, 8; 15:8; 16:
  9; 19:2 Diog 10:7 Eph
  17:2; 18:1; 20:2 L Mag
  5:2²; 6:2; 7:1; 10:2
  Tral 8:1²; 11:2 F Rom
  5:1; 7:3² Smyr 5:3 Did
  4:1²
  οὗ 1 Clem 3:4; 21:6, 9; 38:2;
  50:6 cit L; 58:2; 59:2, 3;
  61:3; 64; 65:2 2 Clem 3:
  1, 3; 20:5 Bar 1:2; 12:11 Diog
  7:2²; 11:5; 12:8, 9 Eph
  12:2 Mag 2:1; 5:2; 7:1;
  9:3 Tral 3:2; 9:2²; 11:1,
  2; 12:3 Philad 1:1 Smyr
  1:2 Pol 6:2 Philip 2:1 Mar

  14:1, 3; 19:1; 22:1²; Ep
  1, 2 H Vis 4:2:4
ἧς 1 Clem 24:1; 32:3, 4; 43:
  4; 53:2 cit Bar 18:1² Eph
  11:2; 16:2 Mag 1:2; 11:1
  Philad 9:1 Pol 1:2, 3; 2:3
  H Vis 1:1:3; 2:4:1 H Man
  4:4:3 H Sim 5:3:7; 8:1:4;
  6:6; 9:12:5; 26:2 Did 9:
  2, 3; 10:2
  οὗ 2 Clem 1:3 Bar 1:5; 4:3;
  7:8; 14:9 cit Diog 11:3 Mag
  9:2 Smyr 5:3 Pol 1:1; 3:2
  H Vis 1:3:2; 4:1:7 H Sim
  5:2:7; 3:3 Did 1:5; 10:2
  v. sub οὗ
  ᾧ 1 Clem 20:12; 32:4; 38:4;
  43:1, 6; 45:7; 50:6 cit, 7
  Bar 5:5; 7:1 Diog 7:2⁵;
  12:9 Eph 11:2 Mag Int;
  1:3; 10:3 L Tral 2:2; 13:3
  Rom 8:2 Philad 5:1², 2; 7:2
  Smyr 8:1 Pol 6:2; 8:3 Phi-
  lip 2:1²; 5:2; 9:2 Mar 20:
  2 F; 21:1; 22:3; Ep 4 H Vis
  4:3:2, 5; 5:3², 4 H Man
  5:1:4; 7:2²
  ἥ 1 Clem 35:12 cit L; 36:1;
  48:4; 56:2 Bar 9:4; 15:9;
  20:1; 21:3 Diog 8:6; 12:3
  Eph 13:2 Mag 9:1 Tral 4:2
  Pol 1:2 Mar 7:2; Ep 3 H Vis
  2:2:3 H Man 2:2, 4; 10:
  2:3 H Sim 1:1, 11; 2:7;
  5:2:6; 3:7; 6:5, 7; 6:2:4
  Did 16:1
  ᾧ 1 Clem 13:2 cit Bar 15:8
  Diog 10:6 Smyr 7:2 Philip
  2:3 cit H Vis 3:5:5 H Man
  5:1:2 H Sim 9:24:1
  ὅν 1 Clem 4:10 cit; 18:1; 23:
  5 cit; 25:2; 56:4² cit, 6 cit
  2 Clem 1:2; 8:2; 9:4; 12:
  4; 13:2 cit Bar 3:6; 6:4 cit;
  7:9; 11:7 cit; 12:5; 14:3 cit
  Diog 9:2 Eph 1:3; 2:1;
  6:1 Mag 9:2 L; 10:3 Tral

3:2 Philad 1:1; 11:2 Smyr
5:1; 9:2; 12:1 Pol 7:2
Philip 1:2 cit, 3 cit; 13:1
H Vis 2:1:1; 3:3:3 H Man
7:1 H Sim 2:3, 7; 5:2:2,
6; 5:2; 6:3; 8:3:5

ἥν 1 Clem 1:1; 10:3 cit, 4 cit;
35:12 cit; 56:2; 63:2 2 Clem
15:1 Bar 3:3 cit; 6:4 cit,
8 cit; 14:1; 15:6 Diog 6:
10; 11:7; 12:5 Tral Int Rom
Int Smyr 7:1; 11:1; 13:2
Philip 1:3; 9:1 H Vis 1:1:
4; 3:4²; 2:1:3; 3:1:1, 2;
12:2; 13:2²; 4:1:1 H Man
3:2; 4:2:2; 11:18; 12:3:3
H Sim 2:5, 7; 5:1:2, 3²;
2:1, 7, 11; 3:5; 6:5; 6:5:
3²;8:8:2;9:26:8 Did 10:5

δ 1 Clem 32:1; 49:4 2 Clem 1:6;
2:1, 2, 3 Bar 10:11; 11:8;
15:8 Diog 2:3⁶ Eph 1:1;
17:2; 20:1 Mag 9:2 Rom
1:2; 6:3 Philad 4:1 Smyr
8:2² Mar 8:2; 11:2; 16:2
H Vis 3:1:8,9; 2:3; 3:3,
4²; 10:6 H Man 3:1; 9:7;
11:3, 15; 12:2:5; 5:1, 4
H Sim 2:5; 5:3:4; 5:4;
6:5:5; 9:20:4 Did 6:2, 3

οἵ 1 Clem 50:3 Bar 11:8 Diog
11:2 Eph 11:2 Mag 15:1
Tral 6:2; 12:1 Rom 5:1
Philad 11:1 Smyr 10:1² Mar
2:2; 8:2; 14:1; 15:1; 17:2
H Sim 9:28:2

αἵ H Sim 9:3:2

ἅ 1 Clem 39:9 cit Bar 5:2²
Rom Int Did 16:4

ὧν 1 Clem 21:3; 50:6² cit;
51:3; 55:6; Bar 6:14; 20:2
Diog 8:2; 11:7 Eph 2:1;
21:1 Philad 7:1 Mar 16:2;
17:3 H Man 2:4 H Sim 8:
1:18; 4:2; 6:2², 4; 9:7:3
Did 2:7; 5:2

ὧν 1 Clem 27:7 cit; 39:5 cit

Smyr 6:1 Philip 13:2 H Vis
3:7:2; 10:8; 11:1 H Man
8:3 H Sim 1:7; 6:1:2; 9:
1:7²; 13:8; 26:8

ὧν 1 Clem 10:7; 16:13 cit;
32:4; 57:7 cit 2 Clem 1:5;
13:3 Bar 1:7, 8; 4:9; 20:2;
21:9 Pap 2:15 Diog 3:4²;
12:8 Eph 4:2; 9:2; 14:1,
2; 15:2², 3 Tral 3:2 Rom
4:1 Philip 2:3 Mar 6:1
H Vis 4:1:8; 3:1 H Man
8:5, 6; 9:10 H Sim 2:2;
5:1:1; 3:7; 6:1:1 Did 1:5

οἷς 1 Clem 30:3; 61:1 Bar 8:
1, 3; 15:1 Diog 10:2⁵; 11:
2, 5 Eph 9:2; 11:2 Mag
1:2 Rom 10:2 Philad 6:1,3
Mar 14:2; 15:1 H Vis 3:
4:1, 3 H Sim 8:3:3

αἷς Bar 8:6 Diog 2:8 Mag 1:1
H Vis 3:10:2; 5:5 H Sim
6:2:1; 7:6

οἷς 2 Clem 15:3 Diog 12:1
Rom 7:2 Philad 8:2 Mar
Ep 1 H Sim 5:2:11; 9:29:1

οὓς 1 Clem 12:4; 13:1; 50:2;
53:2 Bar 4:8 cit; 6:16; 19:
4, 7; 21:2 Diog 2:1; 10:2³
Eph 7:1²; 9:1 Rom 10:2
Philad Int Smyr 4:1; 5:1
H Vis 3:1:6; 5:5; 6:2;
7:1 H Sim 1:9; 5:2:6; 8:
3:5²;9:9:3;13:3 Did 2:7³;
3:8; 4:10

ἅς 2 Clem 11:7 cit Diog 4:5²
Philip 3:2 H Vis 2:2:4; 3:
6:3; 8:6 H Man 5:2:8;
12:6:4 H Sim Tit; 1:8; 5:
5:3; 8:9:4; 10:4; 9:24:1

ἅ 2 Clem 3:4; 8:2; 13:2;
14:5 Bar 7:6; 9:1 cit; 12:
9 cit; 16:5; 19:11 Pap 2:4
Diog 3:3; 4:2²; 8:11; 10:
6; 11:7 Eph 8:2; 15:1 Tral
12:2 Rom 3:1; 5:2(²L)
Philad 10:1 Smyr 10:2 Pol

2:3 Philip 2:2 Mar 2:3 cit
H Vis 1:1:6; 3:3, 4; 2:2:
4; 3:1:2, 9; 7:6; 8:11; 4:
1:3; 5:5 H Man 3:5; 8:7,8;
9:7; 11:19 H Sim 3:1; 4:
1², 4; 5:5:3; 6:2:3, 4; 3:
6; 5:3; 8:6:4²; 9:2:7²;
10:5; 26:7 Did 4:13; 11:10
ὅσιον 1 Clem 14:1
  ὁσίας 1 Clem 2:3; 56:16
  ὁσία 1 Clem 45:7
  ὅσιοι 2 Clem 15:3
  ὁσίων 1 Clem 45:3
  ὅσια 2 Clem 1:3; 6:9
ὁσιότητι 1 Clem 29:1; 32:4; 48:
  4; 60:2
ὁσίως 1 Clem 6:1; 21:7, 8; 26:1;
  40:3; 44:4; 60:4; 62:2
  2 Clem 5:6
ὁσιώτατον 1 Clem 58:1
ὀσμή Bar 2:10 cit
  ὀσμῆς Mag 10:1
ὅση H Man 11:10
ὅσῳ 1 Clem 36:2 cit; 41:4;
  48:6 Diog 7:8; 8:10
ὅσον H Sim 6:4:1
ὅσην 2 Clem 15:5
ὅσον 1 Clem 50:4² cit Bar 4:
  11; 17:1; 19:8 Pap 2:4
  Eph 6:1 Mar 7:2 H Sim 9:
  1:8 Did 12:2
ὅσοι 1 Clem 12:6 Philad 3:2²
  H Vis 2:2:7²; 3:1:9 H Man
  4:3:7; 5:1:7; 2:8; 7:4;
  8:12; 10:1:4; 3:4; 11:4²;
  12:2:3; 5:2, 4; 6:5 H Sim
  5:3:4, 9; 4:3; 7:7; 8:3:
  5², 6; 6:6²; 7:1, 3³; 8:2;
  11:3², 4; 9:6:7; 7:5²; 23:
  5; 28:3, 4²; 29:3²
ὅσα Bar 16:7; 21:1 H Man 6:
  2:5; 8:5; 12:3:1
ὅσων H Sim 8:7:1
ὅσους H Sim 9:13:4
ὅσας Philip 13:2 H Sim 6:4:4
ὅσα 1 Clem 34:8 cit; 40:1;
  51:1 2 Clem 1:2 Bar 10:6;

11:6 cit Pap 2:3, 15 Diog
11 : 8; 12:1 Mag 13:1 cit
H Vis 5:7 H Man 4:4:3
H Sim 1:4; 5:2:6²; 3:2,9;
  4:2; 6:3:6; 9:1:1; 2:6, 7
  Did 1:2; 10:7; 11:11
ὅπερ Diog 6:1 Eph 15:3 Smyr
  4:1 Mar 5:1
οὗπερ Tral 12:3 L
ὅπερ Eph 4:1 Tral 6:2 Pol
  4:1 Philip 13:1
οἵπερ Mar 2:3
ὅστις Diog 10:6 Mar 1:1; 13:2
ἥτις Eph 14:1 Tral 6:1 Rom
  Int; 9:1 Philad Int Philip
  3:3 cit
ὅτου H Vis 4:1:9 L
οἵτινες 1 Clem 6:1; 14:2; 17:
  1; 44:5; 51:1; 63:3 2 Clem
  10:3 Bar 10:3, 4, 5 Philip
  6:3 H Vis 1:1:9 H Sim 9:27:2
αἵτινες Philip 13:2 H Sim 9:20:4
ἅτινα 1 Clem 24:5 Eph 19:1
  Philip 1:1
ἅστινας Philad 3:1
ὀστοῦν 1 Clem 6:3 cit
  ὀστᾶ 1 Clem 18:8 cit; 25:3
  ὀστέων 1 Clem 6:3 cit Rom 5:3
  ὀστᾶ Mar 18:1
ὀστρακίνους Diog 2:7
ὄστρακον Diog 2:2
  ὄστρακον H Sim 9:10:1
ὀσφύες Did 16:1
  ὀσφύας Philip 2:1 cit
ὅταν 1 Clem 21:9; 57:4 cit, 5 cit
  2 Clem 12:2 cit, 3; 13:4³;
  17:3, 6, 7; 19:2 Bar 4:14;
  5:12 cit; 6:19; 7:8, 10;
  10:3⁴; 12:1² cit, 7; 15:5
  Diog 10:7³, 8 Eph 8:1;
  12:2; 13:1 Mag 12:1 Tral
  2:1; 9:1; 13:3 Rom 3:2, 3
  Pol 7:3 H Vis 2:4:2; 3:6:
  3, 5, 6; 7:3, 6; 8:5; 12:2
  H Man 5:2:2, 5, 7; 6:2:3²,
  4, 5²; 10:1:5(²FL); 2:2, 3;
  11:8², 9, 14, 15, 20; 12:5:3

9; 8:7; 9:1; 10:5; 11:1, 5;
12:2 Eph 3:1; 8:2; 14:2;
16:1 cit; 17:2 Mag 3:1, 2;
1 2:1 Tral 1:1;2:1, 3; 3:1;
4:2;5:1²,2;7:2(²FL);11:2;
13:3 Rom 2:1²; 3:3; 5:1
cit; 8:3 Philad 3:1, 3 cit, 3;
7:1; 8:1, 2 Smyr 4:1; 6:
2⁶; 10:1 Pol 2:1 Philip 5:
1 cit; 9:1, 2 Mar 5:1; 8:2;
12:1; 14:1; 19:1 H Vis 1:
1:6,7²,8; 3:3; 2:1:3; 3:3;
3:3:2; 6:6²; 7:5, 6;
8:10; 9:1, 8; 5:3 H Man
2:5; 4:1:7, 9, 11; 2:1, 2;
5:2:5; 6:2:5; 7:5;8:1, 2,
4, 6; 9:2, 5; 10:1:2, 3, 4;
11:1, 4, 6, 12, 13; 12:3:5;
4:2, 3; 5:2², 3 H Sim 1:2,
3³, 5; 2:3; 3:2, 3²; 4:4, 7;
5:1:4; 2:7; 3:1; 5:4; 6:1²;
7:2, 4; 6:1:6; 2:3; 4:3;
5:1, 2, 3; 7:2, 3, 4; 8:6:
2, 6; 7:3; 10:4 F; 9:1:7;
2:6, 7²; 4:6, 8; 5:2; 9:2;
11:2; 12:5²: 13:2; 18:2;
20:2; 23:4; 28:6 Did 2:2⁸,
3³, 5, 6, 7; 3:9; 4:3², 4²,
7, 10², 13, 14; 5:2⁴; 6:2;
7:2; 11:5, 7, 8, 9, 10, 11;
12:2, 5; 16:1, 2, 7

οὐκ 1 Clem 1:2⁴; 4:4 cit; 11:
1, 2; 14:5 cit; 15:4 cit; 16:
1, 2, 3³ cit, 7² cit, 10 cit, 15
cit; 17:5; 18:16 cit, 17 cit;
27:7 cit; 32:2; 34:1, 8³ cit;
39:3 cit, 5 cit, 9 cit; 40:2;
41:2; 46:8 cit FL; 49:5;
50:1; 57:5 cit 2 Clem 1:2,
8; 2:1 cit, 2 cit, 4 cit; 4:5 cit;
8:5 cit; 10:3, 5; 11:7 cit;
12:1; 13:3, 4; 14:2; 15:1²;
17:5³ Bar 2:5 cit; 3:1 cit,
3 cit; 5:3, 4 cit, 9 cit, 10;
7:2; 8:7; 10:1 cit, 2, 3, 4,
10³ cit; 11:6 cit, 7 cit, 8 cit;
12:6 cit; 13:4 cit; 14:1, 4;

15:8 cit; 16:1, 2 cit, 10; 19:
2, 3, 7 (²F), 8²; 20:2² Pap
2:3 Diog 2:4³, 9 F; 4:2, 3,
5; 5:17; 6:3²; 9:2; 11:2;
12:6 Eph 3:2; 5:1; 9:1
Mag 3:1; 4:1; 5:2; 10:1
(²F), 3; 11:1; 12:1; 14:1
Tral 3:3; 4:2; 6:1; 8:1;
9:2; 11:1; 13:1 Rom
7:2 Philad 1:1; 2:2; 5:1;
6:3; 7:2; 10:2 Smyr 3:2
cit; 5:1, 3; 8:2; 11:1² Pol
2:1; 7:3; 8:1 Philip 1:3²
cit; 3:1; 5:2; 8:1 cit; 9:2
cit Mar 2:2; 3:1; 4:1; 5:1:
7:1; 8:2 H Vis 1:1:3, 9;
3:1, 3; 2:1:4; 2:2, 3, 7;
3:1; 4:1; 3:1:9²; 2:8;
4:3; 5:5; 6:1³; 10:1; 11:3;
4:1:9; 2:4; 3:7; 5:3 H Man
3:3; 4:1:3, 8; 3:1, 3; 5:
1:6; 2:1; 6:1:3; 2:5; 7:
2², 3, 4; 9:3, 7; 10:2:4;
3:2, 3⁴; 11:5, 12, 13, 17;
12:2:4; 3:4, 5; 4:6, 7 H Sim
2:4, 8, 9; 4:4; 5:1:3²; 4:2,
4; 6:6; 6:2:3, 7²; 3:1, 5;
4:3; 5:3; 8:1:7; 6:2; 7:6;
8:2; 9:1²; 9:1:2, 9; 4:6;
5:1; 6:6, 8; 7:6; 8:3; 9:
2, 3, 4; 10:4, 6; 11:1, 6,
7; 12:8; 13:3; 14:1, 4, 6;
15:3, 6²; 16:2, 7; 19:1, 3²;
20:4; 22:4; 24:4; 26:5, 6;
28:4 Did 1:5; 2:2, 3, 4, 5,
6; 4:8², 9, 10; 5:2²; 10:6;
11:7, 12; 12:4

οὐχ 1 Clem 5:4; 9:3; 14:5 cit;
45:3; 55:6; 56:8 cit FL;
57:4 cit, 5 cit Bar 1:8; 3:3
cit; 4:9; 7:9; 11:7² cit;
19:3 Pap 2:15 Diog 2:2,
3², 6; 7:7, 8; 12:8 Mag 3:
2 FL Tral 3:3 L Rom 4:3;
5:2²; 7:3; 9:3 Philad 3:1
Smyr 2:1; 10:2 Mar 4:1;
10:2; 15:2 H Vis 1:2:3;

3:1; **2**:1:4; **3**:2:4; 4:3;
5:4 F;6:4;8:9; 9:5 H Man
4:1:5; 4:2²; **10**:2:6; **12**:
3:6 H Sim **8**:2:7: **9**:11:3
Did 1:3; 3:9

οὖ 1 Clem 10:4 cit; 54:2 Diog
8:2 Philad 8:1 H Man **5**:
2:5, 7 H Sim **9**:5:6; 25:1;
27:1; 28:1 Did 11:6; 14:2;
15:3

οὐαί 1 Clem 46:8 cit 2 Clem 13:
2 cit; 17:5 Bar 4:11 cit; 6:
2 cit, 7 cit Tral 8:2 cit H Vis
4:2:6 Did 1:5

Οὐαλέριον 1 Clem 65:1

οὐδέ 1 Clem 5:4; 15:4 cit; 16:2,
3² cit, 10 cit; 21:3; 27:7 cit;
32:4; 37:3⁴, 5; 45:3; 50:
6 cit; 57:5 cit 2 Clem 9:1;
11:7² cit; 13:4 Bar 3:3 cit;
10:4³ cit (⁴F), 4, 5² cit, 6, 7
cit, 7², 8; 11:7 cit; 19:5, 6,
7, 11 Pap 2:3; 3 Diog 2:9;
5:3; 7:1²; 9:1, 2²; 10:5³;
11:1, 5; 12:3, 4², 8² Eph
6:2; 8:1,2³;14:2 Rom 4:2;
6:1; 7:3; 9:2 Philad 1:1²
Smyr 5:1³; 10:2² Pol 4:1
Philip 4:1 cit; 8:1 cit H Man
5:2:1;**7**:2,5;**10**:2:6; **11**:8²
H Sim 2:8; **5**:1:3; 3:1;
5:4; **8**:6:4; **9**:4:6; 9:2²;
19:3; 29:1 Did 1:4; 2:2,
4, 6⁴; 3:9; 4:7; 5:2; 11:7

οὐδ' 1 Clem 17:4 cit Bar 2:5
cit; 3:2² cit; 5:10 H Sim **9**:
14:4

οὐδείς 1 Clem 17:4 cit; 56:2
2 Clem 6:1 cit; 14:3; 20:3
Bar 9:9 Diog 8:5 Eph 14:2
Mar 9:1 H Man **3**:3; **12**:5:1
H Sim **5**:6:2; **9**:12:4, 6, 8;
19:2; 30:2

οὐδεμία Eph 6:2 H Sim **9**:26:
2; 29:1

οὐδέν 1 Clem 21:3; 23:3 cit;
27:2, 5, 6; 37:5; 45:3;

49:5³ 2 Clem 1:6; 6:7 Bar
19:6 Eph 13:2; 14:1; 15:3
Mag 1:2;7:1 Rom 3:3 Smyr
6:1; 10:1 Pol 1:2 Philip
4:3 H Vis **4**:2:3;3:6 H Man
2:4; **3**:1; **8**:9; **12**:4:5
H Sim **6**:3:5; **8**:3:1; **9**:8:5
Did 3:10

οὐδενός 1 Clem 52:1 Diog 4:1
οὐδενός Diog 3:4 H Vis **4**:2:4
οὐδενί Rom 3:1 FL H Man **11**:8
οὐδενί H Sim **9**:29:2
οὐδένα Rom 3:1
οὐδεμίαν H Sim **7**:3
οὐδέν 1 Clem 52:1 2 Clem 11:
2 cit; 12:5 Bar 4:9 Pap 2:
15; 4 Diog 2:2; 3:5 Eph
9:2 Mag 7:1 Rom 6:1 Phi-
lip 4:1 cit Mar 5:1; 8:3;
9:3 H Vis **1**:1:2; **3**:2:4;
6:5; 11:3; 12:2; 13:2;
4:1:9 H Man **4**:2:1; **9**:5²;
10:1:5²;**11**:8 H Sim **4**:5, 6;
5:1:4; 4:2; **6**:2:4; 3:6;
9:9:1; 10:4; 11:7, 9; 13:
2; 14:4; 22:1

οὐδέποτε Rom 3:1 H Man **3**:
3, 4; **4**:1:1 H Sim **4**:5;
8:10:3 Did 16:4

οὐδέπω H Man **3**:3
οὐθείς H Sim **9**:5:6
οὐθέν Mag 7:1 FL H Vis **3**:4:3
οὐθέν H Man **4**:2:1

οὐκ v. sub οὐ

οὐκέτι 2 Clem 8:2, 3 Bar 8:2²
*Rom 8:1 H Vis **3**:5:5; 7:2;
12:2² H Man **4**:2:2; **5**:1:
5; **12**:2:4 F H Sim **6**:3:6;
9:18:1; 26:4

οὐκοῦν Bar 5:3, 11, 12; 6:16;
7:1, 10; 9:4; 15:4 Diog 2:9
H Sim **9**:28:6

οὐμενοῦν Diog 7:4

οὖν 1 Clem 8:5; 12:3, 5, 6; 13:
1; 14:1; 19:1, 2; 21:4;
25:5; 26:1; 27:1, 3; 28:1,
4; 29:1; 30:1, 3; 31:1;

32:3,4; 33:1,6, 7 L, 8; 34: 2, 4, 7; 35:3, 4; 36:6; 37: 1; 38:1, 3, 4; 40:1, 4; 41:3; 42:2², 3, 4; 44:2, 3; 45:7; 46:1, 4; 48:1, 4; 50:2; 51:1; 53:1; 54:1; 55:5; 56:1; 57:1; 58:1; 63:1 2 Clem 1:3, 5, 6; 3:1, 3(²FL); 4:1, 3; 5:3 cit, 6; 6:5; 7:1, 2; 8:1, 6; 9:3, 6, 10; 11:1, 7; 12:1, 4; 13:1; 14·1, 3², 4²; 15:3, 5; 16:4; 17:1, 2; 18:1; 19:3, 4; 20:2 Bar 1:4, 5, 6; 2:1, 2, 3 F, 6, 9, 10²; 3:1, 6; 4:1², 6, 10 F; 5:5; 6:1, 3, 6, 7, 10, 11, 13, 14, 17², 18, 19; 7:2, 4, 9; 9:6, 7, 8²; 10:2, 3, 11; 12:2, 6, 7, 9, 10; 13:2, 7²; 14:7²; 15:1, 6, 7; 16: 6,7²; 19:1²; 21:1 Pap 2:16 Diog 2:9 F, 10; 4:6; 7:4 F; 8:10; 9:1, 6 Eph 1:3; 2:2; 4:2; 5:3²; 6:1, 2; 8:1; 9:2; 10:1; 13:1; 15:1, 3; 16:2; 19:2 Mag 2:1; 3:2; 4:1; 5:1; 6:1, 2; 7:1; 9:1; 10:1, 2; 13:1 Tral 1:2; 2:2, 3; 4:2; 6:1; 7:1; 8:1; 9:1; 10:1²; 11:1, 2 Rom 7:1 Philad 2:1; 4:1; 6:2; 8:1² Smyr 7:1, 2; 9:2; 11:2, 3 Pol 6:2; 8:1 Philip 4:1; 5:1; 6:2, 3; 8:1, 2; 9:1 Mar 2:1; 3:1; 4:1; 7:1, 2(²FL); 9:2; 13:1, 3; 16:1; 18:1; 20:1²; Ep 4 H Vis 1:1:2, 3, 8; 3:2, 3; 4:1; 2:1:2, 4; 2:6, 7; 4: 1², 2, 3²; 3:1:4, 5, 9²; 3:2, 3, 5²; 4:1, 2; 5:1, 5; 6:3, 6; 7:1, 4; 8:1, 4, 5, 7, 8, 9; 9:2, 4, 5, 6,7², 9, 10; 10:1, 6, 7; 11:4; 13:4; 4: 1:3, 8; 2:5²; 3:4, 6; 5:6, 7 H Man 1:2; 2:2, 3, 5, 6³, 7; 3:2, 3², 5; 4:1:3, 6, 7,

8, 11; 2:2, 3; 3:4, 5; 4:3; 5:1:4, 6²; 2:3, 6,7, 8³; 6: 1:1, 2, 3, 4; 2:2, 3³, 4², 5, 6², 9, 10; 7:1, 3, 4², 5; 8: 2, 4, 6², 11, 12; 9:4, 7, 8, 10, 11, 12; 10:1:4, 6; 2:1, 4³, 5; 3:1, 3, 4; 11:2, 4, 7, 9, 10², 11, 12, 16, 18, 19, 21²; 12:1:2; 2:2(²FL), 4, 5; 3:2; 4:3, 5, 7; 5:2, 4²; 6: 2, 3 H Sim 1:1, 2, 4, 5, 6, 7, 8, 10; 2:3, 4², 5², 7, 8, 9²; 3:2; 4:2, 5, 6, 8; 5:2: 4, 6, 7; 3:3, 5, 8; 5:4; 6: 3, 5, 6, 7; 7:4; 6:1:4³; 2:3², 4², 6, 7; 3:1, 3, 6; 4:4³; 5:2, 4², 5, 6, 7; 7:2, 4; 8:2:7; 3:1, 3, 4, 6; 4:5; 5:2; 6:2, 3, 4², 5, 6; 7:5, 6; 8:2³, 5³; 9:2, 3, 4; 10:2, 3, 4; 9:1: 2²; 2:3, 7²; 4:2, 3, 5, 6, 8; 6:5; 7:1; 8:3; 9:1, 3; 10: 2, 6; 11:1, 3; 12:5, 6²; 13:2, 6, 7, 8, 9; 14:1, 5, 6²; 15:5; 16:3, 4³, 6, 7²; 17: 1², 2, 4; 18:2²; 19:2²; 20: 2², 4; 21:2, 4; 22:3², 4; 23:3²; 24:3; 25:2; 26:2, 5, 6, 8; 27:3²; 28:3, 5; 29: 2, 3²; 30:2 Did 1:2; 11:1, 8; 13:3; 15:1, 2

οὔπω Eph 3:1 H Vis 3:9:5 H Sim 9:5:2

οὐράνιον Mar 22:3

οὐρανός 1 Clem 39:5 cit Bar 16: 2 cit H Vis 1:1:4

οὐρανοῦ 1 Clem 8:3 cit; 32:2 cit; 53:3 cit Bar 6:12 cit, 18 Mar 9:1 H Vis 1:1:4 H Sim 9:24:1 Did 16:8

οὐρανῷ Diog 5:9; 10:2, 7 Eph 19:2 Smyr 11:2 Did 8:2²; 16:6

οὐρανόν 1 Clem 10:6 cit; 28:3 cit Bar 16:2 cit Diog 3:4; 10:2 L Mar 9:2; 14:1 H Vis

H Man 3:1; 4:4:4; 6:1:4,5
H Sim 5:2:8
τούτῳ Bar 11:2 cit Diog 12:2
  H Man 4:1:6; 11:21 H Sim
  8:3:1; 9:24:1
τοῦτον 1 Clem 33:8; 53:3 cit
  Bar 10:2 cit; 13:6; 16:3 cit
  Diog 7:2 Mag 3:2 Pol 7:2
  Philip 8:2 Mar 4:1; 17:2, 3
  H Vis 1:1:8; 3:7:5²; 4:3:
  3, 4 H Sim 5:2:2, 4; 6:2:
  1; 9:10:6
ταύτην 1 Clem 12:5; 26:3 cit;
  43:4; 44:2 2 Clem 10:3;
  15:2 Bar 3:1 cit Diog 3:2;
  10:1 H Vis 1:1:1; 2:4:1,
  3; 3:2:2; 10:6; 12:1 H Man
  1:2; 2:7 FL; 3:5; 4:1:4;
  3:5; 5:2:8; 8:12; 9:9;
  10:2:6; 12:1:1; 3:3 H Sim
  1:2; 2:7; 5:2:2, 4; 3:4, 5;
  7:1², 2; 8:10:3; 9:5:2;
  8:3; 9:2; 16:7; 22:2, 3;
  23:5
τοῦτο 1 Clem 3:4; 11:2; 15:
  5 cit;. 16:13 cit; 33:1; 43:6;
  48:1; 54:3; 63:4 2 Clem
  2:2, 5; 4:5; 8:6; 12:4, 5;
  14:3; 17:1, 4; 19:1; 20:4
  Bar 1:4², 5; 2:8 cit; 3:6;
  4:3, 6; 5:1, 4, 11, 12; 6:13;
  7:10; 8:7; 10:3, 12; 11:7
  cit, 8², 9, 11²; 12:8, 9; 14:
  5; 15:4, 5; 21:1² Pap 2:15
  Diog 2:6; 4:4; 8:2 Eph
  3:2; 4:1; 17:1 Mag 8:2;
  9:2, 3; 10:1 Tral 3:3; 5:2
  Rom 5:1 cit Smyr 3:2;
  5:2 Pol 2:2 L Philip 8:2
  Mar 4:1; 13:2; 14:3; 16:1;
  17:1; Ep 2 H Vis 1:1:2;
  3:1; 2:4:1; 3:2:1; 5:1,
  5²; 6:1², 2, 4; 7:6; 10:9;
  12:3; 4:2:4; 5:5 H Man
  3:2; 4:1:1, 2, 10; 2:3;
  3:3; 4:1; 11:12 H Sim 1:9;
  2:10; 5:1:3; 6:4:1; 7:2, 5;

8:2:9; 3:1; 8:1; 9:1:3;
  12:1, 2, 3; 13:5; 14:2;
  16:7; 17:3, 4; 18:2; 19:1,
  3; 21:2; 26:6; 28:5 Did
  6:2
οὗτοι 1 Clem 46:4 2 Clem 9:
  11 cit Bar 8:4 Diog 3:3 Tral
  11:1 Philad 3:2²; 6:1 Phi-
  lip 9:2 H Vis 2:3:2; 3:3:
  2; 4:1, 2; 5:1, 2, 5; 6:1,
  2, 3, 4, 5; 7:1, 2, 3, 5 H Man
  9:5; 11:1, 2 H Sim 6:2:3,
  4²; 8:1:8, 9, 10, 11, 12, 13,
  14, 15, 16, 17; 3:6; 5:1, 2,
  3, 4, 5, 6; 6:4², 5²; 7:2, 4²,
  5; 8:1, 2, 3, 4, 5²; 9:1, 3;
  10:1, 3; 9:4:3³, 6; 7:4, 6;
  8:2, 7; 13:3, 7, 9; 14:1, 2²;
  15:6; 16:3, 5, 6; 19:2;
  20:2; 21:4; 22:4; 23:2, 3²;
  26:3, 7², 8; 27:3; 28:4;
  30:2
αὗται H Vis 3:3:2; 6:3; 9:9;
  10:8 H Man 12:2:2, 3;
  3:4²; 4:4 H Sim 6:1:3;
  5:6; 8:4:4 F; 9:6:4; 9:5;
  10:6; 13:2³ (⁴FL); 17:2
ταῦτα 1 Clem 35:2 2 Clem 15:5
  Bar 10:4, 5; 12:1 cit; 17:2
  Diog 2:3, 4, 10; 7:9³;
  8:4; 10:5 Eph 8:2 Philad
  9:1 Smyr 4:2 Mar 13:1 H Vis
  1:4:2²; 2:2:1; 3:2; 3:4:3²;
  8:10 F; 4:3:1 H Man 5:2:
  2, 5; 6:2:3², 5; 8:4, 6², 11;
  11:19³ H Sim 1:3; 2:2; 3:1;
  4:2; 5:4:1; 7:3; 6:1:4, 6;
  2:7; 8:2:6, 9; 9:17:1
τούτων Bar 6:14 cit Diog 2:3;
  8:3 Tral 3:1 H Vis 3:4:
  1; 8:1; 10:1 H Sim 8:
  5:5, 6; 6:3; 10:4; 9:7:4;
  8:3, 7; 9:1; 12:8; 16:7²;
  22:3; 23:2; 28:3, 4²; 30:1
  Did 1:3
τούτων Pol 5:1 Philip 3:3 H Vis
  3:8:2, 7; 10:2 H Man 4:3:4;

10:1:2, 4; 12:4:3², 5 H Sim
9:4:8; 13:2, 3², 4, 7, 9;
14:1, 2; 15:2, 3; 24:2
τούτων 1 Clem 23:3 cit; 40:1
2 Clem 11:2 cit Bar 2:3;
3:1; 11:11 cit, 11 Diog 2:3;
3:4 Rom 4:2 Philip 5:3
Mar Ep 4 L H Vis 3:10:6
H Man 3:5; 8:4³, 6², 9, 10,
11; H Sim 2:2; 9:5:4; 17:2
Did 3:2, 3, 4, 5, 6; 5:2
τούτοις 1 Clem 6:1; 17:1 H Sim
6:2:3, 4: 8:1:16, 17, 18²;
5:1; 6:2; 7:2; 8:5; 9:4;
10:2; 9:12:6; 19:1, 2, 3²;
20:4; 26:5
ταύταις 2 Clem 16:2 Diog 3:5
H Vis 3:8:8 H Sim 6:1:1²,
4; 7:7; 8:5:6; 11:3
τούτοις 1 Clem 13:3; 37:4
2 Clem 4:3; 6:4; 16:4; 19:3
Bar 12:7; 21:1 Diog 2:5²;
10:5 Rom 7:2 Mar 8:2;
9:2; 11:1 H Man 6:2:5;
8:5, 10; 10:1:4; 12:3:1
H Sim 6:5:5; 9:14:3
τούτους 1 Clem 44:3 Diog 2:6
H Vis 3:5:3 H Man 12:1:2
H Sim 8:1:7; 2:5; 9:4:3²;
6:5; 7:2 FL, 4, 6; 8:4, 5;
9:4; 15:5; 18:4; 30:2
ταύτας H Man 2:7; 4:2:4;
4:4; 8:12; 10:1:3, 5; 12:
3:2, 6²; 6:3, 4 H Sim 1:9;
5:3:1, 3; 6:1:4; 3:4; 5:6;
7:7; 8:3:8; 9:13:8; 17:1;
26:6; 28:8
ταῦτα 1 Clem 7:1; 8:4 cit;
20:11; 22:1; 23:3 cit, 4 cit;
25:3; 26:3 cit; 33:6; 35:6,
9 cit, 11 cit; 38:4; 45:5, 7;
53:1; 54:4; 61:3; 62:3
2 Clem 4:5; 5:6, 7; 10:5;
11:2 cit, 3 cit; 12:6 cit; 13:4
Bar 2:5 cit, 6; 6:12; 9:3 cit;
10:12²; 11:6 cit; 21:1, 7, 8
Diog 2:5, 9; 10:6 Eph 16:2

Mag 11:1 Rom 8:2; 10:1, 3
Philad 7:2 Smyr 2:1; 4:1
Pol 2:2 Philip 3:1 Mar 12:
1, 2; 13:1; 17:2; 20:1;
22:2; Ep 1 H Vis 1:1:7;
2:1, 2; 3:3; 2:1:3; 2:3²,
4; 3:1:5; 2:3; 3:1³;
4:3; 8:11; 13:2; 4:2:6;
3:7; 5:8 H Man 1:2; 3:
3², 5; 4:3:7²; 4:3; 8:9;
9:2, 12; 12:3:1; 4:1 H Sim
1:2; 2:9, 10 L; 3:1; 4:1,
8²; 5:1:5²; 2:11; 3:6, 9;
5:4; 6:1:2², 5; 3:2; 8:2:
5²; 11:5; 9:2:5; 7:1, 3, 6;
10:4; 13:5, 7; 15:2², 3. 6²;
16:1; 27:3; 28:5, 7 Did
7:1; 11:1
ταῦθ' Diog 2:9; 3:3
οὕτω 1 Clem 5:4; 13:2 cit; 29:2
Bar 1:3; 5:13; 7:8, 11
H Vis 1:2:3; 3:2; 3:6:6;
11:3; 4:1:4, 5, 8; 3:4
H Man 4:3:2; 8:12; 10:3:
3; 11:7, 15, 19, 21; 12:5:4
H Sim 2:8; 4:3; 5:1:2, 4;
3:7², 8, 9; 5:1; 6:3:1; 4:
2; 5:4; 7:1²; 8:1:5; 9:
9:7; 11:7, 9²; 12:4. 5; 13:
5; 17:3; 19:2; 20:3; 21:3;
26:4, 7 Did 7:1; 8:2, 3;
9:1 L, 4; 11:1:3; 12:5; 15:4 F
οὕτως 1 Clem 2:2; 3:3; 4:1;
5:7; 8:4; 10:6 cit; 12:4, 6;
13:2, 2³ cit; 16:7 cit, 17,
17:3; 19:1; 20:6; 22:1;
25:4; 33:5; 36:3, 4;
37:5; 42:5; 43:6; 56:1, 3;
57:3 2 Clem 1:1; 2:7; 8:
2; 9:5²; 11:4 cit; 12:4 Bar
1:2 FL; 2:10; 3:2 cit; 4:4,
6, 8, 14; 5:2; 6:17; 7:8 cit,
8; 8:1, 7; 10:9; 11:7² cit;
12:2, 7, 11; 14:8 cit; 17:2
Pap 2:15 Diog 1:1²; 7:1;
10:3 Eph 4:1; 5:1 FL; 6.
1; 14:2 Mag 7:1; 11:1 Tral

8 : 7 : 2, 4; 10 : 1, 2; **9** : 24 : 2³;
25 : 2; 27 : 2³; 29 : 1
πάντως Bar 1 : 4 Diog 9 : 1 H Vis
1 : 2 : 4 H Man **9** : 7 H Sim
1 : 5; **7** : 4, 5; **9** : 9 : 4
πάνυ 1 Clem 1 : 3 Diog 1 : 1 H Sim
6 : 1 : 6
παρά (gen) 1 Clem 12 : 4; 43 : 1;
55 : 4 Bar 13 : 2 cit; 14 : 2 cit
Pap 2 : 3², 4 Diog 1 : 1; 4 : 6;
10 : 6 Philad 6 : 1² Mar Ep 1
H Vis **3** : 9 : 8; 10 : 6; **5** : 7
H Man 2 : 6; **4** : 2 : 3; 3 : 1, 7; **9** :
1², 4², 7, 11²; **12** : 5 : 1 H Sim
1 : 8; **2** : 3, 7², 10; **4** : 6; **5** :
2 : 9; 3 : 9; 4 : 2, 3, 4; 6 : 3, 4;
6 : 3 : 6; **8** : 1 : 6, 16; 11 : 3;
9 : 3 : 2; 13 : 2
παρ' (gen) 1 Clem 36 : 4 cit 2 Clem
1 : 7; 13 : 4 Diog 4 : 1; 7 : 2
Philip 13 : 1 Mar Ep 1 H Vis
2 : 4 : 1 H Man **3** : 2; **9** : 2
H Sim **2** : 3; **5** : 4 : 3, 4³; **6** : 1 :
4; **8** : 3 : 5; **9** : 1 : 3 Did 15 : 3
παρά (dat) 1 Clem 21 : 8²; 27 :
2; 30 : 8 Diog 12 : 8 Eph 19 : 3
Mag 6 : 1 Pol 6 : 1 L Philip
9 : 2 H Vis **3** : 5 : 5 H Man
2 : 6; **3** : 1, 3; **5** : 1 : 5; **7** : 5;
10 : 3 : 1 H Sim **2** : 5², 7, 8;
5 : 2 : 10; 3 : 3, 8; **8** : 9 : 1; 10 : 1;
9 : 7 : 6; 27 : 3; 28 : 3, 4; 29 : 3
παρ' (dat) 1 Clem 1 : 1, 3; 15 :
5 cit; 47 : 4 Bar 15 : 4 Diog
9 : 1 Philad 3 : 1 Philip 13 : 2
H Man **3** : 1 H Sim **5** : 2 : 2;
9 : 29 : 3
παρά (acc) 1 Clem 16 : 3 cit;
39 : 5 cit, 6 cit; 41 : 3 Bar 4 :
5 cit; 11 : 6 cit, 9 cit Tral 5 : 2
Rom 5 : 1 cit H Vis **3** : 12 : 1
H Man 10 : 1 : 2 H Sim **8** : 1 :
2, 14; **9** : 4 : 8; 6 : 5, 8; 7 : 1;
11 : 6; 18 : 2; 19 : 3
παρ' (acc) Bar 10 : 7 Tral 11 : 1
παρέβησαν 1 Clem 53 : 2 cit Bar
9 : 4 H Sim **8** : 3 : 5

παραβαλλομένους Diog 7 : 7
παραβαλῶ Mar 11 : 1
παρέβαλεν 1 Clem 55 : 6
παράβασις Bar 12 : 5; 20 : 1
παράβασιν Bar 12 : 5
παραβάσεις H Vis **2** : 3 : 1
παραβιασάμενος Mar 4 : 1
παραβλέπετε H Sim **1** : 8
παραβολή H Sim **2** Tit, 4; **3** Tit;
4 Tit; **5** Tit; 4 : 1; **6** Tit; **7**
Tit; **8** Tit; **9** Tit
παραβολῆς H Sim **5** : 6 : 8
παραβολῇ H Sim **5** : 5 : 5
παραβολήν Bar 6 : 10 H Vis **3** :
12 : 1 H Man **11** : 18 H Sim
5 : 2 : 1; 4 : 1, 3; 5 : 1
παραβολαί H Sim Tit
παραβολῶν H Sim **5** : 4 : 3; 5 : 1
παραβολαῖς Bar 17 : 2
παραβολάς H Vis **3** : 3 : 2; **5** :
5², 6 H Man 10 : 1 : 3, 4 H Sim
5 : 3 : 1; 4 : 2; **9** : 1 : 1; 5 : 5;
29 : 4
παραβῦσαι Mar 16 : 1
παραγγελίας 1 Clem 42 : 3
παρηγγέλλετε 1 Clem 1 : 3
παράγγελλε Pol 5 : 1
παραγγείλας 1 Clem 27 : 2
παραγγέλμασιν 1 Clem 13 : 3
παραγγέλματα 1 Clem 49 : 1
παραγινομένοις Pap 2 : 3
παραγινομένους 1 Clem 12 : 6
παρεγένετο Tral 1 : 1
παραγενόμενος Rom 6 : 2
παραγεγόνει H Sim **9** : 5 : 7
παράγουσι 2 Clem 10 : 3
παράδεισος Diog 12 : 1
παραδείσου Diog 12 : 3
παραδέχεται 1 Clem 56 : 4 cit.
παραδέχεσθαι Diog 4 : 2 Smyr
4 : 1
παραδεχόμενον 2 Clem 16 : 1
παραδεχθήσῃ H Sim **1** : 5
παραδεχθήσεται H Man **4** : 1 : 7
παραδέξηται H Man **4** : 1 : 8
παραδέξασθαι Eph 9 : 1
παραδεχθῆναι H Man **4** : 1 : 8

παραμενοῦσιν H Vis 2:3:2
παρέμειναν H Sim 9:15:6
παράμεινον H Sim 7:6
παραμεῖναι Eph 2:1
παράμονος Philad Int H Sim 5:
5:1; 6:5:2
παράμονον Eph Int
παράμονοι H Sim 9:23:3
παρανομοῦντες 1 Clem 14:4 cit
παρανόμων 1 Clem 45:4
παρανόμοις H Sim 8:7:6
παρεπικράνθη H Sim 7:2
παραπικρανθῇ H Sim 7:3
παρεπέσαμεν 1 Clem 51:1
παραπλήσια H Man 6:2:5
παραπεποιημένον 1 Clem 45:3
παραπόληται 2 Clem 17:1
παραπτώματι 1 Clem 56:1 Bar19:4
παράπτωμα H Man 9:7
παραπτωμάτων 1 Clem 51:3
παραπτώμασιν 1Clem 2:6 HMan
4:4:4 Did 4:3
παραπτώματα 1 Clem 60:1 Did
4:14; 14:1
παραπτώσει 1 Clem 59:1
παράσημον Diog 5:2
παρασκευῇ Mar 7:1
παρασκευήν Did 8:1
παράταξιν H Sim 9:6:1
παρατάξεις H Sim 1:1, 8
παρατήρησιν Diog 4:5
παρατίθεμαι H Sim 9:10:6
παρατίθενται Diog 5:7
παρατεθῆναι Mar 7:2
παραθῶ Tral 5:1
παρέφερον H Vis 3:2:5
παραφέρειν H Sim 9:4:4
παραφέροντες H Vis 3:4:2
παρεφέροντο H Sim 9:4:5
παρενέγκωσιν H Sim 9:4:8
παρενεχθῶσι H Sim 9:4:8
παρενηνεγμένοι H Sim 9:4:6
παραφυάδιον Bar 4:5 cit
παραφυάδες H Sim 8:1:18
παραφυάσι H Sim 8:5:6
παραφυάδας Tral 11:1 H Sim

8:1:17, 18; 2:1, 2²; 3:7;
4:6²; 5:2, 5, 6
παραχαράσσετε H Sim 1:11
παρέχεεν H Sim 8:2:8
παραχέειν H Sim 8:2:7
παραχρήσῃ H Sim 5:7:2
παραχρῆμα Bar 12:7 Mar 13:1
παρηγγύησε Pap 4
παρεδρεύοντας Diog 4:5
πάρεδροι Pol 6:1
πάρειμι 2 Clem 15:3 cit Bar 3:5
cit H Sim 7:1
πάρεστιν H Vis 5:3
παρῆν H Sim 9:11:8
παρῇ 1 Clem 57:4 cit
παρών Mag 9:3 Rom 7:2
παρόντα Smyr 9:2
παρόν Mar 20:1
παρόντες Mag 15:1 Mar 9:1
παρόντων Rom 7:1 Mar 7:2
παροῦσιν Bar 1:8
παρόντας Mar 7:2
παρείσδυσιν Bar 2:10; 4:9
παρεκβαίνει 1 Clem 20:6
παρεκβαίνων 1 Clem 41:1
παρεκβάσεως 1 Clem 20:3
παρεκτός Did 6:1
παρεκφέρουσι H Sim 9:4:8
παρεμβάλλει H Man 5:2:2
παρεμβολῆς 1 Clem 4:11
παρεμβολήν 1 Clem 55:4
παρεμπλέκουσιν Tral 6:2
παρεμπτώσεις 1 Clem 51:1
παρεμφέρουσι H Sim 9:4:8 FL
παρενεθυμήθης H Vis 2:3:1
παρενεθυμήθη H Sim 5:2:7
παρενθυμηθῇς H Man 5:2:8;
12:3:6
παρεπιδημήσας 1 Clem 1:2
παρῆλθον 1 Clem 14:5 cit H Vis
4:1:9
παρῆλθον 1 Clem 50:3
παρέλθῃ 1 Clem 27:5; 50:4 cit
H Sim 8:2:5²
παρελθέτω Did 10:6
παρελθεῖν Pap 3 H Vis 4:2:1
παρεληλυθότα Bar 1:7; 5:3

παρέχει Diog 3:4; 12:1 H Man
   11:20 H Sim 2:7
παρέχουσι Diog 3:3
παρεῖχεν Eph 19:2
πάρεχε H Vis 3:3:2
παρεχέτωσαν 1 Clem 21:7
παρέχειν Diog 3:3, 5
παρέχουσα Diog 11:5
παρέχονται 1 Clem 20:10
παρέξει Mar 18:2
παρέξετε 1 Clem 63:2
παρέσχεν Diog 8:11
παρασχεῖν Smyr 11:3
παράσχησθε Rom 2:2
παρθενία Eph 19:1
παρθένος Diog 12:8 H Vis 4:2:1
   παρθένου Smyr 1:1 H Sim 9:
   1:2
      παρθένοι H Sim 9:2:3²; 3:2²,
      5; 4:5, 8; 5:6; 6:2; 7:3;
      8:2, 4; 9:3; 10:3, 6; 11:1,
      7²; 13:2²; 15:5
      παρθένων H Sim 9:4:3, 6, 8;
      5:3; 6:7; 8:3, 5², 6, 7;
      10:7; 11:7; 13:3², 4, 5, 6,
      7, 8; 14:2; 15:1²; 17:4;
      24:2
      παρθένοις H Sim 9:2:5; 4:5;
      5:1; 11:8
      παρθένους Smyr 13:1 Philip 5:3
      H Sim 9:2:5 F; 3:4; 5:1,
      7; 8:2; 14:1
παρειμένος 1 Clem 34:1
παρειμένους 1 Clem 34:4
παραστήσω 1 Clem 35:10 cit
   παρεστάθην H Sim 8:4:1
   παραστῆναι Philip 6:2 cit
   παρειστήκεισαν 1 Clem 34:6 cit
   παρεστηκυῖα 1 Clem 23:4 cit
   2 Clem 11:3 cit
   παρεστώς Mar 2:2
   παρεστῶτες 1 Clem 34:5
παροδεύοντα Rom 9:3
   παροδεύσαντας Eph 9:1
παρόδιος Did 12:2
πάροδος Eph 12:2 H Vis 2:2:7
   H Sim 9:25:2

παροικοῦσιν Diog 6:8
   παροικοῦσα 1 Clem Int Mar Int
   παροικούσῃ 1 Clem Int Philip Int
   Mar Int
παροικίαν 2 Clem 5:1
   παροικίαις Mar Int
πάροικοι Diog 5:5
παροξυσμούς Pol 2:1
παρώργισαν H Vis 3:6:1
παρορίζεται Diog 11:5
παρουσίας Diog 7:9
   παρουσίαν Diog 7:6 Philad 9:2
   H Sim 5:5:3
παρρησία 1 Clem 34:5
   παρρησίας 1 Clem 34:1 2 Clem
   15:3 Mar 10:1
   παρρησίᾳ 1 Clem 35:2 Diog 11:2
παρρησιάζεται 1 Clem 53:5
παρρησιάσομαι 1 Clem 15:7 cit
πᾶς 1 Clem 54:3 2 Clem 4:2 cit;
   16:4 Bar 4:9; 9:6; 12:8
   Eph 13:2; 19:3 Philip 7:1
   cit H Vis 3:11:4 H Man 7:
   2; 9:6; 10:3:1; 12:3:1
   H Sim 6:5:4 Did 11:4, 8,
   9, 10, 11; 12:1; 13:1; 14:2;
   16:2
   πᾶσα 1 Clem 2:6; 3:1; 34:6
   cit; 63:4 2 Clem 16:3 Diog
   5:5² Eph 19:3 Mag 10:3
   Smyr 1:1 cit Philip 2:1; 5:3
   H Vis 3:6:1; 10:6 H Man
   3:1; 7:5; 12:2:1 H Sim 5:
   6:7; 7:3; 6:5:5; 7:7; 9:
   14:5; 18:5; 25:1 Did 11:7
   πᾶν 1 Clem 2:6 Bar 11:8 Smyr
   8:2 Pol 2:1 Mar 3:1; 16:2
   H Man 11:5 H Sim 9:1:8;
   24:1
   παντός 1 Clem 30:3; 63:1 Bar
   5:5; 21:5 Mar 17:2
   πάσης 1 Clem 2:4; 11:1; 20:
   3; 37:1; 44:3; 45:7; 59:3²;
   60:3; 64 Bar 4:10; 21:9
   Pap 3 Eph 5:2 Philip 2:2;
   3:3; 4:3; 6:1², 3 Mar 8:1;
   14:1 H Vis 1:2:4²; 3:2;

2:3:2; **3**:4:1; 8:4; 9:1²
H Man **6**:2:3; **8**:2, 3; **11**:8
H Sim **5**:3:6; **7**:2; **9**:12:2;
23:4
παντός 1 Clem 17:3 cit; 18:3
cit L; 57:7 cit; 59:3 2 Clem
13 : 2 cit Pap 3 Eph Int;
2:2; 20:2 Mag 1:2; 6:2
Rom Int Smyr Int; 12:2
Pol 2:2; 6:2; 8:2, 3 Philip
4:3; 5:3² Mar 14:1 H Man
5:2:3; **6**:2:3 H Sim **5**:1:5;
3:6; **7**:5 Did 3:1², 8; 10:
5; 13:7
παντί 1 Clem 7:4; 41:2 Mar
19:1 H Man **5**:2:3 H Sim
9:24:2 Did 1:5; 14:3;
15:3
πάσῃ 1 Clem 2:7; 64 2 Clem
7:6 cit; 17:5 cit Eph 10:3;
12:2 Rom Int Philad 1:2
Pol 1:2 Philip 4:2² H Man
5:2:7; **7**:1 H Sim **6**:3:4,
6²; **7**:4, 6; **9**:24:3
παντί Philad Int Smyr Int Mar
13:2 H Vis **1**:1:8 H Man
3:1; **6**:2:7; **9**:10 H Sim **5**:
6:6
πάντα 1 Clem 43:5; 56:4 cit;
62:2 Bar 3:3 cit F; 10:1 cit;
12:5, 9 cit; 19:9 Eph 2:2;
6:1 Tral 2:3 Philad 8:1
Smyr 10:1 Pol 3:2 Mar Int;
9:2; 16:1 H Sim **9**:24:2
Did 2:7; 11:7
πᾶσαν 1 Clem 10:4 cit; 13:1;
19:3; 35:5; 60:2 Bar 3:3
cit; 5:9; 11:9 cit; 19:2;
21:4, 8 Mag 1:3; 3:1 Phi-
lip 9:1; 13:2 Mar Ep 1
H Vis **3**:4:1; **4**:3:4 H Man
1:2²; **3**:5; **5**:1:1, 7; **10**:
3:4; **12**:1:1; 4:2²; 6:4
H Sim **5**:4:3; 6:4, 5; **6**:
1:4; **7**:6; **8**:3:2; 10:3; **9**:
24:3 Did 4:12; 13:3
πᾶν 1 Clem 2:7; 33:1; 34:4,5

Bar 3:3 cit; 10:11 cit; 19:2
Mag 6:1 Tral 1:1 Did 4:12
πάντες 1 Clem 2:1; 16:6 cit,16cit;
32:2, 3; 33:7; 37:3; 48:4;
49:5; 51:5 2 Clem 7:1, 2,
3; 9:6; 17:3 Bar 6:2 cit;
7:4 cit, 8 cit; 9:6 Diog 1:1;
5:6 Eph 6:2; 9:2; 17:2:
20:2 Mag 6:2; 7:2 Tral
3:1 Rom 10:2 Philad 6:2
Smyr 8:1; 12:1 Philip 6:1;
9:2 Mar 19:1 H Vis **2**:3:
3; **3**:2:2; 4:2; 7:5 H Man
4:3:7; **5**:1:7²; 2:8; **8**:12²;
9:12; **10**:3:4; **12**:6:5 H Sim
3:3; **4**:2, 3; **8**:1:1; 2:3;
4:2 FL; **5**:1², 3, 4; 6:2;
7:4; 11:2; **9**:4:3; 6:2, 7;
8:5; 12:6; 13:7; 27:3;
30:2, 4 Did 16:7
πᾶσαι 1 Clem 10:3 cit; 50:3
H Vis **2**:2:4 H Sim **6**:5:6;
9:28:5
πάντα 1 Clem 27:3, 6; 34:2;
35:2 FL; 37:5; 40:3; 59:4
Bar 9:5 cit; 11:6 cit; 12:7;
21:3 Diog 2:3, 4³; 7:2²;
12:9 L Eph 5:1; 14:1; 19:
2, 3 Mag 13:1 cit Philad 9:
1, 2 Smyr 9:2 Pol 5:2 Phi-
lip 2:1; 4:3 Mar 1:1; 2:1
H Vis **1**:3:3, 4; **3**:4:3²
H Man **2**:4; **5**:2:2, 5 L; **6**:
2:3 H Sim **1**:3; **3**:1; **5**:4:
1; 5:4²; **6**:1:4; **9**:10:4;
13:6; 14:4; 17:4; 18:4;
28:3; 29:3
πάντων 1 Clem 25:4; 44:3;
59:3; 65:2 Bar 2:4; 12:2;
15:7 Diog 2:1; 5:11 Mag
3:1 Pol 1:2, 3 Philip 3:3
cit; 4:3; 5:2 Mar 3:1; 5:1;
19:1; 22:2 H Vis **1**:1:9;
3:4:3; 8:1; 9:10 H Man
2:3; **3**:3; **7**:2; **8**:10; **11**:8
H Sim **5**:3:4; **7**:7; **8**:2:6;
6:1; **7**:6; 10:4; **9**:7:3; 23:4;

28:3, 8; 29:3²; 30:1 Did
16:7

πασῶν 1 Clem 22:7 cit, 8 cit FL
Bar 7:4 cit H Man 12:4:3
H Sim 8:11:1, 3

πάντων 1 Clem 28:1 2 Clem 9:9
Bar 3:6; 4:1; 9:7 Diog 3:2;
5:5, 13; 6:2 Philip 4:1 cit;
5:3 Mar 2:1; 14:3 H Vis
2:4:1; 3:2:2; 8:4; 5:5
*H Man 1:1; 5:1:1; 6:2:4;
8:4, 6², 9; 9:4², 10; 10:1:
2; 12:2:1; 4:2, 3²(³FL);
6:4 H Sim 5:1:1; 3:6²;
5:1; 6:1:1; 9:4:5; 5:4;
12:1 Did 5:1; 10:4

πᾶσι 1 Clem 60:4 2 Clem 19:1
Philad 6:3 Mar 19:2 H Man
5:2:7 H Sim 5:4:4; 5:1;
8:11:1; 9:14:3; 20:4 Did
1:5

πᾶσιν 1 Clem 1:1; 2:2; 11:2;
12:7; 21:1, 7; 48:6; 60:4
FL 2 Clem 19:1 F Diog 3:4
Tral 2:3 Rom 4:1 Philad
8:1 Mar 19:2 FL H Vis 2:
2:4, 5; 4:2; 3:8:10 H Man
2:4³; 3:1, 3; 4:2:2 H Sim
8:11:1

πάσαις 1 Clem 11:2; 60:1 Rom
4:1 Pol 8:1 Mar Int H Sim
7:4

πᾶσι 2 Clem 13:2 cit Diog 5:13
H Man 12:6:4

πᾶσιν 1 Clem 20:4; 33:4; 37:4
2 Clem 13:2 FL Bar 15:6;
19:8 Eph 2:1 Pol 2:2 L
Philip 5:3 H Vis 2:2:3 H Sim
9:14:3

πάντας 1 Clem 2:2; 8:5; 12:
6; 21:8; 32:4; 46:9; 62:2;
64 Bar 4:6; 14:9 cit Diog
5:11 Eph 1:3; 2:1; 19:2
Smyr 11:1; 12:2; 13:2 Pol
1:2²; 4:2; 8:2 Philip 4:2;
6:1², 2 cit; 9:1 Mar 1:2;
20:2² H Vis 2:3:2; 3:2:6

H Man 12:5:4 H Sim 8:1:3;
2:9; 3:4; 4:2; 9:3:4; 4:1;
5:1, 2; 6:5; 7:1, 2, 7;
9:6²

πάσας 1 Clem 7:5; 18:9 cit
H Sim 1:8; 5:2:4, 5; 8:2:
9; 9:5:5; 29:2 Did 15:4

πάντα 1 Clem 1:3²; 2:8; 15:
5 cit; 20:11²; 22:1; 23:1;
26:3 cit; 27:4, 5; 28:4;
30:1; 33:6; 38:4²; 40:1;
43:1; 48:4; 49:5³ 2 Clem
11:2 cit L; 17:4 cit Bar 4:5
cit; 7:1²; 12:8; 15:8; 19:3
Diog 3:4; 8:7; 10:2 Eph
2:1,2; 8:2; 9:2; 15:3; 19:2
Mag 4:1; 6:1; 8:2; 12:1;
15:1 Tral 12:1 Rom Int; 10:2
Smyr 2:1; 4:2; 9:2²; 12:1²
Pol 2:3; 3:1 Philip 5:2;
8:1 Mar 13:2 H Vis 1:3:1;
2:1:4; 4:2; 3:1:2,6; 3:2,4;
6:5; 8:5, 11; 4:2:6: 5:5, 8
H Man 1:1³; 4:2:3; 3:3, 4;
7:1; 9:4, 6, 7, 10²; 10:1:2,
6²; 11:5, 13; 12:6:3 H Sim
2:5; 5:2:11; 3:2; 4:5; 5:
2; 6:3:6; 7:4; 8:1:4; 11:
5; 9:1:2, 3²; 2:7; 5:5; 7:6;
10:1, 3, 5(²L); 14:4; 22:1 Did
1:2; 4:8; 7:1; 10:3; 11:1

πάντ' Diog 9:1

πάνθ' Diog 5:5; 8:11

πάσχα Diog 12:9

πάσχει H Sim 6:5:4

πάσχουσι H Sim 6:3:6

πάσχουσιν H Sim 6:5:6

πάσχωμεν Philip 8:2

πάσχειν Bar 6:7; 7:10; 12:2

πάσχουσα Bar 6:9

πάσχοντες 1 Clem 45:5 H Sim
6:3:4; 9:28:5

παθεῖται 2 Clem 7:5

ἔπαθεν Bar 7:2 Smyr 2:1²

ἔπαθον H Sim 6:3:6; 8:10:4;
9:28:2, 3², 4²

πάθω Rom 4:3; 8:3

πάθη Bar 5:13 H Vis 3:2:1 H Sim 9:28:6
παθεῖν 2 Clem 1:2 Bar 5:5², 13; 7:2, 5, 11; 12:5 Tral 4:2 Pol 7:1 H Sim 8:10:4F
παθόντα Mar 17:2
παθοῦσαν Smyr 7:1
παθόντες 1 Clem 6:1 Bar 7:11 H Vis 3:5:2 H Sim 8:3:6, 7; 9:28:2
παθοῦσαι 1 Clem 6:2
παθόντων H Vis 3:1:9
πεπόνθατε H Sim 9:28:6
πεπονθέναι Tral 10:1 Smyr 2:1
πεπονθώς Mar 8:3
ἐπάτασσεν H Sim 9:6:4
πατάξωσιν Bar 5:12 cit
πατεῖν Bar 2:5 cit
πατουμένῳ Diog 2:2
πατήρ 1 Clem 4:8; 23:1; 31:2; 35:3; 56:16 2 Clem 1:4 Bar 12:8; 14:6 Diog 12:9 Eph 2:1 Tral 9:2; 13:3 Rom 8:2 Smyr 7:1 Mar 8: 2; 12:2; 14:1 Did 1:5
πατρός 1 Clem 6:3; 10:2, 3 cit; 12:5 2 Clem 3:2 cit; 8:4; 9:11 cit; 10:1; 12:6 cit; 14:1 Bar 2:9; 13:5 Diog 10:1; 11:2 Eph Int²; 3:2; 9:1²; 15:1 Mag Int; 1:2; 3:1; 5:2; 7:1,2 Tral 3:1; 9:2; 11:1; 12:2 Rom Int² Philad Int; 1:1; 3:1; 7:2; 9:1 Smyr Int; 13:1 L Pol Int Mar Int H Vis 3:9:10 H Sim 5:6:3, 4 Did 7:1, 3
πατρί 1 Clem 7:4 2 Clem 20:5 Eph 4:2; 5:1; 21:2 Mag Int; 3:1; 6:1; 13:1, 2² Tral Int Rom 2:2; 3:3 Smyr 3:3; 8:1 Mar 22:1, 3; Ep 4 H Sim 9:12:2
πατέρα 1 Clem 19:2; 29:1; 62:2 2 Clem 3:1 Bar 13:7 cit

Diog 9:6 Rom 7:2 Mar 17:2; 19:2
πάτερ 1 Clem 8:3 cit Did 8:2; 9:2, 3; 10:2
πατέρες 1 Clem 62:2
πατέρων 1 Clem 23:3 cit 2 Clem 11:2 cit; 19:4; Diog 11:5
πατράσι Bar 14:1
πατράσιν 1 Clem 30:7; 60:4 Bar 2:7 cit; 5:7; 14:1 F
πατρίς Diog 5:5²
πατρίδος 1 Clem 55:5
πατρίδας Diog 5:5
πατρώνυμος Rom Int
Παῦλος 1 Clem 5:5 Rom 4:3
Παύλου 1 Clem 47:1 Eph 12:2 Philip 3:2
Παύλῳ Philip 9:1
παῦε Pol 2:1
παύσῃ H Vis 3:3:2
παῦσον 1 Clem 22:3 cit
ἐπαυσάμην H Vis 3:8:1
ἐπαύσατο H Vis 3:10:1
ἐπαύσαντο H Sim 9:4:4²
παυσώμεθα 1 Clem 5:1
παῦσαι H Vis 3:1:6
παύσασθε 1 Clem 8:4 cit
παῆναι H Vis 1:3:3; 3:9:1
ἐπαχύνθη 1 Clem 3:1 cit
πεπεδημένους Bar 14:7 cit
πεδίον H Sim 9:6:7
πεδίου H Sim 9:1:4; 2:1²; 6:6; 29:4; 30:1
πεδίῳ 1 Clem 4:6 cit H Sim 9: 6:7
πεδίον 1 Clem 4:6 cit H Sim 6:1:5; 7:1; 8:4:2; 9:1:4; 9:4
πεδία H Sim 8:1:1; 3:2
πεζούς Pol 8:1
πειθαρχεῖ Diog 7:2²
πειθαρχεῖν Philip 9:1
πείθειν Mar 3:1
ἔπειθεν Mar 9:2
ἔπειθον Mar 5:1; 8:2
πείθων Diog 7:4
πείθοντες H Sim 8:6:5

πικρία H Man 5:2:4; 6:2:5 Did
    4:10
  πικρίας H Man 5:2:4
  πικρίᾳ Bar 19:7 H Man 5:2:
    2, 8
πικρός H Man 6:2:4 H Sim 6:3:2
  πικρά H Man 5:1:6
  πικρόν H Man 5:2:3
  πικραῖς H Man 12:4:6
Πιλάτου Mag 11:1 Tral 9:1 Smyr
    1:2
πλησθήσονται 1 Clem 57:6 cit
  ἐπλήσθησαν H Vis 2:2:2
πρησθείς Pap 3
Πιόνιος Mar 22:3; Ep 4
πέπρακεν H Vis 1:1:1
πίπτει H Man 11:20
  πίπτοντος Bar 12:5
  πίπτοντες H Vis 3:7:2
  πίπτοντα H Man 11:21
  πίπτοντας H Vis 3:2:9; 7:1, 3
  πίπτοντα 2 Clem 2:6
  πεσών H Vis 3:2:3
  πεσόντα 1 Clem 24:5
  πεπτωκότας 1 Clem 59:4
πιστεύω Rom 10:2 Philad 8:1, 2
    Smyr 3:1 Pol 7:3
  πιστεύει 1 Clem 39:4 cit
  πιστεύομεν Philip 5:2
  πιστεύετε Philip 1:3 cit
  ἐπιστεύομεν 2 Clem 17:5
  πιστεύωμεν 2 Clem 20:2
  πιστεύητε Philad 9:2
  πίστευε H Man 6:1:2; 2:3, 6²,
    10; 9:7; 11:17², 21
  πιστεύειν 1 Clem 42:4 2 Clem
    11:1; 17:3 Diog 9:6 Mag
    9:2 H Man 4:3:3² H Sim
    9:30:3
  πιστεύων Bar 6:3 cit F H Vis
    3:8:4 H Sim 2:5
  πιστεύοντες Philip 6:1
  πιστευόντων H Sim 8:3:3
  πιστευόντων Bar 13:7 cit
  πιστεύουσιν 1 Clem 12:7
  πιστεύοντας 1 Clem 34:4 Tral 9:2
  πιστεύεται Diog 12:8

πιστεύσει Bar 3:6
  ἐπίστευσεν 1 Clem 10:6 cit; 16:
    3 cit Mag 10:3
  ἐπιστεύσαμεν 2 Clem 15:3 Phi-
    lip 8:2
  ἐπίστευσαν Smyr 3:2 H Vis 3:
    6:1 H Sim 9:22:3
  πιστεύσῃς H Man 2:2; 6:1:2;
    2:10
  πιστεύσῃ Bar 11:11
  πιστεύσωμεν Bar 7:2; 9:4
  πιστεύσωσιν Smyr 6:1
  πίστευσον H Man 1:1, 2 H Sim
    5:1:5
  πιστεύσατε Rom 7:2 L; 8:2
    H Vis 4:2:6 H Man 12:6:
    2 H Sim 1:7
  πιστεῦσαι Bar 16:7
  πιστεύσας Bar 12:7; 13:7 H
    Vis 4:2:4 H Man 2:2
  πιστεύσασα Mag 10:3
  πιστεύσαντες 2 Clem 2:3 Tral
    2:1 Philad 5:2 Philip 2:1
    cit H Man 4:3:3; 10:1:4, 5
    H Sim 8:3:2; 6:3; 10:3;
    9:13:5; 19:1, 2; 20:1; 21:
    1; 22:1; 23:1; 24:1; 25:1;
    26:1; 27:1; 28:1; 29:1;
    30:2, 3
  πιστεύσαντα H Sim 9:17:4
  πιστεύσασιν H Man 4:3:3
  ἐπιστεύθη Diog 11:3 H Man
    3:3
  πιστευθέντες 1 Clem 43:1
  πεπιστευκότες H Vis 3:6:4;
    7:1
  πεπίστευται Philad 9:1
  πεπίστευνται Diog 7:1
  πεπιστευμένος Philad 9:1
  πεπιστευμένων Diog 7:2 Mag
    6:1
πίστις 1 Clem 12:8; 22:1; 27:3;
    35:2; 58:2 Bar 1:4 Diog
    11:6 Eph 8:2; 9:1; 14:1
    Philad 8:2 Smyr 6:1; 10:2
    Pol 6:2 H Man 8:9; 9:10,
    11 H Sim 9:17:4; 18:4

194

πίστεως 1 Clem 5:6; 6:2; 26:
1; 31:2; 32:4; 35:5 L; 62:
2 2 Clem 15:2 Bar 1:5, 6;
2:2; 4:8, 9; 16:9 Diog 8:
6; 11:5 Eph 8:2; 13:1; 14:
2 Mag 1:2 Philip 1:2 H Man
6:2:1, 10; 8:10; 9:9 H Sim
8:9:1; 9:19:2; 26:8 Did
10:2; 16:2

πίστει 1 Clem 3:4; 42:5 cit;
60:4 Bar 6:17; 11:8 Pap
2:3 Eph 3:1; 10:2; 20:1,
2 Mag 1:1; 6:1; 13:1 Tral
8:1 Philad 11:2 Smyr Int;
1:1; 13:2 Philip 4:2; 9:2
H Vis 1:3:4; 3:5:4, 5; 12:
3 H Man 5:2:1; 9:6, 12;
11:4; 12:5:4; 6:1 H Sim 6:
3:6; 8:9:1; 9:16:5; 23:2
Did 16:5

πίστιν 1 Clem 1:2; 10:7; 12:
1; 55:6; 64 Diog 10:1 Eph
1:1; 14:1, 2; 16:2 Rom
Int L Philip 3:2; 4:3; 13:2
H Vis 3:6:5; 4:1:8; 2:4
*H Man 5:2:3; 6:1:1; 9:7;
11:9; 12:3:1 H Sim 6:1:2

Πίστις H Vis 3:8:3 H Sim 9:
15:2

Πίστεως H Vis 3:8:4, 7

πιστός 1 Clem 9:4; 10:1; 17:5
cit; 43:1 cit; 48:5; 60:1(²FL)
2 Clem 8:5² cit; 11:6 Tral
13:3 Rom 3:2 H Man 6:
2:7 FL

πιστόν Bar 11:5 cit
πιστῷ 1 Clem 27:1
πιστόν H Sim 5:2:2
πιστήν H Man 4:1:4
πιστοί Bar 21:4 Diog 11:2
Mag 5:2 H Vis 3:5:4 H Man
11:1 H Sim 8:7:4; 9:1;
10:1; 9:22:1
πιστά H Man 3:5²
πιστῶν Eph 21:2 Mar 13:2
H Man 11:1

πιστοῖς 1 Clem 62:3 Diog 11:
5 Mar 12:3
πιστούς 1 Clem 63:3 Smyr 1:
2 H Man 9:9
πιστότατος H Man 6:2:7
ἐπιστώθησαν 1 Clem 15:4 cit
πιστωθέντες 1 Clem 42:3
πιστῶς 1 Clem 35:5 Diog 7:2
πίονι Mar 14:2
πλανᾷ Mag 3:2
πλανῶν Pap 4 L
πλανᾶσαι H Vis 2:4:1
πλανᾶται Diog 12:6 Philad 7:1
πλανῶνται H Vis 3:7:1
πλανάσθω Eph 5:2 Smyr 6:1
πλανᾶσθε Eph 16:1 Mag 8:1
Philad 3:3
πλανωμένην 2 Clem 15:1
πλανώμενοι Bar 16:1
πλανωμένους 1 Clem 59:4 Bar
2:9
πλανήσῃ Did 6:1
πλανῆσαι Philad 7:1
ἐπλανήθη 1 Clem 16:6 cit
ἐπλανήθημεν 1 Clem 16:6 cit
πεπλανήμεθα Bar 15:6
πεπλανημένον 1 Clem 39:7 cit
πλάνη Diog 8:4; 12:8
πλάνης Bar 2:10; 14:5 Diog
10:7
πλάνῃ Diog 12:3
πλάνην 2 Clem 1:7; 13:3 Bar
4:1; 12:10 Eph 10:2 Phi-
lip 2:1
πλάκες Bar 14:3 cit
πλάκας Bar 4:7 cit, 8; 14:2 cit,
3 cit
πλάσις Bar 6:9
πλάσιν Bar 6:13
πλάσματος Bar 20:2 Did 5:2
πλάσμα Bar 6:12
ἔπλασε Diog 10:2
ἔπλασεν 1 Clem 33:4 Diog 2:3
πλάσαι 1 Clem 16:12 cit
πλάσας 1 Clem 38:3
πλάσαντα Bar 19:2
πεπλακότα Bar 2:10 cit

πλάτη 1 Clem 2 : 8
ἐπλατύνθη 1 Clem 3 : 1 cit
πλατυσμός 1 Clem 3 : 1
    πλατυσμῷ H Man 5 : 2 : 3
πλειόνως Eph 6 : 1
πλεῖστον H Sim 8 : 2:9; 5:6; 10:1
    πλεῖστον H Sim 9 : 7 : 4
    πλεῖστα Eph Int Mag Int Tral Int
        Rom Int Smyr Int Pol Int
πλείων Pol 1 : 3
    πλεῖον H Sim 8 : 1 : 16
    πλείονος 1 Clem 41 : 4
    πλείονα Pol 1 : 3 H Sim 2 : 4²;
        5 : 2 : 4; 9 : 18 : 2
    πλεῖον 1 Clem 18 : 3 cit; 55 : 1
        Bar 11 : 2 cit H Vis 3 : 6 : 4
    πλείονες 2 Clem 2 : 3 Diog 7 : 8
    πλείους Mar 5 : 1
    πλείονα 1 Clem 24 : 5
    πλειόνων Mar 20 : 1
    πλείονας 1 Clem 5 : 4
    πλείονα Philad 1 : 1 Mar 12 : 1
    πλείω Diog 2 : 10
πλέον Diog 2 : 7; 4 : 5; 10 : 5 Eph
    6 : 2; 10 : 3 Mag 10 : 1 Tral
    4 : 1, 2 Rom 1 : 1; 2 : 2 Pol
    3 : 2; 4 : 3; 5 : 2 H Sim 1 : 6
πλεονάζουσι Diog 6 : 9
    πλεονάζοντας Diog 7 : 8
    ἐπλεόνασεν 1 Clem 35 : 8 cit
πλεονεκτεῖ Bar 10 : 6
πλεονέκτης Bar 19 : 6 H Sim 6 :
    5 : 5 Did 2 : 6
πλεονεξία Bar 20 : 1 H Man 6 : 2 :
    5; 8 : 5 Did 5 : 1
    πλεονεξίας Philip 2 : 2
    πλεονεξίαν 1 Clem 35 : 5 Bar 10 : 4
    πλεονεξιῶν H Man 6 : 2 : 5 F
πλευρῶν H Sim 9 : 4 : 1
πλεῖν Pol 8 : 1
πληγή Bar 7 : 2
    πληγῆς 1 Clem 16 : 10 cit
    πληγῇ 1 Clem 16 : 3 cit, 4 cit
    πληγήν Bar 5 : 12
πλῆθος 1 Clem 6 : 1 Bar 2 : 5 cit
    Tral 8 : 2 Smyr 8:2 Mar 3:1;
    12 : 2; 16 : 1

πλήθους 1 Clem 54 : 2
    πλήθει 1 Clem 53 : 5 H Sim 9 :
        4 : 4
    πλῆθος 1 Clem 18 : 2 cit; 34 : 5;
        49 : 5 2 Clem 16 : 4 cit Mag
        6 : 1 Tral 1 : 1 H Man 11 : 9
        H Sim 9 : 3 : 1; 8 : 3
ἐπλήθυνεν H Sim 9 : 24 : 3
    πληθύνοντα 1 Clem 59 : 3
    πληθύνεται Diog 11 : 5
    πληθύνεσθε 1 Clem 33 : 6 cit
        Bar 6 : 12 cit
    πληθυνέσθωσαν Bar 6 : 18 cit
    πληθυνθήσονται Did 16 : 3
    πληθύνας H Vis 1 : 1 : 6
    πληθυνθείη 1 Clem Int Philip Int
        Mar Int
πλημμελείας 1 Clem 41 : 2
    πλημμελείας 1 Clem 60 : 1
πλήρης 1 Clem 2 : 2; 34 : 6 cit
    2 Clem 16 : 4 Bar 2 : 5 cit;
    16 : 7 Mar 7 : 2 H Vis 1 : 2 : 4
    H Sim 5 : 1 : 3; 9 : 23 : 4
    πλῆρες H Sim 9 : 1 : 5, 8
*   πλήρη H Man 11 : 14 H Sim 5 :
        2 : 3
    πλήρεις 1 Clem 45 : 7 H Man
        12 : 5 : 4
    πλήρη H Man 12 : 5 : 3 H Sim
        9 : 28 : 1
    πλήρεις H Man 5 : 2 : 1
    πλήρη H Man 12 : 5 : 3
πληροφοροῦσι H Sim 2 : 8²
    πληροφορήσει H Man 9 : 2
    πληροφορηθῆναι Mag 8 : 2
    πληροφορηθέντες 1 Clem 42 : 3
    πεπληροφόρησθε Mag 11 : 1 L
    πεπληροφορῆσθαι Mag 11 : 1
    πεπληροφορημένος 1 Clem 54 : 1
    πεπληροφορημένη Philad Int
    πεπληροφορημένους Smyr 1 : 1
πληροφορίας 1 Clem 42 : 3
πληροῖ H Man 11 : 2, 3, 9
    ἐπληροῦτο Mar 12 : 1
    πληρουμένη Mar 15 : 2
    πληρωθήσεσθαι Diog 10 : 3
    ἐπλήρωσας Mar 14 : 2

ἐπλήρωσεν H Sim 9:10:2
πληρώσατε Bar 6:12 cit
πληρῶσαι Tral 13:3 H Sim 9:
 7:5
πληρώσαντος Mar 15:1
πληρωθῇ Smyr 1:1 cit H Sim
 6:5:2
πληρωθῆναι Mar 12:3
πληρωθείς H Man 11:9
πληρωθέντος 1 Clem 25:2
πεπλήρωκεν Philip 3:3
πεπληρώκει Mar 12:2
πεπλήρωνται H Vis 2:2:5
πεπλήρωτο Diog 9:2
πεπληρωμένος H Man 5:2:7
πεπληρωμένου 1 Clem 25:5
πεπληρωμένη Smyr Int
πεπληρωμέναι H Vis 3:3:2
πεπληρωμένοις Rom Int
πλήρωμα 1 Clem 54:3 cit
πληρώματι Eph Int Tral Int
πλησίον 1 Clem 2:6; 38:1; 51:2
 Bar 2:8 cit; 19:3, 5, 6, 8
 Diog 10:5, 6; 12:4 Mag 6:2
 Tral 8:2 Philip 3:3 Did 1:2;
 2:2, 6
πλοίου Mar 15:2
πλούσιος 1 Clem 13:1 cit; 38:2
 Bar 19:2 H Sim 2:5⁴, 7
πλουσία H Sim 2:6
πλουσίου Bar 1:3 H Sim 2:6
πλούσιον H Sim 2:4
πλούσιοι H Sim 2:8; 9:20:1², 2
πλουσίων Bar 20:2 H Sim 2:8
 Did 5:2
πλουσίων Bar 1:2
πλουσίους 1 Clem 16:10 cit
πλουσίως Bar 9:7
πλουσιώτερον Bar 1:7
πλουτεῖ H Sim 2:7
 ἐπλούτεις H Vis 3:6:7
 πλουτεῖν Diog 10:5
 πλουτοῦντες H Vis 3:6:6
 πλουτοῦντας 2 Clem 20:1
 πλουτήσαντες H Sim 8:9:1
πλουτίζουσι Diog 5:13
 πλουτίζοντα 1 Clem 59:3

πλουτίζεται Diog 11:5
 πλουτίζονται H Sim 2:10
 ἐπλούτισεν H Sim 1:9
πλοῦτος H Vis 3:6:6²
 πλούτου H Man 8:3; 12:2:1
 πλούτῳ 1 Clem 13:1 cit H Vis
 1:1:8; 3:9:6 H Man 10:1:
 4 H Sim 2:7
 πλοῦτον H Vis 3:6:5² H Sim
 1:8; 2:5, 7, 8
πλυνεῖς 1 Clem 18:7 cit
 πλῦνον 1 Clem 18:3 cit
πνεῦμα 1 Clem 13:1; 16:2; 18:
 17 cit; 21:2 cit; 28:3 cit; 52:
 4 cit; 58:2 2 Clem 9:5 Bar
 6:14; 9:2; 12:2; 14:9 cit;
 19:7 Eph 18:1 Tral 13:3
 Rom 9:3 Philad 7:1, 2 Smyr
 10:2 Philip 7:2 cit H Vis 1:
 1:3; 2:1:1; 3:11:2; 12:2;
 13:2 H Man 3:1; 5:1:2, 3;
 2:5, 6; 9:11; 10:2:6; 11:5,
 6, 8, 10, 12², 14, 21 H Sim
 5:5:2; 6:5, 7; 7:1; 9:1:
 1²; 13:7 Did 4:10
 πνεύματος 1 Clem 2:2; 8:1;
 22:1; 42:3; 45:2; 59:3;
 63:2 2 Clem 14:3², 4, 5
 Bar 7:3; 11:9; 21:9 Eph
 18:2 Mag 1:2 Smyr 13:1
 Philip 5:3 cit Mar 14:2; 15:
 2 H Man 3:4; 5:1:2, 3; 2:
 6, 7, 8; 10:3:3; 11:2, 5, 9²,
 10, 11 H Sim 5:6:6; 9:1:
 2²; 24:4 Did 7:1, 3
 πνεύματι 1 Clem 18:12 cit; 42:
 4 2 Clem 14:3 Bar 9:7;
 10:2, 9; 11:11; 13:5; 14:
 2 cit; 19:2 Eph 9:1 Mag 9:
 3; 13:1², 2 Tral Int; 12:1
 Rom 8:3 L Philad Int; 11:
 2 FL Smyr Int; 1:1; 3:2 Pol
 5:1 Mar 14:3; 22:1, 3; Ep
 4 H Man 3:4; 10:2:4; 11:
 3, 9, 17², 21 H Sim 5:6:5,
 6, 7 Did 11:7, 8, 9, 12
 πνεῦμα 1 Clem 18:10 cit, 11 cit;

46:6 2 Clem 14:4; 20:4
Bar 1:3 Mag 15:1 Rom Int
Pol 1:3 H Vis 1:2:4 H Man
3:2; 10:1:2; 2:1, 2, 4², 5;
3:2(²FL); 11:7, 8, 9, 12, 14
H Sim 5:6:5², 6; 7:2², 4;
8:6:1; 9:13:5; 14:3; 24:
2; 25:2
πνεύματα H Man 5:2:5; 11:19
H Sim 9:13:2; 15:6²
πνευμάτων 1 Clem 59:3; 64
H Vis 3:8:9; 13:2 H Man
5:2:7; 10:1:2 H Sim 9:
15:6
πνεύμασι H Man 5:2:7 H Sim
9:18:3
πνεύμασιν Bar 1:2, 5 H Man
11:4
πνεύματα 1 Clem 36:3 cit H Vis
3:12:3 H Man 5:1:4; 10:
1:2; 11:15 H Sim 8:6:3;
9:13:5, 7; 15:6²; 16:1;
17:4
πνευματικός Bar 16:10 Eph 7:2
Pol 2:2
πνευματική 2 Clem 14:2, 3 Mag
13:2
πνευματικοῦ Mag 13:1
πνευματικῆς 2 Clem 14:1 Bar
1:2
πνευματικῇ Smyr 12:2; 13:2
Pol 1:2
πνευματικήν Eph 5:1 Did 10:3
πνευματικοί Bar 4:11 Eph 8:2
πνευματικά Eph 8:2
πνευματικούς Eph 11:2
πνευματικά Eph 8:2
πνευματικῶς 1 Clem 47:3 Eph
10:3 Smyr 3:3
πνευματοφόρον H Man 11:16
πνέῃ Eph 17:1
πνέοντος Mar 15:2
πνιγούσας H Sim 5:2:4
πνίγεται H Man 5:1:3
πνιγόμενος H Sim 5:2:4
πνιγόμενοι H Sim 9:20:2
πνοή 1 Clem 21:9 Philip 2:1

πνοῆς 1 Clem 57:3 cit
ποδήρη Bar 7:9
πόθεν 2 Clem 1:2; 4:5 cit Bar
10:12; 14:7 Eph 19:2 Phi-
lad 7:1 cit
ποθῆς Diog 10:1
ποθεῖν Diog 3:1
ποθῶν Bar 16:10
ποθούμενα Diog 12:8
ποθήσῃς Diog 10:1 FL
ποθητόν Rom 10:1
ποθητόν Smyr 13:2 Pol 8:3
πόθος 1 Clem 2:2
ποῖ 1 Clem 28:4
ποιῶ 1 Clem 54:2 Bar 6:13 cit
Mar 11:2
ποιεῖς Pol 1:2 H Vis 1:1:5
H Sim 5:1:5
ποιεῖ 1 Clem 20:6; 25:2; 49:
5; 56:6 cit Bar 12:5, 6²
H Man 11:8 H Sim 6:5:3, 5
Did 11:10, 11
ποιοῦμεν H Sim 9:9:1
ποιεῖτε 1 Clem 13:2 cit Eph
4:1 Mag 13:1 cit FL Tral 2:2
ποιοῦσιν H Vis 3:10:9 Did 1:3
ἐποίουν Philad 8:1
ἐποιοῦμεν 1 Clem 50:5
ἐποιεῖτε 1 Clem 1:3; 57:4 cit
ἐποίουν Bar 12:7 H Sim 9:
11:7
ποιῇς H Man 8:12² Did 13:5
ποιῇ 2 Clem 8:2 Bar 11:6 cit
Eph 15:1 H Man 4:1:9
H Sim 6:5:5
ποιῶμεν 1 Clem 21:1 Eph 15:3
Philip 2:2
ποιῆτε 2 Clem 4:5 cit Mag 13:
1 cit
ποίει H Man 8:2², 7 Did 1:2;
6:2
ποιεῖτε Bar 21:6 Philad 7:2
ποιεῖν 1 Clem 8:4 cit; 13:1 cit;
40:1; 60:2 2 Clem 3:4; 5:
4 cit; 13:2; 16:2 Bar 16:6, 7
Diog 4:3 Smyr 8:2 Mar
8:2 H Man 8:2², 7, 10;

198

11:12 H Sim 1:5; 5:3:7;
9:18:2 Did 11:11; 12:5
ποιῶν 1 Clem 36:3 cit 2 Clem
4:2 cit Bar 5:8; 11:6 cit
21:1 Mar 5:1; 13:2 H Man
4:1:1 H Sim 2:9; 6:5:5²
Did 11:11
ποιοῦντα 1 Clem 59:3² Mar
20:1
ποιοῦντες 1 Clem 12:7; 30:3;
40:4; 41:3 2 Clem 6:7; 9:
11 cit; 14:1 Philip 5:3 H Man
8:12
ποιούντων 2 Clem 12:6 cit
ποιούσαις Bar 10:8
ποιοῦντας Bar 10:8
ποιούμεθα 1 Clem 21:3; 56:2
ποιοῦνται 1 Clem 20:10
ἐποιεῖτο Pap 2:15
ποιοῦ Pol 5:1
ποιεῖσθαι Diog 4:5 Pol 5:2
ποιούμενος Pap 2:15
ποιούμενον Mar 20:1 L
ποιούμενοι 1 Clem 59:2
ποιήσω 1 Clem 10:3 cit, 5 cit;
53:3 cit Bar 15:8 Philip 13:1
Mar 11:2 F H Sim 9:10:6;
11:1
ποιήσεις Bar 19:12 H Sim 1:4;
5:1:5 F; 3:7 Did 4:3
ποιήσει 1 Clem 27:5 H Man
4:3:4; 12:6:2 H Sim 1:7;
9:28:8 Did 16:4²
ποιήσουσιν 1 Clem 54:4 Bar
7:7 F
ποιήσεται 1 Clem 26:1
ποιηθήσεται 1 Clem 13:2 cit
ἐποίησα 1 Clem 18:4 cit Bar
9:1 cit H Sim 7:1, 3; 9:
10:2
ἐποίησας 1 Clem 27:5 cit; 35:
9 cit
ἐποίησε Diog 10:2 H Sim 5:
1:1
ἐποίησεν 1 Clem 4:9; 16:10
cit; 19:1; 29:1; 33:5² cit;
43:6 2 Clem 14:2 cit Bar 4:

12; 6:1, 4 cit, 11, 13; 11:2
cit; 12:5; 13:5 cit; 15:3 cit
*Philip 8:1 cit H Sim 5:2:9
ἐποιήσαμεν 1 Clem 51:1 FL;
63:4
ἐποιήσατε Smyr 10:1
ἐποίησαν 1 Clem 53:2 cit; 54:4
Bar 14:3 cit H Sim 8:9:4;
10:2 Did 11:11
ποιήσῃς H Vis 3:8:5 H Sim
4:8; 5:2:2; 3:3; 5:1
ποιήσῃ Bar 12:2 H Man 4:1:6
H Sim 4:8
ποιήσωμεν 1 Clem 13:1; 16:
17; 30:1; 33:1, 5 cit 2 Clem
5:1; 10:1; 11:7; 14:1 Bar
5:5 cit; 6:12 cit
ποιήσωσι H Sim 9:20:4
ποιήσωσιν Bar 7:7 H Man 4:
3:7 H Sim 9:20:4
ποίησον 1 Clem 22:4 cit
ποιησάτω 1 Clem 49:1
ποιήσατε Did 11:3; 15:4
ποιησάτωσαν 1 Clem 21:7
ποιῆσαι 1 Clem 61:3 Rom 1:2
Pol 8:1 Mar 17:1 H Man
6:2:8 H Sim 5:2:7; 9:9:2
ποιήσας 1 Clem 11:1; 31:2;
54:3; 58:2 2 Clem 15:1
Bar 2:10; 5:7; 9:8 Diog
3:4; 8:7 Mar 14:1 H Man
1:1
ποιῆσαν Mar 15:2
ποιήσαντος 1 Clem 7:3; 14:3;
53:2 2 Clem 3:1 Mar 16:1
ποιήσαντα Bar 16:1; 19:2;
20:2 Did 1:2; 5:2
ποιήσαντες 1 Clem 57:1 2 Clem
8:4; 19:1 H Vis 3:8:11
ποιήσασιν 2 Clem 15:5
ποιήσαντας 2 Clem 5:6
ἐποιησάμην 2 Clem 15:1
ἐποιήσατο 1 Clem 24:1 Pap
2:15
ἐποιησάμεθα 1 Clem 63:2
πεποίηκα Bar 15:8

200

πολιτευομένους 1 Clem 44:6
πολιτευσώμεθα Philip 5:2
πολιτευσαμένην H Sim 5:6:6
πολιτευσαμένοις 1 Clem 6:1
πολῖται Diog 5:5
πολίτας 1 Clem 55:1
πολλάκις H Vis 3:1:2
πολυαγάπητον Eph 1:1
Πολύβιος Tral 1:1
πολυευσπλαγχνίαν H Sim 8:6:1
πολυεύσπλαγχνος H Sim 5:4:4
πολυεύτακτον Mag 1:1
Πολύκαρπος Philip Int Mar 3:1;
    5:1; 9:1, 2², 3; 10:2; 11:
    2; 16:2; 21:1; 22:1; Ep 3²
Πολυκάρπου Pol 8:2 Mar 22:
    2, 3; Ep 1³, 4
Πολυκάρπῳ Mag 15:1 Pol Int
    Mar 9:1; 12:2; Ep 2
Πολύκαρπον Eph 21:1 Mar 1:1;
    12:3; 19:1
Πολύκαρπε Pol 7:2 Mar 9:1;
    Ep 2
πολύλαλος H Man 11:12
πολυπληθίαν Eph 1:3
πολυπλοκίαν H Man 4:3:4
πολύποδα Bar 10:5 cit F
πολυπραγμοσύνης Diog 4:6
πολυπραγμόνων Diog 5:3
πολύς 1 Clem 30:5 cit H Sim 6:
    4:4
    πολλή Bar 18:1 H Vis 2:3:2
        H Man 6:2:5; 10:1:6 Did
        1:1
    πολύ 1 Clem 6:1; 56:14 cit
        Pol 1:3
    πολλῆς 2 Clem 13:1 H Vis 1:
        3:4; 2:2:6
    πολλῇ H Vis 3:3:1; 9:1 H Man
        5:1:2 FL
    πολλῷ 1 Clem 27:2 2 Clem
        8:5 cit
    πολύν H Sim 2:4²
    πολλήν 2 Clem 1:7 H Sim 6:
        5:3
    πολύ 1 Clem 53:3 cit Diog 2:
        7²; 4:5 H Vis 3:7:6 H Man

4:1:8; 12:3:3 H Sim 1:9;
    2:3; 8:2:8; 9:9:2
πολλοί 1 Clem 55:1², 2 2 Clem
    7:1, 3 Bar 4:14 cit Pap 2:3
    Philad 2:2 Philip 1:3 H Vis
    3:2:8; 3:2 H Sim 6:3:5;
    5:7; 8:4:6; 5:3², 4; 8:2,
    3, 5²; 9:2; 9:6:2; 8:4, 5;
    22:3²; 23:2 Did 16:5
πολλαί 1 Clem 21:1; 22:8 cit
    (²FL); 55:3 H Man 4:2:3
    H Sim 7:2; 8:2:7; 9:25:1
πολλά 2 Clem 2:1 cit, 3 cit Tral
    5:2 Mar Ep 1 H Vis 3:1:9;
  *2:2 H Sim 9:1:9 F
πολλῶν 1 Clem 16:14 cit; 42:5
    Diog 9:5 Philip 2:1; 7:2
    Mar 17:1 H Sim 9:6:1
πολλῶν 1 Clem 19:2; 48:4
    H Man 6:2:5²; 12:2:1 H Sim
    4:5
πολλῶν H Vis 3:9:3 H Man
    6:2:5; 8:3; 12:2:1
πολλοῖς 1 Clem 16:12 cit; 44:3
    Bar 11:8 Tral 4:2 Rom 10:1
πολλαῖς 1 Clem 6:1 H Man
    10:1:4; 11:12² H Sim 6:3:
    4; 9:20:1, 2
πολλούς 1 Clem 16:13 cit; 46:
    9³; 55:2 2 Clem 2:7 Diog
    5:13; 9:5 Mar 7:2; 12:2;
    Ep 1 H Vis 3:6:2 H Man
    9:9 H Sim 5:2:2; 6:2; 8:
    6:6; 9:6:4; 8:2, 3
πολλάς Pap 3 H Man 10:1:5
    H Sim 1:4; 8:3:4; 9:21:1
πολλά 1 Clem 30:4 cit; 55:3
    2 Clem 7:1 Bar 1:4; 4:9;
    7:5, 11 Pap 2:3 Diog 2:10
    Tral 4:1 Mar 3:1; 4:1 H Vis
    1:1:1; 2:2:1; 3:10:7
    H Man 6:1:3 H Sim 2:5;
    3:1; 4:1, 5²; 5:2:9; 4:1;
    6:2; 6:1:6; 3:5; 7:5
πολυσπλαγχνία H Vis 1:3:2
πολυσπλαγχνίᾳ H Vis 4:2:3

πολυσπλαγχνίαν H Vis 2:2:8
H Man 9:2
πολύσπλαγχνος H Man 4:3:5
H Sim 5:7:4
πολυτέλεια H Man 6:2:5; 12:2:1
H Sim 1:10
πολυτελείας H Man 8:3; 12:
2:1 FL
πολυτέλειαν H Sim 1:10, 11
πολυτέλειαι H Man 6:2:5 F
πολυτελῇ Bar 6:2 cit
πολυτελῶν Mar 18:1
πολυτελεῖς H Sim 1:1
πολυτελῶς H Man 4:2:2
πόμα Rom 7:3
πονοῦντες Bar 20:2 Did 5:2
πονηρεύεται H Vis 2:2:3 H Man
9:9; 10:3:2
πονηρεύηται H Sim 9:18:2
πονηρεύεσθαι H Sim 9:18:1
πονηρευόμενος H Sim 9:18:1
πονηρευόμενοι H Sim 9:18:2²
πονηρευομένων Bar 5:13 cit;
6:6 cit
πονηρευομένων H Sim 9:22:4
πονηρευομένους H Sim 9:18:3
πονηρεύσεται H Man 4:3:4
πονηρεύσῃ H Sim 5:1:5
πονηρία H Vis 3:5:4; 6:1 H Sim
9:29:1
πονηρίας 2 Clem 13:1 Bar 4:12
H Vis 1:1:8; 3:2; 2:3:2;
3:9:1² H Man 6:2:1, 4, 5,
7, 9, 10; 8:2; 11:2, 8 H Sim
9:18:1; 19:2
πονηρίᾳ Bar 10:4 H Vis 2:2:2
πονηρίαν 1 Clem 35:5 H Man
1:2; 2:1 H Sim 8:6:2; 8:2;
9:18:2; 29:3
πονηρίαι H Vis 3:6:3 H Man
8:3
πονηριῶν 1 Clem 8:4 cit H Vis
3:7:2; 8:11 H Sim 8:11:3
πονηρίαις H Sim 9:18:3
πονηρίας 1 Clem 8:4 cit H Vis
2:2:2; 3:6:1 H Sim 6:1:4
Πονηρία H Sim 9:15:3

πονηρός Bar 2:10; 4:12, 13; 9:4
Mar 17:1
πονηρά H Vis 1:1:8; 2:4 H Man
2:3; 4:1:2; 5:2:1; 6:2:7;
8:5; 9:9; 12:1:2, 3; 2:2, 4
H Sim 4:4; 5:1:5; 9:28:4
Did 5:1
πονηρόν H Man 2:4; 5:1:4
H Sim 1:11
πονηροῦ Did 8:2
πονηρᾶς 1 Clem 3:4 Bar 4:10
H Vis 1:2:4; 3:8:4 H Man
8:3; 10:3:4; 12:1:3; 2:5
H Sim 5:3:6
πονηροῦ H Man 5:1:2, 3; 2:6
H Sim 5:1:5; 3:6; 7:5 Did
3:1; 10:5
πονηρῷ Bar 21:3 Eph 7:1
πονηρᾷ Bar 19:12 Did 4:14
πονηρόν Bar 19:11
πονηράν Bar 6:7 cit; 19:3 H Man
3:4; 12:1:1² H Sim 9:25:2
Did 2:6
πονηρόν 1 Clem 18:4 cit Bar
4:5 cit; 20:2 H Vis 1:1:8;
2:4 H Man 4:1:2; 2:2²;
7:4; 8:2², 12; 10:2:3, 4²
H Sim 7:1 Did 5:2
πονηροί H Sim 9:22:4
πονηραί Bar 8:6 H Man 12:2:2
πονηρά H Vis 3:7:6 H Man
6:2:4, 6; 7:3; 8:5, 6² H Sim
6:3:6
πονηρῶν Bar 4:2
πονηρῶν Bar 2:1 H Vis 3:7:3
H Man 12:2:2
πονηρῶν H Vis 3:8:4 H Man
4:1:1; 5:1:1; 2:7 H Sim
6:3:6
πονηραῖς H Vis 2:3:1 H Sim
6:2:1
πονηροῖς H Man 5:2:7 H Sim
9:18:3
πονηρούς 1 Clem 16:10 cit H Sim
9:18:3
πονηράς 2 Clem 16:2
πονηρά 2 Clem 8:2; 19:2 Bar

16:10 Pap 2:3 Diog 1:1 F
Rom 2:1 Mar 8:1; 17:2;
Ep 2 H Man **8**:10; **9**:7 H Sim
6:5:4; **9**:6:7; 28:3
ποτ᾽ Diog 8:1
πότερον Bar 19:5 H Sim **9**:28:4
Did 4:4
ποτήριον Philad 4:1
ποτηρίου Did 9:2
ποτηρίῳ Mar 14:2
ποτίζειν Bar 7:5
  ἐποτίζετο Bar 7:3 H Sim **9**:
  25:1
  ἐποτίζοντο H Sim **9**:1:8
  ποτίσαι H Sim **8**:2:9
  ποτισθέντα H Sim **8**:2:9
  πεποτισμένας H Sim **8**:3:8
ποτόν Did 10:3²
  ποτῶν Tral 2:3
  ποτοῖς Diog 6:9
ποῦ 1 Clem 28:2, 3²cit, 4; 40:3
  Eph 18:1² cit, 1; Philad 7:
  1 cit H Man **12**:5:4 H Sim
  9:11:3
πού 1 Clem 15:2; 21:2; 26:2;
  28:2; 42:5 Pap 2:4 Diog
  5:2
πόδες 1 Clem 37:5
  ποδῶν 1 Clem 36:5 cit; 37:5
  Bar 12:10 cit; 16:2 cit H Vis
  4:1:6
  ποσί H Sim **9**:20:3
  πόδας H Vis **3**:2:3; 13:3; **4**:
  2:1
πρᾶγμα Smyr 11:3 H Vis **1**:2:4;
  3:4:1
  πράγματος H Vis **1**:3:2 H Man
  10:2:3 H Sim **5**:1:5; 7:5
  πράγματι H Vis **1**:1:8 H Man
  9:10 H Sim **5**:6:6; **9**:29:2
  πρᾶγμα H Vis **1**:1:8; **3**:2:4
  πράγματα Mag 5:1 H Vis **3**:
  3:1
  πραγμάτων 1 Clem 1:1 H Vis
  3:11:3; **4**:3:1 H Man **5**:
  2:2²
  πράγμασιν Mag 9:1

πράγματα H Vis **4**:1:4 H Sim
  9:2:5
πραγματείαις H Vis 2:3:1 H Man
  3:5; **10**:1:4² H Sim **8**:8:1;
  9:20:1², 2
πραγματείας H Vis **3**:6:5 H Sim
  8:8:2
πρᾶξις H Man **4**:1:8, 11; 2:2;
  7:1 H Sim **4**:4; **6**:5:5
  πράξεως 1 Clem 30:7 H Man
  10:2:4; **11**:4
  πράξει H Man **5**:2:7; 7:1;
  10:2:3 H Sim **5**:2:11; **6**:
  3:6; 5:5; 7:4; **9**:24:3 Did
  2:5
  πρᾶξιν H Man **10**:1:5 FL; 2:2
  H Sim **4**:7; **5**:2:11; **6**:5:3;
  9:17:2; 26:8
  πράξεις H Man **10**:2:4 H Sim
  9:19:3
  πράξεων 1 Clem 19:2 H Vis
  1:3:1; **3**:12:2 H Man **4**:2:
  1; **6**:2:5; **10**:1:4 H Sim **4**:
  5; **9**:20:2
  πράξεσι H Sim **6**:3:4; **8**:9:3
  πράξεσιν H Man **10**:1:5 H Sim
  6:3:5; **8**:7:3; 8:5; **9**:20:4
  πράξεις H Man **10**:1:5 H Sim
  4:5; **6**:3:6; **8**:9:3 FL, 4²;
  10:4; **9**:18:5 Did 15:4
πραότης Tral 3:2
  πραότητος Tral 4:2 H Man **5**:
  2:6
  πραότητι Pol 2:1; 6:2
  πραότητα H Man **12**:3:1
πράσσεις Pol 4:1
  πράσσει H Man **9**:10
  πράσσομεν 2 Clem 17:1 Mag
  10:1
  πράσσετε Eph 4:2; 8:2² Smyr
  8:2 L
  πράσσουσιν Eph 14:2 Mag 4:1
  ἔπρασσον 2 Clem 10:5
  πράσσῃ Eph 15:2
  πράσσωμεν 2 Clem 17:1 FL
  πράσσητε Philad 4:1²
  πρᾶσσε Pol 4:1

πυροειδές H Vis 4:3:3
  πυροειδές H Vis 4:1:10
πυρούμενος Mar 15:2
  πυρωθέντες H Vis 4:3:4
πυρρότεραι 1 Clem 8:3 cit
πύρωσιν Did 16:5
πώλυπα Bar 10:5 cit
πώποτε Diog 8:11 Mar 8:1
πεπώρωται H Man 4:2:1
  πεπωρωμένην H Man 12:4:4
πῶς 1 Clem 19:3; 21:3, 8; 24:
  1, 4; 34:5; 35:5; 37:2³;
  50:1 Bar 2:9; 5:5, 10 F;
  6:13; 7:3, 7, 10; 8:2; 9:1;
  10:4, 11; 11:1, 8; 12:11;
  14:4, 6; 15:8; 16:1, 2, 7,
  8, 9 Diog 1:1; 4:2, 3, 4;
  10:3 Eph 19:2 Mag 9:2
  Smyr 6:2 Mar 9:3 H Vis 1:
  2:1²; 3:9:10 H Man 3:3;
  5:2:1³; 6:2:2, 5; 9:1; 10:
  1:2, 3; 2:1; 11:7, 19, 20;
  12:4:2 H Sim 2:4, 5; 4:6;
  5:6:1; 7:3; 8:1:4; 2:6;
  9:7:4, 5; 12:1, 5; 18:1 Did
  12:4
πως Bar 5:10 Smyr 4:1

ρ' H Vis 4:1:6
Ραάβ 1 Clem 12:1, 3
ραβδία H Sim 8:2:9
  ραβδία H Sim 8:1:2, 3
ράβδος 1 Clem 43:4, 5
  ράβδου H Sim 8:1:12
  ράβδον H Vis 3:2:4; 5:1 H Sim
  6:2:5; 9:6:3
  ράβδοι H Sim 8:1:18; 2:7; 3:4;
  4:2; 5:2, 6; 6:4; 7:1
  ράβδων H Sim 8:1:14, 15; 11:1
  ράβδοις H Sim 8:5:6
  ράβδους 1 Clem 43:2, 3, 5 H Sim
  8:1:5², 6², 9, 10, 11, 12, 14,
  16², 17, 18; 2:1, 2, 4, 5, 6,
  8³, 9²; 3:4², 7, 8; 4:2, 3, 5;
  5:1, 5; 6:1, 3; 7:4; 8:1;
  9:1; 10:1, 3
ραδίως Pap 3 H Vis 4:1:2

ραθυμήσῃς H Vis 1:3:2
Ραίῳ Ἀγαθόποδι Philad 11:1 L
  Ραίον Ἀγαθόπουν Smyr 10:1 L
ἔρραναν H Sim 9:10:3
ραντίζειν Bar 8:1
  ραντίζοντες Bar 8:3, 4
  ραντιεῖς 1 Clem 18:7 cit
  ραντίσματος Bar 5:1
  ραντίσματι Bar 5:1 F
ράπισμα Did 1:4
  ραπίσματα Bar 5:14 cit
ραχή Bar 7:8 F
  ραχῆς Bar 7:8 F
  ραχία Bar 7:8
  ράχου Bar 7:8
Ρεβέκκα Bar 13:2 cit, 3
  Ρεβέκκας Bar 13:2 cit
Ρέῳ Ἀγαθόποδι Philad 11:1
  Ρέον Ἀγαθόπουν Smyr 10:1
ρέουσαν Bar 6:8 cit, 10 cit, 13 cit
ραγήσεται Bar 3:4 cit
  ρῆξον 2 Clem 2:1 cit
  ρῆξαι H Man 11:3
ρῆμα 2 Clem 15:4 Bar 11:8 Mar
  16:2
  ρήματος Bar 10:11 H Vis 3:
  7:6; 4:1:7 H Sim 5:3:6
  ρήματι H Vis 1:3:4; 3:3:5
  H Man 3:1
  ρῆμα 1 Clem 27:7 cit Bar 3:5
  cit H Vis 1:1:7 H Man 3:3
  ρήματα 2 Clem 15:5 H Vis 1:
  3:3 H Man 8:9 H Sim 5:
  4:3; 7:3; 9:21:2; 26:7
  ρημάτων 2 Clem 13:3 H Man
  9:4; 12:5:1 H Sim 8:10:1
  ρήμασιν 1 Clem 10:1; 30:5 cit
  H Vis 1:2:1 H Man 12:3:3
  ρήματα Bar 16:10 Mar 8:3
  H Vis 1:1:6; 2:1; 3:3²; 2:
  2:3², 4; 4:2²; 3:8:11; 4:
  2:6 H Man 3:4; 4:2:1;
  11:3 H Sim 8:6:4; 9:11:8
ρῆσιν 1 Clem 57:3 cit
ρίζα 1 Clem 16:3 cit Philip 1:2
  ρίζαι H Sim 9:30:1
  ριζῶν Bar 12:9 cit H Sim 9:30:2

11:2 Smyr 1:1, 2; 3:1, 2;
12:2 Pol 5:1 Philip 7:1 cit
H Vis **3**:9:3 H Man **3**:1
H Sim **9**:1:2
σάρκα 1 Clem 26:3 cit; 32:2;
49:6 2 Clem 8:4, 6; 9:3;
14:3, 4² Bar 5:1; 6:3; 7:5,
9; 8:6 Pap 3 Diog 5:8; 6:6
Eph 8:2; 16:2; 20:2 Mag
3:2; 6:2; 13:2 Rom Int;
8:3; 9:3 Philad 7:1, 2 Smyr
1:1 cit; 7:1 H Vis **3**:9:3;
10:4, 7; 12:1 H Man **4**:1:
9; **10** : 2 : 6 H Sim **5**:6:5;
7:1, 2²(³L), 3, 4
σάρκας Bar 5:13 cit; 10:4
σάρους H Sim **9**:10:3
ἐσάρωσαν H Sim **9**:10:3
σαρωθῆναι H Sim **9**:10:2
σατανᾶ Bar 18:1 Eph 13:1 Phi-
lip 7:1 F Mar Ep 2 F
Σατανᾶς Pap 4 L
Σατανᾶ Bar 18:1 L Eph 13:1 L
Philip 7:1 Mar Ep 2
σαφῶς 1 Clem 62:3 Diog 1:1; 11:2
σβεννύμενον Mar 2:3; 11:2
σβεσθήσεται 2 Clem 7:6 cit;
17:5 cit
σβεσθήτωσαν Did 16:1
σεαυτοῦ H Vis **3**:6:7 H Man 1:2;
9:1; **10**:1:1; 2:5; **12**:1:1
σεαυτῷ H Man **3**:5; **9**:1; **12**:
3:5, 6 H Sim 1:4, 6; **5**:3:3;
9:2:6²
σεαυτόν Bar 19:3² Diog 2:1
H Man **9**:8; **10**:3:4 H Sim
5:7:4; **9**:2:7; 9:3 Did 1:2;
3:9
σεβασμίῳ 1 Clem 2:8
σέβειν Diog 3:2
σέβοντες Diog 2:7
σέβεσθαι Mar 17:2² H Man
8:10
σεβόμενοι Diog 2:7 L
Σεγρί H Vis **4**:2:4 L
σελήνη 1 Clem 20:3 Diog 7:2
σελήνης 2 Clem 14:1 Diog 7:2

σελήνη Diog 4:5 Eph 19:2
σελήνην Bar 15:5
σεμίδαλιν Bar 2:5 cit
σεμνῇ 1 Clem 1:3
σεμνῷ H Man **3**:4
σεμνόν 1 Clem 7:2
σεμνήν 1 Clem 48:1 H Man **4**:
3:6; **12**:1:1
σεμνόν 1 Clem 1:1; 47:5
σεμνοί H Sim **8**:3:8
σεμνά H Vis **3**:8:7
σεμνά 1 Clem 1:3
σεμνοτάτου H Vis **5**:2 H Man **5**:
1:7
Σεμνότης H Vis **3**:8:5, 7
Σεμνότητος H Vis **3**:8:7
σεμνότης H Man **4**:1:3
σεμνότητος H Man **5**:2:8; **6**
2:3
σεμνότητι 1 Clem 41:1 H Vis
3:9:1 H Sim **5**:6:5
σεμνότητα H Vis **3**:5:1 H Man
2:4; **4**:4:3
σεμνῶς 1 Clem 1:3 H Vis **3**:5:1
H Sim **9**:1:2; 25:2
Σεπτεμβρίων Rom 10:3
σηκόν 1 Clem 25:2, 3
σημαίνει Bar 15:4 FL
σημεῖον 2 Clem 15:4 Did 16:6²
σημείῳ Bar 12:5
σημεῖον 1 Clem 11:2; 12:7;
25:1
σημεῖα Did 16:6
σημεῖα 1 Clem 51:5 Bar 4:14;
5:8 Did 16:4
ἐσημειώσατο 1 Clem 43:1
σημείωσιν 1 Clem 11:2
σήμερον 1 Clem 36:4 cit Bar
3:1 cit; 15:4 cit Pap 3 Diog
11:5 Mar 14:2 H Sim **9**:
11:1 Did 8:2
σηπίαν Bar 10:5 cit
σηπομένης 1 Clem 25:3
σηπόμενα Diog 2:4
σεσηπός Diog 2:2
σεσηπότα H Sim 2:3
σής Bar 6:2 cit

215

216

14²; 8:2⁴; 9:2², 3, 4²; 10: 2², 3², 5³

σοι 1 Clem 10:3² cit, 4 cit; 18: 4 cit; 20:7 cit; 26:2 cit; 35: 9 cit; 36:4 cit; 39:7 cit; 56: 12 cit; 61:3² Bar 6:13, 16² cit; 11:4 cit; 19:6, 9 Pap 2:3 Diog 1:1; 12:7 Pol 2:1, 2 Mar 14:3 H Vis 1: 1:6², 7, 8; 3:1²; 4:2; 2: 2:4; 3:1, 4; 3:1:2², 8, 9; 3:2, 3², 4, 5; 4:3²; 8:9, 10, 11²; 10:2, 8; 11:2; 13:4; 4:2:3; 5:5³ H Man 2:4, 7; 3:1; 4:1:1; 2:2; 3:3, 6; 4:3; 5:1:2; 2:8; 6:1:1²; 2:5³; 8:1, 6, 11; 9:4, 8; 10:2:5; 11:7, 18; 12:2:4; 3:3², 6 H Sim 1:4, 5, 6; 5: 3:3; 2:1; 3:2², 6, 8; 4:2; 5:1²; 6:1:2, 5; 7:5³, 6; 8: 1:4; 3:5; 6:1, 4; 11:5; 9:1:1², 2²; 2:7²; 10:5; 11: 9; 13:6; 17:2 Did 1:2, 4; 3:10; 4:1; 9:2², 3²; 10:2², 3, 4²; 13:7

σε 1 Clem 4:5 cit, 10 cit; 10:3⁴ cit; 12:4; 18:4 cit, 13 cit; 35:10² cit; 36:4 cit; 52:3 cit; 53:3² cit; 56:8 cit, 9² cit, 10 cit; 59:3², 4²; 60:1, 4 Bar 3:4 cit; 13:7 cit; 14:7³ cit, 8³ cit; 19:2³ Diog 1:1³; 2:1; 3:1; 4:1, 6; 10:3 Pol 1:2²; 2:3; 3:1 Mar 9:3; 10:2; 11:1, 2; 14:2, 3³ H Vis 1:1:7³; 3:2³; 2:2:4; 3:2³; 3:1:2; 8:11; 10:2; 4:2:4 H Man 3:4; 4:1:4; 7:1; 8:6, 7, 8; 9:2; 12:2:4 H Sim 1:3, 6; 5:1:3; 4:5³; 5:4; 6:1:2; 7:1², 2, 5³, 6; 8:2:5²; 6:3; 9:1:2, 3; 11:3, 8, 9²; 14:4 Did 1:2, 4, 5; 6:1²

ὑμεῖς 1 Clem 23:5 cit; 44:6; 57:1 2 Clem 5:4 cit Bar 6: 2 cit; 7:5; 9:9 Diog 2:7

Eph 10:2⁵; 12:1² Mag 7:1; 15:1 Tral 8:1 Rom 1:2; 2:1; 4:1; 8:1² Philad 10:2 Smyr 4:1 Philip 3:1; 13:1 Mar 20:1 H Vis 2:2:7; 3: 9:1, 6, 7, 10; 11:3; 12: 2; 13:2; 4:3:4³, 6 H Man 12:4:5, 6; 6:2 H Sim 1:1², 7; 9:4:8; 28:5²; 29:3 Did 1:3; 4:11; 8:1

ὑμῶν 1 Clem 1:1, 2², 3; 2:1, 3, 8; 8:3³ cit, 4³ cit; 12:5 (²L); 16:11 cit; 21:8 L; 41: 1 L; 46:9²; 47:5; 50:4 cit; 57:1, 2, 5 cit; 63:2, 3; 65: 1, 2 2 Clem 4:5; 9:1; 12: 6 cit; 20:1 Bar 1:2, 3², 5², 8; 2:5³ cit, 7 cit, 8 cit; 3:1 cit, 2 cit; 4:6², 9; 6:5; 9:1 cit, 5⁴ cit; 11:5 cit, 8²; 12:7; 15:8 cit; 21:4, 6, 8, 9 Diog 2:4, 9 Eph 1:1 L, 2, 3²; 2:1⁴, 2; 3:1, 2; 4:1², 2; 5:1; 6:2; 8:1²; 9:1²; 11:2; 12: 2; 13:1; 20:1; 21:1² Mag 1:1; 2:1; 11:1³; 12:1²; 13:1²; 14:1³ Tral 1:1²; 3: 2²; 8:2; 12:2, 3; 13:1, 3² Rom 1:1, 2; 7:1; 9:1²; 10:2 Philad 2:2; 5:1; 7:2; 8:1, 2; 10:1; 11:1 Smyr 10:1, 2; 11:1², 2², 3; 12: 1, 2 Pol 6:2⁷; 7:1², 2, 3² Philip 1:2; 2:1 cit; 4:2; 9:1; 13:1 H Vis 2:2:7; 3:3:5; 8:9; 9:1, 6², 7, 8², 9², 10²; 10:9²; 11:2², 3²; 12:3³; 13:2; 4:2:5⁴, 6; 5:7 H Man 12:4:5, 6, 7²; 5:2; 6:1, 2⁶ H Sim 1:1², 8; 6:1:4²; 9:23:5; 24:4²; 28:5², 6³, 8 Did 1:3; 4:11; 8:1; 9:5; 11:11; 12:4²; 13:3; 14:1², 2; 15:2, 3, 4; 16:1³, 2²

ὑμῖν 1 Clem Int; 1:1, 3; 2:4, 6; 3:1; 12:5; 13:2⁵ cit; 46:5; 47:

2, 3, 4; 54:1; 57:2, 3 cit,
4³ cit; 58:2; 62:1 2 Clem
4:5 cit; 5:4 cit; 8:5² cit; 13:
4² cit; 19:1² Bar 1:3, 4², 5;
6:2 cit, 5, 9; 8:2; 12:6² cit;
16:1; 17:1, 2; 21:5 Diog
11:8 Eph 1:3; 3:1²; 4:1;
6:2; 8:1; 9:2; 10:1; 11:2;
20:1²; 21:1 Mag 1:1; 3:1;
6:2; 7:1; 10:2; 15:1 Tral
3:3; 5:1(²FL); 7:1; 8:1;
9:1; 12:2, 3 Rom 1:2; 4:3;
7:2³; 8:2, 3; 10:1, 2, 3 Phi-
lad 3:1; 6:1, 3; 10:1, 2;
11:1, 2 Smyr 4:1; 9:2²;
10:1; 11:3; 12:1, 2 Pol 6:1
Philip Int; 1:1²; 2:3² cit;
3:1, 2³; 13:2 Mar 1:1;
20:1 H Vis 3:9:4, 7; 12:
2, 3²; 4:2:6; 5:5, 7 H Man
4:1:10; 12:6:1 H Sim 1:
10; 6:1:4; 9:10:6; 23:5;
24:4; 28:6, 7, 8 Did 1:3;
14:2; 15:1
ὑμᾶς 1 Clem 1:2; 7:1; 8:4 cit;
12:5; 22:1 cit; 47:3, 5; 50:
4 cit; 57:2, 3 cit; 62:2; 63:4
2 Clem 4:5² cit; 5:4² cit; 13:
2 FL, 4² cit; 14:2; 19:1 Bar
1:2, 3, 4; 4:6; 6:2 cit; 21:
4, 7, 9 Eph 1:3²; 2:1, 2;
3:2; 4:2; 5:1; 7:1²; 8:1²;
9:1; 14:1; 17:1; 20:2; 21:
1 Mag 2:1; 3:2 L; 6:2;
11:1; 12:1; 14:1; 15:1²
Tral 1:1, 2; 2:2; 3:2, 3;
6:1; 8:1; 11:2; 12:1, 2, 3;
13:1 Rom 1:1; 2:1; 4:1;
7:2; 8:2; 9:3; 10:2 Philad
5:1²; 8:2; 11:1, 2 Smyr
1:1²; 4:1²; 9:2; 10:2; 12:1;
13:1 Pol 7:3; 8:3 Philip
9:1 Mar 20:2; 22:1 H Vis
1:3:1; 3:9:1²; 10:9; 12:3
H Sim 1:9; 6:1:4; 9:24:4²;
28:5 Did 1:3³; 11:1, 4;
12:2, 3; 13:1; 16:2

συγγενείας 1 Clem 10:2, 3 cit
συγγενείαν 1 Clem 10:2
συγγενικόν Eph 1:1
σύγγνωτε Rom 6:2
συγγνώμην Rom 5:3
συγγνωμονεῖτε Tral 5:1
συγγράμματα Mar Ep 1
συγγραμμάτων Mar Ep 1, 4
συγγράμμασιν Mar Ep 3
συγγραφήν Bar 3:3 cit F
συνεγράψατο Pap 2:16
συνεκάλεσεν 1 Clem 43:5
συγκαλεσάμενος H Sim 5:2:11
συγκατατάξαι Pap 2:3
συγκατατίθεται Philad 3:3
συνεκινεῖτο Eph 19:3
συγκλεισμῷ 1 Clem 55:4, 5
συγκληρονόμος H Sim 5:2:8
συγκληρονόμον H Sim 5:2:7, 11
συγκοιμᾶσθε Pol 6:1
συγκοινωνήσεις Did 4:8
συγκοινωνούς Mar 17:3 L
συγκομισθεῖσα 1 Clem 56:15 cit
συγκοπή Rom 5:3
συγκοπαί Rom 5:3 L
συγκοπιᾶτε Pol 6:1
συγκοπιάσασαν H Sim 5:6:6
συγκόψεις H Man 12:6:4
συνεκόπην H Vis 5:4
συνεκόπησαν H Vis 3:6:1
σύγκρασις 1 Clem 37:4
συγκρατοῦντες H Sim 5:5:3; 9:
12:8
συγκρατήσουσιν H Sim 9:7:5
συγχαρήσομαι H Sim 8:2:7
συνεχάρην Philip 1:1
συνεχάρη Tral 1:1
συνεχάρησαν H Sim 5:2:6
συγχαρῆναι Eph 9:2 Philad
10:1 Smyr 11:2
συνεχύθην H Vis 5:4
συγχυθῆναι H Man 12:4:1
συγκεχυμένον H Man 12:4:2
συγχρᾶσθαι Mag 3:1
συγχρωτίζεται Diog 12:8
συγχύννου H Vis 5:5 F
συγχωροῦντας Mag 3:1

συνέχεται 1 Clem 20:5
συνεχῶς Bar 21:8
συνζῇ H Man 4:1:5
 συνζῆθι H Man 4:1:9
 συνζῶν H Man 4:1:4
 συνέζησαν H Sim 8:9:1
 v. συζάω
συνζητεῖτε Bar 4:10
 v. συζητέω
συνήγοροι Smyr 5:1
συνήθειαν Diog 2:1 Eph 5:1
 H Man 5:2:6
σύνηθες Mar 5:1
 συνήθων Mar 7:1
σύνθεσιν H Sim 6:1:5
συνθραύεται H Man 11:14
συνιῶμεν Bar 10:12
 συνιῆτε Bar 6:5
 συνιέναι Bar 4:6; 10:12
 συνιέντες H Sim 2:10
 συνήσεις H Man 10:1:6
 συνῆκα H Sim 5:4:1
 συνῆκεν Bar 4:8; 14:3 cit H Sim 2:7
 σύνετε 1 Clem 35:11 cit
 v. συνίω
συνισταμένη H Man 5:2:4
 συνεστήσατο 1 Clem 27:4
 συσταθέν 1 Clem 20:6
συνίω H Man 4:2:1; 10:1:3
 συνίει H Man 4:2:2
 συνίουσι H Man 10:1:5
 συνίουσιν H Man 10:1:6
 σύνιε H Man 6:2:3, 6 H Sim 5:5:1; 9:12:1
 συνίων Bar 12:10 H Sim 2:10
 v. συνίημι
συνκεράσαι H Vis 3:9:8
συνκλάσω Bar 11:4 cit
συνκρατηθῇ H Vis 3:11:4
συνμαχοῦντα Bar 2:2
συνώδευσεν Bar 1:4
σύνοδοι Eph 9:2
συνειδώς Bar 1:4
 συνειδότος Smyr 11:1
συνῳκοδομήθησαν H Sim 9:16:7
συνοχῇ Did 1:5

σύνπαντα Bar 15:4
 σύνπαντα Bar 15:4
 v. σύμπας
συνπνεῖ 1 Clem 37:5
σύνταξιν Pap 2:15
συντέλεια H Vis 3:8:9
 συντελείας H Sim 9:12:3
συντελῆται H Man 4:1:11
 συντελουμένης Bar 16:6 cit
 συντελέσει Bar 15:4
 συντελεσθήσεται Bar 12:1 cit; 15:4 H Vis 3:4:2
 συνετέλεσεν Bar 15:3 cit, 4 cit H Man 12:3:2
 συντελέσαι H Sim 8:11:1; 9:29:4
 συντελέσας H Sim 5:3:7; 9:7:1
 συνετελέσθη H Sim 9:5:2
 συντελεσθῇ H Vis 3:8:9
συντέτμηκεν Bar 4:3
συντηρεῖν H Man 8:10 H Sim 5:6:2
 συντηρήσω H Man 5:1:7
συντιθέμενον H Man 11:13
σύντομα Rom 5:2
συντόμως 2 Clem 20:4 Mag 14:1 Rom 5:2
σύντονον Pol 7:3
συντονώτερον Tral 3:3
συνέτρεχες 1 Clem 35:8 cit
 συντρέχητε Eph 3:2
 συντρέχετε Mag 7:2 Pol 6:1
 συντρέχειν Bar 4:2 Eph 4:1
συντριβήν Bar 6:2
συντρίψω Bar 11:4 cit
 συντριβήσεται 1 Clem 20:7 cit
 συνετρίβη Bar 4:8
 συνετρίβησαν Bar 14:3 cit
 συντριβῇ 2 Clem 8:2
 συντετριμμένη Bar 2:10 cit
 συντετριμμένον 1 Clem 18:17 cit; 52:4 cit
 συντετριμμένην 1 Clem 18:17 cit
 συντετριμμένους Bar 14:9 cit
συνχαίρω Bar 1:3
συνχύννου H Vis 5:5

Συρίας Eph 1:2 Rom 2:2; 5:1;
  10:2 Philad 10:1; 11:1
  Smyr 11:1, 2 Pol 7:1
Συρίᾳ Eph 21:2 Mag 14:1[2]
  Tral 13:1 Rom 9:1
Συρίαν Pol 7:2; 8:2 Philip
  13:1
Σύρος Bar 9:6
συρρέοντας Pap 3
συσπῶν Bar 19:9 Did 4:5
σύσσημον Smyr 1:2 cit
σύστασιν 1 Clem 60:1
  συστάσεις Rom 5:3
  συστάσεις Tral 5:2
σφαγήν 1 Clem 16:7 cit Bar 5:2
  cit; 8:2
σφάξαντας Bar 8:1
ἐσφράγισεν 1 Clem 43:2, 3
σφραγίς H Sim 9:16:4[2]
  σφραγῖδα 2 Clem 7:6; 8:6 Bar
    9:6 H Sim 8:2:2, 4; 6:3[2];
    9:16:3[2], 5[2], 7; 17:4
  σφραγῖδας 1 Clem 43:5
σφυροκοπῶν H Vis 1:3:2
σχεδόν Bar 16:2 Mar 1:1; 22:3;
  Ep 4
σχήματι H Vis 5:1
σχίζοντι Philad 3:3
σχίσμα 1 Clem 2:6; 46:9
  σχίσμα 1 Clem 49:5 Bar 19:12
    Did 4:3
  σχίσματα 1 Clem 46:5; 54:2
  σχισμάτων H Sim 9:8:3
  σχίσματα H Sim 8:9:4
σχισμαί H Vis 3:6:3 H Sim 9:
  1:7
  σχισμῶν H Sim 9:1:7
  σχισμαῖς H Sim 9:23:1
  σχισμάς H Vis 3:2:8; 6:3
    H Sim 8:1:9, 10, 14; 4:6[3];
    5:1[2], 4, 5; 7:1, 2, 4; 10:1;
    9:6:4; 8:3, 4; 23:1, 2, 3
σχοινίῳ Eph 9:1
σχοίνισμα 1 Clem 29:2 cit
σχολάζει Pol 7:3
  σχόλαζε Pol 1:3

σώζει H Vis 2:3:2[2] H Man 10:
  1:2; 2:1
σώζειν 2 Clem 2:5 Bar 4:1
  Diog 9:6 H Man 10:1:3
σώζων 1 Clem 21:8 Diog 7:4
σώζοντα 1 Clem 59:3
σώζουσαι H Sim 6:5:7
σώζονται H Vis 3:7:6; 8:3
σώζωνται Pol 1:2
σωζέσθω 1 Clem 38:1
σώζεσθε Bar 21:9
σώζεσθαι 1 Clem 2:4; 37:5;
  60:4 L Mar 1:2 H Sim 8:
  11:1; 9:12:3
σωζομένων 1 Clem 58:2 Mar
  17:2
σώσει 2 Clem 4:1; 15:1
σωθήσομαι H Man 4:3:7
σωθήσῃ H Man 4:3:7; 7:1
  H Sim 1:11
σωθήσεται 2 Clem 4:2 cit Bar
  12:7 H Vis 3:3:5 H Man
  9:6
σωθησόμεθα Bar 8:6
σωθήσονται Did 16:5
ἔσωσεν 2 Clem 1:4, 7; 2:7
σώσῃ 2 Clem 14:2
σώσητε 2 Clem 19:1
σῶσον 1 Clem 59:4
σωσάτω 1 Clem 16:16 cit
σῶσαι 2 Clem 2:7 Bar 19:10
  H Man 12:6:3 H Sim 6:1:
  1; 9:23:4
σώσας 2 Clem 9:5
σώσαντα Mar 9:3
ἐσώθη 1 Clem 11:1; 12:1 H Vis
  3:3:5
ἐσώθημεν 2 Clem 3:3
ἐσώθητε 2 Clem 9:2
ἐσώθησαν 1 Clem 7:6 Bar 5:10
  Philad 5:2 H Sim 8:6:1; 9:
  26:8
σωθῇ H Sim 5:7:3
σωθῶμεν 2 Clem 8:2; 13:1;
  14:1; 17:2; 19:3 Smyr 2:1
σωθῆναι 2 Clem 15:1 Bar 1:3;
  12:3; 16:10 H Vis 1:2:1;

224

ταπεινοφροσύνης 1 Clem 31:4; 44:3 H Vis 3:10:6 H Sim 5:3:7

ταπεινοφροσύνη 1 Clem 58:2

ταπεινόφρων 1 Clem 38:2 Bar 19:3 H Man 11:8

ταπεινόφρον 1 Clem 19:1

ταπεινόφρονες Eph 10:2

ταπεινοῖ H Man 4:2:2

ταπεινοῦντα 1 Clem 59:3² Bar 3:1 cit, 3 cit

ταπεινώσει Bar 4:4 cit

ἐταπείνωσεν Bar 4:5 cit

τεταπεινωμένην 1 Clem 18:17 cit Bar 3:5 cit

τεταπεινωμένα 1 Clem 18:8 cit

ταπεινώσεως 1 Clem 55:6

ταπεινώσει 1 Clem 16:7 cit; 53:2

ταρασσέτω 2 Clem 20:1

ἐταράχθη Mar 5:1

ταραχθέντα Mar 12:1

τεταραγμένον H Man 12:4:2

ταραχή Eph 19:2

τεταγμένον 1 Clem 20:2

τεταγμένοι Bar 18:1

τεταγμέναις Mar 10:2

τεταγμένους 1 Clem 40:1

ταῦ Bar 9:8 F

ταύρων Bar 2:5 cit

ταφῆς 1 Clem 16:10 cit

τάφος Rom 4:2

τάφου 1 Clem 38:3

τάφῳ 1 Clem 56:15 cit

τάφοι Philad 6:1

ταχέως Bar 3:4 cit Philip 6:1

ταχινός H Sim 9:26:6

ταχινή H Sim 8:9:4; 9:20:4

τάχιον 1 Clem 65:1 Mar 3:1; 13:2 H Man 10:1:6

τάχους Mar 13:1

τάχει 1 Clem 48:1; 63:4; 65:1

τάχος 1 Clem 53:2 cit Bar 4:8 cit; 14:3 cit

ταχύνῃ Bar 4:3

ταχύν 2 Clem 20:3

ταχύ 1 Clem 23:5, 5 cit; 53:2 cit H Vis 3:8:9 H Man 9:7; 12:5:3 H Sim 8:7:5; 8:3, 5; 10:1; 9:19:2; 21:4; 23:2

τε 1 Clem 1:1, 2, 3³; 2:1, 3, 4; 5:6; 9:1; 19:1, 2; 20:2, 3², 4, 5, 10²; 23:1; 25:2; 30: 1²; 32:2; 33:3²; 35:5⁴; 40:2, 3, 4; 44:3; 45:8; 46:5; 47:3²; 51:5; 58:2; 60:4; 61:1 2 Clem 10:5 Bar 18:1 Pap 2:4; 3 Diog 1:1³; 4:2; 5:4²; 12:5 Eph 7:2; 19:2 Mag 1:2; 5:1; 13:2 Tral 5:2; 9:1; 12:1 Rom 3:2; 5:3 Smyr 1:1; 6:1; 12:2²; 13:2 Pol 1:2 Mar 4:1; 7:2; 8:1²; 9:2; 12:1, 2; 13:1; 14:1, 2; 16: 1; 17:1², 3; 18:1, 2²; Ep 1 H Man 5:2:4; 10:2:4 H Sim 9:6:2 Did 10:3; 13:3

τέγος 1 Clem 12:6 L

τείχη H Sim 8:2:5; 6:6; 7:3; 8:3

τεκνογονοῦσιν Diog 5:6

τέκνον Bar 19:5 Did 2:2

τέκνον Bar 13:5 cit Did 3:1, 3, 4, 5, 6; 4:1

τέκνα 1 Clem 21:8; 56:14 cit 2 Clem 2:1 cit, 3 cit Philad 2:1 H Man 12:3:6 H Sim 7:6

τέκνων Bar 20:2 Pol 8:2 H Sim 5:3:9 Did 5:2

τέκνοις Smyr 13:1 H Vis 2:2: 3; 3:1

τέκνα 2 Clem 2:1; 6:8 cit, 9 Philip 4:2 H Vis 1:3:2

τέκνα 1 Clem 22:1 cit Bar 7:1; 9:3 cit, 7; 15:4²; 21:9 H Vis 3:9:1, 9 Did 5:2

τέλειος Bar 4:11 Eph 15:2 Pol 1:3 Did 1:4; 6:2

τελεία 1 Clem 55:6; 56:1 Smyr 10:2 H Sim 5:3:6

τέλειον Bar 4:3 Smyr 11:2
τελείου Smyr 4:2
τέλειον Philad 1:2
τελείαν 1 Clem 1:2; 44:2, 5
　Bar 1:5 Smyr 11:1
τέλειον Bar 5:11; 13:7
τέλειοι Smyr 11:3
τέλειαι Bar 8:1
τελείων H Vis 1:2:1
τέλεια Smyr 11:3
τελειότητος 1 Clem 50:1; 53:5
τελειοῖ H Man 9:10
τελειώσῃ H Vis 4:1:3
τελειώσωσι H Sim 9:26:2
τελειῶσαι Did 10:5
τελειώσας 1 Clem 33:6
τελειωθήσεται 1 Clem 23:5 Mar
　16:2
ἐτελειώθη Mar 16:2
ἐτελειώθησαν 1 Clem 49:5
τελειωθῶμεν Bar 6:19
τελειωθῆτε Did 16:2
τελειωθῶσιν Bar 14:5
τελειωθέντες 1 Clem 50:3
τετελείωται Smyr 7:2
τελείως 1 Clem 9:2 Bar 4:1,10;
　10:10 Diog 9:2 Eph 1:1;
　14:1 Smyr 5:2
τέλεον Diog 2:5
τελευτᾷ 1 Clem 25:2
τελευτήσει 2 Clem 7:6 cit; 17:
　5 cit
ἐτελεύτησαν 1 Clem 39:6 cit
τελευτῆσαι Pap 4
τελευτήσαντος Pap 3
τετελευτηκότος 1 Clem 25:3
τελοῦσιν H Sim 2:7
τέλει H Man 12:3:3
τελέσεις H Sim 5:1:5 L
τελεσθήσεται H Vis 3:4:1 H Sim
　9:10:2
ἐτέλεσε H Sim 2:7
ἐτέλεσεν H Vis 1:4:1; 3:7:4
　H Man 2:6 H Sim 5:2:7
τελέσῃς H Sim 5:3:8
τελέσητε H Sim 1:9
τελέσαι H Man 2:6 H Sim 8:2:5

τελέσας H Sim 5:2:3
τελέσαντος H Vis 2:1:4
ἐτελέσθη H Vis 3:4:2; 9:5
　H Sim 9:5:1
τελεσθῇ Bar 7:3 H Vis 3:5:5
τελεσθῆναι H Vis 3:9:5
τελεσθεῖσα H Man 2:6
τετέλεκα H Sim 5:2:4
τέλος Bar 1:6² Eph 14:1²
τέλους Diog 10:7 H Sim 9:
　27:3
τέλει Mag 6:1; 13:1
τέλος 2 Clem 19:3 Bar 4:6;
　10:5; 19:11 Eph 14:2 Mag
　5:1 Rom 1:1; 10:3 H Vis
　2:2:5; 3:3:2; 7:2; 8:9;
　10:5 H Man 12:2:3 H Sim
　6:2:3; 8:6:4; 8:2,5²; 9:3;
　9:14:2
τέρατα 1 Clem 51:5 Bar 4:14;
　5:8 Did 16:4
τερατεία Diog 8:4
τέρμα 1 Clem 5:7
τερπνόν 1 Clem 7:3
τερπνά Rom 6:1
τεσσαράκοντα 1 Clem 53:2² Bar
　4:7² cit F H Sim 9:4:3 L;
　5:4 L; 15:4 L; 16:5 L
τεσσεράκοντα 1 Clem 53:2² L
　Bar 4:7² cit; 14:2² cit
τέσσαρες H Vis 1:4:1; 3:10:1
　H Sim 9:2:3 L; 4:3; 10:
　7 L; 15:3 FL
τεσσάρων Did 10:5
τεσσάρων H Vis 3:13:3; 4:3:1
τέσσαρας H Vis 3:13:3
τέσσερα H Vis 4:1:10 H Sim
　9:2:3
τέσσαρα H Vis 4:1:10 FL H Sim
　9:2:3 L
τετάρτη H Sim 9:15:2, 3
τέταρτον H Sim 9:1:6
τετάρτου H Sim 9:21:1
τέταρτον Bar 4:5 cit
τετράγωνος H Vis 3:6:6 H Sim
　9:2:1

τετραγώνῳ H Vis **3**:2:5
τετράγωνοι H Vis **3**:5:1 H Sim
  9:3:3; 6:7, 8
τετραγώνοις H Vis **3**:2:4
τετραγώνους H Sim **9**:9:2
τετράρχου Smyr 1:2
τετράδα Did 8:1
τέχνην H Sim **9**:9:2 Did 12:4
  τέχναις Diog 2:3
τεχνίτης Did 12:3
  τεχνίτου 2 Clem 8:2
  τεχνίτην Diog 7:2
  τεχνιτῶν Diog 2:3
τηκόμενος 2 Clem 16:3
  τακήσονται 2 Clem 16:3
τηλαυγέστερον H Sim **6**:5:1
τηλικοῦτο H Vis **4**:1:9; 2:3
  τηλικούτου Mar 8:3
  τηλικοῦτο H Vis **4**:2:4
  τηλικαῦτα Bar 4:14; 5:8
τημελείτω 1 Clem 38:2
τήρει H Man **4**:4:3
  τηρεῖτε Philad 7:2 H Man **12**:
    6:3
  τηρεῖν H Sim **5**:3:5
  τηροῦσαι H Sim **9**:6:2; 7:3
  τηρούντων Bar 10:11 H Man
    7:5
  τηρούμενον Mar 11:2
  τηρουμένων H Sim **5**:3:5
  τηρούμενα Mar 2:3
  τηρήσεις H Sim **5**:3:9
  ἐτηρήσατε 2 Clem 8:5 cit
  ἐτήρησαν Mar 17:2
  τηρήσῃς H Sim **5**:3:3
  τηρήσῃ 2 Clem 14:3
  τηρήσωμεν 2 Clem 6:9
  τηρήσωσι H Sim **5**:3:9
  τηρήσωσιν H Vis 1:3:4
  τήρησον H Sim **5**:1:5
  τηρήσατε 2 Clem 8:6; 14:3
  τηρῆσαι H Man **12**:3:4 H Sim
    6:1:4
  τηρήσας H Sim **5**:3:9
  τηρήσαντες 2 Clem 8:4 H Sim
    8:6:3
  τηρησάντων 2 Clem 7:6

τηρήσαντας H Sim **8**:3:4
ἐτηρήθημεν Mar 15:1
τετηρήκασιν H Sim **8**:3:3, 5
Τίβεριν H Vis 1:1:2
τιθῶ H Vis 1:1:3; 2:1:2
  τίθησιν 1 Clem 11:1; 25:4 Bar
    12:2, 6
  τιθέασιν Bar 7:11
  ἐτίθεις 1 Clem 35:8² cit
  ἐτίθουν H Vis **3**:2:7
  ἐτίθεσαν H Vis **3**:2:6
  τίθετε H Sim **9**:4:8
  τίθεσθαι H Sim **9**:6:8
  τιθέμενοι H Vis **3**:5:4
  θήσομεν 2 Clem 19:1
  θήσομαι 1 Clem 15:6 cit
  τεθήσονται H Sim **9**:7:5
  ἔθηκα Bar 5:14 cit
  ἔθηκας H Man **11**:15
  ἔθηκε Bar 6:3 cit F Philip 8:2
    H Sim **8**:1 3
  ἔθηκεν Bar 6:3 cit H Man **4**:
    3:4, 5
  ἔθηκαν H Sim **9**:8:2; 9:6
  ἐτέθη 1 Clem 11:2; 38:1 Bar
    6:2; 13:7
  ἐτέθησαν H Sim **9**:4:5, 6; 5:
    4; 6:8³; 8:1, 3, 5, 7; 13:6;
    16:1; 17:3
  τεθῆναι H Sim **9**:6:5; 8:2, 4²,
    5; 9:2
  τεθέντων H Sim **9**:29:4
  τεθέντας H Sim **9**:8:5
  θῶ 1 Clem 36:5 cit Bar 12:
    10 cit
  θῇς H Man **11**:15
  θές H Sim **9**:7:2
  θείς Mar 18:1 H Vis **3**:1:5
  ἔθετο Diog 6:10
  θέσθε H Man **12**:4:5
  θέμενος Bar 6:10; 7:11; 9:9
  τέθεικα Bar 5:14 cit; 13:7 cit;
    14:8 cit
  τέθεικεν Bar 6:3; 13:6
  τεθειμένοι H Sim **9**:15:4; 30:1
  τεθειμένων H Sim **9**:29:4
τίκτουσα 2 Clem 2:1² cit

7:1 Tral 7:2; 8:1 Philad 9:2
Smyr 8:1; 9:1 Pol 4:1 Phi-
lip 4:1 cit H Vis **3**:1:6;
6:6; 13:4; **4**:1:6² H Man
4:3:4; **6**:2:7, 8; **9**:1, 7²
H Sim **2**:10; **4**:6; **5**:1:1;
2:2; 3:3; 4:2; 5:5; **6**:1:5;
9:1:4; 2:4; 3:1, 2; 9:2;
19:3; 20:2, 4²

τινες 1 Clem 59:1 2 Clem 16:3
Diog 8:2 Eph 7:1 Mag 4:1;
9:2 Tral 10:1 Philad 7:1, 2
Smyr 2:1; 5:1 H Vis **1**:4:3;
3:2:8; 3:2² H Sim **8**:2:6;
4:5², 6⁴; 5:4², 5; 6:6; 8:
2, 5; 10:2², 4; **9**:1:6; 4:6;
5:2; 6:4⁷, 7; 8:4; 17:5;
21:1; 22:3; 26:8; 28:3²
Did 7:4

τινα H Man **8**:10 H Sim **6**:
2:2²

τινων Bar 19:4 Tral 8:2 cit
Rom 5:2 Philad 7:2; 8:2
H Man **4**:3:1 H Sim **8**:1:6;
5:2⁴; 11:1

τινων H Man **4**:1:1; **8**:1²

τισιν Bar 4:6

τινας 1 Clem 51:1 Eph 9:1
Mag 11:1 Mar 4:1 H Sim
8:7:2; **9**:9:2

τινα Eph 7:1 H Vis **3**:6:4
H Man **11**:3 H Sim **9**:27:1
Did 11:12

τίς 1 Clem 1:2; 4:10 cit; 15:5
cit; 16:3 cit, 8 cit, 17; 17:5
cit; 22:2 cit; 27:5² cit; 39:2;
49:2,3; 50:2; 54:1³ 2 Clem
3:1; 6:9; 8:5 cit Bar 2:5
cit; 6:1² cit, 10, 18; 9:2 cit,
8; 13:3²; 16:2³ cit; 19:11
Diog 4:5; 7:6; 8:1, 11;
11:2 Eph 10:3³; 12:1 Mar
2:2; 10:1 H Vis **2**:4:1; **3**:
8:6; **5**:3 H Man **6**:1:1;
11:7² H Sim **6**:3:2; **9**:12:1;
13:1 Did 4:7

τι 1 Clem 7:3³; 39:4 cit; 43:1
2 Clem 6:2 cit Bar 2:5 cit;
7:9, 11 Diog 1:1; 8:1;
9:3 Rom 5:3 Mar 8:2
H Vis **3**:3:1²; **4**:3:1 H Man
8:11; **11**:2 H Sim **5**:1:2²,
3; 4:2; **6**:2:3²; **8**:1:4;
3:1; **9**:5:3; 14:1; 29:1

τινος 2 Clem 1:2 Diog 2:1;
10:3 H Vis **2**:1:4

τινος 1 Clem 31:2 Diog 2:1
H Vis **3**:10:9

τινι 1 Clem 16:3 cit Diog 1:1;
9:4 H Man **2**:4², 6 Did 1:6

τινι 2 Clem 3:4; 9:2²; 13:2
Bar 6:16 cit

τινα 1 Clem 13:4 cit; 24:4;
47:2 2 Clem 1:3² Bar 8:1;
10:4 Diog 1:1 H Vis **2**:
4:1; **3**:8:6 H Man **6**:1:1

τι 1 Clem 4:4² cit L; 16:17;
18:1; 21:8²; 27:5 cit;
33:1; 39:2; 43:6; 45:6;
47:2 FL 2 Clem 5:6; 7:5²
Bar 6:1, 3, 6, 8, 9, 10, 17;
7:4, 5, 7; 8:4 F, 6 F; 9:5;
10:6, 7, 11³; 11:10; 12:3,
8; 13:2, 5, 7; 15:4; 21:6
Pap 2:4⁵ Eph 17:2 Tral10:1²
Smyr 4:2; 5:2 Mar 11:2 H Vis
1:1:5, 7; 2:3²; **3**:2:1; 10:
7; **4**:1:4 H Man **2**:5; **3**:3;
4:1:6 H Sim **1**:1, 4, 5; **2**:1;
5:1:1; **6**:1:2; 4:1; 5:3;
7:1², 3, 5; **9**:2:6; 5:2; 9:
1², 3; 10:6; 11:1, 8, 9;
14:5; 16:1; 28:8 Did 1:5²

τινες 1 Clem 31:1; 36:6; 38:
3; 45:7; 47:5 H Vis **3**:4:
1, 2; 5:2, 3, 4, 5; 6:3, 5;
7:3; 8:5 H Sim **8**:3:6;
9:13:2; 15:4

τινα 1 Clem 35:3

τινων 1 Clem 40:3 Bar 13:3, 6

τινων H Man **8**:2²

τισιν Eph 12:1

τοσαύτας Bar 10:6
τοσαῦτα H Vis 2:1:3 H Man 9:1
τότε 1 Clem 47:3 2 Clem 16:3 Bar 3:4 cit, 5 cit; 5:9, 12 cit; 7:9², 10; 8:1; 11:8; 15:2 cit, 5, 7² Diog 9:1²; 10:7⁴, 8 Eph 7:2 Rom 3:2; 4:2 Philip 3:2 Mar 12:3 H Vis 2:2:4; 3:6:6; 7:6 H Man 11:8, 9; 12:5:4 H Sim 4:2; 6:3:6⁴; 7:2; 9:1:2; 14:2; 18:4 Did 16:4, 5, 6, 8
τουτέστιν 1 Clem 25:1 Bar 6:14; 10:3 Tral 7:2; 10:1 Rom 7:1
τράγου Bar 7:4 cit, 10
τράγον Bar 7:8, 10
τράγων Bar 2:5 cit
τράγους Bar 7:6 cit, 10 cit
Τράλλεσιν Tral Int
Τραλλιανοῦ Mar 21:1
τράπεζαν 1 Clem 43:2 Diog 5:7 Did 11:9
τραῦμα Pol 2:1
ἐτραυματίσθη 1 Clem 16:5 cit Bar 5:2 cit
τράχηλον 1 Clem 63:1 Bar 3:2 cit; 9:5 cit
τραχεῖα H Man 6:1:3, 4
τραχύ H Sim 9:1:7
τραχέος H Sim 9:22:1
τραχεῖς H Sim 9:6:4
τραχεῖς H Sim 9:8:6
τρεῖς Bar 8:4
τρία Bar 1:6 Eph 19:1
τριῶν Mar 5:2 H Vis 3:10:2, 9; 11:1
τριῶν Bar 9:7; 10:10
τρεῖς Bar 4:4 cit H Vis 3:8:11 Did 11:5; 12:2
τρία Bar 4:5 cit; 10:1, 9
τρέμων Bar 19:4 Did 3:8
τρέμοντα 1 Clem 13:4 cit
τρέπονται 2 Clem 13:3
τρέψη Mar 2:4
τρέφει H Sim 2:8
τρέφοντα Bar 10:11

θρέψας H Vis 1:1:1
τρέχοντες Mar 7:1 cit
ἔδραμον Philip 9:2 cit
τριάκοντα H Vis 4:2:1 L H Sim 6:4:4 FL
τριάκοντα πέντε H Sim 9:4: 3 L; 5:4 L; 15:4 L
τριακοσίους Bar 9:8 cit, 8²
τρίβολοι H Sim 9:20:1
τριβόλων H Sim 6:2:6; 9:1:5
τριβόλοις H Sim 6:2:6 L, 7; 9:20:3
τριβόλους H Sim 6:2:6; 9:20:1
τριβολώδη H Sim 6:2:6
τρίβους H Man 6:1:3 H Sim 5:6:3
τρίς Mar 12:1 Did 7:3; 8:3
τρίτη H Sim 9:15:2, 3
τρίτον H Sim 9:1:5 Did 16:6
τρίτου H Sim 9:20:1
τρίτη H Vis 3:10:5; 13:1
τρίτον H Sim 8:1:12, 13; 5: 3, 4; 8:4; 9:1
τρόμος 1 Clem 12:5 H Vis 3:1:5
τρόπῳ H Vis 1:1:2, 7
τρόπον 1 Clem 4:10 cit; 24:4; 39:5 cit; 47:2 2 Clem 8:2; 9:4; 12:4 Eph 2:2 Tral 2:3 Smyr 10:1 Pol 3:2 H Sim 5:5:5; 6:1
τρόπων Did 11:8
τρόποις H Man 12:3:1
τρόπους Did 11:8
τροφέα Diog 9:6
τροφῆς Diog 9:6 H Vis 3:9:3 Did 13:1, 2
τροφῇ Tral 6:1 Rom 7:3
τροφήν 1 Clem 20:4 Bar 10: 4², 11 Did 10:3²
τρυγήσεις Diog 12:8
τρυγήσουσι 2 Clem 19:3
τρυγήσουσιν 2 Clem 19:3 F
τρυπᾷ H Man 11:20
τρυπῆσαι H Man 11:18
τρύπας Bar 10:6
τρυφᾷ H Sim 6:5:5²

232

τρυφῶν H Sim 6:5:3, 4
τρυφῶντες H Sim 6:4:1
τρυφῶντα H Sim 6:1:6
τρυφῶντας H Sim 6:4:2
τρυφῶντα H Sim 6:1:6; 2:6
τρυφήσῃ H Sim 6:4:4²
τρυφερός H Man 6:2:3
τρυφερόν H Man 5:1:3; 2:6
τρυφεραί H Sim 9:2:5
τρυφή H Man 12:2:1 H Sim 6:
5:3, 5, 7
τρυφῆς Diog 12:1 H Man 8:3
H Sim 6:2:1; 4:3 L, 4²;
5:1, 4
τρυφήν 2 Clem 10:4
τρυφαί H Sim 6:5:5, 6, 7²
τρυφῶν H Man 6:2:5; 12:2:1
τρυφαῖς H Man 11:12 H Sim
6:2:2, 4
Τρωάδος Smyr 13:2 Pol 8:1
Τρωάδι Philad 11:2 Smyr 12:1
τρώγει Bar 10:3
τρώγειν Bar 7:8; 10:2 H Sim
5:3:7
τυγχάνουσιν Diog 2:1; 5:8
ἐτύγχανεν Smyr 11:3
ἐτύγχανον Smyr 11:3 L
τυγχάνωσιν 1 Clem 61:2
τυγχάνων Diog 10:7
τυγχάνουσα H Sim 9:26:4
τευξόμεθα Mag 1:3
τεύξεσθε Smyr 9:2
τύχωσι H Man 10:1:5
τύχωσιν Eph 10:1 Pol 4:3
τύχοι Diog 2:3
τυχεῖν 2 Clem 15:5 Diog 9:6
τυχοῦσαν 1 Clem 14:2
τύπος Bar 7:3, 7, 11; 8:1 H Vis
4:2:5
τύπῳ Bar 12:10; 19:7 Rom
Int Did 4:11
τύπον Bar 6:11; 7:10; 8:1;
12:2, 5, 6; 13:5 Mag 6:1², 2
Tral 3:1 H Vis 3:11:4; 4:
1:1; 3:6 H Sim 2:2²
τύπους H Sim 9:10:1, 2

ἔτυπτε H Sim 9:6:3
τυπτόμενος Pol 3:1
τυραννίδι Diog 7:3
τύραννος Mar 2:4
τυφλά Diog 2:4
τυφλῶν Bar 14:7 cit
τυφλοῖς Bar 14:9 cit
τύφος 1 Clem 13:1
τύχην Mar 9:2; 10:1²

ὕαιναν Bar 10:7 cit
ὑβρίζετε Diog 2:7
ὑβρίζονται Diog 5:15
ὑβριζόμενοι H Sim 6:3:4
ὕβρισε 2 Clem 14:4
ὕβρισεν 2 Clem 14:4 FL
ὑβρίσας 2 Clem 14:4
ὕβριν 1 Clem 59:3 Pap 3 H Man
8:10 H Sim 9:11:8
ὑγείαν 1 Clem 20:10
ὑγίειαν 1 Clem 61:1
ὑγιέστεροι H Sim 9:8:3
ὑγιές H Sim 8:1:3, 4²; 3:1
ὑγιῆ H Sim 8:6:3
ὑγιεῖς H Sim 9:8:5, 7
ὕδωρ Bar 11:5 cit Rom 7:2 H Sim
9:16:4
ὕδατος 1 Clem 33:3 Bar 11:1²
H Vis 3:3:5 H Man 11:18
H Sim 8:2:8; 9:16:2
ὕδατι H Sim 8:2:9 Did 7:1
ὕδωρ Bar 11:8², 11 Diog 8:2
Eph 18:2 H Vis 3:2:9²;
7:3 H Man 4:3:1 H Sim
2:8²; 5:3:7; 8:2:7, 8; 9:
1:9; 10:3; 16:4, 6 Did 7:
2², 3
ὑδάτων Bar 11:6 cit H Vis 1:
1:3; 3:4; 3:2:4, 9; 3:5²;
7:3
υἱός 1 Clem 10:7; 36:4 cit Bar
5:11; 7:2²; 12:9 cit, 10³;
13:5 cit; 15:5 Diog 11:5
H Sim 5:2:8; 5:2², 5; 6:1, 2;
8:3:2; 9:1:1; 12:1, 2, 6, 8;
13:3; 17:1; 18:4 Did 16:4

236

φάρμακα H Vis 3:9 7
φαρμακοί H Vis 3:9:7
φαρμακοῖς H Vis 3:9:7
φαῦλοι 1 Clem 36:6
φαύλων 1 Clem 28:1
φείδομαι Tral 3:3
  φείσησθε Rom 1:2
  φεῖσαι Bar 5:13 cit
φέρει 1 Clem 16:4 cit H Sim 2:
    3⁴, 4
  φέρουσιν 1 Clem 51:2
  ἔφερον H Sim 9:4:1
  φέρητε Bar 2:5 cit
  φέρε Mar 11:2 H Sim 9:10:1
  φερέτω H Sim 8:4:3
  φέρειν 1 Clem 16:3 cit H Sim
    2:8
  φέρων Diog 12:8
  φέρον Bar 11:1
  φέροντες H Sim 8:1:16
  φερόντων Philip 6:3
  φέρεται Mar Ep 1, 3
  φέρεσθαι Pap 3 Diog 9:1
  φερόμενοι H Sim 6:5:7
  φερομένους H Vis 3:2:7; 5:3
  ἤνεγκα H Sim 9:10:2
  ἤνεγκεν 1 Clem 4:1² cit
  ἤνεγκαν 1 Clem 45:5
  ἐνέγκωμεν 1 Clem 55:1
  ἠνέχθησαν H Sim 8:2:1; 9:
    4:7; 6:7; 9:4, 5
  ἐνεχθῆναι H Sim 8:2:1; 9:6:
    5, 6³
φεύγει H Man 11:14
  φεῦγε Pol 5:1 Did 3:1
  φεύγετε Tral 11:1 Philad 2:1;
    6:2; 7:2 Smyr 7:2
  φεύγοντες 1 Clem 30:1
  φεύξεται H Man 12:2:4; 4:7;
    5:2
  φύγωμεν 2 Clem 10:1 Bar 4:
    1, 10
  φυγεῖν 1 Clem 4:10; 28:2 Mar
    2:3
  φυγών 2 Clem 18:2
  φυγόντες 1 Clem 58:1
φημί H Vis 2:4:1²; 3:2:1; 3:1;

8:2, 6; 4:3:1; 5:3² H Man
3:3³, 4; 4:1:4, 6, 7; 2:3;
3:1²; 4:1; 5:1:7; 6:1:
1, 5; 2:2, 5; 7:5; 8:2, 3,
5, 8, 11; 10:1:2, 3; 3:3;
11:1, 7, 19; 12:1:3; 3:1;
5:1 H Sim 2:1, 2², 4, 5;
3:1, 2; 4:1; 5:1:1, 2², 3;
5:4², 5; 6:1; 7:1, 3; 6:1:5;
2:1; 3:4; 4:1, 2, 3; 5:1, 5;
7:1², 4; 8:3:6; 6:1, 2; 9:
5:2, 3; 7:4, 5; 9:1, 2, 3;
10:6; 11:1, 3, 8², 9; 12:1²,
2, 4, 5, 6, 7; 13:1, 3, 6;
14:1, 4²; 15:1, 4, 5; 16:1²,
5, 7; 17:3; 18:1, 4, 5; 19:3;
28:3
φησί H Man 3:4; 4:1:9 L; 2:
2 L; 3:6; 5:1:1; 2:1; 6:
1:1 L, 5; 2:1, 3; 7:1, 5 L;
8:2, 6 FL, 8, 11; 10:1:1,
2 FL; 11:1, 7, 11; 12:4:3
(²L); 5:2; 6:1 H Sim 1:1;
2:2; 4:1, 2; 5:1:2, 3; 3:
2, 4, 5; 4:3; 5:1²; 7:1; 6:
3:4; 5:2², 5; 7:1², 4; 8:
1:4; 3:2, 5, 6 L; 4:2; 6:
1², 2; 7:2; 11:3 L; 9:5:2,
5; 7:4²; 9:2, 4; 10:2, 4, 6;
11:9; 12:1, 4 L, 5, 6², 7, 8;
13:4, 6, 7, 9; 14:5; 15:3, 6;
16:3; 17:1, 4; 18:1, 5; 19:3;
29:3; 30:1
φησίν 1 Clem 13:3; 16:2, 15;
30:2; 33:5; 52:2; 56:3, 5
2 Clem 7:6; 12:6 Bar 6:9;
7:7, 11; 10:3, 4, 5², 6 F, 7,
8; 11:8, 11; 12:2, 7 Mar 17:2
H Vis 1:1:6, 8; 2:1:3; 4:1³,
2; 3:1:3, 8; 2:1; 3:5; 6:6;
7:5; 8:6; 11:1; 12:1; 4:
2:4; 3:2; 5:3, 5² H Man
3:3, 5; 4:1:1, 4, 5, 6, 8, 9,
11; 2:2³, 4; 3:1, 7; 4:1, 2;
5:1:7; 6:1:1²; 2:5, 9; 7:
5; 8:1, 3, 5, 7, 11; 9:11;
10:1:4; 2:1; 3:3; 11:19;

240

φθονήσωμεν 2 Clem 15:5
φθόνος 1 Clem 3:2; 4:7
  φθόνον 1 Clem 4:13; 5:2
φθορᾶς Rom 7:3
  φθορᾷ Bar 19:5 Did 2:2
  φθοράν 2 Clem 6:4
φθορεύς Bar 10:7
  φθορεῖς Bar 20:2 Did 5:2;
  16:3
φιλαδελφίας 1 Clem 47:5; 48:1
Φιλαδελφίᾳ Philad Int
φιλανθρωπίας Diog 9:2
φιλάνθρωπος Diog 8:7
φιλαργυρεῖν 2 Clem 4:3
φιλαργυρία Philip 4:1 cit
  φιλαργυρίας Philip 2:2; 4:3;
  6:1
  φιλαργυρίαν 2 Clem 6:4
φιλάργυρος Did 3:5
φιλῆς Pol 2:1
φιλίαις H Man 10:1:4
Φιλίπποις Philip Int
Φιλίππους Philip Int FL
Φίλιππος Pap 2:4
Φιλίππου Mar 21:1
  Φίλιππον Mar 12:2
φιλοδέσποτον Mar 2:2
φιλόζωον H Sim 8:2:7; 6:1
Φιλομηλίῳ Mar Int
φιλονεικίαν Mar 18:1
φιλόνεικοι 1 Clem 45:1
φιλοξενίας 1 Clem 1:2
  φιλοξενίᾳ H Man 8:10
  φιλοξενίαν 1 Clem 10:7; 11:1;
  12:1
φιλόξενος 1 Clem 12:3
  φιλόξενον H Man 8:10
  φιλόξενοι H Sim 9:27:2
φιλοπονεῖν 2 Clem 19:1
φίλος 1 Clem 10:1; 17:2
  φίλου H Man 5:2:2
  φίλοι 2 Clem 6:5 H Sim 5:5:3
  φίλων H Sim 5:4:1
  φίλους H Sim 5:2:6, 11
φιλοσόφων Diog 8:2
φιλοστοργίαν Diog 1:1
φιλότεκνος H Vis 1:3:1

φιλοτιμίαν Diog 3:5
φιλόϋλον Rom 7:2
Φίλων Smyr 13:1
  Φίλωνος Philad 11:1
  Φίλωνα Smyr 10:1
φλεβῶν Mar 2:2
φλογός Mar 15:1
  φλόγα 1 Clem 36:3 cit
φοβοῦμαι Tral 5:1 Rom 1:2 Phi-
  lad 5:1
  φοβεῖται H Man 7:5
  φοβοῦνται H Man 12:5:2 H Sim
  8:10:4 F
  φοβοῦ H Man 7:4²
  φοβείσθω Eph 6:1
  φοβεῖσθε 2 Clem 5:4² cit
  φοβείσθωσαν 2 Clem 5:4 cit
  φοβεῖσθαι 2 Clem 4:4 Bar 10:10
  Tral 4:1
  φοβούμενος 2 Clem 18:2 Bar
  12:10 H Man 7:1, 2, 3;
  12:5:3
  φοβουμένη H Man 12:2:4
  φοβούμενοι H Sim 9:20:2
  φοβουμένων 1 Clem 45:6 Bar
  10:11 H Man 7:5
  φοβουμένοις 1 Clem 21:7
  φοβουμένους 1 Clem 23:1
  φοβηθήσῃ 1 Clem 56:10 cit Bar
  19:2 H Man 7:3
  φοβηθήσονται Bar 19:7 Did
  4:10
  φοβηθῇς 1 Clem 56:11 cit Diog
  10:7 H Man 7:2 H Sim 5:
  1:5
  φοβηθῶμεν 1 Clem 28:1 2 Clem
  5:1 Eph 11:1²
  φοβηθῶσιν H Man 7:4
  φοβήθητι H Man 1:2; 7:1, 3, 4
  φοβήθητε H Man 12:4:6, 7;
  6:1, 2, 3
  φοβηθῆναι H Man 7:1; 12:4:1
  H Sim 6:2:5
  φοβηθείς H Vis 4:3:7 H Man
  1:2 H Sim 8:11:2
φοβερά H Man 12:1:2
  φοβεράν Bar 7:11

241

ἔχαιρον H Sim 9:11:7
χαῖρε H Vis 1:1:4; 2:2²; 4:
 2:2²
χαίρετε Bar 1:1
χαίρειν Eph Int Mag Int Tral
 Int Rom Int Smyr Int Pol Int
χαίρουσα Diog 11:5
χαρήσῃ H Sim 5:3:3
χαρήσονται H Vis 3:3:2²
ἐχάρη 1 Clem 33:7 H Vis 3:
 12:3 H Sim 5:2:5, 11; 8:
 1:16, 17; 5:1, 6
ἐχάρησαν H Sim 5:2:10
χαρῇς H Vis 3:3:3
χαρῆναι 1 Clem 65:1 H Sim
 1:11
χάλαζα H Man 11:20
χαλεπά H Vis 1:4:2 H Man 6:
 2:10
χαλεπῶν Philip 4:1 cit Mar 11:1
χαλεπώτερον Bar 4:5 cit
χαλιναγωγοῦντες Philip 5:3
χαλιναγωγήσεις H Man 12:1:1
χαλκεύς Diog 2:3 H Vis 1:3:2
κεχαλκευμένα Diog 2:3
 κεχαλκευμένων Diog 2:2
χαλκός Diog 2:2
 χαλκόν 2 Clem 1:6
χαλκοῦν Bar 12:6
 χαλκᾶς Bar 11:4 cit
χαμαί H Vis 4:1:9 H Man 11:20
 H Sim 2:3, 4; 9:11:7; 14:4
χαρά Diog 11:6 L Philad Int
 χαρᾶς 1 Clem 65:1 Diog 10:3
 Mar 12:1 H Vis 1:3:4
 χαρᾷ Eph Int Mag 7:1 Philip
 1:3 cit Mar 18:2
 χαράν 1 Clem 63:2 H Vis 3:
 13:2 H Sim 1:10
ἐχαράκωσε H Sim 5:2:3
 χαράκωσον H Sim 5:2:2
 χαρακώσαντος H Sim 5:4:1
 κεχαρακωμένον H Sim 5:2:5
χαρακτῆρι Tral Int H Sim 9:9:5
 χαρακτῆρα 1 Clem 33:4 Mag
 5:2²
χαράκωσιν H Sim 5:2:3

χάρακες H Sim 5:5:3
 χαράκων H Sim 5:4:1
χαρίζεται H Sim 9:28:6
 ἐχαρίσω Did 10:3
 ἐχαρίσατο 2 Clem 1:4
 χαρίσησθε Rom 6:2
 χαρισάμενος Eph 1:3
χάρις 1 Clem Int; 30:3; 65:2 2 Clem
 13:4² cit Diog 11:5, 6² Smyr
 12:1, 2 Pol 2:1; 8:2 Mar
 3:1; 22:2 Did 1:3; 10:6
 χάριτος 1 Clem 8:1; 16:17;
 46:6; 55:3 Bar 21:9 Mag
 8:2 Rom Int; 1:2 Smyr
 11:1 Mar 7:2; 12:1
 χάριτι Eph 20:2 Mag Int; 2:1
 Philad 8:1; 11:1 Smyr 9:2;
 13:2 Pol 1:2; 7:3 Philip
 1:3 cit Mar 2:3; 20:2
 χάριν 1 Clem 7:4; 30:2 cit;
 31:2; 50:3; 55:6 Bar 1:2;
 5:6; 9:8; 14:9 cit; 21:7
 Diog 11:3, 7 Eph 11:1 Mag
 8:1 Smyr 6:2 H Man 5:
 1:5; 10:3:1; 12:3:3 H Sim
 5:2:10
 χάριτας 1 Clem 23:1
χαρίσματος Smyr Int Pol 2:2
 χαρίσματι 1 Clem 38:1 Smyr Int
 χάρισμα Eph 17:2
 χαρισμάτων Did 1:5
ἐχαρίτωσεν H Sim 9:24:3
χείλη 1 Clem 15:5² cit; 18:15 cit
 χείλεσιν 1 Clem 15:2 cit; 16:
 16 cit; 2 Clem 3:4, 5 cit H Man
 12:4:4
 χείλη 1 Clem 15:5 cit; 22:3 cit
 H Sim 9:21:1
χειμαζόμενος Pol 2:3
χειμερινοί 1 Clem 20:9
χειμών H Man 3:2; 4:2
 χειμῶνι H Sim 3:3
χειρός 1 Clem 28:2; 56:9 cit;
 Bar 4:7 cit; 5:5; 14:2 cit,
 7 cit; 16:7 H Vis 2:1:4;
 3:1:7; 2:4

244

246

Tral 2:1; 3:1; 6:2 Rom
4:2; 6:1; 7:1 Philad 3:2
Smyr 1:1 Philip 1:2; 2:1
cit; 3:3; 7:1 cit Mar 9:3;
17:2; 19:1
Χριστὸς Ἰησοῦς, Ἰησοῦς Χρι-
στός etc. v. sub Ἰησοῦς
χριστοφόροι Eph 9:2
ἔχρισα 1 Clem 18:1 cit
ἔχρισεν Bar 14:9 cit
χρόα H Sim 9:13:5
χρόᾳ H Sim 9:17:3, 4
χρόαις H Sim 9:4:5
χρόας H Sim 9:4:5, 8
χρονίζεις H Vis 3:1:2 L
χρονιεῖ 1 Clem 23:5 cit
χρόνος 2 Clem 19:4 Bar 4:9 H Sim
5:5:3; 6:4:4²; 5:2 Did
16:2
χρόνου 1 Clem 25:2 Diog 9:1
Mar 22:3; Ep 4 H Sim 6:5:1
χρόνῳ Diog 9:1, 6 Eph 5:1
H Sim 9:26:4 Did 14:3
χρόνον 2 Clem 19:3 H Vis 1:
1:2, 3 H Sim 5:2:5; 6:4:
1²; 7:2, 6; 9:13:8
χρόνων 1 Clem 25:5; 42:5
Philip 1:2
χρόνοις 1 Clem 44:3 2 Clem
19:4 Mar 16:2 H Sim 9:
20:4
χρυσίον H Vis 4:3:4²
χρυσίον Mar 18:1
χρυσός Mar 15:2
χρυσόν 2 Clem 1:6
χρυσοῦν H Vis 4:3:4
χρυσοῦν H Vis 4:1:10
χρυσοῦς Diog 2:7
χρώματος Rom Int
χρώματι H Sim 6:1:5
χρῶμα Eph 4:2
χρωμάτων H Vis 4:3:1
χρώματα H Vis 4:1:10
χρωτός Mar 13:2
χωνεύματα 1 Clem 53:2 cit Bar
14:3 cit
χωνευτόν Bar 12:6 cit

χώρας 1 Clem 25:3 H Sim 1:4²
χώρᾳ Bar 7:8
χώραν 1 Clem 12:2
χώρας 1 Clem 42:4
χωρεῖ H Man 5:2:5
χωρείτω Smyr 6:1 cit
χωρεῖν Mag 5:1
χωρῶν Smyr 6:1 cit H Man 1:1
χωρούμενος Diog 12:7
χωρήσει Eph 16:2
χωρήσειν Diog 8:2
ἐχώρησεν 1 Clem 47:7 Pap 3
χωρήσῃ Bar 21:7
χωρῆσαι Tral 5:1 H Sim 9:2:1
χωρήσαντα Mag 7:2
χωρισθῆναι H Sim 9:8:1
χωρίου Rom Int
χωρίῳ Pap 3 Diog 12:2
χωρίον Pap 3 Mar 7:1
χωρίς Eph 11:2 Mag 4:1; 9:2
Tral 3:1; 7:2; 9:1, 2; 11:2
Philad 7:2 Smyr 8:1, 2 Mar
13:3 H Sim 8:1:6, 7, 8, 9,
10, 11, 12, 13, 14, 15, 16,
17; 4:4, 5, 6²
χῶρον 1 Clem 50:3

ψαλῶ Bar 6:16 cit
ψευδαδέλφων Philip 6:3
ψευδής Did 2:5
ψευδῆ Bar 2:8 cit
ψευδές H Man 3:2
ψευδῆ H Man 3:5 F
ψευδοδιδασκαλίας Philip 7:2
ψεύδεσθαι 1 Clem 27:2
ψευδόμενοι H Man 3:2
ψεύσεται 1 Clem 27:2
ἐψεύσαντο 1 Clem 15:4 cit
ψεύσασθαι 1 Clem 27:2 Pap
2:15
ψευδομαρτυρήσεις Did 2:3
ψευδομαρτυρία H Man 8:5
ψευδομαρτυρίας Philip 2:2; 4:3
ψευδομαρτυρίαι Did 5:1
ψευδοπροφήτης H Man 11:1, 2, 7
Did 11:5, 6, 8, 9, 10

domino H Sim 9 : 32 : 4
dominum Pap 1² Philip 11 : 3 L;
  12 : 2 H Sim 9 : 31 : 2; 32 : 4;
  10 : 1 : 3; 2 : 2, 4; 3 : 2
domine H Sim 9 : 33 : 2²; 10 : 1 :
  2; 2 : 1, 3; 3 : 3
domino Pap 1 Philip 14 : 1 H Sim
  10 : 4 : 4
domum H Sim 10 ; 1 : 1, 2; 3 : 2²,
  5; 4 : 5
  domo H Sim 10 : 2 : 1; 3 : 1, 2²,
    3, 5²
dulcedo H Sim 10 : 1 : 3
dum H Sim 9 : 32 : 1; 10 : 4 : 4

ecclesiis Philip 11 : 3
efficiunt H Sim 10 : 2 : 4
eget H Sim 10 : 4 : 2
ego Pap 1 Philip 11 : 3; 12 : 1 H Sim
  9 : 31 : 3, 6; 33 : 1; 10 : 2 : 2², 3;
  3 : 1
  mihi Pap 14 Philip 12 : 1 H Sim
    9 : 33 : 2; 10 : 1 : 1; 4 : 1, 5
  me Pap 1² H Sim 9 : 31 : 6;
    33 : 2; 10 : 1 : 1²; 2 : 2²; 3 : 3², 5
  me H Sim 9 : 33 : 1, 2; 10 : 3 : 3
  mecum H Sim 10 : 4 : 5
  nos Philip 11 : 3
  nobis Philip 12 : 2
  nobiscum Philip 14 : 1
eleemosyna Philip 10 : 2 cit
enim Pap 14 Philip 11 : 4; 12 : 1;
  14 : 1 H Sim 9 : 30 : 3, 5; 31 :
  1, 2², 6; 32 : 3, 4, 5; 33 : 3;
  10 : 1 : 3; 2 : 2; 3 : 1², 2³; 4 :
  2, 3², 4
enimvero H Sim 9 : 32 : 2
epistulae Philip 11 : 3
ergo Pap 1 Philip 10 : 1, 3; 11 : 4²
  H Sim 9 : 30 : 5²; 31 : 2; 32 :
  1, 3; 33 : 1, 2; 10 : 1 : 2; 2 : 4
  (²F); 3 : 1; 4 : 1
eripit H Sim 10 : 4 : 3²
  eripi H Sim 10 : 4 : 2
errantia Philip 11 : 4
et Pap 1¹⁶; 14 Philip 10 : 1², 2²,

3; 11 : 1², 2, 4³, 4 cit; 12 : 1²,
  1 cit, 2¹⁴ (¹⁵L), 3⁴; 13 : 2²;
  14 : 1³ H Sim 9 : 30 : 3, 4(³FL),
  5²; 31 : 2², 3, 4, 6³; 32 : 2,
  3⁴, 4², 5; 33 : 1⁵, 2², 3³; 10 :
  1 : 1³, 2⁴, 3⁷; 2 : 2⁵, 3, 4⁵; 3 :
  2², 3, 4², 5³; 4 : 1³, 2², 3²,
  4, 5³
etenim Philip 11 : 3 H Sim 9 : 31 : 2
etiam Pap 14 Philip 12 : 3
ex Philip 10 : 2 cit H Sim 9 : 30 : 3,
  5; 31 : 2, 5; 33 : 1, 3; 10 : 2 : 1²
exaequata H Sim 9 : 33 : 3
excludemini H Sim 10 : 4 : 4
exemplar Philip 10 : 1
exercere H Sim 10 : 4 : 2
exercitatos Philip 12 : 1
existimetis Philip 11 : 4 cit
  existimavit H Sim 10 : 2 : 2
explanatio Pap 14
explevimus H Sim 9 : 33 : 2
expressum Pap 1
extra H Sim 10 : 2 : 1, 2

faciunt H Sim 10 : 2 : 4 L
  facite H Sim 10 : 4 : 4
  facere H Sim 9 : 30 : 5; 10 : 4 :
    2, 4²
  facturum H Sim 9 : 32 : 4; 10 :
    2 : 2
  fecisti H Sim 9 : 32 : 3
  fecerim H Sim 10 : 2 : 1
  fecerit H Sim 9 : 32 : 3
  fecisse H Sim 10 : 2 : 2
  fit H Sim 10 : 2 : 4; 4 : 3
  fieri Pap 1 H Sim 9 : 31 : 4; 10 :
    3 : 1
  factus Philip 11 : 1
  factum H Sim 9 : 32 : 4
favere H Sim 9 : 30 : 5
felix H Sim 10 : 4 : 1
  felix H Sim 9 : 30 : 3 FL
  felices H Sim 9 : 31 : 3
festinetis H Sim 10 : 4 : 4
fide Philip 10 : 1
filius Philip 12 : 2

262

Addenda et Corrigenda.

Numeri praepositi paginam et columnam designant.

2, 2 ἀγάπης Mag 1 : 2 add
4, 1 ἀγνοοῦντες Eph 17 : 2 add
9, 1 ἀκολουθοῦσιν (ind) H Vis
3 : 8 : 7 add
10, 2 ἀληθείᾳ Eph 6 : 2 add
22, 1 ἀπιστία Eph 8 : 2 add
22, 2 ἀπό 1 Clem Int add
37, 1 βέβαια (nom) H Vis 3:4:3 add
38, 1 βλεπόμενον (m) Mag 3 : 2 add
39, 1 βραχίονι 1 Clem 60 : 3 add
48, 1 δεσπότης 1 Clem 49 : 6 add
48, 2 δεῖ H Man 12 : 2 : 2 add
49, 1 δέδεμαι Tral 10 : 1 add
55, 1 διψυχία H Man 10 : 1 : 2 add
61, 1 αὐτοῖς H Vis 3 : 9 : 10 add
64, 1 ἡμῶν H Vis 3 : 1 : 8 add
73, 2 ἐκκακήσῃς H Man 9 : 8 add
74, 1 ἐκκλησίας (acc) Mag 1 : 2 add
76, 1 ἤλεγξεν Mar Ep 1 add
96, 2 ἔχει Rom 6 : 3 add
98, 1 ζῶντες Mag 9 : 1
100, 1 ἡγησάμην H Vis 1 : 1 : 7 add
102, 1 θεάν H Vis 1 : 1 : 7 add
102, 1 θεάσασθαι H Vis 3 : 8 : 1 add
102, 2 θέλημα (nom) Eph 20 : 1 add

104, 2 θεόν Smyr 1 : 1 add
107, 1 ἰδίᾳ Mag 7 : 1 add
108, 1 Ἰησοῦν Χριστόν 1 Clem
21 : 6 L add
108, 2 ἱλαρότητι H Man 5 : 1 : 2 add
109, 1 ἵνα Tral 2 : 1 add
115, 2 καιρῷ Mag 11 : 1 add
125, 2 κόσμον H Man 12 : 4 : 2 add
127, 1 κτίζειν 1 Clem 60 : 1
127, 2 κυριακήν Mag 9 : 1 add
134, 1 λόγος Mag 3 : 2 add
134, 1 λόγῳ H Man 3 : 3 add
156, 1 τῷ (nt) 1 Clem 10 : 4 cit add
171, 1 ὅς Tral 9 : 2 (²FL) pro 9:2
176, 2 οὐκέτι Mag 10 : 1 add
188, 1 πάντων (nt) H Man 4 : 1 :
11 add
194, 1 πίστιν H Man 9 : 10 add
195, 2 πλήρους H Vis 2 : 2 : 6 add
198, 2 ἐποίησεν Mag 7 : 1 add
200, 2 πολλά (nom) H Man 8 : 5 add
221, 2 συνετός 1 Clem 60 : 1
234, 2 ὑπερῴῳ Mar 7 : 1
241, 1 φόβου 1 Clem 21 : 6